DROITS FONDAMENTAUX DU CONTRIBUABLE ET PROCÉDURES FISCALES

Étude comparative

Tome 1
Les droits d'origine non procédurale du contribuable

Finances publiques

Collection dirigée par Thierry LAMBERT

Les finances publiques connaissent un développement important et se diversifient. Les finances de l'État, les finances communautaires, les finances internationales et comparées, la science et la technique fiscales ne sont que quelques-uns des domaines couverts par les finances publiques contemporaines.

La présente collection a pour vocation de publier des travaux originaux (thèses, essais, colloques...) ou de facture plus classique (manuels, commentaires de textes, recueils de documents...).

Elle a aussi pour ambition de rééditer des ouvrages aujourd'hui introuvables, mais fort utiles, dès lors qu'ils s'imposent comme référence et qu'ils sont agrémentés d'une préface substantielle.

Déjà parus

Thierry LAMBERT (dir.), *Les sanctions pénales fiscales*, 2007.

Céline BAS, *Le fait générateur de l'impôt*, 2007.

Fabrice BIN, *L'influence de la pensée chrétienne sur les systèmes fiscaux d'Europe occidentale*, 2007.

Georges DUMAS, *Politique fiscale : le naufrage*, 2007.

Sami KRAIEM, *Le juge compétent en matière fiscale en Tunisie*, 2007.

Sophie RAIMBAULT de FONTAINE (dir.), *Doctrines fiscales : à la redécouverte de grands classiques*, 2007.

Oualid GADHOUM, *La doctrine administrative fiscale en Tunisie*, 2007.

Marc LEROY (dir.), *Mondialisation et fiscalité. La globalisation fiscale*, 2006.

Thierry LAMBERT (dir.), *Les sanctions administratives fiscales : aspects de droit comparé*, 2006.

Marc LEROY (dir.), *Regards croisés sur le système fiscal : Allemagne, France, Italie, Russie*, 2005.

Thierry LAMBERT et Dominique TURPIN (dir.), *Les groupes d'intervention régionaux (GIR)*, 2005.

Najib GHARBI, *Le contrôle fiscal des prix de transfert*, 2005.

Jean-Claude DRIE, *Procédures de contrôle fiscal. La voie de l'équilibre*, 2005.

5-7, rue de l'École-Polytechnique ; 75005 Paris

http://www.librairieharmattan.com

harmattan1@wanadoo.fr

diffusion.harmattan@wanadoo.fr

ISBN : 978-2-296-04722-8

EAN : 9782296047228

KARIM SID AHMED

DROITS FONDAMENTAUX DU CONTRIBUABLE ET PROCÉDURES FISCALES

Étude comparative

Tome 1

Les droits d'origine non procédurale du contribuable

L'HARMATTAN

Mes remerciements vont tout naturellement au Professeur Cyrille DAVID pour son encadrement constant et précieux durant ces années de recherche. Ainsi qu'à mes parents pour leur soutien inestimable durant cette période.

Cet ouvrage est une version remaniée de ma thèse soutenue le 28 février 2006 à l'Université Paris I Panthéon-Sorbonne.

Jury :
Président : Madame Camille JAUFFRET-SPINOSI
Professeur à l'Université Paris II
Madame Monique BANDRAC
Professeur à l'Université Paris XIII, Rapporteur
Monsieur David CHILSTEIN
Professeur à l'Université d'Artois (Douai), Rapporteur
Monsieur Cyrille DAVID
Professeur émérite de l'Université Paris I, Directeur de thèse
Monsieur Paul TAVERNIER
Professeur à l'Université Paris XI

PRÉFACE

Le sujet choisi par Karim Sid Ahmed pour sa thèse est à la fois classique et fort nouveau.

Sujet classique, car il existe une opposition générale et constante entre deux facteurs : d'une part nécessité pour l'administration fiscale de disposer de pouvoirs importants pour inciter et contraindre les contribuables à déclarer leurs opérations et gains de façon complète et exacte, d'autre part protection des droits du contribuable et spécialement de ses droits fondamentaux de façon à maintenir un équilibre satisfaisant ou, au moins, acceptable entre la recherche de l'intérêt général (incarné par l'administration fiscale) et la défense des intérêts particuliers des multiples types de contribuables.

Sujet nouveau, car la reconnaissance des droits fondamentaux du citoyen, même en matière fiscale, est récente comparée à l'ancienneté du prélèvement fiscal. L'importance des droits s'est accrue de façon notable dans les quatre États examinés par l'auteur (Allemagne, Espagne, France et Royaume-Uni), spécialement avec l'entrée en vigueur de la Convention européenne des Droits de l'Homme de 1950 dans ces quatre États (à des dates variables selon l'État, le Royaume-Uni n'ayant accepté de ratifier et de transposer la Convention qu'en 1998).

L'auteur souligne à juste titre dès le départ la véritable révolution que représente l'insertion de la Convention européenne des Droits de l'Homme dans le domaine fiscal, caractérisé jusque-là par les pouvoirs fort importants reconnus à l'administration fiscale dans un but d'intérêt général. Il essaye surtout de mesurer quel impact réel la reconnaissance des droits fondamentaux a apporté dans les quatre États examinés pour améliorer la protection du contribuable. L'intérêt de l'étude est triple :

1) D'abord, elle permet de mesurer si la procédure fiscale présente une autonomie importante par rapport à d'autres branches du droit (procédure pénale, civile ou administrative) quant à l'importance de ces droits fondamentaux du citoyen.

2) En second lieu, l'étude démontre de façon éclatante qu'en dépit de principes communs, les quatre États examinés (qui font tous partie de la Communauté européenne) ont des règles et des pratiques souvent fort différentes quant à leur contenu et leur

efficacité, pour ce qui est de l'équilibre à sauvegarder entre protection du contribuable et pouvoirs de l'administration fiscale.

3) Enfin, l'auteur a eu l'intelligence de concevoir son sujet de façon large, en incluant dans les droits fondamentaux par lui examinés, à la fois des droits d'origine non procédurale (droit au respect de la vie privée, du domicile et du droit de propriété du contribuable) et des droits d'origine procédurale (droit à un juge et à un débat contradictoire en matière fiscale).

Ce second aspect est assez classique, même si la comparaison avec les solutions retenues par d'autres États montre la diversité des solutions retenues dans chaque État par exemple sur la médiation fiscale (au Royaume-Uni n° 565) ou sur le droit pour le contribuable de garder le silence (consacré en Espagne et en Allemagne au moins dans une certaine mesure n° 749-751, de même que pour les litiges soumis à la CEDH n° 752).

La première partie (consacrée aux droits d'origine non procédurale) est davantage novatrice et pose deux problèmes de fond importants.

1) D'abord quelle importance doit être attachée au droit du contribuable quant au respect de sa vie privée ? La question examinée en droit comparé entraine des développements fort intéressants sur les perquisitions fiscales (n° 61 et s.), le droit de communication de l'administration fiscale (n° 277 et s.), ou les échanges de renseignements fiscaux avec des administrations fiscales étrangères (n° 259 et s.), le secret bancaire étant malheureusement à tort sacrifié.

2) Ensuite et surtout dans quelle mesure est respecté le droit de propriété du contribuable sur les biens lui appartenant ; lequel droit est évidemment directement mis en cause par le prélèvement fiscal (ou le prélèvement social qui n'a malheureusement pas pu être intégré dans l'étude). L'importance de ce prélèvement engage l'auteur à évoquer de multiples problèmes dont il montre à juste titre le commun dénominateur (le fisc, c'est-à-dire l'État) respecte t'il assez la propriété privée ou la confisque t'-il de façon excessive. M. Sid Ahmed souligne qu'une réponse positive est apportée à cette question en Allemagne (n° 422) ou en Espagne (n° 432), mais non en France ; dans notre pays en effet l'absence de pouvoir judiciaire véritable rend les juges (trop) timides, ou trop soumis à un pouvoir

législatif souvent critiquable en droit et en fait, bien que la loi doive obéir à des principes supérieurs découlant de la Constitution et de la Déclaration des Droits de l'Homme.

L'auteur critique à juste titre le régime des intérêts de retard en matière fiscale qui discrimine de façon abusive entre intérêts dus à l'administration et intérêts dus au contribuable (le législateur est heureusement revenu sur cette discrimination, les juges français s'étant encore une fois montrés trop timides) et l'absence de contrôle exercé par les juges fiscaux français sur l'importance des sanctions fiscales prononcées par l'administration (n° 496 et s.) bien qu'ils aient le pouvoir d'exercer ce contrôle de proportionnalité (en ce sens le texte de l'article 6-1 de la CEDH n° 502), exercé dans diverses juridictions étrangères (n° 504). Dans l'ensemble conclut l'auteur la protection de la propriété du contribuable reste un compartiment des droits du contrôlable encore peu reconnu et mal protégé par le droit européen et les droits internes (n° 516). Il faut malheureusement lui donner raison sur ce point, spécialement en France, où je souhaiterai une plus grande audace des juges nationaux en ce domaine.

Deux observations pour conclure :

i) l'auteur a très justement beaucoup insisté sur les aspects pratiques et concrets du sujet par lui traité : les droits fondamentaux deviennent ainsi des droits dont on voit la grande importance pratique, grâce aux multiples exemples illustrant les développements.

ii) il est parvenu à faire une véritable comparaison, souvent critique, des solutions nationales adoptées par les États examinés. Cette comparaison est devenue une nécessité aujourd'hui : il faut féliciter l'auteur de l'avoir menée à bien sur un sujet difficile, grâce à un travail important et à des connaissances linguistiques indispensables.

Le lecteur de cet ouvrage trouvera à la fois des arguments pratiques pour défendre une position dans tel ou tel cas concret et une source de réflexion sur les réformes souhaitables. Reste au pouvoir politique à œuvrer rapidement en ce sens, mais la rapidité n'est pas une caractéristique prononcée en France pour les réformes importantes, spécialement en matière fiscale…

Cyrille DAVID, Professeur émérite de l'Université de Paris I Panthéon-Sorbonne

SOMMAIRE

LISTE DES PRINCIPALES ABRÉVIATIONS

ALL ER	*All England Law Reports* (Recueil de jurisprudence)
AJDA	Actualité juridique de droit administratif
AJDI	Actualité juridique de droit immobilier
Al.	Alinéa
AO	*Abgabenordnung* (Code des impôts allemand)
Ass. plén.	Arrêt de l'Assemblée plénière
BDCF	Bulletin des conclusions fiscales
BGB	*Bürgerliches Gezetzbuch* (Code civil allemand)
BF	Bulletin fiscal Francis Lefebvre
BOE	*Boletin Official del Estado*
BOI	Bulletin officiel des impôts
BStBl	*Bundesgesetzblatt* (Gazette officielle des impôts, Allemagne)
Bull. civ.	Bulletin des arrêts de la Cour de cassation (chambres civiles)
Bull. crim.	Bulletin des arrêts de la Cour de cassation (Chambres criminelles)
BVerfGE	*Entscheidungen des Bundesverfassungsgerichts* (Recueil des arrêts de la Cour constitutionnelle fédérale allemande)
CA	Cour d'appel
CAA	Cour administrative d'appel
C. assur.	Code des assurances
C. cass.	Cour de cassation
C. civ.	Code civil
C. com.	Code de commerce
C. douan.	Code des douanes

C. const. féd.	Cour constitutionnelle fédérale allemande
CE	Conseil d'État
CEDH	Cour européenne des droits de l'homme
CESDH	Convention Européenne de Sauvegarde des Droits de l'Homme et des Libertés Fondamentales
Ch.	Chambre
Circ.	Circulaire
CJA	Code de justice administrative
CJCE	Cour de justice des communautés européennes
CGI	Code général des impôts
Com. EDH	Commission européenne des droits de l'homme
Comp.	Comparez
Cons. conc.	Conseil de la Concurrence
Cons. const.	Conseil constitutionnel
Const.	Constitution française de 1958
Const. all.	Constitution allemande
Const. esp.	Constitution espagnole
Contra	en sens contraire
Contrats. Conc. Consom.	Contrats Concurrence Consommation
CP	Code pénal
CPP	Code de procédure pénale
Cr. App. R.	Criminal Appeal Reports
D.	Décret
D.	Recueil Dalloz-Sirey
D. Aff.	Dalloz Affaires
Décl.	Déclaration
DF	Revue de droit fiscal
Doc. adm.	Doctrine administrative
Dr. pén.	Droit pénal
Dr. soc.	Droit social
Dr. sociétés	Droit des sociétés
FA	*Financial act* (loi de finances)
FGO	*Finanzgerichtsordnung* (« Code allemand des tribunaux fiscaux »)

GAJA	Grands arrêts de la jurisprudence administrative
GAJF	Grands arrêts de la jurisprudence fiscale
Gaz. Pal.	Gazette du Palais
IBFD	Bulletin for international fiscal documentation
Ibid.	*Ibidem*
Infra	Voir ci-dessous
Inst.	Instruction
IR	Impôt sur le revenu
IS	Impôt sur les sociétés
ISF	Impôt sur la fortune
IVA	*Impuesto sobre el Valor Anadido*
JCP	Juris-classeur périodique (Semaine juridique)
JCP E	Juris-classeur périodique, édition entreprise
JCP N	Juris-classeur périodique, édition notariale
JDI	Journal de droit international (Clunet)
JO	Journal officiel
JOCE	Journal officiel des Communautés européennes
JO Déb. Ass. Nat	Journal officiel, Débats de l'Assemblée nationale
JO Déb. Sénat	Journal officiel, Débats du Sénat
L.	Loi
L. fin.	Loi de finances
LGT	*Ley General Tributaria*
LPF	Livre des procédures fiscales
LRJ-PAC	*Ley de Regimen Juridico de las Administraciones Publicas y del Procedimiento Administrativo Comun*
mod.	modifié
NCPC	Nouveau Code de procédure civile
NJW	*Neue Juristische Wochenschrift*
Op. cit.	Ouvrage cité
Ord.	Ordonnance

QB	*Law Reports, Queen's Bench Division* (recueil de jurisprudence)
Rap.	Rapport
RCA	Responsabilité civile et assurances
RD	*Real decreto*
RD Bancaire et bourse	Revue droit bancaire et bourse
RDLeg	*Real Decreto legislativo*
RD Publ.	Revue du droit public et de la science politique en France et à l'étranger
Rec.	Recueil
Rev. crit. DIP	Revue critique de droit international privé
Rev. proc. Coll.	Revue des procédures collectives
RFDA	Revue française de droit administratif
RFD const.	Revue française de droit constitutionnel
RFFP	Revue française de finances publiques
RGDA	Revue générale du droit des assurances
RGP	Revue générale des procédures
RGI	*Reglamento general de la inspeccion de los tributos*
RGR	*Reglamento general de recaudacion*
RIDC	Revue internationale de droit comparé
RJC	Recueil de jurisprudence constitutionnelle
RJ com.	Revue de jurisprudence commerciale
RJF	Revue de jurisprudence fiscale
RJS	Revue de jurisprudence sociale
RPREA	*Reglamento de Procedimiento en las Reclamaciones Economico-Administrativas*
RSC	Revue de science criminelle
RTD civ.	Revue trimestrielle de droit civil

RTD com.	Revue trimestrielle de droit commercial
RTD eur.	Revue trimestrielle de droit européen
s.	Suivantes
S.	Recueil Sirey
Sect.	Section
Spéc.	Spécialement
STC	*Sentencia del Tribunal Constitucional*
Supra	Voir ci-dessus
T. confl.	Tribunal des conflits
TC	*Tribunal Constitucional*
TMA	*Taxes Management Act*
TS	*Tribunal Supremo*
TVA	Taxe sur la valeur ajoutée
UE	Union européenne
VAT	*Value added Tax*
WLR	*Weekly Law Reports* (recueil de jurisprudence)
ZPO	*Zivilprozessordnung* (Code de procédure civile allemand)

L'homme a des devoirs dans la mesure où il a des droits et des droits dans la mesure où il a des devoirs

Georg Wilhem Friedrich Hegel,

Principes de la philosophie du droit (*Grundlinien der Philosophie des Rechts*),

1821.

INTRODUCTION

§ 1. Une revendication continue et confuse de droits dans tous les domaines

1.On évoque de plus en plus souvent les « droits fondamentaux » de nos jours, et cela, à tout sujet[1]. Du droit originel contenu dans l'« *Habeas corpus* » à ne pas être détenu arbitrairement, aspect essentiel de la liberté individuelle, sont venus se greffer au cours des siècles de nouvelles revendications en matière de droits. Aux droits de l'homme universellement proclamés par la Déclaration des droits de l'homme et du citoyen de 1789, tenant à la personne même de l'individu et à ses rapports avec l'État, il faut ajouter dans la deuxième moitié du vingtième siècle, les droits économiques, sociaux et culturels (DESC) qui s'analyseraient selon certains en droits-créances (par opposition aux droits-libertés)[2]. Le préambule de la Constitution du 27 octobre 1946[3] a

---

[1]*Cf.* à ce sujet les violentes critiques de Michel Villey sur les droits de l'homme qui sont selon lui le produit de l'époque moderne : *Le droit et les droits de l'homme*, PUF, 1990, 171 p.

Pour une analyse plus nuancée, *cf.* F. Terré, *Sur la notion de droits et libertés fondamentaux*, in *Libertés et droits fondamentaux* (sous la direction de R. Cabrillac, M.-A. Frison-Roche et T. Revet), 5e éd., Dalloz, pp. 12-13 : « Rien d'étonnant alors si l'on retrouve pêle-mêle, parmi ces droits fondamentaux : le droit à l'égalité, le droit au développement, la liberté de conscience, les droits de la personnalité, le droit d'accès à la justice (…) Et cela ne facilite pas nécessairement la réflexion du juriste. »

[2] J. Carbonnier, *Droit civil. Introduction*, 27e éd., PUF, 2002 p. 92.

[3]D'après le préambule, le peuple français « proclame, en outre, comme particulièrement nécessaires à notre temps, les principes politiques, économiques et sociaux ci-après ». La proclamation est intéressante, car elle affirme que ce sont des droits « nouveaux » rendus nécessaires par l'évolution de notre société. *Cf.* M. Debene, *Le Conseil constitutionnel et les principes particulièrement nécessaires à notre temps*, *AJDA* 1978. 577 ; M.-P. Deswarte, *Droits sociaux et état de droit*, *RD Publ.* 1995, p. 951 ; P. Terneyre, *Le Conseil d'Etat et la valeur juridique des droits sociaux proclamés dans le préambule de la Constitution du 26 octobre 1946*, *RFD const.* 1991. 322 ; P.-H. Antonmattei, *Le préambule de 1946 et la Cour de cassation*, *Rev. Adm.*

ouvert la voie en France, en consacrant le droit au travail, le droit syndical, le droit de grève, la participation du travailleur à la vie de son entreprise, l'accès égal à l'enseignement, le droit à l'instruction et le droit d'asile. Le Pacte des Nations Unies relatif aux droits civils et politiques du 16 décembre 1966 et le Pacte international relatif aux droits économiques, sociaux et culturels du 3 janvier 1976 ont proclamé ces droits au niveau international. Nul pan de la société n'échappe donc à ce débat sur les droits[4]. On assiste par ailleurs, actuellement, à une « catégorisation » des droits de plus en plus poussée et à des revendications de droits spécifiques et non plus généraux. Des droits de l'homme abstrait, on est passé à des droits de catégories ou de groupes

---

1997. 290 ; B. Genevois, *Le préambule et les droits fondamentaux, L'écriture de la Constitution de 1958,* Economica, PUAM, p. 483. Sur le droit d'asile, *cf* : I. Dodet-Cauphy, *La difficile reconnaissance du droit d'asile constitutionnel, RFDA* 1999, p. 469 ; Y. Gautier, *Les accords de Schengen et le droit d'asile à l'épreuve du droit constitutionnel, Europe,* déc. 1993 ; C. Teitegen-Colly, *Le droit d'asile. La fin des illusions, AJDA* 1994. 97.

[4] Dans les pays occidentaux, on assiste soit à l'éclosion de droits nouveaux qui sont rendus nécessaires du fait de mutations de la société, soit à l'adaptation ou l'extension de droits existants pour régler une situation nouvelle. La Cour d'appel de Paris dans un arrêt du 14 juin 1994 (*Rev. crit. DIP* 1995, p. 308, note Y. Lequette) a jugé que la « matière des droits de l'homme étant d'ordre public et que la protection des droits doit être assurée tant à l'égard des nationaux qu'à l'égard des ressortissants des États non parties à la convention s'ils sont domiciliés sur le territoire national », la loi étrangère qui interdit le changement de sexe n'a pas à être considérée, car son application conduirait à une violation de la convention ; C. Labrusse-Riou, « *Droits des personnes et droit de la famille* », in *Libertés et droits fondamentaux*, 2e éd., Éditions du Seuil, 2002, p. 347. Il s'agissait ici d'un transexuel qui demandait que l'état civil reflète le changement physique opéré. On peut constater sur un plan juridique que la Cour d'appel de Paris a opéré une extension de la notion de vie privée à l'état des personnes, ce qui n'était pas forcément évident à l'origine.

S'agissant du très actuel droit au logement (droit social depuis 1946), on est passé progressivement d'un droit non contraignant pour l'État et ses émanations (Loi Besson du 31 mai 1990) à un droit opposable qui devrait voir le jour prochainement (d'ici la fin 2008, il devrait concerner les personnes les plus en difficulté), pour être étendu, au 1er janvier 2012, à toutes les personnes ou familles logées dans des habitations insalubres ou indignes) ; *Cf.* 9ème rapport du Haut comité pour le logement des personnes défavorisées (2003). *Droit au logement : construire la responsabilité. Rendre opposable le droit au logement pour garantir sa mise en œuvre, intégrer les besoins des handicapés dans les politiques de l'habitat.*

Pour un aperçu des solutions retenues par les États européens : J.-C. Oderzo, *Le droit au logement dans les constitutions des États membres, RIDC* 2001, n° 4, pp. 913-926.

Dans le reste du globe, on assiste davantage à des luttes contre la violation de droits élémentaires.

d'hommes[5]. On a pu faire observer à juste titre que ce « processus de spécification parachève les processus antérieurs de positivation, de généralisation et d'internationalisation »[6]. Cette « catégorisation » s'effectue essentiellement en fonction de données culturelles ou sociales et donne naissance à un droit de l'homme concret et situé. On pensera aux droits de la femme ou encore aux droits des consommateurs. Cette dimension corporative des droits fondamentaux évoquée par Häberle[7] trouve sa concrétisation en droit fiscal depuis une vingtaine d'années, avec les droits du contribuable et son cortège de textes dédiés comme les fameuses Chartes française, espagnole (*Derechos y garantias del contribuyente ante la administracion tributaria*) ou anglaise du contribuable, sortes de déclarations des droits de l'homme en matière fiscale.

2.On trouve la première trace de l'expression « droits fondamentaux » dans la Constitution allemande de mars 1849, elle fut ensuite consolidée par la théorie de Georg Jellinek sur « les droits publics subjectifs »[8] qui sont des droits subjectifs garantis par des normes de « droit public » et protégés contre la puissance publique au sens large. La doctrine des droits de l'homme stricto sensu remonte plus loin. Dès le XVIe siècle avec la seconde scolastique espagnole (Vitoria, Suarez, Las Casas...)[9] puis au XVIIe siècle avec l'école du droit naturel (Grotius, Locke, Hobbes, Pufendorf, Thomasius...)[10]. L'importance de la doctrine allemande de la seconde moitié du XIXe siècle a été également considérable, en consacrant le terme d'« État de droit » (*Rechtstaat*) qui limite la puissance de l'État par le droit. Le principe de hiérarchie des normes du grand juriste autrichien Hans Kelsen (*Théorie pure du droit*, 1934) qui veut que la loi se trouve tout à la fois légitimée et encadrée par le principe de la hiérarchie des normes est l'aboutissement de cette doctrine.

---

[5] *Cf.* M. Pichard, *Le droit à. Etude de législation française*, « Recherches juridiques », Economica, 2006, 566 p.

[6] G. Peces-Barba Martinez, *Théorie générale des droits fondamentaux*, LGDJ, 2004, p. 386.

[7] P. Häberle, *La liberta fondamentali nello stato costituzionalle*, pp. 204 et 205.

[8] *System der subjektiven öffentlichen Rechte*, Tubingen, J. C. Mohr, 1905, rééd. 1919.

[9] *Cf.* sur ces auteurs : H. Legohérel, *Histoire du droit international public*, « Que sais-je ? », PUF, 1996, pp. 24-27.

[10] C'est en effet l'école du droit de la nature et des gens comme la fait remarquer Henri Batiffol (*La philosophie du droit*, « Que sais-je ? », PUF, 11e éd., 2000, p. 56) qui a mis au premier plan les droits individuels soulevant par là même le problème de la conciliation des libertés.

Mais c'est la seconde guerre mondiale qui fera naître une nouvelle conception de l'État de droit qui, privilégiant la substance sur la forme, consacre des « droits fondamentaux », placés symboliquement en tête de la Loi fondamentale allemande de 1949, dont la vocation est de s'appliquer dans tous les domaines du droit. Par la suite ces libertés et « droits fondamentaux » se verront reconnaître une valeur supralégislative et supranationale et une effectivité par le biais de moyens de recours aussi bien nationaux qu'internationaux. On peut définir rapidement les droits fondamentaux, comme l'ensemble des droits et des garanties que l'ordre constitutionnel reconnaît aux particuliers dans leurs rapports avec les autorités étatiques[11]. Mais si on veut aller plus loin dans le tracé de ces droits, il faut alors se référer à la définition donnée par Louis Favoreu : « les droits et libertés fondamentaux sont, en premier lieu, protégés contre le pouvoir exécutif mais aussi contre le pouvoir législatif (...). En deuxième lieu, les droits fondamentaux sont garantis en vertu non seulement de la loi, mais surtout de la Constitution ou des textes internationaux ou supranationaux. En troisième lieu, la protection des droits fondamentaux nécessite, pour être assurée contre les pouvoirs exécutif et législatif, en application des textes constitutionnels (ou internationaux), qu'en soient chargés, non plus seulement les juges ordinaires, mais aussi les juges constitutionnels et même les juges internationaux. »[12]

---

[11] *Cf.* notamment : *Libertés et droits fondamentaux* (sous la direction de R. Cabrillac, M.-A. Frison-Roche et T. Revet), 12e éd., Dalloz, 2006, 863 p. ; D. Turpin, *Libertés publiques et droits fondamentaux*, Le Seuil, 2004, 622 p. ; *Libertés, justice et tolérance : mélanges en hommage au doyen Gérard Cohen-Jonathan*, Bruylant, 2004, 1784 p. ; G. Peces-Barba Martinez, *Théorie générale des droits fondamentaux, op. cit.* ; L. Favoreu, P. Gaïa, R. Ghevontian, F. Mélin-Soucramanien, O. Pfersmann, J. Pini, A. Roux, G. Scoffoni et J. Tremeau, *Droits des libertés fondamentales*, 3e éd., Dalloz, 2005, 576 p. ; A. Sériaux, L. Sermet et D. Viriot-Barrial, *Droits et libertés fondamentaux*, Ellipses, 1998, 224 p. ; *Libertés et droits fondamentaux*, 2e éd., « Essais », Éditions du Seuil, *op. cit.* ; L. Burgorgue-Larsen, *Libertés fondamentales*, Montchrestien, 2003, 347 p. ; *Enjeux et perspectives des droits de l'homme, L'Odyssée des Droits de l'homme III*, coll. « La Librairie des Humanités », L'Harmattan, 2003, 259 p. ; B. Barret-Kriegel, *Les droits de L'homme et le droit naturel*, PUF, 1989 ; N. Molfessis, *op. cit.*, p. 8 ; E. Picard., *L'émergence des droits fondamentaux en France*, *AJDA* 1998. 42 ; V. Champeil-Desplat, *La notion de droit fondamental et le droit constitutionnel français*, *D.* 1995, pp. 323-329, X. Dijon, *Itinéraire philosophique vers la source du droit commun*, *RIDC* 2001, n° 1, pp. 20-22.

[12] L. Favoreu, *Universalité des droits fondamentaux et diversité culturelle*, in *L'effectivité des droits fondamentaux dans les pays de la communauté francophone*, Colloque international de l'île Maurice, 29 sept.-1er oct. 1993, éd. Aupelf-Uref, 1994, p. 48.

Ces droits sont désignés comme fondamentaux, car « ils se rapportent à l'homme qui est fondement de tout droit, et, d'autre part, parce que les conséquences de leur reconnaissance traversent ou devraient traverser tout l'ordre juridique »[13]. Ceci explique qu'ils exercent une influence majeure sur la procédure, qu'elle soit administrative, pénale, fiscale ou civile[14] comme sur les autres branches du droit[15]. On parle à ce sujet de

---

[13] *Normes de valeur constitutionnelle et degré de protection des droits fondamentaux*, Rapport présenté par la délégation française, composé de MM. R. Badinter et B. Genevois à la VIIIe conférence des Cours constitutionnelles européennes (Ankara, 7-10 mai 1990), *RFDA* 1990, p. 317. Mais malgré cet effort de définition fait par certains auteurs, force est de constater que la notion reste incertaine et aux contours mal définis. Elle a été néanmoins consacrée par le Conseil constitutionnel dans une décision du 22 janvier 1990, qui a rappelé que les étrangers disposent des « libertés et droits fondamentaux de valeur constitutionnelle reconnus à tous ceux qui résident sur le territoire de la République » ; Cons. const., 22 janv. 1990, Déc. n° 89-269 DC, *Rec.*, p. 972 ; *Cf.* également : Cons. const., 13 août 1993, Déc. n° 93-325 DC, *Rec.*, p. 224 (où le droit d'asile est qualifié de « droit fondamental » et les droits de la défense de « droit fondamental à caractère constitutionnel »). On ne trouve nulle trace pourtant, de ce qu'on nomme les droits fondamentaux dans la Constitution française, ce qui n'est pas le cas par exemple de la Constitution espagnole ni de la Constitution allemande. Le Comité consultatif pour la révision de la Constitution présidé par le Doyen Vedel avait pourtant proposé d'insérer un article 61-1 dans la Constitution qui énoncerait que : « les dispositions de loi qui portent atteinte aux droits fondamentaux reconnus à toute personne par la Constitution peuvent être soumises au Conseil constitutionnel par voie d'exception à l'occasion de l'instance en cours devant une juridiction » ; *Propositions pour une révision de la Constitution*, 15 févr. 1993, La Documentation française, coll. « Rapports officiels », 1993, pp. 77 et 89.
En France, il est fréquent par exemple d'englober les libertés publiques, les droits de l'homme et du citoyen et certains droits subjectifs du Code civil dans les droits fondamentaux. Ainsi le droit au respect de la propriété (art. 544 C. civ. et art. 17 Décl. 1789), ou de la vie privée (art. 9-1 C. civ. et art. 66 Const.) et le droit à la dignité de la personne (art. 16 C. civ et préambule de la Constitution de 1946) sont des droits fondamentaux. Les droits subjectifs ne sont normalement opposables qu'entre particuliers, mais la reconnaissance éventuelle de leur valeur supralégislative permet de les faire basculer dans la catégorie « supérieure » des droits fondamentaux (c'est-à-dire opposables à tous : personnes privées, État et ses émanations).

[14] Pour le droit des affaires, *cf.* : E. Garaud, *Droit des affaires et droits de l'homme*, *JCP E* 2002, n° 18-19, pp. 756-761.

[15] Mathieu B. et Verpeaux M. (sous la direction de), *La constitutionnalisation des branches du droit*, Economica-PUAM, 1998.
Droit civil : on a parlé à ce sujet de « fondamentalisation » du droit civil qui sommerait « notre droit civil d'avoir à prouver sa légitimité », P. Rémy, *Cent ans de chroniques*, *RTD civ.* 2002, n° 4, p. 677 ; N. Molfessis, *Le juge constitutionnel et le droit privé*, LGDJ, 1997, p. 4 : « ce terme (constitutionnalisation du droit privé) exprime un phénomène touchant le droit objectif en son ensemble, par lequel se manifeste

constitutionnalisation de la procédure. Ce phénomène n'est pas propre à la France, le droit procédural allemand contemporain est en grande partie issu de la jurisprudence de la Cour constitutionnelle fédérale[16]. Parler de constitutionnalisation de la procédure, « c'est constater que cette branche (...) est sous l'emprise des droits fondamentaux, de la protection des droits et libertés, donc du droit constitutionnel ainsi entendu »[17]. En outre, cette « considération des droits fondamentaux modifie en substance presque toutes les disciplines juridiques et les contraint de déplacer le centre de gravité des institutions qui les composent vers les personnes alors qu'il se situait plutôt dans l'analyse et le traitement plus ou moins neutre des opérations et des actes ou faits juridiques »[18]. Enfin, l'étude des droits fondamentaux en quelque matière que ce soit oblige à franchir le clivage droit privé/droit public[19] qui est dépassé en droit fiscal[20]. La constitutionnalisation de l'ordre

---

l'influence de la Constitution ou du Conseil constitutionnel sur une ou plusieurs branches du droit. »

[16] S. Guinchard, M. Bandrac, X. Lagarde, M. Douchy-Oudot M., C. S. Delicostopoulos, I. S. Delicostopoulos, F. Ferrand., V. Magnier, H. Ruiz-Fabri, L. Sinopoli. et J.-M. Sorel, *Droit processuel. Droit commun et droit comparé du procès*, 3e éd., Dalloz, 2005, pp. 16-17.

[17] S. Guinchard, M. Bandrac, X. Lagarde et M. Douchy-Oudot M., C. S. Delicostopoulos, I. S. Delicostopoulos, F. Ferrand., V. Magnier., H. Ruiz-Fabri, L. Sinopoli et J.-M. Sorel, *ibid.*, p. 249.

[18] C. Labrusse-Riou, *op. cit.*, p. 323 ; *cf.* également N. Molfessis, *Le juge constitutionnel et le droit privé*, *ibid.*, p. 4 et V. Larribau-Terneyre, *La réception des principes de liberté et d'égalité en droit civil, du Code civil à aujourd'hui : un tableau impressionniste*, in *Le droit privé français à la fin du XXe siècle* (études offertes à Pierre Catala), p. 95.

[19] En ce sens, N. Molfessis, *ibid.*, p. 5 ; M. Delmas-Marty, *op. cit.*, p. 13 ; M. Mekki, *L'intérêt général et le contrat. Contribution à une étude de la hiérarchie des intérêts en droit privé*, Bibliothèque de droit privé, t. 411, LGDJ, pp. 22- 23 : « L'essor de droits mixtes, *« hermaphrodite(s) »*, ou *« transversaux »*, en particulier du droit économique, renforce le caractère relatif de l'opposition entre droit public et droit privé » ; *La distinction du droit public et du droit privé : regards français et britanniques / The Public Law / Private Law Divide : une entente cordiale ?* J.-B. Auby et M. Freedland (dir.), éd. Panthéon-Assas, 2004 ; J.-L. Aubert, *Introduction au droit et thèmes fondamentaux du droit civil*, avant-propos 1re éd., Sirey.

[20] *Cf.* V. Dussart, *Réflexions sur l'évolution de l'enseignement du droit fiscal en France*, in *Constitution et finances publiques* (études en l'honneur de Loïc Philip), Economica, 2005 : « La vénérable distinction entre droit public et droit privé semble actuellement dépassée en matière fiscale. Les enseignements de droit fiscal sont répartis entre enseignants de la section droit privé, de la section droit public mais aussi, dans certains cas, la section science de gestion. Aucune matière n'est aussi multidisciplinaire, semble t-il, si l'on excepte le droit communautaire matériel », p. 388 ; J.-L. Aubert, *Introduction au droit et thèmes fondamentaux du droit civil*, 11e éd., Sirey, 2006, p. 45.

juridique produit de l'œuvre jurisprudentielle du Conseil constitutionnel entraîne l'édulcoration de la *summa divisio* du droit français[21]. Les droits fondamentaux ne peuvent finalement être ignorés, aujourd'hui, dans la perspective d'une étude des procédures fiscales. Car un des phénomènes majeurs des prochaines années sera bien l'attraction soutenue par les droits fondamentaux (d'origine constitutionnelle, européenne ou internationale) des procédures[22]. Cette observation peut être étendue à d'autres États de l'Union européenne comme l'Allemagne, où les droits fondamentaux contenus dans la Constitution (droit à la dignité humaine[23], à l'égalité de traitement[24], à la protection du mariage et de la famille[25], à la propriété[26] et à la liberté professionnelle[27]) exercent une influence importante sur le droit, la pratique administrative et la jurisprudence en matière fiscale[28]. Cette « fondamentalisation »[29] du droit conduit d'ailleurs le législateur et le juge à rechercher toujours plus d'égalité et/ou de liberté. Dans le domaine fiscal, la relation séculaire entre l'État et le contribuable ne déroge pas aujourd'hui à cette analyse. L'étude des procédures fiscales (c'est-à-dire l'aspect formel de la justice fiscale[30]) qui a pour objet les procédures non contentieuses[31] et les

---

[21] J. Caillosse, *Droit public-droit privé : sens et portée d'un partage académique*, *AJDA*, déc. 1996, p. 955 et s. ; C. Larroumet, *Introduction à l'étude du droit privé*, t. 1, 4e éd., Economica, pp. 44-46 sur la distinction de plus en plus mouvante entre droit public et droit privé.

[22] En ce sens, J. Vincent et S. Guinchard, *Procédure civile*, *op. cit.* p. 17 ; G. Schmitter, *La constitutionnalisation du droit processuel*, thèse, Aix-Marseille III, 1994.

[23] Art. 1 et 2, Const. all.

[24] Art. 3, Const. all.

[25] Art. 6, Const. all.

[26] Art. 14, Const. all.

[27] Art. 12, Const. all.

[28] W. Oepen et G. Partmann, *Germany*, in *Taxation and the European Convention on Human Rights in the Domestic Law of the Council of Europe Countries, European Taxation*, déc. 2001, p. 515.

[29] C'est-à-dire que le droit s'apprécie par rapport aux droits de l'homme, qui sont les fondements et les piliers de la civilisation occidentale ; P. Rémy, *Cent ans de chroniques, op. cit.*

[30] « La conception procédurale ou formelle (de la justice fiscale) vise à assurer le respect et l'effectivité des règles fiscales de fond dont l'ensemble représente à un instant donné la notion de justice fiscale voulue par le pouvoir politique démocratiquement élu (…). La justice fiscale formelle concerne les organes de la fiscalité, les règles procédurales qu'ils doivent suivre et la façon dont leurs décisions sont effectivement appliquées ou non en pratique » ; C. David, *Réflexions sur les aspects processuels de la justice fiscale*, *L'Année fiscale* 2003, pp. 219-220.

La justice fiscale (à distinguer de la notion de contentieux fiscal) définie à l'article 13 de la déclaration de 1789 est par ailleurs « une exigence apparue au XVIIIe siècle qui s'est traduite par la suppression radicale des impôts légués par l'Ancien régime et

procédures précontentieuses et contentieuses[32] mettant au prise l'administration fiscale et le contribuable, a pendant longtemps été envisagée essentiellement sous l'angle des pouvoirs et des prérogatives de l'administration et non des droits et garanties du contribuable. Le droit des procédures fiscales n'était alors qu'un amas de règles encadrant le calcul de l'assiette et du taux de l'impôt dû ou de règles régissant les procédures de contrôle, de recouvrement et de redressement. Nulle part, trace, comme en procédure pénale de droits en faveur de l'individu en cause. Le contribuable n'étant pas considéré comme un sujet de droit, c'est-à-dire comme une personne titulaire de droits subjectifs (droit au respect de la propriété ou droit au respect de la vie privée).

D'ailleurs, on ne trouve ni dans le Code général des impôts, ni dans le Livre des procédures fiscales de définition de ce contribuable[33], à l'instar du consommateur qui n'est pas défini dans le Code de la consommation[34]. On peut cependant en apporter la définition suivante : le contribuable (qui vient du verbe latin *contribuere*, que l'on traduit par contribuer) est celui qui contribue aux dépenses de la nation. Plus précisément, c'est celui qui supporte la charge juridique de la contribution (impôt, taxe...). Il peut s'agir aussi bien d'une personne physique que d'une personne morale, c'est dans ce sens large que nous emploierons le vocable de contribuable dans notre étude. En Allemagne, il est appelé *steuerzahler*, en Espagne, *contribuyente*[35] et dans les pays

---

particulièrement des impôts indirects, en raison de leur caractère anti-social », C. Laroche, *La structure et la nature du contentieux de l'imposition*, in *Histoire du droit des finances publiques*, vol. II, p. 576.

[31] C'est-à-dire les procédures qui régissent les prérogatives de l'administration et les garanties du contribuable tout au long du processus d'imposition, de la délimitation de l'assiette au recouvrement de l'impôt en passant par sa liquidation.

[32] Procédures de règlement alternatif des conflits et contentieux de l'assiette, du recouvrement, sans oublier le recours pour excès de pouvoir ou en responsabilité.

[33] Ce qui est regrettable et lourd de conséquences comme l'a relevé un auteur : « Ainsi, sans qu'on puisse déceler la moindre intention conceptuelle, le terme de *contribuable* est utilisé concurremment avec ceux d'assujetti ou de redevable, et parfois, dans le même dispositif légal, ils sont mentionnés en tant que synonymes. Cette désinvolture linguistique provoque certaines difficultés lorsque dans le processus fiscal, interviennent pour une seule et même imposition plusieurs personnes car parmi celles-ci le choix de celle qui supportera les obligations est loin d'être indifférent » ; G. Tournié, *De l'impôt et des mots : réflexions sur le déficit conceptuel du droit fiscal*, in *Constitution et finances publiques* (études en l'honneur de Loïc Philip), Economica, 2005, p. 608.

[34] J. Calais-Auloy et F. Steinmetz, *Droit de la consommation*, 6e éd., Dalloz, 2003, p. 3.

[35] Étant arrivé ici à la première mention d'un terme juridique étranger, il me paraît indiqué d'expliquer notre démarche concernant l'emploi de notions de droits étrangers.

anglo-saxons, *taxpayer*. En droit espagnol, le contribuable appartient à la catégorie générique de sujet passif (*sujeto pasivo*[36]), même si ces notions se confondent très souvent dans les faits[37]. Il est défini également comme la personne qui supporte la charge de l'impôt[38]. La charge de l'impôt ou charge fiscale n'étant pas autre chose que l'obligation fiscale[39] qui consiste en le paiement de la dette d'impôt[40]. On peut trouver le contribuable désigné sous d'autres termes, comme usager voire client[41] dans les pays anglo-saxons. On distingue habituellement le contribuable du redevable « qui est la personne à laquelle le fisc peut

---

Certains comparatistes tels que R. Sacco (*Introduzione al diritto comparato*, 5e éd., Turin, UTET, 1992, pp. 40-41) se prononcent pour leur non-traduction. Pierre Legrand lui énonce trois démarches possibles. La première consisterait « à emprunter le terme de la langue de départ pour l'insérer tel quel dans la langue d'arrivée » dans le cas d'un terme intraduisible. La deuxième, consiste à « exprimer le terme de la langue de départ au moyen d'un mot dans la langue d'arrivée qui soit dépouillée de son sens ordinaire ». La troisième et dernière consiste à « conférer un sens approché au mot de la langue de départ dans la langue d'arrivée au moyen d'un terme dont les implications pragmatiques sur le plan de la signification lui sont assimilables ». Pierre Legrand, *Le droit comparé*, « Que sais-je ? », PUF, 1999, p. 25. Pensant qu'il est plus bénéfique pour la compréhension de traduire, nous nous efforcerons en adéquation avec ces préceptes de traduire au plus juste et de nous contenter du terme juridique d'origine quant il n'est pas traduisible. Dans tous les cas, nous donnerons quand il est possible, le plus souvent, le mot d'origine et sa traduction.

[36] La notion de sujet passif a été élaborée par la doctrine espagnole qui fut influencée par le droit fiscal italien. Elle comprend les contribuables (*contribuyentes*) qui sont tenus à l'obligation fiscale principale alors que ne sont tenus notamment qu'à une obligation fiscale non principale les débiteurs qui ne sont pas des contribuables (Sect. 1a, ch. III, titre préliminaire, *Reglamento General de Recaudacion*). Cette catégorie englobe notamment : les responsables (*responsables*) solidaires et subsidiaires, les héritiers et légataires et les personnes qui ont commis une infraction fiscale (*infractores*). Ces dernières sont débitrices d'une obligation différente de l'obligation fiscale principale, leur obligation au paiement ayant pour source une sanction.

La *Ley General Tributaria* (art. 30) définit ainsi le sujet passif : *es « la persona natural o juridica que segun la Ley resulta obligada al cumplimiento de las prestaciones tributarias, sea como contribuyente o como sustituto del mismo ».*

[37] L. Corral Guerrero, *Contribuyente*, in *Estudios de derecho financiero y tributario*, Homenage al Professor Fernando Vicente-Arche Domingo, *Revista de la facultad de derecho de la Universidad Complutense* 1996, p. 101.

[38] Art. 31-1 *LGT* : « *Es contribuyente la persona natural o juridica a quien la Ley impone la carga tributaria derivada del hecho imponible, aun en el caso de que realice su traslacion a otras personas* ».

[39] En ce sens : M. Cortes Dominguez, *Ordenamiento tributario espanol*, Madrid, Ed. Civitas, 1977, p. 301 : *« la carga tributaria no puede ser otra cosa que la obligacion tributaria »*.

[40] Art. 35-1 *LGT*.

[41] *Cf.* OCDE, *Administration as service. The public as Client*, Paris, 1987 ; *Cf. infra* n° 18.

demander le paiement de l'imposition bien qu'elle n'ait pas été établie en son nom »[42].

La reconnaissance de droits au contribuable a été tardive. À Rome, jusqu'à la fin de l'empire, le contribuable coupable de fausse déclaration lors du recensement quinquennal, s'exposait à la peine de mort et à la confiscation de ses biens[43]. C'est qu'on a du assister en matière fiscale « avec à peu près cent ans de retard dans cette branche du droit public, au passage d'une simple application de réglementation, à la prise en considération d'un véritable droit... »[44], évolution qui a permis de limiter l'arbitraire législatif et réglementaire. La juridicisation des rapports entre contribuables et l'administration des impôts est un phénomène récent[45] : « L'idée même que le contribuable puisse avoir des droits est dans une certaine mesure, une idée neuve, traditionnellement, le contribuable a des devoirs avant d'avoir des droits. »[46] Cet aveu d'un ancien directeur général des impôts à l'heure où la question des droits du contribuable est une préoccupation et un enjeu majeur pour de nombreux pays[47], est une remarquable synthèse de

[42] P.- M. Gaudemet et J. Molinier, *Finances publiques*, t. 2, 6e éd., Montchrestien, p. 202. Le plus souvent, la distinction n'a un intérêt que théorique, car dans la plupart des cas le contribuable est en même temps redevable. Mais dans deux hypothèses, le contribuable se distingue du redevable :

- l'insolvabilité du contribuable par le jeu de la solidarité ;
- le recouvrement de l'impôt par voie de retenue à la source.

[43] « *Si quis declinet fidem censuum, capitale subibit exitium et bona ejus in fisci jus migrabunt* », Code théodosien ; *De censitoribus*, 1, 10, cité dans P. Di Malta, *Droit fiscal pénal*, PUF, 1992, p. 12.

[44] J.-J. Bienvenu et T. Lambert, *Droit fiscal*, 3e éd., PUF, 2003, n° 3.

[45] « Cette juridicisation représente sans aucun doute un facteur déterminant d'amélioration de la qualité des rapports entre contribuables et l'Administration fiscale. Elle constitue une garantie essentielle contre l'arbitraire fiscal dans le sens où elle est la source d'un rééquilibrage des rapports entre le contribuable et l'administration au même titre que les garanties qui lui sont offertes par ailleurs » ; M. Bouvier, *La question de l'impôt idéal*, *Archives de philosophie du droit*, *L'impôt*, t. 46, p. 21. *Cf.* également : M.-C. Esclassan, *A propos de la juridicisation du droit fiscal : quelques éléments d'analyse*, *RFFP* 1993, n° 41.

[46] Extrait de la communication de F. Villeroy de Galhau lors d'un colloque organisé par la Chambre de Commerce et d'Industrie de Paris sur les droits des contribuables ; *Droits du contribuable : état des lieux et perspectives,* Economica, 2002, p. 160.

[47] Ainsi en Russie, où « la question politique de la priorité à donner au renforcement du statut du contribuable dans le Code fiscal se pose », M. Leroy, *Sociologie de l'impôt*, « Que sais-je ? », PUF, 2002, p. 30. *Cf.* pour le continent africain : P. Alaka Alaka, *Libres propos sur « l'africanisation de l'impôt » et de son droit*, *Droit et Économie* 2006, n° 97, pp. 20-27.

l'idéologie qui a guidé l'administration fiscale française et plus généralement les administrations fiscales occidentales pendant de longues années, avant qu'un changement profond d'attitude ne se produise ces deux dernières décennies.

3. L'idée majeure qui a conduit les États occidentaux à légiférer dans le domaine des relations entre l'administration fiscale et le contribuable (même si les garanties et droits accordés aux contribuables sont encore parfois perçus par les services fiscaux comme un encouragement à la fraude) est que ces « concessions » entraînent une meilleure acceptation de l'impôt par le contribuable. Car le système fiscal considéré comme injuste, où les contribuables ne se sentiraient pas à l'abri contre les pouvoirs exorbitants de l'administration, distillerait les germes de la contestation. Le rejet massif de l'impôt aurait alors de graves répercussions budgétaires, mais également politiques[48]. Les exemples de révoltes causés par des lois fiscales injustes dans les siècles passés, sont suffisamment vivaces dans les esprits des gouvernants, pour qu'ils cherchent aujourd'hui à éviter les errements antérieurs.

4. La relation État-Contribuable n'est en réalité qu'un prisme de la relation plus large entre l'État et le citoyen[49]. Les premières normes limitant le pouvoir politique en Espagne furent ainsi adoptées en matière fiscale ; dès 1188, le Parlement de Leon posa le principe du consentement à l'impôt[50]. La question de la relation État- citoyen est ancienne et a passionné philosophes et juristes de tout temps. L'économiste et politologue anglais John Stuart Mill, consacra ainsi son

---

Il est intéressant de constater que la question des droits du contribuable dans ce pays pose problème, car pouvant gêner les forts pouvoirs de l'Administration fiscale nécessaires au difficile recouvrement des impôts en Russie. Ce qui laisserait à penser que seuls les pays parvenus à une certaine maturité de leur système fiscal puissent se préoccuper du problème des droits du contribuable.

[48] A. Magnant, *Les grands principes du droit fiscal,* Les notices, *Les Finances publiques* (sous la direction d'Armand Laferrère), La Documentation française, 2000, 192 p.

[49] En ce sens: Sean Moriarty, *Managing the landscape of relationships with the taxpayer*, Londres, Fiscal publications, 1998, qui considère que la fiscalité est et reste l'aire majeure des contacts entre gouvernement et citoyen, p. 138 ; G. Morse et D. Willams, *Davies. Principles of tax law*, 4e éd., Sweet and Maxwell, 2000, n° 1-11 : " *If you look at any book on constitutional and administrative law, you will see a significant number of tax cases cited. It is precisely because it is only through such cases that the balance has been struck between the Executive and the Taxpayer*".

[50] Suivi en 1308 par Valladolid et Medina del Campo en 1328 ; A. Fernandez Cuevas, *El estatuto del contribuyente*, p. 23

ouvrage intitulé « *De la liberté* » à cette relation passionnelle et souvent conflictuelle où il perçut rapidement que « la question de la nature et des limites que la société peut légitimement exercer sur un individu (...) devrait bientôt s'imposer comme la question vitale de l'avenir »[51]. Pour John Rawls, « la liberté ne peut qu'être limitée qu'au nom de la liberté elle-même »[52].

5. Aborder la question des droits du contribuable, c'est donc surtout soulever la question de la limite des pouvoirs de l'État face aux libertés et droits reconnus par différents textes à ses citoyens en leur qualité de contribuable[53]. La procédure de la perquisition fiscale n'est pas décriée sans raison. Elle est celle où les prérogatives de l'administration des impôts sont les plus vastes et où les atteintes à des droits fondamentaux, comme le secret des correspondances, le respect de la vie privée ou l'inviolabilité du domicile sont de fait flagrantes.

6. Le difficile arbitrage entre la liberté des citoyens et les prérogatives importantes reconnues à l'État afin de contrôler et de recouvrer l'imposition due, constitue la question fondamentale de la procédure fiscale. « Un des acquis de la démocratie est de savoir gérer l'impôt dans la marge étroite qui existe entre contrainte et liberté, entre lutte contre la fraude et garanties du contribuable, tout en restant sur le fil du rasoir entre consentement et résistance. »[54]

7. Il faut alors trouver une limite dira-t-on à l'ingérence légitime de l'opinion collective dans l'indépendance individuelle et la défendre

---

[51] J. Stuart Mill, *De la liberté*, Folio « Essais », p. 61.
[52] J. Rawls, *Théorie de la justice*, « Essais », Éditions du Seuil, p. 280.
[53] *Cf.* en ce sens l'avant propos du ministre délégué au Budget et à la réforme de l'État à la Charte du contribuable de 2005 : « Mon ambition est, avec ce document, de trouver le juste équilibre entre l'exercice légitime de la mission du service public fiscal et les attentes, tout aussi légitimes, qui sont les vôtres. Je souhaite ancrer cet équilibre dans une relation apaisée et fondée sur la confiance mutuelle ».
Cf. également : Y. Cousin, rapport d'information n° 1064 « *Relations entre l'administration fiscale et les contribuables* : « On peut définir les relations entre l'administration fiscale et les contribuables comme l'ensemble des contactes de toute nature qu'entretiennent ces deux « ensembles ». Ces contacts sont nécessairement empreints d'une tension dont l'origine est à rechercher dans la confrontation de certains des principes qui fondent et animent le cœur de notre vie démocratique. (...) Il revient bien sûr à la loi de créer les conditions d'une tension équilibrée entre ces deux éléments, puisqu'elle doit notamment fixer les règles concernant « l'assiette, le taux et les modalités de recouvrement des impositions de toutes natures » aux termes du sixième alinéa de l'article 34 de la Constitution. »
[54] A. Barilari, *Le consentement à l'impôt*, Presses de Sciences Po, 2000, p. 13.

contre tout empiètement éventuel », mais si cette question est soluble en théorie, il en va différemment dans la pratique. Où instaurer cette fameuse limite ? D'après Stuart Mill « trouver le juste milieu entre indépendance individuelle et contrôle social est un domaine où presque tout reste à explorer »[55]. Benjamin Constant tentait d'apporter une réponse en relevant qu'« au point où commence l'indépendance et l'existence individuelle, s'arrête la juridiction de cette souveraineté »[56].

8. Si, dans bien des domaines, ce juste milieu a été trouvé depuis le XIXe siècle, la procédure fiscale au sens large (contentieuse et non contentieuse) démontre *a contrario* que la recherche du « juste milieu » entre liberté et contrôle social reste un sujet de réflexion vivace[57]. Certains proposent le principe d'équité, entendu comme proportionnalité[58], comme outil permettant de parvenir à cet équilibre entre obligations et droits du contribuable dont parle le préambule de la Charte du contribuable (méthode utilisée par le Conseil constitutionnel[59], le Conseil d'État[60] ou la Cour européenne des droits de l'homme[61] pour

---

[55] J. Stuart Mill, *op. cit.*, p. 67.

[56] B. Constant, *Écrits politiques*, Folio, « Essais », 1997, p. 313.

[57] Encore qu'on puisse se demander si la recherche d'un juste milieu entre sécurité et liberté en procédure pénale a été résolue ou restera toujours un sujet de réflexion pour les juristes de tout siècle (la recherche de l'équilibre étant une recherche permanente). À l'instar de la procédure fiscale, la procédure pénale doit concilier les intérêts de la société « qui ne peut tolérer de laisser se développer le crime dans un Etat de droit » et les « intérêts de la personne poursuivie et, même du délinquant, dont l'honneur et la liberté sont en cause ». Ces exigences contradictoires font courir le risque à la procédure pénale, de ne pas répondre à son objectif qui est l'atteinte d'un certain équilibre ; S. Guinchard et J. Buisson, *Procédure pénale*, pp. 2- 4.

[58] C'est d'ailleurs un principe récent qui a tendance à s'affirmer dans la plupart des États européens ; *Cf.* C. David, *Réflexions sur les aspects processuels de la justice fiscale*, *op. cit.*, p. 220.

[59] *Cf.* Cons. const., 12 janv. 1977, Déc. n° 76-75 DC ; *Fouille des véhicules, Rec.*, p. 33 ; *D.* 1978. 173, note Hamon et Léauté ; *RD Publ.* 1978. 821, note Favoreu, *RJC*, I, 45 ; *Grandes décisions*, 9e éd., n° 24 ; Déc. n° 94-352 DC, 18 janv. 1995 ; *Rec.* p. 170, *JCP* 1995. II. 22 525, note Lafay ; *RD Publ.* 1995. 577, comm. F. Luchaire.

[60] CE, 19 mai 1933, *Benjamin*, *D.* 1933.3.354, concl. Michel ; *S.* 1934.3.1, concl. Michel, note Mestre ; *GAJA*, 11e éd., n° 52.

[61] La Cour européenne des droits de l'homme utilise fréquemment la méthode de la proportionnalité, lorsqu' elle est conduite à résoudre « des conflits d'intérêts exprimés en conflit de droit », ce qui se traduit par un contrôle des finalités, de la nécessité et de l'excès ; S. Guinchard, M. Bandrac, X. Lagarde et M. Douchy-Oudot et *alii, Droit processuel*, 2e éd., p. 773.
Cette méthode est bien connue dans les pays occidentaux et quand il existe des juridictions constitutionnelles, elle constitue une des techniques fondamentales de protection des libertés

résoudre les conflits d'intérêts)[62]. Le droit n'est-il pas d'ailleurs l'art du bon et de l'équitable (*Jus est ars boni et aequi*)[63]. Faustin Hélie soulignait dès 1866, dans son Traité de l'instruction criminelle cette difficulté en procédure pénale de trouver un équilibre « entre deux intérêts également puissants, également sacrés, qui veulent à la fois être protégés, l'intérêt général de la société qui veut la juste et prompte répression des délits, l'intérêt social des accusés qui lui est aussi un intérêt social et qui exige une complète garantie des droits de la collectivité et de la défense »[64]. Cet équilibre ardemment recherché en procédure fiscale comme pénale[65] se retrouve dans les textes ou dans la jurisprudence qu'elle soit constitutionnelle ou judiciaire. L'article 304 du Code de procédure pénale semble même se décharger de cette recherche ardue sur les jurés-citoyens aux assises, quand il les conjure « de ne trahir ni les intérêts de l'accusé, ni ceux de la société qui l'accuse ». Le respect des droits de la défense et le droit à un procès équitable sont également symptomatiques de cette recherche de plus de justice et d'équilibre entre les parties dans les procédures. On retrouve le même type de problématique en droit civil, concernant les atteintes prévues à la vie de l'embryon justifiée par la protection des droits appartenant à la mère[66] ou en droit du travail concernant les restrictions apportées par un règlement intérieur à la liberté des salariés de l'entreprise [67].

---

[62] R. Fournie, *Les nouveaux moyens de contrôle de l'administration*, pp. 31-34 ; C. David, *Le principe de proportionnalité du point de vue fiscal en Droit communautaire et Droit français*, in Mélanges Tipke, Cologne, Otto Schmidt, 1995, pp. 511-536.

[63] *Juri operam daturum prius nosse opertet, unde nomen juris descendat. Est autem a justitia appelatum : nam ut eleganter Celsus definit, jus est ars boni et aequi. Jus est ars boni et aequi, Digeste.* 1, 1, 1.

[64] F. Hélie, *Traité de l'instruction criminelle*, t. 1, 2e éd., 1866, p. 4.

[65]*Cf.* J. Pradel, *Notre procédure pénale défend-elle l'intérêt général*, *Revue pénitentiaire et de droit pénal* 2005, n° 3, pp. 503-525, spéc. p. 503 : l'auteur relève la contradiction entre cette hantise de l'idéal d'équilibre cher au juge et au législateur et le peu de référence dans le même temps à la notion de l'intérêt général dans le droit positif : « Législateur et juge parlent bien du bon père de famille, d'ordre public et des bonnes mœurs, de la bonne administration de la justice, de l'égalité des armes… mais de l'intérêt général quasiment pas ».

[66] B. Mathieu, *La recherche sur l'embryon au regard des droits fondamentaux constitutionnels*, *D.* 1999, n° 41, pp. 451- 456 : « Ainsi dans un contexte favorable au développement des droits de la femme et de la défense de son autonomie, la protection de l'embryon est ainsi apparue, socialement et politiquement, comme un obstacle dressé au mouvement d'émancipation de la femme ».

[67] CE, 1er févr. 1980, *Ministre du travail c. Société « Peintures Corona »*, *Dr. soc.* 1980. 407, chron. Robineau et Feffer (où était en cause la légalité d'un règlement

§ 2. Historique des droits du contribuable

9. Si en France, l'administration fiscale existait dès le XVIe siècle sous la forme des bureaux des finances, puis sous celle des intendants de province qui devaient s'assurer notamment du recouvrement de l'impôt avec l'aide éventuelle de la force publique[68], aucun texte ne venait régir les différentes procédures (d'évaluation de la matière imposable ou de recouvrement). De ce manque de transparence, résulteront de violentes révoltes fiscales, comme celle des pays charentais et bordelais en 1548 qui eurent pour cause l'enrichissement malhonnête des agents recouvrant la gabelle. La première date charnière dans la lente constitution d'un statut du contribuable est le 26 août 1789 avec la Déclaration des droits de l'homme et du citoyen qui pose respectivement les principes majeurs de légalité de l'impôt et du consentement à l'impôt[69] (art. 14), le principe de nécessité et de proportionnalité de l'impôt et d'égalité devant l'impôt (art. 13), et l'interdiction des peines fondées sur des lois postérieures à la commission du délit en son article 8 (qui viendra justifier la prohibition de toute sanction fiscale rétroactive).

10. Les droits du contribuable vont apparaître avec l'évolution de la technique de l'administration de l'impôt. La période révolutionnaire connaissait une fiscalité « indiciaire »[70] qui conduisait l'administration à opérer des recensements et à dresser des rôles. Le contrôle fiscal n'existait pas encore. Il est intéressant de constater que, pour les révolutionnaires, les impôts indiciaires devaient concilier dans l'esprit de la Déclaration de 1789, contribution commune et respect des libertés individuelles, en évitant toute intrusion des agents des impôts dans la demeure ou les affaires du contribuable[71]. C'est « avec l'apparition

---

intérieur d'une entreprise) : le Conseil d'État a recherché si l'atteinte apportée à la liberté des salariés de l'entreprise était justifiée au regard des finalités légitimes du règlement intérieur.

[68] G. Ardant, *Histoire de l'impôt*, Livre I, Fayard, p. 456.

[69] *Cf.* A. Barilari, *Le consentement à l'impôt*, *op. cit.*

[70] Les impôts indiciaires « avaient pour caractère commun de reposer sur une connaissance approchée de la réalité qu'ils renonçaient à saisir directement » (G. Ardant, *Histoire de l'impôt*, Livre II, p. 321 et s.), l'exemple le plus illustre est celui de l'impôt sur les portes et fenêtres.

C'était donc une fiscalité à dire basée sur des signes extérieurs, éléments objectifs facilement vérifiables par l'administration comme la superficie foncière, l'importance d'une boutique…

[71] G. Ardant, *ibid.*, p. 322. *Cf.* pour une apologie du système indiciaire : *Traité des contributions indirectes en France*, t. I, chap. IV, p. 61 publié par Gervaise en 1822

d'impôts à base plus personnalisée et prenant en compte tous les éléments de patrimoine et de revenus, que la technique déclarative s'est introduite dans la relation entre le contribuable et le fisc.[72] » Or la technique déclarative suppose un contrôle *a posteriori*, même si on fait confiance par essence au contribuable, car on lui délègue les tâches que l'administration remplissait auparavant. Un auteur espagnol rappelle ainsi que l'instauration de l'impôt sur le revenu en Europe suscita de nombreux débats sur « le fait que cette technique d'imposition débordait sur la sphère individuelle »[73]. Avec le développement des prérogatives de contrôle confiées au fisc, il fut nécessaire pour rééquilibrer la balance de reconnaître des droits au contribuable, inspirés essentiellement des droits de la défense du droit pénal. Mais ce n'est qu'en 1954, que de réelles garanties d'ordre procédurales seront accordées aux contribuables.

Une loi du 14 août 1954 (actuel article L. 54 B LPF) introduisit en matière de redressement, l'obligation pour la notification de la proposition de redressement de mentionner sous peine de nullité, la possibilité pour le contribuable de se faire assister d'un conseil de son choix. Une loi du 2 avril 1955 et un décret du 30 avril de la même année ont également accordé au contribuable la faculté, à l'occasion d'une vérification de se faire assister par un conseil de son choix et l'administration est tenue de l'informer de cette possibilité sous peine de nullité de la vérification (art. L. 47 LPF). Autre garantie importante accordée, l'impossibilité pour l'administration, lorsqu'une vérification de comptabilité est terminée, d'effectuer une nouvelle vérification pour les mêmes impôts et pour les mêmes périodes (art. L. 51 LPF). On note également, la limitation de la durée de la vérification sur place de la comptabilité des contribuables commerçants dont le chiffre d'affaires n'excède pas un certain montant, à trois mois. Après les lois de 1954 et 1955, les bases de la défense du contribuable sont finalement posées, il ne restait plus qu'à les élargir et les compléter, ce qui sera chose pratiquement faite lors de la seconde phase.

(Ardant, *Histoire de l'impôt, ibid.*, p. 322) : « Le mode de contributions doit être tel que chacun contribue en proportion de sa fortune ; mais la réalité des fortunes ne peut être connue, et dès lors il a fallu chercher les signes ordinaires par lesquels la fortune se manifeste. Jusqu'à présent, on n'en a point trouvé de plus évidents que le revenu des biens-fonds, la nature des professions et l'étendue des habitations ».

[72] A. Barilari, *op. cit.*, p. 46.

[73] F. Pérez Royo, *Une certaine vision du devoir de contribuer*, Colloque sur la réforme des finances publiques en France et en Espagne, Paris, 22 et 23 févr. 2007, GERFIP-Université Complutense de Madrid.

11. Phase que l'on peut faire débuter en 1976, qui fut une autre date charnière en France, pour l'avancée des droits et garanties du contribuable. La Charte du contribuable vérifié[74] est instituée par l'administration et des garanties nouvelles sont créées en matière de vérification approfondie de la situation fiscale d'ensemble (VASFE) d'une personne physique par l'article 67 de la loi de finances pour 1976 (L. n° 75-1278, 30 déc. 1975). L'article 1649 *quinquies* A du CGI[75] instaure une nouvelle obligation à la charge de l'administration qui se voit contrainte d'informer le contribuable des résultats de la vérification de sa situation fiscale, même en l'absence de redressement. Et lui interdit de procéder à de nouveaux redressements pour les déclarations déjà vérifiées, sous réserve, que le contribuable ne lui ait pas fourni des informations incomplètes ou inexactes[76]. La loi n° 77-1453 du 29 décembre 1977 apporte également deux garanties supplémentaires, en alignant la VASFE sur la vérification de comptabilité. Ainsi, la procédure de vérification de la situation personnelle ne peut débuter sans l'envoi préalable d'un avis de vérification précisant les années soumises à vérification. Et le contribuable doit être averti de la possibilité de se faire assister d'un conseil de son choix, sous peine de nullité de la procédure[77].

12. On n'oubliera pas l'importance pratique, peu soulignée de la loi n° 78-753 du 17 juillet 1978 sur la liberté d'accès aux documents administratifs qui permet, en application de son article 1er, aux

---

[74] Une instruction du 18 mai 1976, non publiée au Journal Officiel, est intéressante à plus d'un titre, notamment en ce qu'elle montre la volonté de l'administration de personnaliser les voies de recours, en indiquant dans l'avis de vérification le nom et l'adresse de l'inspecteur principal, supérieur hiérarchique direct du vérificateur, et les mêmes renseignements concernant l'interlocuteur départemental ; J. Bruron, *Droits et garanties du contribuable vérifié*, coll. « Systèmes », LGDJ, 1991 p. 10.
On reconnaît ici au moins l'influence d'une des maximes ayant guidé les réformes successives en matière de droits du contribuable : la transparence.

[75] Aujourd'hui abrogé, mais dont les dispositions sont aujourd'hui intégrées dans le Livre des procédures fiscales (art. L. 49, L. 50).

[76] Disposition qui confortait celle de l'article L. 51 du LPF et protégeait le contribuable contre des « retours en arrière » de l'administration. La boucle était en quelque sorte bouclée.

[77] *Cf.* B. Castagnède, *La loi du 29 décembre 1977 accordant des garanties de procédure aux contribuables en matière fiscale et douanière*, *JCP* 1978, n° 2892 ; C. Gour, J. Molinier et G.Tournié, *La loi du 29 décembre 1977 accordant des garanties de procédure aux contribuables en matière fiscale*, *JCP N* 1978, 99 ; J.-P. Jarnevic, *Les garanties de procédure reconnues aux contribuables par la loi du 29 décembre 1977*, *JCP C. I* 1978, n° 12692.

contribuables d'avoir accès aux documents administratifs de caractère non nominatif[78] et en vertu de son article 3 de prendre connaissance des informations contenues dans un document administratif dont les textes lui sont opposés.

13. Une décennie plus tard, le gouvernement de l'époque met en place, peu après les élections de mars 1986, la Commission Aicardi du nom de son président. Sa mission fort vaste et ambitieuse[79] déboucha sur cinquante-deux propositions dont certaines furent retenues par la loi de finances rectificative n° 86-824 du 11 juillet 1986, la loi de finances n° 86-1317 pour 1987[80] du 30 décembre 1986, puis enfin par la loi

---

[78] Ces conditions d'accès ont été quelque peu améliorées par une instruction du 6 février 1997 (*BOI*, 13 1-9-97).

[79] En atteste, la lettre adressée par M. Édouard Balladur alors ministre de l'Économie et des Finances à M. Maurice Aicardi détaillant la mission qui lui était confiée :

« Elle devra étudier les diverses procédures existantes en matière de contrôle fiscal et douanier ainsi que les pénalités et sanctions applicables.

Elle s'attachera à proposer les réformes nécessaires pour assurer aux contribuables de meilleures garanties dans le respect des libertés fondamentales.

Ces propositions devront prendre en compte les impératifs légitimes du contrôle fiscal qui constitue la seule contrepartie du système déclaratif et la garantie d'une juste répartition des charges fiscales entre les citoyens. Elles devront également prendre en compte les objectifs spécifiques de la lutte contre la fraude et certains trafics de marchandises ».

Ce texte est réellement intéressant, car il pose le dilemme auquel se sont confrontées toutes les administrations fiscales occidentales, conciliation entre la nécessité du contrôle fiscal pour éviter des ruptures d'égalité devant l'impôt en cas de fraude et le respect des libertés et droits fondamentaux.

[80] Qui supprima en son article 81-1 la procédure de rectification d'office. Le principe devient alors le redressement contradictoire. L'article 81-III de loi de finances pour 1987 donna également la possibilité en matière contentieuse au contribuable d'invoquer un moyen nouveau durant la procédure, possibilité qui était jusque-là seulement l'apanage de l'Administration fiscale ; *Cf.* D. Richer, *Les droits du contribuable dans le contentieux fiscal.*

On relèvera également :

- la confirmation de l'obligation de motiver les redressements en matière d'insuffisance de prix ou d'évaluation ;
- abandon de la procédure de la taxation selon les dépenses ostensibles ou notoires (art. 271 LPF) ;
- mise en demeure obligatoire en cas de taxation d'office et d'évaluation d'office ;
- aménagement apporté à l'article 168 du CGI (sur ces points comme sur d'autres : *Cf.* S. Passeron, *La recherche d'un équilibre entre l'Administration fiscale et les droits du contribuable)* ;
- conditions d'exercice des visites domiciliaires en matière de contributions indirectes ;

n° 87-502 du 8 juillet 1987 modifiant les procédures fiscales et douanières.

14. Si les avancées législatives en matière fiscale ont été nombreuses et bénéfiques au contribuable, il ne faudrait pas oublier en France, le rôle notable joué par la jurisprudence administrative, constitutionnelle ou judiciaire concernant les droits et garanties du contribuable. Cette dernière se montrant d'ailleurs selon nous plus protectrice du contribuable que son homologue du Palais Royal[81]. Il en est ainsi, de l'obligation imposée par la Cour de cassation aux services fiscaux de mentionner les textes fondant la proposition de rectification sous peine de nullité de la procédure, contrairement à la position du Conseil d'État[82]. Ou encore de la charge de la preuve de l'envoi d'un avis à détenteur[83] et de la sanction de la pratique administrative contestable de l'abus de droit rampant[84]. On pensera également à son rôle de gardienne des libertés publiques dans le cas du droit de visite et de saisie de l'administration (art. L. 16 B LPF). Mais également dans la position prise pendant un temps par la chambre commerciale, qui reconnaissait au juge la faculté d'apprécier la proportionnalité de la sanction fiscale par rapport au comportement du contribuable par application de l'article 6-1 de la Convention européenne[85]. L'Assemblée plénière a aussi jugé

- nécessité de l'autorisation du juge hormis le cas de flagrance ;
- abandon de la charge de la preuve devant les commissions.

[81] On pensera à l'arrêt *Société Janfin* du Conseil d'État (CE, 27 sept. 2006) qui a pour conséquence de mettre en œuvre un « système procédural à deux vitesses en matière d'abus de droit, l'application des règles de droit commun dans le champ du principe de fraude à la loi et celles des règles spécifiques dans le champ de l'article L. 64 ». Le contribuable à qui on reproche une fraude à la loi ne peut bénéficier de la faculté de demander la saisine du comité consultatif pour la répression des abus de droit et se trouve par là même dans une situation procédurale moins avantageuse que celui qui serait présumé responsable d'un abus de droit classique (simulation, acte fictif) ; P. Dibout, *Répression des abus de droit en matière fiscale et principe de fraude à la loi. À propos de l'arrêt du Conseil d'État du 27 septembre 2006, Société Janfin, JCP E* 2006, n° 50, n° 2820. *Cf.* également : CE, 28 févr. 2007, n° 284565, *min. c/ Persicot* et n° 284566 ; 5 mars 2007, n° 284457, *Chalonges* ; Cass. com., 20 mars 2007, *Sté distribution Casino France.*

[82] *Cf. infra* n° 868 et s.

[83] *Cf. infra* n° 365.

[84] *Cf.* Cass. com., 9 juin 2004, *DF* 2004, n° 44-45, p. 1594, note Cozian ; *RJF* 11/04, n° 1202. Comp. CE, 30 juill. 2003, *DF* 2004, n° 1, comm. 338, concl. P. Collin ; *RJF* 11/03, n° 1273. Pour plus de détails : M. Cozian, *Précis de fiscalité des entreprises*, 30e éd., 2006, Litec, n° 1337.

[85] Cass. com., 29 avr. 1997, *Ferreira*, n° 1068 P, *Bull. civ. IV*, n° 110 ; *RJF*, 6/97, n° 641 ; *DF* 1997, n° 320-21, p. 700 ; *Cf. infra* n° 496.

en 1996 que le contribuable avait le droit à ce que sa cause soit entendue équitablement, publiquement et dans un délai raisonnable, par un tribunal indépendant et impartial, établi par la loi dans le respect de l'article 6-1[86]. Néanmoins, le recours plus fréquent et audacieux de la juridiction judiciaire par rapport au juge administratif à la Convention européenne comme source de protection juridique du contribuable[87] a connu récemment un revirement aussi brusque que regrettable[88]. La jurisprudence du Conseil constitutionnel qui a joué un rôle fondamental s'agissant de la « légalisation » du droit de visite et de saisie[89] et du droit à un procès équitable[90] sera développée plus en avant, mais on peut déjà souligner l'apport de ces décisions à la construction de cet édifice difficile qu'est ce *corpus* de droits du contribuable[91]. L'apport des Cours constitutionnelles est également considérable dans des pays tels que l'Allemagne ou l'Espagne. La jurisprudence de la Cour fédérale

---

[86] Cass. , Ass. plén., 14 juin 1996, *Kloeckner*, *DF* 1996, n° 30, comm. 986, concl. av. gén. Y. Monnet.

[87] De façon plus générale, la Cour de cassation use plus facilement que le Conseil d'État de la convention européenne, *Cf.* par exemple la jurisprudence des deux juridictions sur la COB et le Conseil de la concurrence :
Cass., Ass. plén., 5 févr. 1999, *COB/Oury*, *JCP* 1999.II.10060, note Matsopoulou (applicabilité de l'article 6 aux autorités administratives indépendantes qui exercent un pouvoir répressif) ; CE, 3 déc. 2000, *Didier*, *JCP* 2000. II.10267, note Sudre (recours à un principe de droit interne pour fonder l'impartialité plutôt qu'à la CESDH).

[88] Cass. com., 12 juill. 2004, *Crts Pelat* ; B. Hatoux, *Application de l'article 6§1 de la convention EDH au contentieux fiscal. Analyse et perspective d'un revirement du juge judiciaire*, *RJF* 2004, n° 11, pp. 804-807 ; *BOI*, 13 O-1-05, n° 5 du 7 janvier 2005 ; E. Garaud, *Droit au procès équitable : le champ d'application en matière fiscale s'amenuise*, *Les Petites Affiches* 2005, n° 10, pp. 16-19 ; T. Lambert, *L'article 6-1 de la convention EDH au contentieux fiscal : le revirement de la Cour de cassation*, *Les Petites Affiches* 2005, n° 19, pp. 9-13 ; *Cf. infra* n° 931 et s.

[89] Cons. const., 29 déc. 1983, Déc. n° 83-164 DC, *Rec.*, p. 137 ; 29 déc. 1984, Déc. n° 84-184 DC, 29 déc. 1984, *JO*, 30 déc. 1984 ; *Rec.*, p. 94, *DF* 1985, c. 56 ; *RJF* 1985. 250 ; P.-F. Racine, *Droit de visite et de saisie : après la décision du Conseil constitutionnel*, *Doc. Lefèbvre*, FR 2/85 ; O. Fouquet, *Pouvoirs d'investigations de l'administration fiscale*, *RFDA* 1985. 755. *Cf. infra* n° 75 et s.

[90] *Cf.* notamment : Cons. const., 30 déc. 1982, Déc. n° 82-155 DC, *Rec.* p. 88 : assimilation des sanctions fiscales aux sanctions pénales, *Cf. infra* n° 471 ; Déc. n° 86-223 DC, 29 déc. 1986, *Rec.*, p. 184 : où il exige que le recours à la rétroactivité en matière fiscale soit justifié par un motif d'intérêt général. Pour plus de détails, *Cf.* L. Philip, *Le procès équitable dans la jurisprudence du Conseil constitutionnel*, *RFFP* 2003, n° 83, pp. 11-24.

[91] *Cf.* la synthèse effectuée par Loïc Philip, *Droit fiscal constitutionnel*, Economica, 1990, 220 p.

constitutionnelle allemande en matière de droits fondamentaux porte en effet souvent sur des questions touchant à la matière fiscale[92].

15. Certains auteurs ont tenté de grouper par phases cette éclosion et cette évolution des droits (qui sont de valeurs juridiques variables, certains ont une portée constitutionnelle et d'autres, une simple portée juridique générale) accordés aux contribuables durant la seconde moitié du vingtième siècle dans les pays développés[93]. On peut identifier plus précisément les différents types de droits accordés aux contribuables ces dernières décennies, en distinguant trois périodes :

La première correspond logiquement à l'établissement des systèmes fiscaux modernes. La protection du contribuable dépend alors de textes généraux et des constitutions nationales.

La seconde, qui va de la fin de la Seconde Guerre mondiale jusqu'aux années 1970, et qui coïncide avec l'élargissement de l'assiette fiscale qui devient plus complète, voit la relation administration-contribuable s'accroître de façon vertigineuse. La raison tient à l'accroissement de la base imposable et donc aux informations grandissantes que doivent fournir les contribuables aux services fiscaux. On assiste alors à l'éclosion de textes régissant certains aspects de cette relation, comme les informations confidentielles dont a eu connaissance l'administration. Les juridictions ne seront pas en reste et développent à travers leurs jurisprudences, ces droits du contribuable en leur donnant une réelle assise juridique. Durant cette période, naissent également des guides à usage interne concernant les procédures fiscales, qui aident les agents des impôts à se guider à travers une législation fiscale de plus en plus dense et complexe.

La dernière période de cette éclosion que l'on situe durant les deux dernières décennies du vingtième siècle est à proprement parler celle « des droits du contribuable », générés par une combinaison de développements nationaux et internationaux guidés par la recherche d'un plus grand développement économique et par la diminution des entraves au commerce. Au niveau national, les années 80 et 90, périodes de

---

[92] W. Oepen et G. Partmann, *op. cit.*, p. 516.
[93] D. Bentley (sous la direction de), *Taxpayer's rights : an international perspective*, Gold coast Queensland (Australie), The Revenue Law Journal, 1998, pp. 11-13

réformes fiscales[94] virent ainsi à travers les notions d'équité, d'efficacité et de simplicité, la naissance des droits accordés aux contribuables en liaison souvent avec ces changements. Au plan international, les traités internationaux ont apporté leur contribution aux droits du contribuable. L'exemple frappant se trouve dans les conventions de double imposition, où on inclut la clause de non-discrimination[95]. Les traités ayant pour objet les droits de l'homme, ont aussi vu certaines de leurs dispositions étendues au redevable, faisant de ce dernier un sujet de droit à part entière.

16. On note également l'apparition de Chartes en droit fiscal, à l'instar de ce qui se faisait dans des entreprises ou dans d'autres administrations publiques. Les guides et brochures auparavant réservés aux agents du fisc sont publiés et portés à l'attention de tous, et ceci, dans un souci de transparence. Un effort sur l'image est fait, les agents des impôts essayant de « gommer » l'aspect implacable et l'apparence nébuleuse que peut avoir l'administration des impôts afin de se montrer respectueux, disponibles et courtois envers l'administré[96]. La communication et l'information jouent désormais un rôle clé dans la « politique » des administrations fiscales[97]. L'intelligibilité de la loi ne

---

[94] Le Royaume-Uni à partir de 1984 et la Norvège et la Suède à la fin des années 80 ont entrepris des réformes fiscales ; *Cf.* : C. Heckly, *La politique fiscale dans les pays industrialisés*, Dunod, 1999, pp. 46-55.

[95] *Cf.* art. 24 de la convention modèle OCDE concernant le revenu et la fortune et, CJCE, 14 févr. 1995, *Schumacker*, aff. c-279/93, *RJF* 3/95, n° 425 : une discrimination ne peut consister que dans l'application de règles différentes à des situations comparables ou bien dans l'application de la même règle à des situations différentes. *Cf.* B. Gouthière, *Les impôts dans les affaires internationales,* 1998, n° 2720 s. et *infra* n° 44.

[96] *Cf.* par ex.: la Charte du contribuable anglaise (*The United Kingdom Taxpayer's Charter*) : « *you are entitled to expect the Revenue to help you to get tax affairs right, to understand your rights and obligations, by providing clear leaflets and forms, by giving you information and assistance at our enquiry offices, by being courteous at all times* » ou la Charte australienne du contribuable (*Australian Taxpayer's Charter*) : " *You can expect the Tax office to offer you professional service an assistance to help you to understand and meet your tax obligations*".
L'étude de l'OCDE de 1990 sur les droits du contribuable dans les pays membres de l'OCDE avait plus particulièrement mis l'accent sur la notion de courtoisie : " *An efficient tax administration also requires that taxpayer are treated in a corteous and efficient manner and that the possibility of dialogue between the administration and the taxpayer is provided*" ; *Droits et obligations des contribuables. Description de la situation légale dans les pays de l'OCDE,* OCDE, 1990.

[97] Ces nouveaux mots d'ordre ne sont pas réservés qu'aux administrations des pays de l'OCDE, la Direction générale des impôts algérienne a ainsi accompli de nombreux

serait donc plus un mirage pour le droit fiscal ? Si des efforts louables ont été accomplis, le chemin à parcourir reste encore cependant long pour atteindre cet objectif dans cette discipline comme dans d'autres[98].

17. C'est durant la période des années 80 que Ken Messere[99] date l'apparition d'une protection des droits du contribuable dans les pays occidentaux : « quand les niveaux de croissance, d'emploi et d'inflation étaient bas et où la perception des électeurs était que le système fiscal était injuste, inefficace, et inutilement compliqué, les gouvernements ont été persuadés qu'une réforme fiscale pouvait être un vote gagnant plutôt qu'un vote perdu »[100]. Au même moment, les rapports d'agences gouvernementales ou de commissions *ad hoc* ont permis d'identifier les critères devant servir de base à une réforme fiscale. Inspirés par les critères déjà définis en 1776 par l'économiste anglais Adam Smith dans son célèbre ouvrage *Des recherches sur la nature et les causes de la richesse des nations*[101], les notions d'équité, d'efficacité et de simplicité

---

efforts dans le sens d'une communication accrue, ces dernières années, par le biais de recours aux moyens contemporains de transmission de l'information (presse, radio, télévision, conférences, brochures...) et à des campagnes d'information et de sensibilisation des entreprises ayant pour but d'expliquer les mesures fiscales contenues dans les lois de finances. On notera également la création d'une « Sous-Direction des Relations publiques et de l'information » au sein de la Direction des Études et de la Législation fiscale, devant œuvrer à l'amélioration des relations entre l'administration et les contribuables.
En dehors de cet aspect « communication », les réformes récentes se sont aussi intéressées à la procédure fiscale, pour preuve l'obligation instaurée par la loi de finances pour 2000, pour l'administration de notifier la Charte du contribuable vérifié à l'occasion des vérifications.

[98] M.-C. Bergerès, *Un principe à valeur constitutionnel paradoxalement ignoré du droit fiscal, l'intelligibilité de la loi, DF* 2003, n° 24, pp. 794- 799 ; *Cf. infra* n° 47.

[99] K. Messere, *Tax policy in OECD Countries : Choice and Conflicts, IBFD* 1994, 28-29.

[100] "*During the eighties, when the levels of growth, employment, and inflation were lower and voter's perceptions have been that tax systems are unfair, inefficient and unnecessarily complicated, governments have been persuaded that tax reform may be a vote winner that a vote loser*" ; K. Messere, *op. cit.*, 22-29.

[101] Adam Smith avait posé quatre maximes sur l'impôt : la première est que les sujets d'un État doivent contribuer au soutien du gouvernement, chacun le plus possible, en proportion de ses facultés, c'est-à-dire en proportion du revenu dont il jouit sous la protection de l'État. La deuxième, c'est que la taxe ou la portion de l'impôt que chaque individu doit payer doit être certaine, et non arbitraire. La troisième, consiste en ce que tout impôt doit être perçu à l'époque et selon le mode que l'on peut présumer les plus commodes pour le contribuable. La quatrième de ses maximes, dit que tout impôt doit être conçu de manière qu'il fasse sortir des mains du peuple le moins d'argent possible au-delà de ce qui entre dans le Trésor de l'État, et en même temps qu'il tienne le moins

furent dégagées. Ces trois termes ou finalités ont deux avantages. D'une part, le fait d'être clairs et compréhensibles par le plus grand nombre de personnes et d'autre part, d'avoir malgré cette connotation « grand public », une signification précise et technique, qui signifie quelque chose pour les spécialistes. De nombreux exemples peuvent être donnés des conséquences au plan fiscal durant les années 80 et 90, de cette notion d'impôt juste ou équitable (*fair tax*). Ainsi, le gouvernement australien en 1985, lorsqu' il décida d'introduire un impôt sur les gains en capital, se heurta à l'indignation de ses électeurs, qui considéraient que l'impôt ne devait s'appliquer uniquement qu'aux biens achetés après l'entrée en vigueur des dispositions fiscales[102].

§ 3. La « contractualisation » de la relation administration-contribuable

18. Autre changement notable, le fait que l'administration laisse plus de liberté au contribuable dans l'accomplissement de son obligation fiscale. La notion anglo-saxonne de « *voluntary compliance* » (accomplissement ou respect volontaire de l'obligation fiscale) devient un credo, du moins dans l'administration anglaise à partir des années 80[103]. On fait ainsi davantage confiance au contribuable, il devient un collaborateur (développement du « civisme fiscal ») et non plus un présumé futur fraudeur[104]. Les relations avec les contribuables se veulent désormais

---

possible cet argent hors des mains du peuple avant d'entrer dans ce trésor. Ces maximes ont pour finalité une plus grande justice et utilité selon les mots de son auteur, dans l'organisation du système fiscal. Notions finalement reprises quelque deux cents ans plus tard ; Adam Smith, *Recherches sur la nature et les causes de la richesse des nations,* pp. 400-404, Essais, Folio, 445 p.
Les économistes ont en ajouté une cinquième qui est la neutralité de l'impôt ; J.-A. Kay et M.-A. King, *The British Tax System*, 4e éd., 1986, p. 18.

102 D. Bentley, *op. cit.*, p. 10.

103 Cette notion qui traduit une nouvelle philosophie de gestion est un des trois fils conducteurs recensés par la mission d'analyse comparative des administrations fiscales comme ayant joué un rôle essentiel dans les transformations récentes des administrations fiscales. Ainsi selon le rapport de synthèse de l'inspection générale des finances (n° 98-M-O4-11, mars 1999, p. 3) : « cette nouvelle orientation amène à la recherche d'un équilibre entre le développement du service au contribuable qui doit favoriser l'acceptation volontaire de la loi fiscale et le contrôle dont les moyens doivent être réorientés vers les seuls contribuables à risque ».

104 *Cf.* l'avant-propos du ministre délégué au Budget et à la réforme de l'État, in *Charte du contribuable* (2005) : le développement du civisme fiscal dans notre pays suppose

« humaines »[105] et les principes directeurs empruntés au monde des affaires sont efficacité et service. Ainsi, le contribuable est décrit dans les instructions aux services fiscaux, comme un client[106] aux États-Unis, au Canada, en Australie, au Royaume-Uni et en Nouvelle-Zélande ainsi que dans les pays nordiques. L'emploi du terme client paraît malgré tout inapproprié, car celui-ci se reporte à une situation de marché, impliquant concurrence et liberté de choix, qui n'est manifestement pas celle du contribuable[107]. L'emploi du terme client provenant des pays anglo-saxons, il semble que la confusion provienne d'une traduction trop littérale. Ce terme est utilisé en Grande-Bretagne ou aux États-Unis pour faire prendre conscience aux employés des administrations fiscales que leur travail consiste avant tout à servir les contribuables, en les aidant de leur mieux. Ce qui n'est finalement pas si éloigné de la conception française de la fonction publique[108].

19. Au Royaume-Uni, la Charte du contribuable a été remplacée par une « *Mission statement* »[109] qui décrit ce que les clients (*customers*) peuvent attendre de l'administration des impôts et de son homologue des douanes. Ce changement résulte en grande partie des études faites sur le comportement du contribuable qui ont amené les administrations de ces pays ainsi que l'administration espagnole qui s'est ralliée rapidement à cette conception, à considérer que l'acceptation volontaire et spontanée de la loi fiscale par le plus grand nombre de contribuables « *voluntary compliance* » est plus intéressante que les actions répressives pour assurer un rendement convenable de l'impôt. Le contrôle devant dans cette optique être réservé aux contribuables à risque.

---

aussi une relation responsable et personnalisée entre le citoyen et le fonctionnaire : la simplicité, le respect et l'équité doivent guider l'action administrative (...) ».

[105] D. Gutmann, *Du droit à la philosophie de l'impôt*, in *Archives de philosophie du droit, L'impôt*, t. 46, p. 11.

[106] Terme qui tend à se substituer progressivement à celui d'administré qui renvoie à une idée de sujétion. En ce sens, *Rapport 2003 du Médiateur de la République*, La Documentation française, 2004, p. 6.

[107] Rapport du Conseil des impôts (introduction), *sur les relations entre contribuables et Administration fiscale*, 2003.

[108] J. Andres Rozas Valdes, *Actuaciones administrativas de informacion al contribuyente*, in *Estudios de derecho financiero y tributario*, Homenage al Professor Fernando Vicente-Arche Domingo, *Revista de la facultad de derecho de la Universidad Complutense* 1996, pp. 265-266.

[109] *Cf.* B. Sabine, *The new Taxpayer's Charter or taxation without tears*, *British Tax Review* 1991, pp. 411-413.

20. La relation administration-contribuable change donc d'orientation. D'une relation basée sur la méfiance et suspicion réciproque, on passe à une relation qui se veut courtoise, basée sur le respect[110] et surtout sur une confiance mutuelle retrouvée[111]. On voit ce nouveau phénomène trouvait son expression la plus concrète dans les pays anglo-saxons où des agences[112] sont créées (l'*Inland Revenue* et le *HM's Customs and Excises*[113] britanniques sont organisés sous forme d'agences), lieu de rencontre improbable entre l'administration et les contribuables. On bascule alors dans une relation de droit privé dans laquelle prévaut une culture du résultat[114], où des concepts traditionnellement étrangers à

---

[110] Ainsi, en Espagne, l'article 19 de la loi du 26 février 1998 sur les droits du contribuable *(BOE*, 27 févr. 1998), qui s'intitule traitement respectueux (*trato respetuoso*), affirme que le contribuable a le droit d'être traité avec considération et respect par les services fiscaux.

[111] L'exemple le plus frappant, c'est le fait de laisser le contribuable évaluait lui-même sa base imposable, comme c'est le cas en Grande-Bretagne (*self-assessment*) depuis le 6 avril 1996. *Cf.* D. Willams, *United Kingdom tax collection : rights of and against Taxpayers*, in *Taxpayer's rights : an international perspective*, *op. cit.* : "*Indeed, the self-assessment process is part of destaffing iniative, transferring as it does significant aspects of the tax collection process from the public sector to taxpayers* ", p. 334.

[112] Le système d' «agence » s'est imposé en particulier aux États-Unis, en Irlande, aux Pays-Bas, au Royaume-Uni, en Suède, au Canada (Agence des douanes et du revenu), en Espagne. Et en Afrique, en Ouganda, au Rwanda et au Ghana. La France et surtout l'Allemagne sont en retard sur ce plan (rapport de synthèse de l'inspection générale des finances, n° 98-M-O4-11, *op. cit.*, spéc. p. 6, 8 et 12)
Les caractéristiques de l'agence sont les suivantes :

- l'administration fiscale constituée en « agence » est une organisation séparée du ministère des Finances, dotée d'une certaine autonomie de gestion et pouvant mettre en œuvre des règles de fonctionnement dérogatoire par rapport au fonctionnement général de l'administration ;
- la contrepartie de l'autonomie de gestion est une responsabilité de l'agence sur des objectifs précis, strictement vérifiés *a posteriori* ;
- l'agence est dirigée de façon collégiale (conseil d'administration) et soumise à des dispositifs de contrôle externe contraignants de la part du ministère des Finances ;
- le statut des agents se traduit notamment au niveau du recrutement aligné sur les méthodes du secteur concurrentiel, mais aussi de la gestion des promotions et des rémunérations.

[113]L'*Inland Revenue* est un département du gouvernement anglais chargé du recouvrement des impositions directes et des cotisations sociales (pour plus de détails, *Cf.* : L.-D. Duron, *L'«Inland Revenue » au Royaume-Uni*, *RFFP* 2003, n° 83, pp. 189-194), alors que le *HM's Customs and Excises* est son équivalent en matière de fiscalité indirecte. Ces deux entités devraient bientôt ne faire plus qu'une, selon une déclaration du *Chancellor* en mars 2004.

[114] T. Lambert, *La direction générale des impôts et la performance*, in *Constitution et finances publiques*, *op. cit.*, pp. 424-425.

l'action publique font leur apparition, comme celui d'efficacité (*efficiency*). Cette logique trouve son aboutissement avec les indicateurs d'impact qui sont le résultat de l'évaluation par les contribuables de la qualité du service fourni par l'administration[115]. L'adoption de la nouvelle loi organique relative aux lois de finances n° 2001-692 du 1er août 2001 (LOLF), véritable constitution financière dont l'objectif est de passer d'une culture de moyens et d'une responsabilité de conformité, à une culture et une responsabilité de performance obéit également à ce souci de responsabilisation et de contrôle de la gestion publique.

21. Les changements de dénomination sont également instructifs, comme l'indique le terme de client pour désigner celui qui fut autrefois le contribuable dans les pays anglo-saxons[116]. Les intitulés même des procédures changent pour souligner ce « nouvel état d'esprit » de la relation contribuable-administration. En France, l'article 27 de l'ordonnance n° 2004-281 du 25 mars 2004 relative à des mesures de simplification en matière fiscale a ainsi modifié récemment les intitulés de la notification de redressement et de la procédure de redressement contradictoire qui deviennent respectivement « la proposition de rectification » et « la procédure de rectification contradictoire ». Reste à savoir si derrière ce changement de façade se cache une volonté concrète de réaffirmer le caractère contradictoire de cette procédure.

22. On peut alors s'interroger comme Michel Bouvier, sur ce phénomène de « privatisation de fait d'un droit traditionnellement rattaché au droit public »[117]. Chaque partie a dorénavant des droits et obligations, qu'elle doit respecter au risque sinon que les démons du passé ne ressurgissent. Du « contrat unilatéral » de la théorie classique[118], où seul le contribuable avait des obligations (payer l'impôt,

---

[115] Rapport de synthèse de l'inspection générale des finances, n° 98-M-O4-11, *op. cit.*

[116] *Cf.* également par exemple le changement terminologique issu de l'ordonnance n° 2005-1512 du 7 décembre 2005 relative aux sanctions fiscales qui remplace la notion de « mauvaise foi » par celle moins moraliste et accusatrice de « manquement délibéré ».

[117] M. Bouvier, *op. cit.*, p. 179.

[118] La conception classique du statut du contribuable a pour chef de file le doyen Trotabas qui considère que « la situation du contribuable est une situation de légalité objective… », avant d'ajouter que « les rapports entre le contribuable et le fisc n'ont jamais de caractère contractuel », ceci valant aussi bien pour les impôts directs que pour les impôts indirects ; L. Trotabas et J.-M. Cotteret, *Droit fiscal*, 8e édition, Dalloz, p. 87. Cette analyse semble ne pas tenir compte des évolutions notables qu'a subi le droit fiscal ces trente dernières décennies et qui ont introduit nombre de mécanismes s'inspirant du droit privé comme les agences dans les pays anglo-saxons, la transaction,

mais aussi le payer dans les temps)[119] se substitue un « contrat synallagmatique » quelque peu déséquilibré où chaque partie est tenue envers l'autre à des obligations[120]. L'arrêt *Dreyfus* du 13 mars 1895 de la Chambre civile qui prohibait tout accord contractuel entre le contribuable[121] et l'administration ainsi que l'arrêt du 24 mars 1956, *Société des établissements Molte et Porisse* du Conseil d'État[122] semblent désormais bien lointains. Jean-Claude Martinez avait fort bien

---

les modes alternatifs de règlement des conflits, l'accord amiable en matière de prix de transfert, la garantie contre les changements de doctrine de l'Administration (en ce sens : Gour, Molinier et Tournié, *Les grandes décisions de la jurisprudence. Droit fiscal*, p. 107) ou bien encore le rescrit.

[119] On a démontré que concernant l'application de la loi applicable, et même après l'application effective de cette loi, le contribuable était dans une situation statutaire. C'est-à-dire selon un auteur que « parce que l'administration a une compétence liée, le contribuable reste, face une loi appliquée, dans la même situation que face à une loi applicable. C'est à dire dans une situation générale et impersonnelle ». Il n'y aurait pas ainsi de dialogue et de négociation entre l'administration et le contribuable, quant à l'application d'une loi, elle lui serait appliquée nonobstant toutes particularités personnelles. L'auteur démontre d'ailleurs fort bien que ce n'est que théorie, la pratique est riche d'enseignements contraires, qui démontrent que la situation du contribuable n'est plus aussi impersonnelle et générale. Un élément de contradiction et de dialogue s'est là encore substitué à l'unilatéralité de départ ; J.-C. Martinez, *Le statut du contribuable*, t. I, p. 68. « Mais de là, à conclure au caractère conventionnel des obligations du contribuable il n'y a qu'un pas qu'il ne faut pas évidemment franchir : la justification spécifique de la créance fiscale ne permet d'intégrer que le dialogue et la contestation dans les procédures fiscales ; si la négociation avec l'administration déborde ce cadre, l'Etat de droit risque d'être mis en péril par excès de flexibilité » ; J. Grosclaude et P. Marchessou, *Procédures fiscales*, pp. 29-30.

[120] Obligation traditionnelle de payer l'impôt et de faire diligence du côté du contribuable et obligation d'information voire même de pédagogie et de transparence du côté de l'Administration fiscale (sans oublier les traditionnelles obligations de notifications de certaines mesures prises par les autorités fiscales). Ainsi, on considère que le contribuable est « en droit de disposer d'informations à jour sur le fonctionnement du système fiscal et sur la façon dont leur impôt est calculée…Tous les contribuables peuvent s'attendre à ce que l'information fournie reflète la complexité de leur situation fiscale, leur permettant ainsi de mieux la comprendre.

Et pour faire face à cette nouvelle obligation, « l'administration peut faire appel à divers moyens : brochures d'information, Charte du contribuable, téléphone, explications verbales, guides vidéos… » ; OCDE, *Droits et obligations des contribuables. Description de la situation légale dans les pays de l'OCDE*, p. 13.

[121] Cass. civ., 13 mars 1895, *Dreyfus Frères et Cie* : « Mais attendu que la perception des impôts intéresse essentiellement l'ordre public ; qu'elle ne peut donc pas être la matière d'un contrat, ni par suite d'une transaction, et qu'il est défendu à la Régie et à ses préposés, comme à toute autre autorité publique, d'accorder aucune remise ou modération des droits simples établis par la loi…».

[122] CE, 24 mars 1956, *Société des établissements Molte et Porisse*, *AJDA* 1956. II, P. 406.

démontré dans sa thèse que le statut du contribuable ne comporte pas seulement des éléments objectifs comme le soutient la théorie classique, mais qu'au contraire la part de subjectivité y est considérable : « ... la situation du contribuable se particularise ou s'individualise à la fois sous l'influence du pouvoir d'appréciation de l'agent fiscal et du savoir-faire de l'assujetti. Parce que la loi fiscale rend elle-même possibles, en certains cas, des accords de volonté entre le contribuable et le fisc..., la détermination de la dette fiscale n'est pas l'opération mécanique et objective que laisserait entendre la doctrine classique »[123].

23. Un auteur italien a décrit la relation fiscale entre ces deux protagonistes, comme un ensemble de droits et de devoirs réciproques dont l'objet « est la détermination des cas dans lesquels se doit l'impôt, des personnes obligées au paiement, de sa quantité, des modes et des formes dans lesquels l'impôt doit être liquidé et recouvré »[124].

24. Cette relation ne peut pas pour autant s'analyser comme un véritable contrat synallagmatique, puisque le contrat fiscal n'a pas d'existence juridique[125]. Et que l'inexécution par l'administration de ses obligations n'a pas pour effet, en règle générale, de permettre au contribuable, d'échapper à l'imposition. Bien que le fait pour l'administration de ne pas remettre la Charte du contribuable vérifié puisse par exemple permettre au contribuable d'échapper à des rectifications, du fait de l'annulation de la procédure dans sa totalité.

25. L'apparition d'obligations à la charge de l'administration fiscale est un phénomène nouveau : le devoir de transparence, de loyauté,

---

[123] J.-C. Martinez, *op. cit.*, p. 141.

[124] A D. Giannini, *Instituciones de Derecho Tributario*, Madrid, Editorial de Derecho Financiero, 1957, pp. 67-68.

[125] Il y a eu des cas de contrat fiscal, lorsque des opérations importantes ont pu bénéficier de dispositions fiscales particulières non prévues par la loi, en contravention avec le principe qui veut que l'impôt ne se négocie pas. Mais ni ce qu'on nomme « accord » à la suite d'une négociation entre administration et contribuable, ni la solution d'un débat contradictoire survenue après des rehaussements ne peut s'analyser comme un contrat fiscal ; J. Schmidt, *L'impôt*, pp. 69-71. Pour une opinion plus nuancée : du même auteur, *L'utile et le juste dans les rapports des contribuables avec l'administration*, Études offertes à J. Ghestin *(Le contrat au début du 21e s)*, LGDJ 2001 : « Le contrat fiscal n'existe pas, ou tout du moins s'il existe son domaine est fort limité », p. 769 ; *Cf* également : J.-L. Aubert, *Le contrat. Droit des obligations*, 3e éd., « Connaissance du droit », Dalloz, 2005, p. 16.

d'information[126], notions floues et abstraites font leur apparition. Encore faut-il se demander si elles reçoivent dans les droits nationaux une reconnaissance et surtout une application concrète.

26. Comme en matière contractuelle, où on exige de plus en plus que les contrats soient équilibrés et équitables, on note à travers l'idée de justice sociale, la forte résurgence de concepts tels que la bonne foi, l'équité ou l'équilibre sous des formes parfois nouvelles[127]. Au point que l'on note certaines analogies entre l'évolution des rapports contractuels et l'évolution des rapports entre les contribuables et leur administration fiscale.

27. La « privatisation » relative de la relation contribuable-administration des impôts se traduit par une pénétration des principes contractuels dans un domaine qui leur était jusqu'à alors naturellement hermétique, illustration supplémentaire du « nouvel essor du concept contractuel »[128]. La technique du rescrit (qui a été adoptée par le droit social[129]), l'ancien régime du forfait en matière d'évaluation des BIC[130], les agréments fiscaux[131], la procédure de la transaction, la procédure

[126] Le contribuable a le droit d'être informé des documents obtenus par l'administration dans l'exercice de son droit de communication et qui peuvent servir par exemple à un rehaussement d'imposition.

[127] *Cf.* s'agissant du droit des obligations : J. Ghesthin, *Traité de droit civil, les obligations. Le contrat : formation*, 4e éd., LGDJ, 1999, n° 52 et n° 172 et s. : « la liberté contractuelle et même la règle morale du respect de la parole donnée, doivent se concilier avec d'autres préoccupations : d'une part, l'utilité sociale, le bien public, qu'exprime particulièrement la notion d'ordre public et celle de sécurité juridique, qui protège à la fois la confiance, notion morale et le crédit, besoin social et économique ; d'autre part, la justice et son corollaire la loyauté, que traduisent les nombreuses références à la notion morale de bonne foi ».

[128] M. Vasseur, *Un nouvel essor du concept contractuel : les aspects juridiques de l'économie concertée et contractuelle, RTD civ.* 1964.5.

[129] Le rescrit social est en vigueur depuis le 1er octobre 2005 (D. 2005-1264, 7 oct. 2005, *JO* du 9, p. 16133). Le rescrit social permet d'obtenir une décision explicite des organismes de recouvrement (URSSAF, CGSS, CMSA) sur l'application de certains points de législation à la situation du cotisant. Exception faite d'un changement de législation ou de la situation de fait, la réponse de l'organisme lui sera opposable pour l'avenir.

[130] Régime désormais remplacé par le régime des micro-entreprises, en raison notamment des tensions qu'il engendrait entre l'administration et le contribuable lors de la négociation du forfait, P. Serlooten, *Droit fiscal des affaires*, 6e éd., n° 241.

[131] Les agréments fiscaux peuvent être définis comme des exonérations ou des avantages fiscaux accordés par voie d'agrément administratif ou en vertu d'une convention passée avec l'État à une société pour faciliter la réalisation de certaines

d'accord préalable conclu entre les services fiscaux concernés et les entreprises en matière de prix de transfert ou encore la répétition de l'indu (art. 1235 C. civ.)[132], le contrat de prélèvement qui permet l'échelonnement de la dette fiscale (prélèvement à l'échéance, mensualisation ou paiement en ligne) et l'enrichissement sans cause (entreprise qui répercute les taxes dans ses prix)[133] en sont des illustrations marquantes[134].

28. Cette privatisation si elle a le mérite de « secouer » quelque peu le rapport encore trop unilatéral qu'établit le fisc avec les contribuables, ne doit pas pour autant porter atteinte au principe fondamental d'égalité

---

opérations considérées comme dignes d'intérêt sur le plan économique ou social (art. 1649 *nonies* CGI).

[132] Le contribuable qui a payé un impôt considéré comme contraire au droit communautaire par la Cour de justice des Communautés européennes peut en demander la restitution. On est dans un cas d'indu objectif (absence de dette) où l'action en répétition est possible parce que celui qui payé l'a fait alors que la dette n'existait pas, car contrevenant au droit communautaire (cela se rapproche de l'hypothèse où le *solvens* n'est plus débiteur à la suite d'une action en nullité ou d'une action en résolution du contrat).
Cette règle, admise de longue date, est la traduction directe d'un double principe : celui de la primauté et de l'effet direct du droit communautaire et celui de la portée générale de la répétition de l'indu, que soient concernées des personnes privées ou publiques. *Cf.* sur ce point les conclusions de G. Goulard sur CE 15 juillet 2004, n° 264494, *Quelles sont les conditions du droit à restitution de taxes perçues en violation du droit communautaire ? BDCF* 2004, n° 10/127 ; P. Oudenot, *Fiscalité approfondie des sociétés*, 2e éd., 2001, pp. 15-19. Dans une configuration inversée, il arrive que le quasi-contrat soit utilisé par des administrations publiques afin de se voir restituer des indemnités non dues ; Cass. civ. 1re, 11 avr. 1995, *Bull. civ. I*, n° 173 ; *D.* 1996, somm. p. 117, note R. Libchaber ; *JCP* 1995. II. 22485, note A. Sériaux : « Il résulte des articles 1235 et 1376 du Code civil que ce qui n'a pas été payé indûment est sujet à répétition. L'arrêt qui relève que des allocations n'étaient pas dues, en déduit justement que l'ASSEDIC était en droit, sans être tenue à aucune preuve, d'en obtenir la restitution ».

[133] CE, 15 juill. 2004, n° 264494, *Min. c/ SA Gemo*, *BF* 2004, n° 10, inf. 938 : dans un cas relatif à la taxe sur les viandes (art. 302 *bis* ZD CGI), la Haute Assemblée a considéré que s'il appartient à l'administration d'établir que le remboursement des taxes entraînerait un enrichissement sans cause au profit d'une entreprise, le juge ne saurait toutefois lui demander des éléments de preuve qu'elle ne peut apporter. Il appartient au juge d'apprécier l'argumentation de l'administration fondée sur l'évolution des prix, des marges et des volumes dans le secteur concerné à la suite de la mise en application de la taxe. Cette solution est conforme à la jurisprudence de la Cour de justice des Communautés européennes qui avait exclu que la preuve de la non-répercussion soit mise à la charge de l'entreprise.

[134] En ce sens : J. Schmidt, *L'utile et le juste dans les rapports entre contribuables et administration*, *op. cit.*

devant la loi fiscale. La volonté d'introduire de la négociation en droit fiscal ne doit pas être en effet une source d'inégalités fiscales entre ceux qui auront pu négocier, transiger et ceux qui n'en auront pas eu la possibilité.

29. Phénomène courant dans d'autres branches du droit, les « modes alternatifs de règlement des conflits » (MARC) ne sont pas ignorés du droit fiscal. La conciliation[135] et la transaction se banalisent tandis que l'institution du médiateur (*Ombudsman*) joue un rôle croissant en matière fiscale[136]. Mais ces changements importants n'ont peut-être pas pour autant désamorcé tout conflit entre l'État et le contribuable. Leurs intérêts sont parfois contraires, le gouvernement désire avant tout une administration efficace alors que le contribuable recherche avant tout plus d'équité[137] ou alors plus égoïstement à maximiser son profit. Autre lacune persistante malgré une nette amélioration, le manque de consultation des contribuables et notamment des entreprises dans l'élaboration de la norme fiscale (instructions ou projet de loi de finances). Comme l'a démontré l'instruction du 28 novembre 2001 modifiant le régime des distributions de dividendes ouvrant droit à l'avoir fiscal où la consultation des contribuables s'est déroulée *a posteriori*, ce qui a eu pour conséquence l'adoption d'une seconde instruction revenant sur la précédente deux mois plus tard. Une meilleure consultation des contribuables éviterait sans aucun doute des mésententes ultérieures, sources éventuelles de contentieux.

---

[135] On relèvera notamment la création d'un conciliateur fiscal départemental, nouvelle apparition dans ce monde en mouvement des interlocuteurs fiscaux ; *cf. infra* n° 549 et s.

[136] « Ombudsman est originellement un mot suédois signifiant un représentant ou un agent du peuple ou d'une partie du peuple…, le mot est utilisé dans d'autres pays où le mot se réfère spécialement au suédois "Justitieombudsman": officier nommé par le parlement pour s'occuper des plaintes contre l'administration et l'action judiciaire…son influence est basée sur son objectivité, compétence, connaissance supérieure et prestige…sa principale arme est la publicité faite à travers ses rapports au parlement et à travers la presse », C. D. Rowat, *The Ombudsman Plan*, pp. 2-4.
Un *Ombudsman* spécialisé dans les questions fiscales a fait son apparition en Australie. Les *Ombudsmans* à vocation généraliste comme l'*Ombudsman* anglais connaissent également de plus en plus de complaintes fiscales. Toujours au Royaume-Uni, il est intéressant de noter une expérience tentée par l'administration, qui a créé le poste de « *Revenue Adjudicator* » qui a pour fonction d'examiner les plaintes des contribuables. Le titulaire de ce poste ne remplace pas les « *Commissionners* » juges en matière fiscale, mais peut se prononcer sur la manière dont l'administration fiscale s'est conduite dans certaines affaires (délais excessifs, erreurs, comportement discourtois) ; *Cf. infra* n° 568 s.

[137] D. Frampton, *Practical Tax administration*, p. 3.

30. Toute étude actuelle portant sur les droits du contribuable ne peut faire l'économie de références constantes aux procédures judiciaires, qu'elle soit pénale ou civile. Incontestablement, ces deux branches majeures du droit processuel, de par leur ancienneté, de leurs avancées instructives et de leur plus grande précision technique servent de repères, quand on cherche des sources d'inspiration, pour instaurer des nouvelles garanties au profit du contribuable[138]. Les principes des droits de la défense et du contradictoire (devenu la norme même en matière de rectification de la base imposable), de l'intervention du juge judiciaire, de la présence d'un interlocuteur lors des phases de vérifications, du droit à un procès équitable (et de tous les autres droits qu'il inclut), ainsi que le respect de la vie privée, l'inviolabilité du domicile et le secret des correspondances ont été importés en procédure fiscale du *corpus* de ces deux procédures, qui ont elles-mêmes, il y a de cela plus longtemps subi l'emprise des libertés et droits fondamentaux[139]. L'intrusion en particulier de la procédure pénale dans son homologue fiscale est évidente. Qu'il suffise de penser au cas du droit de visite et de saisie qui s'est rapproché de la perquisition pénale avec l'intervention du juge

---

[138] *Cf.* H. Croze, C. Morel et O. Fradin, *Procédure civile*, 3e éd., Litec, 2005, p. 5 : « On a pu soutenir que la procédure civile était le droit commun des procédures, c'est certainement inexact d'un point de vue purement positif, chaque contentieux ayant son autonomie formelle. Le droit commun procédural est en réalité composé d'un certain nombre de principes de droit naturel (principe du contradictoire, publicité de la justice, motivation des jugements, double degré de juridiction, etc.) consacrés notamment en procédure civile, et de procédés particuliers qui s'imposent pour des raisons de logique et d'efficacité, qui ont pu être empruntés à la procédure civile simplement en raison de sa plus grande perfection technique ».
S. Guinchard et J. Vincent, *Procédure civile*, 27e éd., Dalloz, 2003, pp. 69-70 : « On peut poser que si la procédure civile, dans la mesure où elle s'attache au procès entre particuliers, a constitué un *milieu favorable à l'expression légale de principes fondamentaux* qui ont infléchi les procédures voisines et ont favorisé leur développement, elle ne constitue plus qu'une *source d'inspiration*, notamment dans ces nouveaux contentieux économiques que sont ceux portés devant le Conseil de la concurrence ou la Commission des opérations de bourse ».
Par ailleurs, le droit civil et la procédure civile ont grandement contribué à l'instauration d'un équilibre entre les organismes sociaux et le redevable en droit de la sécurité sociale (X. Prétot, *Le recouvrement des cotisations de sécurité sociale. Les prérogatives des organismes de recouvrement et le développement des garanties du redevable, in Constitution et finances publiques*, *op. cit.*, p. 561), on peut se demander alors pourquoi il en irait autrement en droit fiscal.
[139] « L'attraction de la procédure civile par les droits fondamentaux est l'un des trois phénomènes marquants de la fin du XXe », J. Vincent et S. Guinchard, *La procédure civile*, p. 17.

judiciaire[140]. C'est aussi par une « coloration » pénale de la procédure fiscale que la Cour européenne des droits de l'homme a permis d'appliquer l'article 6-1, garantie réservée à la procédure pénale et civile, aux sanctions fiscales. En considérant que ces sanctions étaient en réalité des sanctions pénales, elle a permis d'appliquer les garanties de la procédure pénale à un pan de la procédure fiscale[141].

La procédure pénale même si elle est par son objet une branche du droit public, possède des liens exigus avec le droit privé. Ne protège-t-elle pas l'honneur, la vie et la propriété des individus[142] ? Ne pourrait pas t-on dire la même chose, de la procédure fiscale qui de nos jours tend à assurer le même type de protection aux individus pris en tant que contribuables. On peut trouver des similitudes entre les deux procédures, notamment le fait qu'il y ait un souci constant de conciliation entre la protection de l'ordre public et le respect des libertés individuelles. La comparaison entre ces deux procédures ne peut qu'être riche d'enseignement pour la « jeune » procédure fiscale.

---

[140] Le juge judiciaire est de par l'article 66 de la Constitution le gardien de la liberté individuelle, c'est la raison de sa présence dans le déroulement de la procédure de perquisition fiscale. Son rôle a été une nouvelle fois consacré dans l'article préliminaire de la loi n° 2000-516 du 15 juin 2000, renforçant la protection de la présomption d'innocence et les droits de la victime : « L'autorité judiciaire veille à l'information et à la garantie des droits des victimes au cours de toute procédure ». *Cf.* J.-P. Costa, *Le juge et les libertés*, *Pouvoirs* 1998, 84, p. 75.

[141]CEDH, 24 févr. 1994, *Bendenoun*, série A, n° 284, 3/1993/398/476, *RJF* 1994.4.503 ; L. Maublanc-Fernandez et J.-P. Maublanc, *Dynamique européenne et résistances internes : propos sur l'application de l'article 6-1 en matière fiscale*, *RFDA* 1995, n° 6, pp. 1181-1188 ; *JDI* 1995, 752, obs. P. Tavernier ; *DF* 1994, 878, com. J.-P. Le Gall et L. Gérard ; *Les Petites Affiches*, 11 mai 1994, 21, note J.-F. Flauss. *Cf. infra* n° 473.

Mais est-on encore dans le domaine du droit fiscal ? On serait plutôt dans un cas d'extension de la matière pénale au-delà du Code pénal. La Cour européenne a rappelé dans son arrêt *Engel c/ Pays-Bas* (23 nov. 1976, série A, n° 22) que la « matière pénale dépassait le Code pénal (rejet du critère organique) et que l'on pouvait l'identifier par la réunion de trois réactifs, que sont les indications du droit national, la nature du fait ou du comportement transgresseur et le but et la sévérité de la sanction », S. Guinchard et J. Buisson, *op. cit.*, p. 14.

[142] F. Terré, *Introduction générale au droit,* 6e éd., Dalloz, 2003, p. 72.

§ 4. Importance des sources internationales

31. Les rapports entre le droit européen, le droit communautaire, le droit international et la procédure fiscale ne peuvent non plus être occultés. Même si les droits du contribuable sont ignorés des conventions internationales et européennes, l'internationalisation des sources du droit procédural contribue à l'émergence de standards procéduraux communs à tous les procès[143]. C'est la Convention européenne des droits de l'homme (CESDH) qui est aujourd'hui « le modèle le plus perfectionné de la garantie effective des droits de l'homme au plan international »[144] (en offrant aux individus le bénéfice d'un contrôle juridictionnel du respect de leurs droits) qui participe le plus activement avec les sources nationales à la création d'un *corpus* de droits du contribuable en Europe, avec il est vrai, une influence discutée. Ceci s'explique par le fait qu'elle est de plus en plus saisie par les ressortissants des États membres du Conseil de l'Europe pour sanctionner des violations de la Convention européenne des droits de l'homme touchant à la matière fiscale. Les citoyens de ces États membres soutiennent de plus en plus souvent devant leurs juridictions de nationales, un ou plusieurs moyens tirés de la violation prétendue des dispositions de la Convention ou de ses protocoles additionnels[145]. La CESDH possède également l'avantage, à travers le contrôle de conventionalité opéré par les juridictions françaises de compenser l'absence de contrôle de constitutionnalité. Ce contrôle, s'il aboutit rarement, a le mérite de permettre de jauger le droit des procédures fiscales à l'aune de principes fondamentaux comme le droit à l'inviolabilité du domicile, le droit au secret de la vie privée, le droit de propriété ou encore le droit à un procès équitable. La protection apportée au contribuable européen par les droits contenus dans la Convention et la jurisprudence de la Cour, est pourtant souvent jugée inutile, car déjà accordé par les États européens à leurs nationaux de par leurs Constitutions, leurs lois ou leurs juges. L'apport de la CESDH à un droit national donné dépend donc de l'état d'avancement de celui-ci en matière de protection du contribuable. L'Allemagne, par exemple qui a

---

[143] L. Cadiet, *Et les principes directeurs des autres procès ? Jalons pour une théorie des principes directeurs du procès*, in *Justice et droits fondamentaux*, études offertes à J. Normand, p. 97.

[144] F. Sudre, *La convention européenne des droits de l'homme*, p. 3.

[145] J. Lamarque, *Le principe de la supériorité des conventions internationales ayant pour objet la protection des droits de l'homme reçoit application en matière fiscale, Sources du droit fiscal, Juris- Classeurs : Procédures fiscales,* 2000, fasc. 116-10.

consacré de nombreux droits fondamentaux dans sa Loi fondamentale, se sert peu de la CESDH (qui a la valeur d'une loi ordinaire) dont les dispositions font souvent double emploi avec le droit national. Le juge allemand ne fera ainsi référence à la Convention, que dans les rares cas où elle prévoit des droits non expressément garantis par la Loi fondamentale allemande. On citera le cas de la Cour constitutionnelle fédérale, qui s'est fondé sur l'article 6 de la CESDH pour importer la présomption d'innocence dans le droit national[146].

32. Cependant, depuis le milieu des années 80, on dénote une nette augmentation d'affaires fiscales ayant un lien avec des dispositions de la Convention, à tel point que l'on peut parler aujourd'hui d'une influence mutuelle de la Convention et de la Constitution[147]. En Espagne, les droits fondamentaux reconnus au contribuable sont également le plus souvent fondés sur la Constitution, même si la Convention se voit reconnaître une valeur quasi constitutionnelle[148]. Les cours espagnoles ont de même très peu recouru aux règles contenues dans la CESDH, pour résoudre des litiges fiscaux[149].

---

[146] S. Guinchard et *alii*, *Droit processuel. Droit commun et droit comparé du procès*, *op. cit.* pp. 15-16.

[147] La jurisprudence allemande sur l'égalité de traitement a changé postérieurement à la décision *Schmidt v. Germany* de la cour européenne de 1994 ; *European Taxation,* déc. 2001, Allemagne, p. 519.

De plus, la Cour fédérale constitutionnelle (*Bundesverfassungsgericht*) a reconnu l'importante influence indirecte de la CESDH : la convention et ses protocoles servent ainsi comme une aide interprétative pour le contenu et le sens des dispositions sur les droits fondamentaux de la constitution allemande, *BVerfGE,* vol. 74, p. 358.

[148] « La convention européenne des droits de l'homme est introduite dans l'ordre juridique espagnol depuis le dépôt de l'instrument de sa ratification (...). La doctrine a souligné que cette introduction renforçait la position de la Convention au sein des sources de droit interne. En effet, étant considérée comme l'un des traités dont la conclusion est autorisée dans les conditions prévues par l'article 96 de la Constitution et étant consacré aux droits fondamentaux et aux libertés au sens de l'article 10-2 de la Constitution, elle s'impose comme une norme supra-législative, de nature quasi-constitutionnelle, et constitue une source privilégiée des droits et libertés constitutionnels » ; J. M. Bandres Sanchez-Cruzat, *Le droit au procès équitable et au délai raisonnable et la justice administrative espagnole*, *RIDP* journées de la société de législation comparée, vol. 17, 1995, pp. 113-114.

[149] *Cf.* M. T. Soler Roch et Y. Martinez Munoz, *Spain*, *European Taxation* 2001, p. 567 : « *Despite the right to bring a legal action before the courts based on the Convention , Spanish courts have only rarely resolved conflicts relating tax matters by applying the rules contained in the ECHR* ».

33. La juridiction de Strasbourg a pu également être devancée sur l'assimilation des sanctions fiscales aux sanctions pénales par de nombreux États européens, qui appliquent les garanties de la procédure pénale si les sanctions sont suffisamment graves[150]. On s'aperçoit finalement que si certaines décisions de la Cour européenne en matière fiscale ont pu paraître novatrices comme *Bendenoun*[151], elles sont à relativiser, car précédées de solutions analogues rendues par les cours et tribunaux de pays européens. Un membre du Conseil d'État analysant l'arrêt *Ferrazzini*[152], faisait ainsi remarquer que « le pronostic d'une révolution copernicienne de la matière fiscale sous l'effet de la Convention européenne » s'était avéré finalement erroné. Pour autant il ne niait pas tout effet de la Convention en matière fiscale, qui avait « conduit à la remise en cause de traits du droit interne aussi bien établis que le caractère très unilatéral des pouvoirs d'investigation et d'enquête de l'administration ou le caractère absolu du secret fiscal »[153].

34. On n'oubliera pas de notre panorama, l'influence quoique mineure d'autres textes internationaux en matière fiscale comme le Pacte international relatif aux droits civils et politiques du 19 décembre

---

[150] En France, le Conseil constitutionnel dans sa décision n° 82-155 DC du 30 décembre 1982, assimilait déjà les sanctions fiscales « ayant le caractère d'une punition » aux sanctions pénales. Cette assimilation entraîne l'application des principes de légalité des peines et des délits, du caractère nécessaire de la peine, de sa proportionnalité à la gravité de l'infraction, de non-rétroactivité, d'application immédiate de la loi répressive nouvelle plus douce et du respect des droits de la défense. Ne bénéficient pas de ces garanties, les sanctions fiscales ayant un caractère indemnitaire de réparation pécuniaire, par exemple « les majorations de droits et intérêts de retard ayant le caractère de réparation pécuniaire » (Déc. 30 déc. 1982). *Cf.* la chronique de J. Lamarque, *Justices* 1996, p. 385 et *RGP* 1998, 347.

[151]CEDH, *Bendenoun c/ France*, 24 févr. 1994 ; L. Maublanc-Fernandez et J.-P. Maublanc, *Dynamique européenne et résistances internes : propos sur l'application de l'article 6-1 en matière fiscale*, *RFDA* 1995, n° 6, pp. 1181-1188.

[152] La Cour européenne des droits de l'homme a jugé dans des arrêts *Vidacar SA c/ Espagne* du 20 avril 1999 (*RJF*, 11/1999, n° 1487) et *Ferrazzini c/ Italie* du 12 juillet 2001, req. n° 44759/98 (*RJF*, 1/2002, n° 128 ; *JCP* 2002. I.105, n° 6, obs. F. Sudre ; *JDI* 2002, comm. P. Tavernier, pp. 261-265 ; E. De Crouy-Chanel, *L'arrêt Ferrazzini de la Cour européenne des droits de l'homme (CEDH) (12 juillet 2001): réflexions sur la singularité du droit public*, *Revue de la recherche juridique. Droit prospectif*, 01/03/2003, pp. 1493-1512), que le litige fiscal relevait encore du droit public et donc n'entrait pas le champ d'application de l'article 6-1 sur le droit à un procès équitable. On a pourtant fait remarquer, que ces deux décisions ne sont pas revêtues de l'autorité de la chose interprétée et que le dernier arrêt cité concernait le versant civil de l'article 6-1, J. Grosclaude et P. Marchessou, *op. cit.*, p. 26.

[153] J. Maïa, *Illusions et promesses de l'application à la matière fiscale de la convention européenne des droits de l'homme*, *RJF* 2002, n° 1, p. 3.

1966[154] et la résolution de 1977 du Conseil de l'Europe sur la protection de l'individu au regard des actes de l'administration[155]. Les conventions fiscales internationales ont également apporté leur pierre à l'édifice, à travers un certain nombre de clauses, dont la plus célèbre la clause de non-discrimination[156].

§ 5. Intérêt du recours au droit comparé

35. Le recours au droit comparé permet de mieux appréhender l'influence du droit européen sur le droit fiscal des pays membres de l'Union européenne et de se familiariser avec des institutions ou des solutions originales, du fait que le contenu des droits du contribuable dépend souvent du système juridique du pays en question[157]. D'autant plus, que la Cour européenne a décidé, nonobstant, l'article 53 de la Convention, que ses arrêts n'avaient pas d'autorité relative puisqu'un État doit faire disparaître une disposition similaire à celle qui a valu une condamnation à un autre État[158]. Le recours au droit comparé permet également de mieux saisir le phénomène d'harmonisation (ou d'uniformisation) des droits du contribuable constaté dans les pays de l'OCDE à travers notamment les arrêts rendus par les Cours suprêmes dans le champ de la protection juridique du contribuable[159]. Le droit comparé doit permettre aux Cours constitutionnelles européennes de se

---

[154] On pense aux différents arrêts rendus en 1984 par la Cour de cassation, qui s'appuyant sur l'art. 12-2 du Pacte international relatif aux droits civils et politiques et 2-2 du quatrième protocole additionnel de la CESDH (qui protègent la liberté d'aller et de venir), a considéré que le retrait ou le refus de renouvellement de passeport pour raisons fiscales est contraire aux articles précités ; Cass. civ. 1er, 28 nov. 1984, *D.* 1985, p. 313, note Gavalda.

[155] Selon cette résolution, les citoyens ont le droit d'être entendus et d'avoir accès à l'information. Ils ont également droit à une assistance de la part des autorités, à une explication des décisions prises, et à l'indication des recours possibles.

[156] *Cf. supra* n° 15.

[157] On pensera notamment aux différences inévitables entre pays de *common law* et pays de droit romano-germanique, *Taxpayer's rights : an international perspective, op. cit.*, p. 35

[158] CEDH, 22 avr. 1993, série A : *JCP* 1994. I.3742, n° 5, obs. Sudre ; *RFDA* 1994, 1185, note Labayle et Sudre.

[159] *Cf. Les métamorphoses de la procédure à l'aube du 3e millénaire*, in *Clefs pour le siècle*, Dalloz, 2000, p. 1135 ; *Vers un procès civil universel ? Les règles transnationales de procédure civile de l'American Law institute*, dir. P. Fouchard, éd. Panthéon-Assas, 2001, compte rendu E. Jeuland, *Rev. crit. DIP* 2002, p. 240 et s.

familiariser avec les solutions rendues sur les mêmes cas par leurs homologues. La jurisprudence de l'une d'entre d'elles sur un point donné peut ensuite servir de repère, d'inspiration, aux autres afin d'harmoniser les droits fondamentaux du contribuable. L'étude du droit de pays voisins permet également d'envisager la question des sources dogmatiques[160] des droits du contribuable. Certains droits découlent des constitutions nationales, voire rarement de textes internationaux ou bien fréquemment de textes à valeur législative ou réglementaire.

Nous nous efforcerons lorsque cela présente un intérêt, de présenter les solutions données par tel ou tel droit d'un pays membre de l'Union européenne à une question touchant au champ de cette thèse. Ne pouvant pas malheureusement embrasser tous les droits existants, nous nous cantonnerons souvent à des références au droit allemand, espagnol et anglais. Les deux premiers présentent notamment la caractéristique commune, outre d'appartenir au même « système juridique »[161], d'avoir adopté une constitution contenant des droits fondamentaux qui servent très souvent de fondement à la protection juridique du contribuable[162]. Le droit anglais, quant à lui, est intéressant en ce qu'il connaît une relation contribuable-administration davantage contractualisée que dans les pays continentaux et qu'il fait du juge, le véritable protecteur du contribuable. L'état de protection du contribuable varie selon le pays étudié, car il est avant tout la résultante de l'histoire et de la tradition juridique de celui-ci. Ce qui atteste qu'une harmonisation poussée des droits du contribuable en Europe ne peut que résulter d'une application plus large des dispositions de la CESDH dans le droit des procédures fiscales. Limiter autant que possible cette étude à la France, l'Allemagne, l'Espagne et l'Angleterre permettra également d'éviter de trop grandes disparités, et aboutira peut-être selon l'idéal de Raymond

---

[160] Les sources dogmatiques sont la loi, la jurisprudence, la coutume et la doctrine ; P. Jestaz, *Les sources du droit*, « Connaissance du droit », Dalloz, 2005, p. 1.

[161] Pour une critique vive de l'emploi imprécis et inapproprié par les comparatistes de la notion de système juridique, *cf.* P. Catalano, *Identité de la méditerranée et convergence des systèmes juridiques*, in *La condition juridique des "autres" dans les systèmes juridiques de la méditerranée* (sous la direction de F. Castro et P. Catalano, 2e éd., ISPROM-Publisud, 2004, pp. 11-23 ; O. Pffersmann, *Le droit comparé comme interprétation et comme théorie du droit*, *RIDC* 2001, n° 2, p. 5 et s. ; M.-L. Izorche, *Propositions méthodologiques pour la comparaison*, *RIDC* 2001, n° 2, pp. 289-325.

[162] En Allemagne, la fonction positive des droits fondamentaux contraint l'administration à « exercer son pouvoir en tenant compte de l'existence des droits fondamentaux » ; M. Fromont, *Grands systèmes de droit étrangers*, 5e éd., Dalloz, 2005, p. 41.

Saleilles à « dégager de l'ensemble des institutions particulières un fonds commun ou tout au moins des points de rapprochement susceptibles de faire apparaître sous la diversité apparente des formes, l'unité foncière de la vie juridique universelle »[163].

36. Pour des raisons historiques[164], la Constitution française de 1958 à la différence des constitutions allemande ou espagnole ne contient pas une proclamation de droits fondamentaux (applicables en général au contribuable). C'est donc le Conseil constitutionnel saisi à deux reprises sur la constitutionnalité du régime du droit de visite et de saisie en matière fiscale issu des lois de finances pour 1984 puis pour 1985 qui a donné une valeur constitutionnelle au principe d'inviolabilité du domicile dans une décision 83-164 DC du 29 décembre 1983 et qui a reconnu une valeur constitutionnelle au principe des droits de la défense en matière fiscale dans sa décision 84-184 DC du 29 décembre 1984[165]. Il a également visé d'une manière plus générale les droits fondamentaux dans sa décision n° 89-269 DC du 22 janvier 1990[166]. On renverra à ce qui était dit plus haut concernant les principes posés par la déclaration de 1789 et sur l'évolution législative et réglementaire ayant pour objet les droits du contribuable français[167]. Les textes législatifs et réglementaires intéressant les procédures fiscales ont été pour la plupart transposés dans le Code général des impôts et surtout dans le Livre des procédures fiscales[168].

---

[163] R. Saleilles, *Conception et objet de la science du droit comparé*, *Bull. de la Société de législation comparée*, 1900. 383. Pour un intéressant point de vue sur cette définition du droit comparé, *Cf. Procédures pénales d'Europe*, sous la direction de M. Delmas-Marty, p. 27.

[164] Les régimes totalitaires qu'ont connus ces deux pays dans le courant du XXe siècle expliquent que leurs Constitutions protègent explicitement les droits fondamentaux. Ainsi en Allemagne, si certaines idées jusnaturalistes ont été inscrites dans la loi fondamentale, c'est parce que « le positivisme a été accusé d'avoir favorisé la soumission au pouvoir totalitaire » ; M. Troper, *La philosophie du droit*, « Que sais-je ? », PUF, 2005, p. 22.

[165] Cons. const., 29 décembre 1983, Déc. n° 83-164 DC, *op. cit.* ; 29 déc. 1984, Déc. n° 84-184 DC, 29 déc. 1984, *op. cit.*

[166] Cons. const., n° 89-269 DC, 22 janv. 1990, *Rec.*, p. 33 : le législateur doit à l'égard des étrangers respecter les engagements internationaux souscrits par la France et les libertés et droits fondamentaux de valeur constitutionnelle reconnus à tous ceux qui résident sur le territoire de la République.

[167] *Cf. supra* n° 9-14.

[168] Les dispositions du Livre des procédures fiscales sont entrées en vigueur le 1er janvier 1982 alors que le LPF devait selon l'idée de départ constituer le premier livre du « nouveau Code des impôts », projet de refonte du CGI qui n'a jamais vu le jour.

Il ne faut pas omettre non plus la place particulière doctrine administrative comme « source de droit » pour les contribuables. L'administration fiscale française étant conduite souvent à interpréter les textes qu'elle est chargée d'appliquer, à travers, des circulaires, notes de services, directives et autres instructions ou à travers des réponses ministérielles à des questions écrites, ce qui constitue ce qu'on appelle communément la doctrine administrative. Bien qu'ayant une compétence liée en la matière et étant soumise au principe de légalité, l'administration dispose d'une véritable « fonction autonome d'interprétation des textes fiscaux »[169]. Ce qui a amené le législateur a posé une règle protectrice du contribuable dans les articles L. 80 et L. 80 B du LPF : les changements de doctrine en matière fiscale ne valent que pour l'avenir.

37. L'Espagne a quant à elle, été plus influencée par le droit français que ne le fut l'Allemagne ou la Grande-Bretagne. Ainsi, la première réforme d'ensemble du système fiscal espagnol effectué par la loi budgétaire de 1845, due au ministre Alejandro Mon, a été inspirée du système fiscal français[170]. Toute étude du droit espagnol doit prendre en compte,

---

Le principal objectif de ce « nouveau » Code fiscal est de « clarifier et d'améliorer les dispositions relatives à la procédure. A cet effet, 280 articles du CGI et quelques 100 articles de ses annexes ont été regroupés et divisés en articles généralement plus court, ordonnés selon un plan plus cohérent et écrit dans une forme simplifiée et allégée. L'autorité réglementaire a retenu une définition de la procédure qui permet d'englober une distinction devenue classique, les procédures non contentieuses relatives à l'établissement, au recouvrement et au contrôle de l'impôt, et les procédures contentieuses proprement dites, y compris les procédures pénales », J. Lamarque, *Droit fiscal général*, fasc. 1, p. 81.

[169] P. Amselek, préf. à Ph. Marchessou, *L'interprétation des textes fiscaux*, Economica, 1980. *Cf.* également : J. Guez, *L'interprétation en droit fiscal*, Bibliothèque de l'Institut André Tunc, t. 12, LGDJ, 2007, 376 p.

[170] J. A. Cremades, *Le système fiscal espagnol*, p. 16. Cette influence juridique française s'est retrouvée dans le droit civil espagnol où l'influence du Code Napoléon, ainsi que de la doctrine issue des commentateurs du Code de 1804 ont été prépondérants (B. Moreno Quesada, *Espagne*, in *La circulation du modèle juridique français*, pp. 58-63).

En matière processuelle, la Révolution française a eu un impact considérable, en ce qui concerne les « contrôles et les instruments nécessaires pour assurer la séparation effective des pouvoirs de l'État et pour protéger les droits et intérêts des citoyens (...) Le schéma de base de type processuel frappé du sceau du régime juridique français assure la nette séparation des fonctions d'accusation et des fonctions de jugement, la différence organique et fonctionnelle entre les investigations judiciaires (*el sumario*) ou l'instruction et le débat oral ou audience (*el plenario*), parties d'une instance unique, le secret de l'instruction et la publicité des débats, la libre appréciation de la preuve, etc. »

l'organisation administrative spécifique de ce pays qui depuis la Constitution de 1978 est divisé en 17 Communautés autonomes (CCAA) qui lèvent leurs propres impôts[171].

38. En Espagne comme en Allemagne, la Constitution contient différents droits fondamentaux, sources de droits pour les contribuables. Ainsi, l'article 18 de la Constitution espagnole (Const. esp.) du 27 décembre 1978 garantit le droit à l'honneur, à l'intimité personnelle et familiale et à l'image (al. 1), ainsi que l'inviolabilité du domicile (al. 2), le secret des communications et la limitation de l'usage de l'informatique (al. 3). Cette façon d'énumérer différents droits qui sont finalement que les expressions d'un seul « conduit à penser que le constituant a pris en compte les différents cas énumérés dans le but d'en faire un objet de tutelle en tant que manifestation d'un même droit plutôt que de considérer ces différentes manifestations comme des droits autonomes, suivant par la même, la tendance de la jurisprudence et de la doctrine moderne »[172]. Les articles 17-1 à 17-4 énumèrent les différents aspects des droits de la défense[173]. Ces droits fondamentaux étant applicables aux procédures fiscales, sont à prendre en considération quand on étudie le *corpus* des droits du contribuable espagnol. D'autant que l'Espagne comme l'Allemagne ont reconnu la possibilité pour les particuliers de

---

(T. Munoz Rojas, *Espagne,L'impact du modèle juridique français sur le droit processuel espagnol*, pp. 72-74).

[171] Outre leurs propres impôts et taxes, 15 des 17 CCAA perçoivent un certain pourcentage des impôts d'État : 33 % de l'*IRPF*, 35 % de l'*IVA* et 40 % des droits d'accises (bière, alcools, tabac) ; *Espagne*, Francis Lefebvre, 2005, n° 1500.

[172] L. Escobra de la Serna et S. Del Campo Urbano, Groupe d'études Société d'information et vie privée, p. 163. *Cf.* également A. Perez Luno, *Derechos Humanos, Estado de Derecho y Constitucion*, Madrid, Tecnos, 1984, p. 331.

[173] Art. 17.1 : Toute personne a droit à la liberté et à la sécurité. Nul ne peut être privé de sa liberté si ce n'est compte tenu des dispositions du présent article et ça dans les cas et sous la forme prévus par la loi.

Art. 17.2 : La garde à vue ne pourra pas durer plus que le temps strictement nécessaire pour réaliser les vérifications tendant à l'éclaircissement des faits et, en tout cas, le détenu devra être mis en liberté ou à la disposition de l'autorité judiciaire dans le délai maximum de soixante-douze heures.

Art. 17.3 : Toute personne détenue doit être informée immédiatement, et d'une façon qui lui soit compréhensible, de ses droits et des raisons de sa détention et ne peut pas être obligée à faire une déclaration.

L'assistance d'un avocat est garantie au détenu dans les enquêtes policières ou les poursuites judiciaires, dans les termes que la loi établira.

Art. 17.4 : La loi définira une procédure d'habeas corpus pour mettre immédiatement à disposition judiciaire toute personne détenue illégalement. De même, la loi déterminera la durée maximum de la détention préventive.

saisir directement leurs cours constitutionnelles respectives afin de faire constater d'éventuelles violations de leurs droits fondamentaux (voies : d'*amparo* et *verfassungsbeschwerde*). Enfin, l'article 31 renferme plusieurs principes propres à la matière fiscale dans son alinéa 1er[174] : le principe du caractère général et obligatoire de la contribution fiscale[175], le principe de capacité économique[176], le principe d'égalité fiscale[177], le principe de la progressivité, le principe d'un impôt non confiscatoire[178]. Dans son alinéa 2, il pose le principe de justice fiscale[179] et dans son alinéa 3 celui de légalité de l'impôt[180]. Le Tribunal constitutionnel espagnol qui joue un rôle actif dans la protection des droits du contribuable a pour mission la protection effective des droits fondamentaux notamment grâce au recours individuel à l'encontre de tous les actes des pouvoirs publics (le recours d'*amparo*).

Au niveau législatif, il faut noter la très importante loi du 26 février 1998 sur les Droits et Garanties des Contribuables (L. 1/1998 « *de Derechos y Garantias de los Contribuyentes* »[181]), précédée du « *Reglamento general de la inspeccion de los tributos* » du 25 avril 1986 et surtout de la *Ley General Tributaria* (*LGT*) du 28 décembre 1963 qui a été refondue le 17 décembre 2003 pour cause notamment de dispositions

---

174 « *Todos contribuiran al sostenimiento de los gastos publicos de acuerdo con su capacidad economica mediante un sistema tributario justo inspirado en los principios de igualidad y progressividad que, en ningun caso, tendra alcance confiscatorio.* »

175 Art. 31. 1 Const. esp. : « *Todos contribuiran al sostenimiento de los gastos publicos* ».

176 Proche du principe de proportionnalité de l'article 13 de la Déclaration de 1789. Art. 31. 1 Const. esp. : « *Todos contribuiran al sostenimiento de los gastos publicos de acuerdo con su capacidad economica* ». Ce principe est repris par la *LGT* dans son article 3 : « *La ordenacion de los tributos ha de basarse en la capacidad economica de las personas llamadas a satisfacerlos* ...» et dans son article 26. 1 c quand en définissant les impôts, elle fait mention à « *la capacidad contributiva del sujeto pasivo...* ».

177 La *LGT* fait aussi référence à ce principe dans son article 3 le définissant comme la distribution équitable de la charge fiscale « *la equitativa distribucion de la carga tributaria* » et le mentionnant comme un principe majeur.

178 *Cf. infra*, n° 432 et s.

179 « *El gasto publico realizara una assignacion equitativa de los recursos publicos y su programacion y ejeccucion respoderan a los criterios de efficencia y economia* ».

180 « *Solo podran establecerse prestaciones personales o patrimoniales de caracter publico con arreglo a la ley* ». Art. 2 *LGT* : « *La facultad originaria de establecer tributos es exclusiva del Estado y se ejercera mediante Ley votada en Cortes* ».

181 *BOE*, n° 50, 27 févr. 1998 ; *Leyes generales de derecho financiero y tributario*, Ed. Civitas, 2000, p. 161 et s.

incompatibles avec la Constitution[182] et modifiée par une loi du 29 novembre 2006 portant diverses mesures de lutte contre la fraude fiscale (*de medidas para la prevención del fraude fiscal*)[183]. Une Charte du contribuable a été également élaborée en décembre 1995, visant à améliorer les connaissances qu'ont les citoyens de leurs droits face à l'administration et à favoriser un accomplissement responsable de leurs obligations fiscales. Particularité étonnante pour un pays de tradition juridique romaniste, il n'existe pas en Espagne de Code des impôts, la *LGT* assure malgré tout une unité d'ensemble et est mise à jour occasionnellement.

La jurisprudence, en Espagne, n'est pas une source réellement reconnue du droit fiscal comme dans la plupart des droits continentaux, bien que le Code civil en son article 1er sur les sources du droit y fasse référence[184]. On peut néanmoins souligner l'apport considérable de la jurisprudence du Tribunal suprême (*Tribunal supremo*) et du Tribunal constitutionnel (*Tribunal constitucional*) à la consolidation et à l'affermissement des droits du contribuable dans la péninsule ibérique[185].

L'effervescence législative constatée dans ce pays, ces dernières années, sur les droits du contribuable, nourrie par un nombre considérable de publications doctrinales fait du droit fiscal espagnol, un champ d'étude hautement intéressant.

38. En Allemagne, on trouve au sommet de la hiérarchie des sources des droits du contribuable la Constitution[186] (Loi fondamentale du 23 mai 1949) et les conventions internationales. La Constitution allemande recèle plusieurs articles sur les droits fondamentaux (*Grundrechte*),

---

[182] *BOE*, n° 313, 31 déc. Cette loi énonce les principales règles d'administration, de contrôle et de recouvrement des impôts et des taxes, définit les infractions fiscales, énumère leurs sanctions et organise le contentieux fiscal.
La « nouvelle » *Ley general tributaria* est entrée en vigueur le 1er juillet 2004. *Cf.* pour plus de détails sur la réforme de la LGT : F. Pérez Royo, *Derecho financiero y tributario. Parte general*, 15e éd., Thomson-Civitas, 2005, p. 97.

[183] *BOE*, n° 286, 30 nov. 2006.

[184] « 6. *La jurisprudencia complementara el ordenamiento juridico con la doctrina que de modo reiterado, establezca el Tribunal Supremo al interpretar y applicar la ley, la constumbre y los principios generales del derecho.* »

[185] F. Pérez Royo, *op. cit.*, pp. 99-100.

[186] Loi fondamentale, trad. par C. Autexier, J.-F. Flauss, M. Fromont, C. Grewe, O. Jouanjan, P. Koenig, Office de presse et d'information du gouvernement fédéral, 1995.

protégeant le citoyen contre les pouvoirs publics[187]. Cette longue liste de droits fondamentaux lie « les pouvoirs législatifs, exécutif et judiciaire à titre de droit directement applicable » (art. 1 al. 3)[188]. L'article 3 de la Loi fondamentale pose le principe d'égalité devant la loi qui a été appliqué à deux reprises en droit fiscal par la Cour constitutionnelle fédérale[189]. L'article 6 protège la famille et le mariage contre les pouvoirs publics, l'article 10 protège le secret de la correspondance, de la poste et des télécommunications (*Brief-, Post-und Fernmeldegeheimnis*), l'article 13 instaure le principe de l'inviolabilité du domicile, l'article 14 protège la propriété des interférences du pouvoir législatif et exécutif (*Unverletzlichkeit der Wohnung*). Ce dernier a d'ailleurs été appliqué au droit fiscal par la Cour constitutionnelle fédérale[190]. L'article 19 alinéa 4 pose quant à lui le droit à un recours juridictionnel contre un acte des pouvoirs publics affectant des droits protégés.

39. Au niveau législatif, il existe en Allemagne, au contraire de l'Espagne, un Code des impôts (*Abgabenordnung, AO*) qui régit les droits et obligations du contribuable et qui est ajusté en permanence à l'évolution de la situation[191]. On y trouve notamment des dispositions régissant les obligations fiscales, les procédures et les pénalités. Le Code

---

[187] *Cf.* M. Fromont, *Les revirements de jurisprudence de la Cour constitutionnelle fédérale d'Allemagne,* Cahiers du Conseil constitutionnel n° 20 sur les revirements de jurisprudence dus à l'évolution de la théorie des droits fondamentaux.

[188] Loi fondamentale, *op. cit.* Cette force obligatoire des droits fondamentaux ne peut que se comprendre que par rapport à la Constitution républicaine du Reich de 1919 qui ne contenait en son sein aucune disposition permettant une protection effective des droits de l'homme et des droits civiques qu'elle évoquait.

[189] Dans sa décision du 22 juin 1995, la Cour constitutionnelle a considéré qu'une taxation différente des biens immobiliers par rapport à d'autres formes de propriété viole l'article 3 de la Constitution ; C. const. féd., 22 juin 1995 (2 Bvr 37/ 91), *BStBl* II 1995, 655 ff.

Dans une décision du 27 juin 1991, la Cour jugea au moment de la réintroduction de l'impôt sur les intérêts consécutive à une période d'une montée de l'épargne que la non-application des impôts sur l'épargne, résultant du fait qu'il n'existait pas de mécanismes assurant l'application effective de ceux-ci, constituait une violation du principe d'égalité devant la loi ; C. const. féd., 27 juin 1991 (*BverfGE*), vol. 84, 239 ff.

[190] La Cour de Karlsruhe dans sa décision du 22 juin 1995 avait jugé que, dans le cas où le total d'impôts supporté par un contribuable excède 50 % du total des revenus dérivant de ses biens, il y a violation du droit constitutionnel de libre disposition de sa propriété ; C. const. féd., 22 juin 1995, *op. cit.* ; *Cf. infra* n° 422 et s.

[191] Par exemple, au cours des dernières années : introduction d'une nouvelle réglementation des procédures de vérification fiscale et consolidation de la position juridique des contribuables dans les échanges d'informations internationaux.

des procédures fiscales (*Finanzgerichtsordnung*, *FO*) avec ses 180 sections expose quant à lui, les règles de procédure en matière fiscale, devant les juridictions compétentes en matière fiscale : les tribunaux fiscaux et la Cour fédérale des finances (« *Finanzgerichtsbarkeit* et *Bundesfinanzhof* »).

40. Enfin, une des caractéristiques du modèle allemand, résulte dans le fait que ce pays pénalise « les procédures, c'est-à-dire qu'il les confie à la justice pénale, dès que des manœuvres frauduleuses sont détectées »[192]. Par rapport à ses voisins européens, l'Allemagne connaît un grand nombre d'infractions fiscales pénalement sanctionnées qui sont regroupées dans la catégorie générale des manquements fiscaux (*Stueuerverfehlungen*)[193].

41. L'analyse du modèle anglais des droits fondamentaux riche de nombreux textes tels que la « *Petition of rights* » (1628), l'« *Habeas Corpus* » (1679), le « *Bill of Rights* » (1689) et l'« *Act of Settlement* » (1701) nous révèle un système original où ce sont les procédures qui défendent et sauvegardent les libertés fondamentales[194] (*Remedies precede rights*). On a ainsi pu dire que « l'Angleterre est le pays où l'on a organisé des procédures efficaces pour défendre et sauvegarder les libertés fondamentales, et ce sont ces procédures qui forment la Constitution »[195]. Déjà dans l'*Habeas Corpus*, transparaissait cette idée que la protection de la liberté ne doit pas être attendue d'une déclaration

---

[192] A. Barilari, *op. cit.*, p. 92.

[193] On distingue selon leur gravité :

- les faits pénalement punissables d'une peine de prison ou d'une amende (*Steuerstraftaten*) : *Steuerhinterziehung* (& 370 *AO* : évasion fiscale) ; *Schmuggeln* (la contrebande) ; le recel fiscal (*Steuerhehrei* : s. 374 *AO*) ; *Bannbruch* (fraude douanière : & 372 *AO*) ; falsification de documents fiscaux (*Steuerzeichenfälschung* : & 369 *AO* et 148 *StGB*) ; aide à un fraudeur fiscal (*Begünstigung eines Steuerstraftäters* : & 369 *AO* et 257 *StGB*) ;
- les contrariétés à l'ordre fiscal (*Steurordnungswidrigkeiten*) punis seulement d'une amende : *Leichtfertige Steuerverkürzung* (& 378 *AO* : évasion fiscale légère) ; *Gefährdungstatbestände* (& 379 383 *AO* : mise en danger de la base imposable) ; *Unzulässiger Erwerb eines Steuererstattungs-oder Vergüntungsanspruch* (& 383 *AO :* l'acquisition irrégulière d'un droit à remboursement d'impôt*)* ; C. David, *Sanctions administratives et pénales en matière de prélèvements obligatoires (PO). Etude comparative (France, Allemagne, Royaume-Uni)*, in Mélanges Yves Guyon (*Aspects actuels du droit des affaires*), Dalloz, 2003, pp. 316-317.

[194] C'est l'application du célèbre adage : *Remedies precede rights*.

[195] R. David et X. Blanc-Jouvan, *op. cit.*, p. 83.

solennelle des droits, mais d'une action judiciaire[196]. Le Royaume-Uni est donc un exemple intéressant pour qui s'intéresse à la procédure, d'État où le droit est vu sous le prisme de la procédure (droits réactifs[197]). À l'image du droit romain des origines qui était un droit essentiellement procédural. À Rome, « toujours, la pratique du droit a précédé la théorie »[198], un droit n'a d'existence et de réalité qu'à travers une procédure qui le protège. Les libertés publiques n'ont eu de reconnaissance qu'au moyen de procédures qui permettaient de sanctionner leur violation. L'« *Habeas Corpus* », malgré la croyance commune, était à l'origine une procédure, qui avait pour objet non pas de protéger les citoyens, mais de renforcer l'autorité royale envers les seigneurs. Perfectionnée au fil du temps, elle est devenue une action ouverte à tous, où n'importe qui peut pour le compte d'une personne détenue, agir et demander la délivrance du *writ* d'*Habeas corpus*[199].

42. Le droit des procédures fiscales est régi par des lois : la *Taxes Management Act* de 1970 (*TMA*) qui a un champ large[200], car elle couvre l'impôt sur le revenu *(Income Tax)*, sur les sociétés (*Corporate Tax*) et sur les plus-values (*Capital gains tax*), ainsi que l'*Inland Revenue Regulation Act* (1890), le *Crown Proceedings Act* (1947) et le *Provisionnal Collection of Taxes Act* (1968). Il convient également de se référer aux lois de finances (*Financial Acts*).

Le rôle de la jurisprudence en droit fiscal est fondamental en Grande-Bretagne, du fait qu'il n'existe pas de constitution consacrant des droits fondamentaux[201]. On a ainsi laissé au juge, la mission de prévenir les actions arbitraires de l'administration fiscale[202].

---

[196] R. David et X. Blanc-Jouvan, *op. cit.,* p. 84.

[197] « Les droits de tradition romaniste sont des droits légiférés, des droits pro-actifs qui prétendent donc anticiper les questions litigieuses susceptibles de survenir entre citoyens. Dans une perspective historique, les droits de *common law* se présentent au contraire comme des droits réactifs, c'est-à-dire des droits qui sont le fruit « spontané » de litiges intervenant entre les citoyens » ; P. Legrand : questions à Rodolfo Sacco, *RIDP* 1995, n° 47, p. 954.

[198] La loi des XII Tables, premier corps de règles écrites à Rome, a elle-même enrichie la procédure, y incluant de nouvelles formules nécessaires à toute action en justice. *Cf.* : M. Villey, *Le droit romain*, « Que-sais-je ? », PUF, pp. 9-34.

[199] Sur ce point : *Cf.* R. David et X. Blanc-Jouvan, *op. cit.*, pp. 83- 88.

[200] La *TMA* régit les pouvoirs des *Commissioners* de l'*Inland Revenue* (équivalent de nos inspecteurs des impôts).

[201] Le juge anglais est au cœur de la création du droit outre-Manche quel que soit le domaine concerné. *Cf.* C. Jauffret-Spinosi (*RIDC* 1998, n° 3, p. 755) : « Le droit anglais est essentiellement (même aujourd'hui où le législateur est aussi prolifique

43. Une Charte du contribuable anglais a été publiée en août 1991 (influencée sans doute par le « *Rapport Keith*[203] »), conjointement par la Direction des impôts (*Inland Revenue*) et l'administration des douanes et droits indirects (*HM's Customs and Excises*) qui définit les principes que doivent respecter les services fiscaux dans leurs relations avec les contribuables. Elle a été remplacée depuis peu par une « *mission statement* » qui explique ce que les « clients » de l'administration des impôts et de l'administration des douanes peuvent attendre de celles-ci. Ce document est lui-même étayé par deux Chartes dont une concerne les contribuables. Il ne faut pas oublier non plus, en raison de leur éclairage sur la pratique, les « *Codes of practice* »[204] qui viennent utilement compléter la Charte. Ni omettre l'influence en matière fiscale du *Human Rights Act* de 1998, entré en vigueur le 2 octobre 2000 qui a « rapatrié »[205] en droit anglais, la Convention européenne des droits de l'homme[206]. Et qui constitue d'après les Anglais eux-mêmes, leur

---

qu'en France) un droit jurisprudentiel. Le juge découvre la règle de droit dans le précédent ou bien, peut-être même, crée-t-il la règle de droit, une règle de droit beaucoup plus limitée que la règle française, puisque toujours limitée aux faits de l'espèce où cette règle est apparue ».

Sur la spécificité du droit anglais : J.-L. Halpérin, *Histoire des droits en Europe*, Flammarion, 2004, pp. 22-25.

[202] G. Morse et D. Willams, *op. cit.*, n° 1-11.

[203] Rapport issu du travail fourni par le comité « Keith » constitué en juillet 1980 qui avait pour tâche d'entreprendre un examen approfondi des pouvoirs exécutoires des services des impôts et des douanes. L'examen portait sur les pouvoirs d'investigation, les pouvoirs en matière d'obtention des informations et des documents, les pouvoirs de visite, les pouvoirs d'enquête sur la fraude et autres « pouvoirs ». Le comité a déposé son rapport de quatre volumes en 1983-1984, seules certaines propositions ont été mises en œuvre ; *Cf. infra* note bas de page n° 365.

Cf. R. M. Ivison, *The end of Keith ? British Tax Review* 1989, 217 ; R. D. Salter et J. Kerr, *Easson : cases and materials on revenue law,* Londres, Sweet and Maxwell, 1990, pp. 14-15.

[204] On notera l'apparition en 1991 de trois nouveaux *Codes of practice* : « *dealing with the conduct of tax investigations* », « *the conduct on inspections of employers' PAYE records and compensation for serious delays or mistakes*" et "*Code of practice for the provision of information and advice*" ; http://www.hmrc.gov.uk/leaflets/c11.htm.

[205] J.-F. Flauss, *Human Rights Act 1998 : kaléidoskope*, *RFD const.* 2001, p. 695 et s.

[206] Le Royaume-Uni est d'ailleurs le premier pays en Europe à avoir ratifié la convention européenne des droits de l'homme, le 8 mars 1951. Cependant, la décision avait été prise de ne pas incorporer la convention dans le droit domestique. On pensait alors que le droit britannique offrait une protection satisfaisante des personnes et donc qu'il n'était pas nécessaire d'inclure la convention dans le droit national.

Comme en plus le Royaume-Uni est un pays qui a une approche dualiste du droit international, les traités ne créent pas de droits pour les personnes ou ne peuvent être

Constitution ou tout du moins la déclaration de droits fondamentaux qui leur manquait[207]. Cependant avant même l'entrée en vigueur du *Human Rights Act*, certains contribuables anglais s'étaient risqués à invoquer des dispositions de la Convention lors de leurs recours[208].

---

invoqués devant les juridictions britanniques tant qu'ils ne sont pas incorporés dans le droit interne par la loi.
En 1997, le parti travailliste dans son programme électoral milita pour l'incorporation de la convention dans le droit anglais. Il tint sa promesse après sa victoire aux élections en élaborant l'*Human Rights Act* le 9 novembre 1998.

[207] J. Bell, *La révolution constitutionnelle au Royaume-Uni*, *RD Publ.* 2000, n° 2, p. 413 et s., spéc. p. 429 : le *Human Rights Act* constitue « le premier effort pour donner une protection législative aux droits fondamentaux depuis le Bill of Rights de 1689 ». *Cf.* aussi : P. Fitzpatrick et J. Peacock, *The impact of the Human rights Act 1998 in the tax field*, *Bristish Tax Review* 2000, n° 4, pp. 202-210 et H.-H. Stephen Oliver, *The human rights act in prospect: some reflections*, *British Tax Review* 2000, n° 4, pp. 199-201.

[208] *Cf.* par exemple : *Oxhey (Collector of Taxes) v. Raynham*, 54 TC 779 (Weston Super-mare County Court, 27 juill. 1983), où le contribuable pour refuser de payer des impôts invoquait l'article 9 de la convention (sur la liberté de conscience), car selon lui l'obligation fiscale lui posait un problème de conscience.
Le jugement rendu par la *County court* est le suivant : « *Mr. Raynham submits that he is not bound to pay taxes because of Article 9 of the European Convention on Human Rights to which this country is a signatory. He says that his conscience does not allow him to give any support or assistance to the Crown. When I asked him he was bold enough to submit that if his conscience told him so, he would be entitled to rely on Article 9 to disobey any of the laws of this country. Mr. Raynham made those submissions but cited no authority and adduced no evidence in support of them. Mr. Mehta appearing for the Collector of Taxes agreed that this country was a signatory to and had ratified the Convention which came into force on the 3rd September 1953. He relied, however, on R v. Chief Immigration Officer, ex parte Salamat Bibi [1976] 1 WLR 979 and in particular on the dicta of Lord Denning MR, Roskill and Geoffrey Lane LJJ. to submit that the Convention was not part of the law of this country. From those judgments, it is clear to me that the Convention is not part of the law of this country but it may be referred to when there is any ambiguity or uncertainty in domestic law. To my mind there is no ambiguity in the tax legislation. Section 4 of the Income and Corporation Taxes Act 1970 is quite explicit as to the circumstances in which tax is due and payable. Further, Mr. Raynham agrees that he has not appealed against the assessments. In my judgment, Mr. Raynham's case falls there. However, in deference to Mr. Mehta's researches, I would go on to say that in my view the Convention has to be read as one with the First Protocol thereto which this country ratified on the 3rd November 1952. Articles 1 and 5 of that Protocol make it clear that even under the Convention this country is entitled to levy taxes.*
Finally, I would add, though having regard to my decision what I say is obiter, that even if Article 9 applied as law, it is clear to me that it is inapplicable in its wording to the present case. Put simply, the position is as has been said 'Render unto Caesar the things which are Caesar's, and unto God the things that are God's'. Mr. Raynham's application fails". *Cf.* aussi : *Sweeney v. Maidstone General Commissioners*, [1984]

§ 6. Classification des droits du contribuable

44. Toute étude des droits du contribuable suppose une classification de ces droits[209], tout en ayant toujours présent à l'esprit, qu'ils peuvent varier ou prendre une autre forme dans chaque pays. L'influence de plus en plus grande des droits fondamentaux sur la procédure fiscale, sous l'impulsion de la Cour européenne des droits de l'homme et du Conseil constitutionnel, devrait logiquement conduire à l'application de garanties fondamentales comme les droits de la défense, l'inviolabilité du domicile, le droit de garder silence ou encore le secret professionnel.

En France, la Charte du contribuable fait d'ailleurs explicitement référence au droit au respect de la liberté individuelle, aux droits de la défense, au droit à un recours et au droit à des sanctions équitables. Mais la légendaire autonomie[210] (Michel Bouvier a fait remarquer que l'une

---

STC 334 ; *Commissioners of Customs & Excise v. Harris*, Queen's Bench Divisional Court, 29 janv. 1999 (CO/3875/98).
Cf. sur ce point : A. Ashworth, *Le procès. Système anglo-saxon*, in *Les principes communs d'une justice des États de l'Union Européenne*, La documentation française, 2001, pp. 143-152.

[209] La classification des droits fondamentaux étant une œuvre complexe, divers auteurs ont pu proposer des méthodes ayant chacune leur spécificité et leur intérêt : *Cf.* par exemple : *Classer les droits de l'homme* (sous la direction de E. Bribosia et L. Hennebel), Bruylant, coll. « Penser le droit », 2004, 398 p., spéc. sur le problème de la classification pp. 1-7.

[210] Le doyen Trotabas définit de façon imagée cette thèse, en 1928, dans un article : « au regard des autres branches du droit public comme au regard du droit privé, la loi fiscale possède une indépendance qui lui permet d'établir des règles propres : le droit fiscal comme « charbonnier », est maître chez lui », *Essai sur le droit fiscal*, *Revue de science et de législation financière*, p. 225. *Cf.* également la lettre adressée par lui à Maurice Cozian (reproduite à la *RFFP* de 1995, p. 259) et la célèbre réponse du doyen Gény, *Le particularisme du droit fiscal*, *RTD civ.* 1931, p. 798 et s.
Comme le relève Michel Bouvier « discuter de l'hétéronomie du droit fiscal ou de l'autonomie du droit fiscal consiste à se demander si ce droit constitue une branche du droit public ou inversement du droit privé, ou encore s'il s'agit d'un droit totalement autonome, original, bien qu'au carrefour du public et du privé. Cette dernière hypothèse qui conduit à conclure à une spécificité du droit fiscal implique qu'il est en mesure de traiter à sa manière et en dehors des principes juridiques communs, les situations qui s'offrent à lui » ; *Introduction au droit fiscal général et à la théorie de l'impôt*, p. 178. Pour les partisans de l'autonomie du droit fiscal, il y aurait une notion fiscale du commerçant, une notion fiscale du bénéfice, une notion fiscale des provisions différentes de celles contenues dans le Code de commerce ou du Plan comptable général.

des branches qui selon lui est encore le théâtre de cette querelle doctrinale est la procédure fiscale[211]) et la spécificité[212] de cette matière

Cf. pour des positions très critiques sur l'autonomie du droit fiscal : M. Cozian, *Propos désobligeant sur une « tarte à la crème » : l'autonomie et le réalisme du droit fiscal*, *JCP*. II.13394, 1981. Selon cet auteur, « même s'il est morcelé en plusieurs disciplines, le droit présente une unité de principe. Il existe des notions communes qui doivent être respectées quelle que soit la discipline en cause. Il est vrai que la loi peut toujours édicter une solution contraire ; prendre acte de cette exception n'est jamais que respecter la loi et non démontrer l'autonomie du droit fiscal » ; *Précis de fiscalité des entreprises*, p. 7. Et Claude Lasry qui observait en dressant il y a près de cinquante ans le bilan de l'activité des sous-sections fiscales du Conseil d'État, que « lorsque un commentateur ne parvient pas élucider convenablement les bases juridiques ou la portée d'une décision du Conseil d'État en matière fiscale, il croit en trouver la clé en invoquant « l'autonomie du droit fiscal » », Études et Documents, 1955, p. 58. Rémi Gouyet rappelle qu'historiquement le droit fiscal n'était qu'une branche du droit privé. A cela deux raisons. La première est que l'enseignement de la fiscalité au 19e siècle portait sur l'étude des droits d'enregistrement, qui sont étroitement liés au droit de propriété. Deuxième raison avancée, la primauté de la compétence reconnue alors aux juridictions judiciaires en matière de contentieux de l'impôt, *Chronique d'une polémique annoncée : l'autonomie du droit fiscal, Les Petites Affiches*, 14 juin 2000, p. 4 et L. Olléon, *Autonomie du droit fiscal : le moribond se porte bien*, *RJF* 2002, n° 5, p. 355 qui analyse une décision du Conseil d'État du 8 mars 2002, *Banque française de crédit coopératif* qui abandonne au profit d'une approche économique, le raisonnement strictement civiliste adopté en 1995 à propos de l'imposition des commissions de cautionnement de prêt. *Cf.* également : J.-P. Le Gall, *L'autonomie du droit fiscal*, in *Clés pour le siècle*, Dalloz, 2000 ; D. Gutmann, *L'analyse économique du contrat par le juge fiscal*, *Gaz. Pal.* 2005, n° 68, pp. 20-24.

[211] M. Bouvier, *op. cit.* , p. 179.

[212] Pendant longtemps, on a donc considéré qu'il s'agissait d'un droit d'exception, régissant les prélèvements obligatoires qui alimentent le budget de l'État. Son importance est donc considérable, la proclamation de la nécessité de l'impôt par l'article 13 de la Déclaration des droits de l'homme va dans ce sens. L'impôt est nécessaire, de cela il découle que c'est un prélèvement obligatoire où le contribuable n'a pas son mot à dire, le contribuable ne peut déterminer le principe de son imposition, le montant de sa cotisation et les modalités de recouvrement. Le Conseil constitutionnel a ainsi pu juger dans sa décision n° 89-268 DC du 29 décembre 1989 (*RJF* 1990, p. 127 ; *DF* 1990, c. 57) qu'un versement dont la détermination est subordonnée à l'accord de la personne qui doit le régler ne peut présenter le caractère d'une imposition au sens de l'article 34 de la Constitution. Ce caractère unilatéral et contraignant de cette relation État-contribuable trouve sa limite dans le principe de légalité fiscale, qui veut que seule la loi puisse établir l'impôt (art. 34 Const.).
Autre élément de cette relation déséquilibrée, le fait que l'impôt soit un prélèvement opéré en vertu de prérogatives de puissance publique, car le contribuable devient débiteur du fait d'une décision unilatérale de l'administration. L'administration se délivrant à elle-même un titre exécutoire (rôle pour les impôts directs, avis de mis en recouvrement pour les impôts recouvrés par les comptables de la Direction générale des impôts ou ceux de la Direction générale des douanes ou droits indirects), application de son privilège du préalable. Au niveau du contrôle comme du

au confluent du droit public et du droit privé n'ont-t-elles pas constitué un frein à cette évolution souhaitable ? On pensera au droit de garder silence ou de ne pas s'incriminer soi-même, vieux principe du droit pénal, que le droit fiscal français rejette depuis des années, en arguant toujours du caractère spécifique de la matière, qui justifierait des entorses à l'applicabilité de certains droits reconnus de longue date et ce, dans de nombreux pays (ex : Espagne[213]).

45. L'OCDE a tenté en 1990 de recenser et de classer par grandes catégories les droits des contribuables établis dans des pays membres de l'organisation. Elle a ainsi extrait de cette masse floue, le droit d'être informé, assisté et entendu, le droit de recours, le droit de ne pas payer plus que ce qui est prévu par la loi, le droit à la sécurité juridique, au respect de la vie privée et le caractère confidentiel des renseignements et des secrets[214]. On pourrait y ajouter le droit à un traitement égal ou principe de non-discrimination (art. 24 Convention modèle OCDE sur le revenu et la fortune et art. 48 du Traité de Rome[215]) qui a été appliqué par la Cour constitutionnelle allemande dans sa décision du 22 juin 1995[216]. Ou encore le droit à ne pas être taxé deux fois sur le même revenu (*non bis in idem*)[217].

---

recouvrement, le caractère particulier de ces procédures est sans équivalent dans les autres branches juridiques. Justifiées par le caractère nécessaire de l'impôt et le fait qu'il soit consenti par les citoyens à travers leurs représentants, ces procédures permettent aux agents du fisc qui les utilisent de manier des pouvoirs exorbitants du droit commun : droit de communication, droit de perquisition, vérification de comptabilité ou de la situation fiscale personnelle au niveau des procédures de contrôle ; avis à tiers détenteur en matière de procédure recouvrement.

213 *Cf. infra* n° 746 et s.

214 OCDE, *Droits et obligations des contribuables. Description de la situation légale dans les pays de l'OCDE, op. cit.*

215 *Cf.* l'importante jurisprudence européenne sur le sujet : CJCE, 28 janv. 1986, *Commission contre France*, aff. 270/83, *Rec. CJCE*, p. 273 ; *DF* 1986, comm. 903, concl. Mancini ; *RTD. eur.* 1987, p. 201 ; Plén. 14 févr. 1995, *Schumaker, op. cit.* ; Plén. 11 août 1995, *Wielockx*, aff. 80/94, *DF* 1995, comm. 1883, concl. Léger ; *D.* 1996, p. 417, note G. Sebastien ; *RJF* 1995, n° 1224. *Cf.* également : F. Layer, *La jurisprudence de la CJCE en matière de non-discrimination et les règles de fiscalité directe, Les Petites Affiches* 2001, n° 238, pp. 12-23.

216 *Cf. infra* n° 422 et s.

217 Normalement les conventions fiscales internationales ont pour objet d'éviter cette malencontreuse hypothèse ; *Cf.* art. 23 A et 23 B chapt. 5 de la Convention modèle OCDE.

46. On relèvera dans cette liste l'apparition d'une énième notion floue, le droit à la sécurité juridique et fiscale[218] qui serait un droit au non-bouleversement. Selon ce concept, « les contribuables doivent être informés de façon certaine et sans équivoque des conséquences fiscales que pourraient entraîner leurs actions »[219]. Cette notion « oubliée » en droit français, issue du droit romain puis transmise au droit allemand

---

[218] « C'est à propos de l'examen de la loi habilitant le gouvernement à procéder par ordonnances à l'adoption de la partie législative de certains Codes que le Conseil constitutionnel a réellement établi en droit français le principe de sécurité juridique en le fondant sur l'article 16 de la Déclaration de 1789...Cet infléchissement de la jurisprudence du Conseil constitutionnel marque, en conformité avec les exigences conventionnelles, une volonté de substituer à une analyse centrée sur la protection des juridictions en tant que pouvoir institutionnel, qui s'est révélée peu efficace, une analyse tournée vers la protection de ceux qui sont victimes d'une telle intervention du législateur dans le contentieux juridictionnel. C'est ainsi un recul du poids de l'intérêt général et une avancée de la protection des droits individuels qui se manifestent par ce subtil glissement de la jurisprudence du juge constitutionnel », B. Mathieu, *La sécurité juridique : un produit d'importation dorénavant « made in France »* (à propos des décisions n° 99-421 DC et n° 99-422 DC du Conseil constitutionnel), *D.* 2000, n° 4, pp. VII- VIII. On peut lier le droit à un procès équitable à l'exigence de sécurité juridique, *Cf.* F. Pollaud-Dulian, *A propos de la sécurité juridique*, *RTD civ.* 2001, n° 3, pp. 487-504. *Cf.* également : D. J.M. Soulas de Russel et P. Raimbault, *Natures et racines du principe de sécurité juridique*, *RIDC* 2003, n° 1, pp. 85-103 ; F. Terré, *introduction générale au droit, op. cit.*, pp. 369-373.
Cf. également : CE, Ass., 24 mars 2006, *Société KPMG et autres*, *Revue des contrats*, oct. 2006, 1038.
Sur l'application de cette notion en droit fiscal : *Cf.* la thèse de F. Douet, *Contribution à l'étude de la sécurité juridique en droit fiscal français* ; M. Bouvier, *op. cit.*, pp. 179-188. Nicolas Molfessis porte en revanche un regard critique sur cette notion, en déclarant que « l'appel à la sécurité juridique n'est pas une médecine. C'est l'expression d'un mal. Ses « avancées» fournissent le diagnostic de notre système juridique » ; *Réflexions sur la sécurité juridique*, *RTD civ.* 2000, n° 3, pp. 660-662.
[219] OCDE, *op. cit.*, p. 14. On trouve cette notion en droit fiscal espagnol dans la *LGT* qui y fait référence dans certaines de ses dispositions : Art. 7 : « *El ejercicio de la potestad reglamentaria y los actos de gestion en la materia tributaria constituyen actividad reglada y son impugnables en la via administrativa y jurisdiccional en los terminos establecidos en las Leyes* » ; art. 16 : « *Toda modificacion de Leyes o Reglamentos tributarios contendra una redaccion completa de las normas afectadas* » ; art. 19 : « *Seran nulas de pleno derecho las resoluciones adminsitrativas de caracter particular dictadas por los organos de gestion que vulneren lo establecido en una disposicion de caracter general, aunque aquellas emanen de organos de igual o superior jerarquia* ». L'Espagne est d'ailleurs un des rares pays européens à avoir « socialiser » le principe de sécurité juridique en l'incorporant dans sa Constitution du 27 décembre 1978.

(qui le conserva et le développa)[220] et consacrée finalement par le droit communautaire et européen[221], regroupe en réalité des concepts existants

[220] En droit romain, ce principe se décomposait en deux sous-principes. « Le premier « *certutido* » exige que le sujet de droit sache à l'avance quel comportement juridique est attendu de lui comme de ses semblables (...) Le second, « *securitas* », se nourrit pour sa part du respect concret des normes, jurisprudences et contrats », D. J. M. Soulas de Russel et P. Raimbault, *Natures et racines du principe de sécurité juridique, op. cit.*, pp. 96-97. Le droit allemand plus imprégné du droit romain que le droit français reçut ce principe dès le Moyen-âge grâce aux juristes répétiteurs du Saint Empire Romain Germanique. Alors que le droit français privilégiant ses racines non latines, à travers notamment les codifications coutumières de Pothier, « oublia » ce principe.

Cf. également : L. Favoreu et *alii*, *Droit des libertés fondamentales*, 2e éd, Dalloz, 2002, n° 384-394.

[221] Droit communautaire : CJCE, 22 mars 1961, *SNUPAT c/ Haute autorité de la CECA*, aff. 42, 49/59, *Rec.*, p. 101 ; 13 juill. 1961, *Meroni c/ Haute autorité de la C.E.CA.*, *Rec.*, p. 319 et s. ; 6 avr. 1962, *Robert Bosch GmbH et autres*, aff. 13/61, *Rec.*, p. 104 ; 12 juill. 1972, *Azienda Colori Nazionali*, aff. 57/69, *Rec.*, p. 934 ; 6 févr. 1973, *Brasserie de Hecht c/ Wilkin-Janssen*, aff. 48/72, *Rec.*, p. 99 ; 27 mars 1980, *Amministrazione delle Finanze dello stato c/ Saumi*, aff. 66, 127 à 128/79, *Rec.*, p. 1261 ; 9 juill. 1981, *Administration des douanes c/ Gondrand Frères*, aff. 169/80, *Rec.*, p. 1931 et s., spéc. p. 1942 : « le principe de sécurité juridique exige qu'une réglementation imposant des charges au contribuable soit claire et précise, afin qu'il puisse connaître sans ambiguïté ses droits et obligations et prendre ses dispositions en conséquence ».

Cf. également : TPICE, 1er juill. 2004, aff. T-308/00, *Salzgitter AG c/ Commission* : une entreprise allemande avait bénéficié, entre 1986 et 1995, en vertu d'une loi nationale adoptée en 1971, d'incitations fiscales (amortissements dérogatoires et réserves exonérées d'impôt) fustigées par la Commission européenne le 28 juin 2000 comme constituant des aides d'État incompatibles avec le marché commun. La Commission avait donc ordonné la restitution de ces aides. Saisi de l'affaire, le Tribunal de première instance des Communautés européennes a qualifié les mesures litigieuses d'aides d'État et a reconnu leur incompatibilité avec le marché commun. Il a cependant infirmé la mesure de récupération des aides qui, au regard de l'espèce, violait le principe de sécurité juridique. Le Tribunal a notamment remarqué que le législateur n'avait pas fixé de délai de prescription en matière de contrôle des aides accordées au titre du traité CECA et qu'il appartenait à l'État membre et non à l'entreprise requérante de notifier l'aide. Ainsi, soulignant la situation d'incertitude dans laquelle se trouvait la requérante et le défaut de réaction prolongé de la Commission, le Tribunal a considéré que la Commission aurait dû clarifier la situation avant d'ordonner la restitution des aides déjà versées.

Droit européen : CEDH, 13 juin 1979, *Marckx c/ Belgique*, *AFDI* 1980, p. 317, comm. Pelloux et 16 déc. 1992, *Geouffre de la Pradelle* ; *AJDA* 1993, p. 10, chron. Flauss ; *D.* 1993, p. 561, note Benoît-Rohmer : où la cour juge que le manque de cohérence et de limpidité du système de publicité des décisions relatives à la protection des sites en France était de nature « à créer un état d'insécurité juridique ».

comme le problème de la rétroactivité de la loi fiscale[222], la technique du rescrit, le non-renouvèlement d'une vérification fiscale pour la même période ou bien les garanties contre les changements de doctrine administrative. « Elle traduit en fait deux impératifs : la qualité du droit et la prévisibilité du droit. »[223] L'insécurité juridique en droit fiscal tiendrait selon un auteur, aux dérives conjuguées du législateur (ex : lois rétroactives), de l'administration fiscale (« codifications illégales[224] ») et du juge fiscal[225].

47. On peut y rattacher le principe « d'accessibilité et d'intelligibilité de la loi » consacré par le Conseil constitutionnel dans sa décision n° 99-421 du 16 décembre 1999[226]. Dans le domaine fiscal, des critiques fusent régulièrement à l'encontre du caractère peu abordable de la norme fiscale[227]. On sait que l'inflation législative non seulement en droit fiscal, mais aussi dans les autres branches du droit est source d'insécurité juridique pour le citoyen (*Plurimae leges pessima civitas*) par rapport à la connaissance des textes juridiques[228]. Le Code général des impôts devenu au fil du temps de plus en plus inintelligible[229], du fait de l'héritage d'un vocabulaire parfois désuet[230], d'une rédaction obscure[231]

---

[222] Le Conseil d'État a ainsi proposé d'aligner le régime transitoire de la loi fiscale sur celui de la loi pénale (rapport du Conseil d'État, 1991, p. 28 et s.).
[223] B. Mathieu, *op. cit.*, p. VII.
[224] F. Douet, *Contribution à l'étude de la sécurité juridique en droit fiscal français op. cit.*, n° 31 et s.
[225] F. Douet, *Les paradoxes de la sécurité juridique en matière fiscale*, *JCP N* 2004, n° 19, pp. 801-804.
[226] Cons. const., Déc. n° 99-421 DC, 16 déc. 1999, *Rec.*, p. 136 ; *JO*, 18 déc. 1999 ; M.-A. Frison-Roche et W. Baranes, *Le principe constitutionnel de l'accessibilité et de l'intelligibilité de la loi*, *D.* 2000, pp. 361-368 ; N. Molfessis, *Les illusions de la codification à droit constant et la sécurité juridique*, *RTD civ.* 2000, pp. 186-194 ; J.-M. Larralde, *Intelligibilité de la loi et accès au droit*, *Les Petites Affiches*, 19 nov. 2002, n° 231, p. 12 ; J. Moreau et F. Terré, *La simplification du droit*, in Etudes offertes à Jacques Béguin, Litec, 2005, pp. 533-544.
[227] *Cf.* J. Prebble, *Why is tax law incomprehensible ? British Tax Review* 1994, 380 et O. Fouquet, *Complexité et instabilité de la loi fiscale*, in *Regards critiques et perspectives sur le droit et la fiscalité* (Mélanges en l'honneur de Cyrille David), LGDJ, 2005, pp. 3-9.
[228] *Cf.* pour une dénonciation de cette « maladie du droit » deux écrits majeurs : G. Ripert, *Le déclin du droit*, LGDJ, 1949, pp. 67-72 et p. 155 et s. ; R. Savatier, *L'inflation législative et l'indigestion du corps social*, *D.* 1977, chron. p. 43 et s.
[229] *Cf.* François Logerot, *Les relations entre les contribuables et l'Administration fiscale. Résumé du 20e rapport du Conseil des impôts*, p. 366, *RFFP* 2003, n° 81.
[230] *Cf.* par exemple, l'article 1457 du CGI qui dresse la liste des professions exonérées de la taxe professionnelle : « personnes qui vendent en ambulance dans les rues (...)

ou d'articles très longs qui perdent en cohérence[232] en est un parfait exemple. L'« utilisation chaotique » du concept de droits pécuniaires dans les textes fiscaux est une illustration remarquable de cette source d'incertitude juridique et du préjudice pouvant en résulter pour le contribuable, qu'est le cumul de dispositions légales imprécises et incohérentes[233].

Si on peut regretter la complexité d'une matière dont la compréhension semble réserver à une petite minorité de la population, c'est faute de volonté du législateur français qui au contraire de ses voisins italien et néerlandais n'a pas voulu consacrer dans notre droit le principe d'« intelligibilité de la norme fiscale », même si on a pu assister dans le passé à des tentatives de clarification, comme ce fut le cas avec le décret du 9 décembre 1948[234]. Le droit comparé nous montre que des pays voisins ont tenté de remédier à ce problème contemporain. La Constitution néerlandaise enjoint le législateur d'arrêter des règles

---

« de l'amadou, des balais, des statues et figures en plâtre ... », de même que « les chiffonniers au crochet, les rémouleurs ambulants ».

[231] On citera l'exemple de l'article 885 Q du CGI qui comprend une phrase longue de quinze lignes ou les différents articles relatifs au régime de la fiscalité des groupes (223, A, B, C et D).

[232] *Cf.* art. 39 du CGI qui s'étend sur sept pages et qui traite de questions aussi diverses que les durées d'amortissement des immobilisations, les intérêts des comptes courants d'associés, le relevé des frais généraux, ou la déduction de certaines catégories de frais telles que les indemnités de congés payés versées aux salariés, les redevances de crédit-bail, ou encore la non- déduction des « pots de vins » versés à des fonctionnaires étrangers !

[233] *Cf.* J.-P. Le Gall, *La confusion législative et réglementaire comme atteinte aux droits fondamentaux des contribuables : l'exemple des droits pécuniaires*, in *Justice et droits fondamentaux* (études offertes à J. Normand), Litec, 2003, pp. 301-306, spéc. pp. 305-306 : « Les droits pécuniaires font l'objet dans la loi fiscale d'une utilisation totalement chaotique. Il arrive qu'il n'y soit pas fait référence, la législation s'en tenant à un pourcentage de capital ou à la titularité d'un pourcentage de droits sociaux. S'il y est fait référence, c'est de plus en plus souvent par le truchement d'un concept étranger au droit des sociétés et au contenu fort incertain, celui des droits financiers. A qui la faute ? Au législateur au premier chef qui accumule textes et concepts sans se soucier de leur cohérence successive. A l'administration aussi qui est, à l'évidence, à l'origine de la mise en circulation du concept de droits financiers, qu'elle n'a jamais défini. Or la question n'est pas d'esthétique législative. Tous les textes cités conditionnent l'application ou l'exclusion de multiples régimes fiscaux et leur qualité conceptuelle est d'une importance pratique considérable. Toute imprécision, toute confusion induisent le contribuable en erreur et créent une situation d'incertitude juridique. C'est pourquoi, elles portent une grave atteinte aux droits fondamentaux des contribuables ».

[234] Notamment concernant l'impôt sur le revenu, où une cote (c'est-à-dire un montant) se substitua à des cotes multiples.

générales pour la production de normes de qualité. En Italie, la loi n° 212 du 27 juillet 2000 portant statut des droits du contribuable, contient certaines dispositions devant servir à améliorer la qualité du droit fiscal. On citera l'obligation que les titres des lois, subdivisions et articles mentionnent l'objet de leur contenu, l'insertion du résumé du contenu des dispositions vers lesquelles les mesures nouvelles opèrent des renvois ainsi que l'exigence que les dispositions modificatives rapportent clairement le texte modifié. Le Royaume-Uni a quant à lui mis en œuvre depuis 1996, un projet original qui va encore plus loin consistant en la réécriture complète de ses lois fiscales (*Tax law rewrite*)[235]. Ces exemples européens devraient inspirer la France, qui éviterait ainsi de nombreuses réclamations en matière de fiscalité locale due à la complexité d'interprétation ou au caractère difficilement applicable de certaines règles dans ce domaine. Mais si le principe de l'intelligibilité de la loi fiscale venait à être consacré, il faudrait alors se poser la question de la sanction de sa violation[236].

48. On n'omettra pas de notre panorama « des droits du contribuable », ce qu'on nomme aujourd'hui les « nouveaux principes directeurs communs » à toutes les procédures, que l'on peut trouver sous des appellations diverses en droit fiscal que sont les principes de loyauté, de dialogue et célérité. Principes bien connus en droit civil, découlant des articles 1134 et 1135 Code civil et appliqués de plus en plus fréquemment par le juge judiciaire pour parvenir à une certaine justice dans le contrat[237]. Comme on le verra, ces principes ont une importance fondamentale dans l'évolution actuelle de la procédure fiscale que ce

---

[235] Cette réécriture se caractérise notamment par :
- une démarche par étape, planifiée sur plusieurs années avec un rapport annuel de l'*Inland Revenue* sur les réalisations et les objectifs ;
- une réécriture à droit constant, sauf changements mineurs susceptibles d'améliorer la législation ainsi réécrite ;
- une structure des textes plus claire et logique ;
- la prise en compte des principales préconisations du *Tax law review committee* (commission mise en place par *l'Institute of fiscal studies* en 1994).

[236] M.-C. Bergeres, *Un principe à valeur constitutionnel paradoxalement ignoré du droit fiscal : l'intelligibilité de la loi*, *DF* 2003, pp. 794-799. Cet auteur se demandant si finalement l'annulation de la loi contraire au principe d'intelligibilité constituerait bien l'arme la plus efficace eu égard à la technique des réserves d'interprétation.

[237] *Cf.* L. Aynès, *Archives de philosophie du droit*, t. 44, Dalloz, 2000, p. 195 (obligation de loyauté) ; O. Anselme-Martin, *Etude critique du devoir d'exécuter les conventions de bonne foi*, *Les Petites Affiches* 1997, n° 10, pp. 17-22 ; J. Ghesthin, *Traité de droit civil, les obligations. Le contrat : formation*, *op. cit.*, n° 52 et n° 172 et s.

soit en matière de contrôle fiscal, de redressement ou même de contentieux.

49. La question qui demeure pourtant est qui est le préalable à toute étude sur ce sujet est : quels sont les droits du contribuable qui sont protégés, c'est-à-dire garantis par le droit positif ? La réponse à cette question n'est pas sans intérêt, car d'elle dépend ce que certains appellent de leurs vœux : la naissance d'une conception commune de la protection du contribuable sur le vieux continent[238] au-delà de données culturelles et historiques différentes. Voire même de l'élaboration d'une convention ou un texte international recensant les droits du contribuable [239] (sur le modèle de la Déclaration des droits de 1789 ou de la Déclaration universelle de 1948[240]) ; ou encore de l'ajout d'un protocole additionnel propre à la matière fiscale dans la Convention européenne des droits de l'homme.

Selon un auteur, seuls trois des droits évoqués plus haut sont réellement protégés par la loi : le droit de recours, le droit au respect de la vie privée et le droit à la confidentialité et au secret[241]. Cet effort de classification est louable si on tient compte du faible nombre d'études sur la procédure fiscale qui sont envisagées sous l'angle du contribuable[242]. Il l'est d'autant plus que ce classement nous paraît correspondre aux piliers majeurs sur lesquels reposent les droits du contribuable. Il nous faut pourtant regretter deux oublis dans ce triptyque que sont le principe du contradictoire, qui pourtant est au cœur de la problématique de l'équilibre dans les relations entre administration et contribuables et le droit de propriété qui même s'il ne constitue pas à l'heure actuelle une source comparable de protection juridique pour le contribuable, nous semble indispensable de par la place importante qu'il occupe dans les droits des États européens.

---

[238] D. Albregste et H. Van Arendonk, préface in *Taxpayer protection in the European Union.*

[239] *Cf.* en ce sens : M. David Theodore, *What you should know about the taxpayer Bill of rights 2*, *The practical tax lawyer*, VII, 1996, p. 25-36.

[240] Projet qui semble utopique et qui risque, s'il voit le jour, de ressembler à une pétition de principe.

[241] D. Bentley in *Taxpayer's rights : an international perspective*, p. 24.

[242] On notera toutefois la remarquable étude de droit comparé sur les droits du contribuable sous la direction du Professeur Duncan Bentley : *Taxpayer's rights : an international perspective*, *op. cit.*

50. Les jurisprudences des cours de Strasbourg et du Luxembourg ainsi que des cours constitutionnelles ont contribué fortement à modeler cette dernière décennie les droits fondamentaux du contribuable, laissant présager dans le futur d'un « *jus commune des droits du contribuable européen* »[243] articulé autour de quelques droits fondamentaux de façon à respecter les particularismes locaux[244]. Il nous ait apparu à la lecture des différentes sources de droits du contribuable (Constitution, lois, jurisprudence, doctrine administrative, chartes du contribuable) que celles-ci s'articulent majoritairement autour de quatre droits fondamentaux : le droit à la vie privée (le droit à l'inviolabilité du domicile, le droit au secret professionnel, le droit à la confidentialité des données), le droit de propriété, le droit à un recours (ou au juge) et le droit à un débat contradictoire. Droits qui sont par ailleurs inscrits dans la Convention européenne des droits de l'homme (art. 8, 1er du premier protocole additionnel et 6). Ces droits qui sont « indépendants de toute autorité sociale ou politique »[245] permettront d'évaluer le degré de protection effectif dont bénéficie le contribuable dans notre droit positif[246]. On remarquera que la majeure partie des droits reconnus au contribuable, le sont au contribuable personne physique et non pas au contribuable personne morale, c'est-à-dire la société. Ce qui explique que notre étude portera principalement sur le contribuable personne physique.

Pour traiter des droits du contribuable, il convient de s'éloigner du plan chronologique habituellement retenu par les ouvrages portant sur le droit des procédures fiscales qui divise la matière entre les procédures fiscales non contentieuses et la procédure contentieuse[247], afin d'étudier celle-ci du point de vue des droits qui constituent le socle de la protection

[243] *Cf.* J.-L. Halpérin, *L'approche historique et la problématique du jus commune*, *RIDC* 2000, n° 4, p. 717-731.

[244] En ce sens : « *One of the main lessons of the conference is the desirability of a common concept of taxpayer protection in the EU; the implementation of such a concept in each of the Member states should, however, vary with the social and cultural backgrounds of its society and legal system*", D. Albregtse et H. van Harendonk, in *Taxpayer protection in the European Union*, Kluwer, 1998, p. 15.

[245] B. Constant, *Écrits politiques*, *op. cit.*, p. 317.

[246] Ainsi pour Jean Lamarque (*Droit fiscal général*, fasc. 2, Les cours du droit, p. 416) « c'est le mépris des droits fondamentaux qui constitue la manifestation la plus tangible d'une fiscalité oppressive ».

[247] Plan classique qui correspond aux titres II (Le contrôle de l'impôt) et III (Le contentieux de l'impôt) du Livre des procédures fiscales. *Cf.* pour un exemple : P. Marchessou et J. Grosclaude, *Procédures fiscales, op. cit.*

juridique du contribuable en France, mais également dans la majorité des pays occidentaux. Nous tâcherons d'élaborer une théorie des « droits fondamentaux du contribuable », en portant notre attention sur la protection de la vie privée et du patrimoine du contribuable. Ces garanties ne sont pas issues de ce qu'on appelle les droits de la défense, bien connus en procédure pénale et constituent les droits d'origine non procédurale ou droits subjectifs du contribuable (**Partie 1**). Ces droits substantiels s'accompagneront cependant de droits procéduraux comme le fait la Cour européenne des droits de l'homme dans sa jurisprudence qui lie souvent ces deux catégories de droit. Dans un second temps, nous nous attacherons aux droits du contribuable importés du fonds commun procédural[248] (procédure pénale et civile) ou de principes de droit naturel[249] que sont le droit à un juge et le droit à un débat contradictoire. Nous pénétrerons alors dans le domaine des droits d'origine procédurale du contribuable (**Partie 2**).

---

[248] Selon l'expression employée par Serge Guinchard (S. Guinchard et J. Vincent, *Procédure civile*, *op. cit.*, p. 15). L'auteur songeait à la liberté personnelle, la liberté religieuse, la liberté d'opinion, la garantie contre l'arbitraire et la jouissance de la propriété.

[249] H. Croze et *alii*, *Procédure civile*, *op. cit.*, p. 5 ; B. Oppetit, *Philosophie du droit*, Dalloz, 2004, p. 117 : « L'invocation du droit naturel n'a en la matière rien d'abusif ni de formel : le respect des droits de la défense, quelle que soit la juridiction devant laquelle il se déroule, correspond véritablement à une exigence européenne de l'idéal de justice ».

PREMIÈRE PARTIE

LES DROITS D'ORIGINE NON PROCÉDURALE DU CONTRIBUABLE

51. L'étude des droits d'origine non procédurale doit nous permettre d'appréhender l'étendue de la protection que le droit fiscal accorde au contribuable, dans deux domaines bien distincts : le secret de la vie privée **(Titre 1)** et la propriété **(Titre 2)**. Afin de mener à bien cette tâche, il sera fait référence autant que possible aux principes fondamentaux de droit privé (droit civil, procédure civile et procédure pénale) qui gouvernent traditionnellement les champs évoqués.

Titre 1

LE DROIT DU CONTRIBUABLE AU RESPECT DE SA VIE PRIVÉE

52. Le domaine des garanties d'origine non procédurales du contribuable coïncide étroitement avec le droit au secret de la vie privée. Le droit au secret de la vie privée doit au préalable être distingué du droit à la liberté de la vie privée. Le premier se réfère au secret qui est le fait de cacher sa vie privée aux yeux d'autrui, une sorte de droit à la tranquillité, qui viendrait du droit américain « *to be left alone* »[250]. Tandis que le second s'applique à la liberté qui se définit comme le pouvoir de prendre des décisions dans sa vie privée. Le droit au secret de sa vie privée, droit absolu, fait partie des droits de la personnalité qui ont été reconnus progressivement aux individus. « A coté des droits pécuniaires, l'homme est titulaire de droits extra pécuniaires dits droits de la personnalité (...) ce sont des droits fondamentaux, indissolublement liés à la personne humaine. Qui les viole porte atteinte à la dignité de l'homme. Et « l'un des plus précieux est le droit au respect de la vie privée et familiale. »[251] Ces quelques propos d'Henri Mazeaud suffisent, s'il en était besoin, à comprendre l'importance et la nécessité de protéger la vie privée des individus. Cette protection par le droit doit se concrétiser aussi bien dans les rapports de pur droit privé (entre deux individus), que dans les rapports entre l'État, ses administrations et un individu.

53. On peut ainsi considérer que le droit au secret de la vie privée est à la fois une liberté publique tendant à protéger l'individu contre les abus de la puissance publique, qu'une liberté civile (garantie par le droit civil) visant cette fois à garantir un particulier contre les empiétements de ses congénères[252]. Le concept de *right of privacy* utilisé par le droit américain[253] qui englobe les rapports entre individus, mais aussi ceux

---

[250] J. Carbonnier, *Droit civil. Les personnes*, 21e éd., PUF, 2000, pp. 156-157.

[251] Préface de H. Mazeaud à l'ouvrage de P. Kayser, *La protection de la vie privée par le droit. Protection du secret de la vie privée*, 3e éd., Economica, 1995.

[252] Est par exemple constitutif d'une immixtion illicite dans la vie privée d'une personne, le fait de la faire épier, surveiller et suivre ; Cass. civ. 1re, 25 janv. 2000, *Bull. civ. I*, n° 26 ; *D.* 2000. somm. 267, obs. A. Lepage.

[253] Le *right of privacy* doit être entendu comme le « droit de l'individu à une vie retirée et anonyme ».

que ces derniers entretiennent avec l'État a pour intérêt de ne pas fractionner la protection de la vie privée. Cette définition large du *right of privacy* s'explique par le fait que ce droit se trouve très étroitement lié à d'autres libertés fondamentales[254]. C'est cette approche que nous reprendrons à notre compte.

54. Par son article 8[255], englobant le droit au respect de la vie privée, le droit à la protection de la vie familiale, l'inviolabilité du domicile et le droit au secret des correspondances, la Convention européenne de sauvegarde des droits de l'homme protège le domicile[256] et le secret de la correspondance. C'est une conception extensive du contenu du droit au respect de la vie privée que consacre la CESDH. Une vision plus classique de ce principe reviendrait, à analyser le droit au respect de la vie privée dans la sphère intime des relations personnelles ou professionnelles. La conception ample de la CESDH consiste à dire que « non seulement les activités liées à l'exercice d'une profession qu'elle soit libérale, commerciale ou autre sont protégées mais également les locaux dans lesquels elles s'exercent ainsi que le secret de la correspondance qui s'y attache »...ainsi, « le secret de la vie privée du domicile et de la correspondance doivent conduire à un encadrement strict de certaines pratiques ou techniques modernes d'investigation comme les perquisitions domiciliaires, les écoutes téléphoniques ou la constitution de fichiers comportant des données à caractère

---

[254] I. Lolies, *La protection pénale de la vie privée*, PUF Aix-Marseille, 1999, p. 16.

[255] Art. 8 (Droit au respect de la vie privée et familiale) : « Toute personne a droit au respect de sa vie privée et familiale, de son domicile et de sa correspondance. Il ne peut y avoir ingérence d'une autorité publique dans l'exercice de ce droit que pour autant que cette ingérence est prévue par la loi et qu'elle constitue une mesure qui, dans une société démocratique, est nécessaire à la sécurité nationale, à la sûreté publique, au bien-être économique du pays, à la défense de l'ordre et prévention des infractions pénales, à la protection de la santé ou de la morale, ou à la protection des droits et libertés d'autrui ».

[256] Par protection du domicile, nous n'envisagerons que le principe d'inviolabilité du domicile. Sa protection peut revêtir d'autres formes ; *Cf.* par exemple, le TGI de Paris qui juge le 2 juin 1976 que la divulgation dans la presse de l'adresse du domicile ou de la résidence d'une personne sans le consentement de celle-ci constitue une atteinte illicite à sa vie privée ; *D.* 1977. 364 (3e esp.), note Lindon. La chambre sociale de la Cour de cassation a pu juger dans un arrêt du 12 janvier 1999 concernant le principe de choix du domicile qu'en application de l'article 8 de la CESDH, une restriction au libre-choix du domicile personnel et familial du salarié par l'employeur n'est valable qu'à la condition d'être indispensable à la protection des intérêts légitimes de l'entreprise et proportionnée compte tenu de l'emploi occupé et du travail demandé, au but recherché ; *JCP* 1999. I. 149, n° 3, obs. Teyssié ; *RTD civ.* 1999. 358, obs. Hauser.

nominatif »[257]. La Cour de justice du Luxembourg a pour sa part précisé que le respect de la vie privée et familiale était au nombre des droits fondamentaux que reconnaissait le droit communautaire[258]. En dehors des instruments de protection des droits de l'homme propres à l'Union européenne (auxquels il faut adjoindre la Charte des droits fondamentaux de l'Union Européenne du 7 décembre 2000[259]), la Déclaration Universelle des droits de l'homme du 10 décembre 1948 dans son article 12 reconnaît ce droit global à l' « intimité », en disposant que : « Nul ne sera l'objet d'ingérences arbitraires dans sa vie privée, dans sa famille, dans son domicile ou dans sa correspondance, et nul ne subira d'atteintes à l'honneur ou à la réputation. Toute personne a droit à la protection de la loi contre ces ingérences et ces atteintes »[260]. Si ce n'est qu'une déclaration de principe à valeur symbolique, car le texte des Nations Unies n'a pas de force contraignante pour les États, son poids moral n'en est pas pour autant minime.

55. Le droit français a consacré le droit au respect de la vie privée bien plus tardivement que la Convention européenne. Ce n'est qu'une vingtaine d'années après par la loi du 17 juillet 1970 que ce principe fondamental a été introduit dans le Code civil (art. 9 C. civ. : « Chacun a droit au respect de sa vie privée »). La jurisprudence civile avait cependant déjà contribué à son affermissement[261]. La pénalisation du droit au respect de la vie privée par la suite a définitivement renforcé la protection de ce droit dans l'ordre interne. Le recours au droit pénal tenait au fait qu'on s'était aperçu que les sanctions civiles beaucoup trop légères n'étaient pas assez dissuasives dans un certain nombre de cas[262].

---

[257] L. Favoreu (sous la direction de), *Droit des libertés fondamentales*, *op. cit.*, n° 535.
[258] CJCE, 18 mai 1989, *Commission c/ Allemagne*, aff. 249/86, *Rec.*, p. 1263.
[259] Qui en son article 7 dispose que « toute personne a droit au respect de sa vie privée et familiale, de son domicile et de ses communications »),
Sur ce sujet : N. Fontaine, *La Charte des droits fondamentaux, un nouveau pas vers la reconnaissance et la défense des droits des citoyens de l'Union européenne*, *Droit et patrimoine*, avr. 2001. 28 ; F. Benoît-Rohmer, *La Charte des droits fondamentaux de l'Union européenne*, *D.* 2001. 1483.
[260] L'Accord International pour les Droits Civils et Politiques du 16 décembre 1996 en son article 17, proclame le même principe dans des termes pratiquement identiques, mais en rajoutant le terme d'ingérences « illégales » aux ingérences « arbitraires ».
[261] Jean Carbonnier (*Droit civil. Les personnes*, 21e éd., pp. 155-156) classe les solutions jurisprudentielles en deux séries :
- l'une visant à protéger le mode de vie ;
- l'autre visant à protéger la sphère d'intimité.

[262]En ce sens : P. Kayser : « Il n'est cependant pas douteux que la sanction civile du droit est souvent insuffisante ou inefficace. Les atteintes portées à l'intimité de la vie

Le Nouveau Code pénal à travers les articles 226-4 (violation du domicile), 226-13 (violation du secret professionnel) et 226-15 (violation du secret des correspondances) a grandement contribué à la protection du secret de la vie privée.

Le droit au secret de la vie privée peut néanmoins faire l'objet d'atteintes, il existe des faits justificatifs de la violation de la vie privée. Ainsi, la vie privée sera sacrifiée au nom d'un intérêt supérieur qui sera soit un intérêt public, soit un intérêt privé[263]. En droit fiscal, c'est naturellement l'intérêt public qui sert de justification aux atteintes portées par l'administration au droit au secret de la vie privée du contribuable.

56. Notre étude portera sur les garanties d'origine légales ou jurisprudentielles qui encadrent les pouvoirs de contrôle et d'investigation de l'administration, qui par définition enfreignent certains aspects de la vie privée du contribuable. La protection du domicile a été pendant longtemps le seul pan de la vie privée protégée par les juridictions judiciaires qui assimilait « vie privée » à « vie domestique » **(Chapitre I)**. La protection du caractère confidentiel des renseignements et du secret est intervenue plus tard à travers l'apparition de la notion de « vie privée » dans les droits nationaux ou dans les conventions internationales **(Chapitre II)**. Ces deux droits sont directement confrontés aux pouvoirs de contrôle et d'investigation de l'administration fiscale, et sont aujourd'hui plus ou moins solidement ancrés en droit fiscal.

---

privée sont aujourd'hui assez graves pour justifier la création de sanctions pénales » ; *Le secret de la vie privée et la jurisprudence civile*, in Mélanges René Savatier, 1965, p. 405. *Cf* également la thèse de I. Lolies, *La protection pénale de la vie privée*, PUF Aix-Marseille, 1999.

[263] Au nom de l'intérêt de la personne (par ex : art 145-15 al. 3 du Code de santé publique) ou au nom de l'intérêt d'une profession ou d'une association (art. 225-3 CP).

Chapitre 1. LE DROIT DU CONTRIBUABLE AU RESPECT DE SON DOMICILE

57. Le droit au respect du domicile peut être envisagé sous l'angle du droit public, c'est le cas des intrusions légales (ex : perquisitions et visites domiciliaires) de la puissance publique chez le citoyen ou sous l'angle du droit privé avec les empiétements résultants de particuliers (ex : un bailleur faisant visiter les locaux loués sans en avertir le locataire[264]). L'inviolabilité du domicile, comme sa protection par le juge judiciaire sont des principes établis depuis longue date dans le droit français. Ainsi, l'article 9 du titre IV de la Constitution de 1791 proclamait déjà « qu'aucun agent de la force publique ne peut entrer dans la maison d'un citoyen si ce n'est pour l'exécution des mandements de police, ou dans les cas formellement prévus par la loi ». La Constitution de l'an VIII en son article 76 est venue également poser sa pierre à l'édifice, en déclarant que « la maison de toute personne habitant le territoire français est un asile inviolable. Pendant la nuit, nul n'a droit d'y entrer que dans le cas d'incendie, d'inondation ou de réclamation faite de l'intérieur de la maison. Pendant le jour, on peut y entrer pour un objet spécial déterminé ou par une loi, ou par ordre émanant d'une autorité publique. » Mais ce n'est qu'avec la loi du 28 avril 1832, que fut instauré un délit de violation de domicile, assorti de sanctions pénales (art. 184 ancien Code pénal). D'ailleurs, l'article 432-8 du Code pénal dispose qu'un officier de police judiciaire peut-être poursuivi pour violation de domicile en cas de pénétration illégale[265]. Si on considère, que c'est la Constitution de 1946 qui donna une assise constitutionnelle au principe de l'inviolabilité du domicile, on peut affirmer qu'il trouva une consécration notamment en matière fiscale dans la décision du Conseil constitutionnel du 29 décembre 1984 analysée plus bas[266]. Cette décision eut également pour mérite d'attribuer la protection du domicile de façon non équivoque au juge judiciaire.

---

[264] Cass. civ. 3e, 25 févr. 2004, *Bull. civ. III*, n° 41; *D.* 2004. somm. 1631, obs. Caron; *RJPF* 2004, 5/12, note Garaud ; *AJDI* 2004.370, obs. Rouquet.

[265] L'article 432-8 du Code pénal punit ainsi d'un emprisonnement et d'une amende « le fait par une personne dépositaire de l'autorité publique ou chargée d'une mission de service public, agissant dans l'exercice ou à l'occasion de l'exercice de ses fonctions, de s'introduire dans le domicile d'autrui contre le gré de celui-ci hors les cas prévus par la loi ».

[266] *Cf. infra* n° 82 et s.

58. En Allemagne, c'est l'article 13 alinéa 1 de la Loi fondamentale qui pose le principe de l'inviolabilité du domicile (*Unverletzlichkeit der Wohnung*), en déclamant que « le domicile est inviolable ». En Espagne, c'est l'article 18 de la Constitution qui garantit l'inviolabilité du domicile. Alors qu'en Grande-Bretagne, la protection du domicile et son inviolabilité à l'égard des personnes physiques résultent de la notion de délit (*Tort*) et donc de l'action en responsabilité délictuelle. C'est le délit de *trespass*[267] (que l'on pourrait traduire par transgression) qui est le plus ancien délit, qui protège dans la grande majorité des cas, l'inviolabilité du domicile en droit anglais[268]. Concernant le droit fiscal, la protection du domicile ne résulte pas d'une disposition de la constitution britannique qui n'est pas un texte écrit mais du « *Human Rights Act* » de 1998, entré en vigueur en octobre 2000 et qui a transposé en droit anglais, la Convention européenne des droits de l'homme, qui prévoit le droit au respect de la vie privée et à la vie familiale en son article 8.

59. L'intervention du juge judiciaire lors de la mise en œuvre du droit de visite et de saisie, est la principale garantie offerte au contribuable contre les éventuels abus de l'administration fiscale. Étant un tiers à la relation administration-contribuable, il est réputé être neutre et être le plus à même de protéger les libertés individuelles. Ainsi, son intervention dans la procédure **(Section 1)** permet en principe de garantir le contribuable contre des perquisitions sans fondement et intempestives. Le pouvoir

---

[267] « Le délit de *trespass* consiste soit en menaces ou voies de fait contre la personne (*assault an battery*), soit dans le fait de troubler injustement une personne dans la possession de sa terre ou de ses meubles (*trespass to land, to goods*) ; ce délit existe même s'il n'est la source d'aucun dommage et il est établi dès lors que l'auteur (*trespasser*) ne peut pas se justifier » ; M. Fromont, *Grands systèmes de droit étrangers*, *op. cit.*, p. 99.

[268] Un juge anglais (Lord Denning a également invoqué dans une décision la notion de *privacy* comme fondement à la protection du domicile, tentative de justification séduisante, mais qui n'a pas été reprise par la suite dans des affaires touchant à l'inviolabilité du domicile : « *The individual's right that his privacy and his possessions... be not invaded except for the most compelling reasons* ». Ce qui peut-être traduit de la façon suivante : « Le droit individuel qu'est le respect de la vie privée et ses dérivés ne peut-être enfreint sauf pour des raisons irrésistibles ». *Ghani v. jones*, 1970, 1 QB, 693, 708. La notion de *privacy* (il existe en revanche un *right of privacy* aux États-Unis) qui pourrait être traduite par le droit d'une personne à rester seule (ou simplement respect de la vie privée) est inconnue en droit anglais. Il n'existe pas de délit sanctionnant l'atteinte à ce droit (*invasion of privacy*), peut-être que l'« *Human rights act* » de 1998 modifiera à l'avenir cet état de choses et rapprochera le droit anglais sur ce point des droits continentaux. *Cf.* Samuel Warren et Louis Brandeis, *The right to privacy*, *Harvard Law Review*, 1890, vol. IV, n° 5.

d'appréciation du juge concernant la requête qui lui est soumise est également un élément à prendre compte concernant la protection du domicile **(Section 2)**. Enfin l'ordonnance rendue par le juge, apporte également son lot de garanties pour le contribuable, en délimitant soigneusement les locaux visés **(Section 3)**.

Section 1. L'intervention du juge judiciaire dans la procédure de perquisition domiciliaire

60. Les années 85, 86 et 87 respectivement en matière fiscale (L. fin. pour 1985), en droit de la concurrence (Ord., 1er déc. 1986) et en matière douanière (art. 80, L. fin. pour 1987) ont été fondamentales en ce qu'elles ont permis d'abolir quarante ans de « non-droit » en matière de perquisition domiciliaire (justifié souvent par l'époque et les difficultés de l'après-guerre, ce qui est difficilement recevable pour qui est soucieux de la protection des libertés individuelles) ou de détournement de procédure (**Sous-section 1**), et ont instauré le juge judiciaire, protecteur des libertés individuelles, comme garant de ces procédures exorbitantes[269] (**Sous-section 2**).

Sous-section 1. La légalisation de la perquisition fiscale

61. En matière fiscale le droit de visite et de saisie n'est qu'une variation ou une déclinaison[270] de la perquisition pénale (« procédure mère »). On y retrouve ainsi certaines dispositions du Code de procédure pénale comme, les horaires stricts de visite, la présence de l'occupant du lieu ou de son représentant et le procès-verbal de perquisition. Mais on peut toutefois se demander si les garanties de la procédure pénale ont été reçues intégralement ou si au contraire elles n'ont fait l'objet que de rares applications.

---

[269] On notera néanmoins son absence en cas de flagrant délit en matière douanière, ce qui peut être justifié vu le caractère spécifique de ce cas, mais qui reste discutable au niveau des conséquences résultant de cette absence.

[270] Sur la question du caractère dérogatoire du droit de visite et de saisie par rapport à la procédure pénale de droit commun et sa justification ; *Cf.* le point de vue critique de X. Rétif, « *La violation fiscale du domicile : les perquisitions* », pp. 45-47, in *Révolution fiscale à refaire*, Litec, 1986.

62. L'étude de la perquisition fiscale est primordiale, en raison de l'atteinte qu'elle porte de par son objet aux droits fondamentaux : droit au respect de la vie privée, droit à l'inviolabilité du domicile, droit au secret des correspondances et droits de la défense. Ainsi pour certains, elle doit avoir un caractère exceptionnel[271]. C'est-à-dire qu'elle doit être rigoureusement contrôlée et faire l'objet d'applications peu fréquentes. Ces critiques répétées que l'on trouve adressées à l'égard de la perquisition et qui sont moins virulentes contre les autres procédures de contrôle trouvent leur fondement dans le fait que la perquisition représente une intrusion dans la sphère privée du contribuable[272].

63. Ici plus qu'ailleurs, la recherche d'un équilibre entre des libertés fondamentales communes aux sociétés démocratiques comme le respect de la vie privée, de la propriété et de l'activité professionnelle du citoyen-contribuable et les pouvoirs nécessaires à l'administration pour agir contre la fraude fiscale[273] (la fraude fiscale portant atteinte à des

---

[271] Au cours de la réunion de la mission d'organisation administrative du 26 septembre 1985 (*Doc. Lefebvre*, CF IX, n° 9960), l'administration avait assuré qu'elle n'engagerait la procédure « exceptionnelle » de l'article L. 16 B que pour des affaires présumées porter sur des « fraudes importantes en volume » et « d'une gravité significative ». C'est l'application du principe de proportionnalité si fréquent en droit européen. On considère que la perquisition est une procédure si grave par son objet et par ses conséquences, qu'elle ne peut s'appliquer que dans le cas de fraudes importantes. Reste à savoir ce qu'on entend par fraude grave, mais une chose est sûre, la perquisition est parfois utilisée dans le cas de fautes minimes. Son champ qui avait été voulu restrictif par l'administration s'est sans doute élargi de nos jours, au détriment du contribuable.

[272] D. Bentley, *op. cit.*, p. 51.

[273] C'est l'article 1741 du Code général des impôts qui définit le délit de fraude fiscale et en donne les sanctions.

La fraude fiscale pouvant se définir « comme étant une infraction à la loi dans le but d'échapper à l'imposition ou d'en réduire le montant » ; P. Beltrame, *L'impôt*, Editions M.A., 1987. Le Conseil des impôts en donne une définition plus précise dans son Rapport au Président de la République de 1977 : « il y a fraude dès lors qu'il s'agit d'un comportement délictuel délibéré, consistant notamment à dissimuler une fraction des recettes et à majorer des charges ; c'est la fraude qui fait l'objet d'une majoration pour mauvaise foi et éventuellement d'une répression pénale. Mais si le contribuable a omis de bonne foi d'appliquer correctement les textes en vigueur, il y aura une simple erreur dont le redressement par les services fiscaux ne comporte généralement pas de majorations ou pénalités sous réserve des intérêts de retard ». Le caractère intentionnel de la fraude doit ainsi être prouvé par l'administration ou le parquet, lorsque des poursuites sont engagées (principe de l'opportunité des poursuites par le fisc). Celles-ci ne seront engagées que sur l'avis favorable d'une commission composée de magistrats du Conseil d'État et de la Cour des comptes, la Commission des infractions fiscales (CIF). On retrouve la notion de fraude fiscale dans un grand nombre de législations

principes comme l'égalité devant les charges publiques ou de concurrence loyale des entreprises) a été et est encore un long chemin tortueux. Le pouvoir de perquisition et d'enquête est cependant en comparaison avec les autres procédures de contrôle fiscal, celle qui est la moins usitée par l'administration fiscale, avec 130 visites domiciliaires par an[274]. Il convient dès lors de définir précisément le droit de visite et de saisie de l'administration des impôts (**I**) qui est la procédure qui a fait l'objet de dispositions législatives les plus tardives. En effet, pendant un certain temps, le fisc ne tenait d'aucun texte le droit de procéder à une perquisition. C'est par un détournement de procédure qu'elle contournait cet obstacle. Le Conseil constitutionnel, en accord avec une jurisprudence judiciaire et administrative condamnant ce système, a posé les jalons dans les années 80 d'une perquisition fiscale sous la houlette du juge judiciaire (**II**).

I. La notion de perquisition

64. Une définition restreinte de la perquisition consisterait à la définir comme « la recherche minutieuse de tous les éléments de preuve utilisable, effectuée au domicile d'un particulier »[275]. Si on veut en donner une définition plus large, on dira qu'elle a « pour objet la recherche, dans un domicile ou tout autre lieu clos, d'indices ou de pièces à conviction utiles à la manifestation de la vérité[276] ». La perquisition est une notion juridique délicate à définir, on la retrouve souvent en droit positif sous différentes appellations (droit d'accès, droit de visite et de saisie…), mais aux caractéristiques semblables. Il faut

---

étrangères (ex : Italie, où est consacré le principe de légalité des poursuites, art. 112 Const. it.). Dans les administrations anglo-saxonnes, ce sont des équipes spécialisées placées sous l'égide du parquet qui ont pour mission de lutter contre la fraude fiscale.
Cf. sur ce sujet, les rapports d'information de la commission des finances de l'Assemblée nationale n° 1105 du 6 octobre 1998 (« *Fraude et évasions fiscales : une intolérable atteinte à l'impôt citoyen* »), n° 1802 du 8 septembre 1999 (« *Sur la lutte contre la fraude et l'évasion fiscale* ») de Jean-Pierre Brard et du Conseil des prélèvements obligatoires (CPO), *La fraude aux prélèvements obligatoires et son contrôle*, mars 2007.

[274] Chiffres communiqués par G. Bouriane, sous-directeur du contrôle fiscal à la DGI, lors du colloque du 17 octobre 2000 organisé par la Chambre de commerce et d'industrie, « *Droits du contribuable : état des lieux et perspectives* ».

[275] *Cf.* R. Merle et A. Vitu, *Traité de droit criminel, procédure pénale*, t. II, 5e éd., Éditions Cujas, 2001.

[276] S. Guinchard et J. Buisson, *Procédure pénale*, 2e éd., Litec, 2002, p. 344.

également la distinguer de procédures normalement différentes comme les enquêtes administratives[277], où les garanties pour l'individu sont moindres (absence du juge judiciaire). Mais le Conseil constitutionnel ne s'en tient au demeurant jamais à ces qualifications. Il recherche au contraire, la véritable portée des mesures contenues dans la loi déférée à son examen[278]. Ce contrôle du juge suprême qui lui permet d'aller au-delà des terminologies employées, pour protéger les droits fondamentaux des personnes, a été mis en œuvre en droit fiscal, notamment dans les décisions de la juridiction suprême du 29 décembre 1983 et du 29 décembre 1984.

65. La notion de perquisition peut se définir à partir de trois critères : le champ d'application, l'objet et le caractère contraignant de la visite. On pourrait ainsi distinguer la perquisition de la simple procédure administrative de visite à partir des deux derniers caractères. L'enquête administrative devant notamment avoir un caractère non contraignant.

66. Il est intéressant de relever que la visite domiciliaire ou perquisition n'est pas une création récente du législateur. Elle tire en effet son origine d'une loi du 6 août 1791, puis d'un décret-loi du 12 juillet 1934. Les textes antérieurs au Code de procédure pénale distinguaient la perquisition de la visite domiciliaire. Cette dernière « se présentait comme une sorte de diminutif » de la perquisition. En effet, la visite domiciliaire si elle autorisait l'enquêteur à pénétrer dans certains lieux, afin de mener des vérifications, ne lui donnait en revanche pas le droit de fouiller ceux-ci (Décl. 19-22 juill. 1791). On trouve néanmoins employé à deux reprises le terme de « visite domiciliaire » respectivement dans les articles 59 et 76 du Code de procédure pénale, ce qui pourrait laisser penser que c'est une reconnaissance implicite de l'autonomie de cette procédure. Mais il n'en est rien, car le Code de procédure pénale soumet

---

[277] T. S. Renoux, comm. Déc. 90-281 DC du 27 décembre 1990, *RFD const.* 1991, n° 5, p. 124 et s.

[278] Cons. const., 20 janv. 1993, Déc. n° 92-316 DC, *Rec.*, p. 14, le texte en cause était relatif à la prévention de la corruption et à la transparence de la vie économique et des procédures publiques. Son article 1 alinéa 5 disposait que le service central de prévention de la corruption, dont la création était prévue par les articles 1 à 6, pourrait recourir à des personnes qualifiées pour procéder à des « investigations ». Le juge suprême a considéré « que le législateur, même en qualifiant ces mesures de techniques, ne les a pas défini de façon suffisamment claire et précise en les limitant à celles qui relèvent d'enquêtes administratives; que dès lors cette formulation est susceptible d'entraîner des atteintes à la liberté individuelle sans garantie de l'autorité judiciaire ».

à chaque fois la procédure de visite domiciliaire au régime des perquisitions. Marie-Laure Rassat en conclut que « l'autonomie de la visite domiciliaire a disparu en droit commun »[279]. Ce qui rend encore plus surprenant le choix de l'appellation de droit de visite et de saisie par la loi de finances pour 1984. C'est dans les matières à coloration économique, droit fiscal, droit douanier et droit de la concurrence, que l'on trouve des procédures ressemblant à la perquisition pénale, mais dénommées « visites ». C'est peut-être une manière de ne pas utiliser le terme perquisition trop connoté pénal dans les esprits, et ayant mauvaise presse auprès du public.

67. Seule la procédure prévue par l'article L. 26 du LPF, qui permet aux agents de l'administration de contrôler dans les locaux professionnels des personnes soumises en raison de leur profession, à la législation des contributions indirectes et d'y procéder à des inventaires et aux opérations nécessaires à la constatation et à la garantie de l'impôt, pourrait éventuellement échapper à la qualification de perquisition et s'analyser comme une visite domiciliaire du fait de l'absence de recherches[280]. La recherche est l'élément clé de la définition de perquisition, ce qui explique nombre de décisions de la chambre criminelle de la Cour de cassation en la matière[281].

68. Si la dénomination officielle de la procédure fiscale d'investigation est pourtant droit de visite et de saisie[282], cette nouvelle qualification fait

---

[279] M.-L. Rassat, *Traité de procédure pénale*, PUF, 2001, p. 363.

[280] En ce sens, M.-L. Rassat, *op. cit.*, p. 364 ; Cass. crim., 25 juin 1998, *Dr. pén.* 1999, n° 46.

[281] *Cf.* par exemple : la décision du 15 mars 1990 (Cass. crim., 15 mars 1990, *Bull. crim.*, 117) qui considère que ne constitue pas une perquisition la présentation à un domicile pour prier l'occupant de se rendre à la brigade de gendarmerie.

[282] *Cf.* J. Lamarque, *Les perquisitions fiscales*, *Justices* n° 5, p. 294 sur les origines de l'appellation, qui nous indique notamment que « c'est délibérément que le gouvernement et le législateur de l'époque ont refusé d'utiliser le terme « perquisition » tant dans les projets de loi que dans les textes définitifs ». L'appellation de visite était avant tout destinée à camoufler ce que le terme de perquisition peut avoir comme connotation négative dans l'inconscient collectif et à faire oublier les sentiments de déséquilibre et d'unilatéralité souvent associés à cette procédure. Il est à espérer que le contribuable perçoive la différence lors d'une « visite » des inspecteurs du fisc à son domicile !

Cf. également sur l'« aspect feutré » du terme visite par rapport à celui de perquisition, A. Viala et M. Amadio, *L'extension des perquisitions d'exception en matière fiscale*, *Gaz. Pal.* 1985.1.202 et J. Biguenet, *Les procédures administratives de contrôle et la convention européenne de l'homme ou l'inconventionnalité des perquisitions déguisées*, *Procédures* 2003, n° 2, pp. 5-9 et spéc. p. 5 : « Contrairement aux

étrangement penser à une procédure de perquisition. On connaît bien cette procédure en droit pénal (art. 56 à 79, 76, 92 à 98 CPP), où elle peut être mise en œuvre à différents niveaux dans le temps et dans l'action. Elle peut ainsi avoir lieu dans le cadre d'une enquête de flagrance, d'une enquête préliminaire ou dans le cadre de l'instruction. Cette distinction est fondamentale, car elle se répercute sur le degré de protection du domicile.

69. Mais on la retrouve dans bien d'autres branches du droit comme le rappelle Jean Pradel. Ainsi, certains textes particuliers autorisent des fonctionnaires autres que ceux de la police à perquisitionner et à saisir[283]. Fonctionnaires des douanes (« droit d'accès », art. 64 C. douan.), agents des fraudes, de la concurrence et de la consommation (« enquête », art. L. 215-3 C. conso.)[284] et les fonctionnaires de la cellule de traitement et de l'action contre les circuits financiers clandestins (TRACFIN, art. 1 et 15, L. 12 juill. 1990) pour ne citer qu'eux, se voient attribuer par ces textes un pouvoir de ce type. L'article L. 611-13 du Code du travail prévoit également une procédure de perquisition pour la recherche des infractions de travail clandestin et d'emploi d'étrangers sans titre dans des lieux de travail industriels, commerciaux et agricoles.

---

apparences, les visites domiciliaires effectuées dans le cadre des procédures administratives de contrôle s'analysent en de véritables perquisitions déguisées ».

[283] On aurait pu imaginer une interdiction par le Conseil constitutionnel des perquisitions opérées en dehors des cas de droit commun visés expressément par le Code de procédure pénale. Son attitude a été autre et a suivi la voie de l'encadrement « ou si l'on préfère de l'équivalence de garanties », T. S. Renoux, *op. cit.*, p. 125.

[284] Les fonctionnaires de la Direction générale de la concurrence, de la consommation et de la répression des fraudes sont compétents, notamment pour enquêter sur les pratiques constitutives d'ententes illicites, d'abus de domination ou d'offres et pratiques de prix abusivement bas, à l'initiative de l'administration ou du Conseil de la concurrence (art. 450 al. 1er C. com.). En vertu de l'article 50, le président du Conseil de la concurrence peut déclencher l'ouverture d'une enquête. Il nomme alors un rapporteur et demande à la Direction générale de la concurrence, la consommation et de la répression des fraudes de désigner des enquêteurs qui procéderont sans délai aux investigations jugées nécessaires par le rapporteur. Les fonctionnaires de la Direction Générale des Impôts sont, eux, compétents pour procéder aux enquêtes seulement en cas d'infraction aux règles de facturation.

Les procédures d'enquêtes de l'Ordonnance de 1986 ont une nature mixte, à l'instar du droit de visite et de saisie de l'article L. 16 B du Livre des procédures fiscales. Elles empruntent à la procédure administrative, civile ou pénale. Effectuées sur l'initiative du ministre de l'Économie ou du Conseil de la concurrence, leur déroulement suit les règles de la procédure civile, à l'exception de la mise sous scellés et de l'inventaire (art. 56 CPP). Alors que le contrôle confié au juge judiciaire obéit aux règles de la procédure pénale.

En matière de sécurité sociale, en revanche, les inspecteurs chargés du recouvrement n'ont pas le pouvoir d'opérer des visites domiciliaires et des saisies[285]. Mais si le régime des différentes perquisitions domiciliaires est aujourd'hui strictement encadré par la loi, il ne faut pas oublier qu'il n'en pas été toujours ainsi. En effet, la perquisition, en matière fiscale, a été pendant longtemps mise en œuvre sans qu'aucune disposition légale ne la prévoie, par le biais d'un détournement de procédure.

II. Le détournement de procédure

71. Ce détournement s'explique principalement par le fait que l'administration fiscale ne se voyant pas reconnaître par la loi le droit de procéder à la visite et à la saisie d'objets en matière d'impôts directs et de TVA décida de faire appel à des procédures qu'elle dénatura (**A**). Cette pratique fut par la suite condamnée aussi bien par le juge constitutionnel (**B**) que par le juge judiciaire et le juge administratif (**C**).

A. Le régime antérieur

72. Aussi étonnant que cela puisse paraître, l'administration, jusqu'au 1er janvier 1985, ne tenait d'aucune disposition législative, le droit de procéder à une perquisition et à une saisie de documents en vue d'assurer le contrôle des bénéfices professionnels, de l'impôt sur les sociétés et de la TVA[286]. C'est en utilisant son droit de communication de façon très extensive et avec une tolérance certaine du juge qu'elle utilisait les renseignements recueillis par d'autres services à l'occasion de leurs perquisitions et saisies (administration des douanes, brigades financières des services régionaux de police judiciaire, administration du commerce intérieur et des prix ou celle de la concurrence et de la

[285] Cass. soc., 28 nov. 1991, *Bull. civ. V*, n° 548; 5 déc. 1991; *RJS* 1992, 1, n° 76 ; 6 juin 1996, *Bull. civ. V*, n° 234 : viole l'article 243-59 du Code sécurité sociale la cour d'appel qui décide qu'un agent de contrôle peut valablement procéder à l'audition des salariés à leur domicile et qui valide la contrainte consécutive au contrôle.
Cf. C. David, *Administration et citoyens face aux prélèvements obligatoires (contrôle des déclarations)*, Droit social 2001, n° 12, p. 1077.
[286] J. Lamarque, *Les perquisitions fiscales*, *Justices* 1997, n°5, p. 296.

consommation en application de l'ordonnance n° 45-1484 du 30 juin 1945)[287]. En droit de la concurrence, l'utilisation des deux ordonnances du 30 juin 1945 et l'absence de juge dans la procédure de perquisition ont également été une réalité pendant près de quarante ans et ceci jusqu'à l'adoption de l'ordonnance du 1er décembre 1986[288].

73. La pratique suivie pour être choquante n'en semblait pas moins « apparemment » juridiquement viable sur un plan formel, sous réserve de la qualification de détournement de procédure. La clé de voûte de ce système était le droit de communication de l'article 83 du LPF, qui permet à l'administration fiscale de prendre connaissance de documents détenus par les administrations et entreprises publiques, établissements ou organismes contrôlés par l'autorité administrative. Le seul inconvénient de ce stratagème pour le fisc était que le droit de communication ne peut s'exercer qu'entre services dépendants d'administrations différentes[289]. Ainsi était régulière la communication à l'administration fiscale de documents saisis en vertu de l'article 15 de l'ordonnance de 1945 par les agents d'une autre administration, ou bien par des agents de la DGI, mais dans l'exercice de fonctions ressortissant de la compétence d'une autre administration, en l'occurrence la direction du commerce intérieur et des prix. L'administration usant habilement de la possibilité ouverte par le texte, dans les cas où elle suspectait un contribuable d'être en infraction avec la loi fiscale « faisait mandater ses agents (brigade départementale de contrôle et de recherches ou brigade d'intervention interrégionale) par le directeur général de la concurrence et de la consommation et les envoyait à l'improviste perquisitionner[290] et

---

[287] D'après une déclaration de Henri Emmanuelli, alors, secrétaire d'État au budget, au cours des débats parlementaires qui ont précédé le vote de l'article 89 de la loi du 29 décembre 1983, le droit de perquisition aurait été utilisé dans ces conditions un « millier de fois » depuis 1945 et de son propre aveu dans l'illégalité la plus totale ; *JO Déb. Ass. Nat.*, 18 déc. 1983, p. 6700.

[288] L'article 48 de l'ordonnance du 1er décembre 1986 introduit le juge dans la procédure de perquisition, en disposant que : « Les enquêteurs ne peuvent procéder aux visites en tous lieux, ainsi qu'à la saisie de documents, que dans le cadre d'enquêtes demandées par le ministre chargé de l'économie ou le Conseil de la Concurrence et sur autorisation judiciaire donnée par « le juge des libertés et de la détention (depuis la loi du 15 juin 2000) du tribunal de grande instance dans le ressort duquel sont situés les lieux à visiter ». Il est dit plus loin que « la visite et la saisie s'effectuent sous l'autorité et le contrôle du juge qui les a autorisées ».

[289] CE, 22 juin 1983, n° 27.923, *DF* 1984, comm. 105, concl. Verny ; *RJF* 1983, p. 431.

[290] Ces perquisitions devaient malgré tout être autorisées par le président du tribunal de grande instance, du juge d'instruction ou du juge du tribunal d'instance (L. n° 77-1453, 29 déc. 1977).

saisir les documents dans les locaux professionnels et le cas échéant, au domicile du contribuable »[291]. La condition de services dépendant d'administrations différentes étant alors remplie, le service fiscal concerné pouvait donc se voir communiquer en vertu de l'article 83 du LPF, les documents saisis au nom de l'administration de la concurrence et de la consommation. Libre ensuite à l'administration d'utiliser les informations et renseignements recueillis lors d'une vérification de comptabilité et/ou d'une vérification approfondie de la situation fiscale d'ensemble.

74. Cette pratique administrative illégale connut son terme quand le législateur décida de donner un fondement juridique à la perquisition à des fins fiscales à travers tout d'abord la loi de finances pour 1984, puis la loi de finances pour 1985. Mais ce sont surtout les décisions du Conseil Constitutionnel du 29 décembre 1983 et du 29 décembre 1984 relatives aux deux lois de finances qui sont à l'origine du régime juridique actuel du droit de visite et de saisie[292].

B. La jurisprudence constitutionnelle en matière de perquisition fiscale

75. Il faut rappeler au préalable le contexte qui a amené la première décision du Conseil constitutionnel relative au droit de visite et de saisie de l'administration fiscale. En France, pendant longtemps, le droit pour l'administration de procéder à des visites et saisies est resté incertain en ce qui concerne les impôts directs et la TVA[293]. Il existait cependant une loi du 24 avril 1836 encadrant les recherches de l'administration en matière de contributions indirectes (art. 1855 à 1859 CGI et art. L. 26 s., art. L. 38 à L. 43 anciens LPF), en matière économique (Ord. n° 45-1484, 30 juin 1945 relative à la constatation, la poursuite et la répression des infractions à la législation économique[294]) ainsi qu'en matière

[291] J. Lamarque, *Droit fiscal général,* fasc. 2, *op. cit.*, p. 598.
[292] *Les Grandes Décisions du Conseil Constitutionnel*, 12e éd., Dalloz, 2003, n° 34.
[293] J. Grosclaude et P. Marchessou, *Procédures fiscales*, *op. cit.*, p. 140.
[294] L'article 6 prévoit que les infractions à la législation économique peuvent être constatées notamment par les agents de la direction générale des impôts et par les agents de la direction générale du commerce intérieur et des prix. L'article 15 alinéa 1er dit que ces agents peuvent exiger la communication, en quelque main qu'ils se trouvent, et procéder à la saisie des documents de toute nature (comptabilité, copies de lettres, carnet de chèques, traites, comptes en banque...). L'article 16 alinéa 2 enfin

douanière[295] (art. 64 C. douan.). Le droit de visite domiciliaire en matière de contributions indirectes a pour objet l'exercice de vérifications matérielles sur place, sans formalités préalables, dans les locaux professionnels des personnes soumises en raison de leur profession à la législation des contributions indirectes (art. L. 26 s. LPF). Les articles L. 38 à L. 41[296] quant à eux étendent le droit de visite, en matière de contributions indirectes, dans les locaux autres que professionnels, en distinguant les perquisitions effectuées dans les locaux servant exclusivement à l'habitation, qui doivent être préalablement autorisées par une ordonnance du juge du Tribunal de grande instance, du juge du Tribunal d'instance ou du juge d'instruction, de celles effectuées dans des locaux ne servant pas exclusivement à l'habitation.

76. L'intervention du juge dans la procédure de perquisition fiscale, si elle est aujourd'hui acquise, n'allait pas forcément de soi auparavant. Il a fallu attendre les années 1984-1985 pour voir son rôle confirmé. Ce sont deux décisions du Conseil constitutionnel, la première le 29 décembre 1983 (**§1**) et la seconde un an plus tard, le 29 décembre 1984 (**§2**) qui ont consacré le rôle traditionnel du juge judiciaire comme garant des libertés individuelles[297] (art. 66 Const.) en matière fiscale. Il est d'ailleurs frappant de constater que c'est en droit fiscal, que la décision a

---

dispose que ces mêmes agents ont libre accès dans les magasins, arrières-magasins, bureaux, etc., et d'une façon générale en quelque lieu que ce soit sous réserve, en ce qui concerne les locaux d'habitation, des dispositions de l'article 5. Ce dernier texte précise que seuls les agents spécialement habilités à cet effet par le directeur général du commerce intérieur et des prix peuvent faire des visites à l'intérieur des habitations en se faisant assister d'un officier de police municipal du lieu ou d'un officier de police judiciaire. Ces perquisitions, depuis la loi n° 77-1453 du 29 décembre 1977, doivent être préalablement autorisées par une ordonnance du président du tribunal de grande instance, du juge d'instruction ou du juge du tribunal d'instance.

[295] L'article 64 du Code des douanes autorise les agents des douanes pour la recherche en tous lieux des marchandises soumises à l'article 215, à « procéder à des visites domiciliaires en se faisant accompagner d'un officier municipal du lieu ou d'un officier de police judiciaire ».

[296] Les articles L. 39, 40 et 41 ont été abrogés par l'article 80-III de la loi n° 86-1317 du 30 décembre 1986.

[297] « Nul ne peut-être arbitrairement détenu. L'autorité judiciaire, gardienne de la liberté individuelle, assure le respect de ce principe dans les conditions prévues par la loi », ce qui a pour conséquence comme le souligne Guy Carcassonne, « d'imposer l'intervention d'une autorité judiciaire-magistrature, mais également police judiciaire, chaque fois qu'est en cause une liberté individuelle. Ce principe reçoit une application relativement large dans la décision du 29 décembre 1983 ; *La constitution*, Éditions du Seuil, 1996.

été rendue, cela montre à quel point ce pan du droit occupe une place importante dans la question des libertés fondamentales. La question reste toutefois posée de savoir si cette jurisprudence constitutionnelle a su concilier au mieux l'intérêt général et le droit au respect du domicile (**§3**).

§1) *La décision du 29 décembre 1983*

77. « La décision « perquisitions fiscales » du 29 décembre 1983 (...) a attiré l'attention des juristes sur l'importance grandissante de la jurisprudence constitutionnelle en matière fiscale.»[298] Le rôle croissant du Conseil constitutionnel dans la sphère fiscale, mis en avant par Loïc Philip, ne peut trouver de meilleure illustration qu'en matière de droit de visite et de saisie. L'article 89 de la loi de finances pour 1984 étendait à la perquisition fiscale, les dispositions de l'ordonnance n° 45-1484 du 30 juin 1945, ce qui revenait finalement à « généraliser une pratique aussi peu orthodoxe, du point de vue constitutionnel, que celle prévue par l'ordonnance du 30 juin 1945 »[299]. Le texte fut par conséquent immédiatement déféré par des parlementaires au Conseil constitutionnel, au motif qu'il était rédigé de façon imprécise et générale en ce qui concerne la nature des infractions et les pouvoirs conférés aux agents de l'administration des impôts. Et qu'il laissait les perquisitions à la discrétion des fonctionnaires qui pouvaient y procéder même en l'absence d'indice d'infraction. Les auteurs de la saisine citaient également à l'appui de leur demande, la décision du 12 janvier 1977[300] du Conseil constitutionnel qui avait invalidé un texte qui permettait aux officiers de police judiciaire d'apprécier l'opportunité d'une visite de véhicule. Autre motif de crainte pour les parlementaires, le fait que selon eux, l'autorisation spéciale donnée par le juge concernant la visite des locaux d'habitation puisse le conduire *a contrario* à délivrer des autorisations générales pour la visite des autres lieux (entrepôts, locaux administratifs...). Ils en tiraient finalement la conclusion que ces dispositions étaient contraires à l'article 66 de la Constitution et étaient par là même inconstitutionnelles.

---

[298] L. Philip, *Droit fiscal constitutionnel*, Economica, 1990, p. 1.
[299] J. Lamarque, *inviolabilité du domicile et droit de perquisition de l'Administration fiscale, Juris-classeur procédures fiscales*, fasc.112 p. 23.
[300] Cons. const., 12 janv. 1977, Déc. n° 76-75 DC, *op. cit.*

78. La décision n° 83-164 DC du 29 décembre 1983 du Conseil constitutionnel constitue incontestablement une des étapes importantes de la revalorisation des droits du contribuable et plus globalement de la défense des libertés individuelles en France. Car cantonner cette décision au droit fiscal serait un regrettable malentendu, son intérêt débordant largement cette sphère étroite. Les enseignements que l'on retire à la lecture de la décision du 29 décembre 1983 intéressent l'ensemble de ce droit qu'on appelle droit processuel[301], encore que la qualification est inexacte si l'on considère que ce n'est que le droit du procès (c'est-à-dire les procédures au moyen desquelles une prétention juridique est tranchée) excluant par là de son domaine d'étude, les procédures de contrôle.

79. Si le Conseil constitutionnel a considéré comme non conforme à la Constitution l'article 89 de la loi de finances pour 1984, ce n'est pas « le principe voulu par le législateur mais ses modalités »[302] qu'il a condamné. Le Conseil constitutionnel avait ainsi considéré en se fondant sur l'article 13[303] de la Déclaration des droits de l'homme et du citoyen du 26 août 1789 « qu'il découle nécessairement de ces dispositions ayant force constitutionnelle que l'exercice des libertés et droits individuels ne saurait en rien excuser la fraude fiscale ni en entraver la légitime répression » et « qu'ainsi dans leur principe, les dispositions de l'article 89 ne peuvent être critiqués ». Il est intéressant de noter que l'on trouve déjà ici les prémisses de la rhétorique qui allait devenir habituelle dans les années à venir quant à l'équilibre entre des pouvoirs d'investigation nécessaires et rendus légitimes par leur objet qui est la lutte contre la

---

[301]« L'étude comparée et synthétique » de la procédure civile, pénale et administrative « est l'objet du droit processuel ; H. Croze, C. Morel et O. Fradin, *op. cit.*, p. 5. Il s'agit là du droit processuel horizontal, par opposition au droit processuel vertical qui « est le droit commun du procès » tel qu'il résulte notamment des principes constitutionnels, communautaires et internationaux », S. Guinchard et *alii*, *Droit processuel*, *op. cit.*, pp. 21-22.

Cf. pour plus de détails sur la définition du droit processuel : S. Guinchard et *alii*, *Droit processuel. Droit commun et droit comparé du procès*, *ibid.*, p. 1 et s. ; P. Labbée, *Introduction au droit processuel*, Presses Universitaires de Lille, 1995 et l'ouvrage fondateur de cette « jeune » discipline : H. Motulsky, *Droit processuel*, *Les cours du droit*, 1973.

[302] T. Lambert, *Contrôle fiscal. Droit et pratique*, 2e éd., PUF, 1998, p. 58.

[303] « Pour l'entretien de la force publique, et pour les dépenses d'administration, une contribution commune est indispensable. Elle doit également être répartie entre tous les Citoyens, en raison de leurs facultés », G. Carcassonne, *La constitution*, *op. cit.*, p. 342.

fraude fiscale[304] et les droits et libertés accordés aux contribuables par de nombreux textes internes (dont les fameuses « Charte du contribuable » française, espagnole et anglaise) et internationaux et par l'interprétation qu'à pu en donner la jurisprudence administrative comme civile.

80. En effet, le reproche adressé au texte par le Conseil constitutionnel ne portait pas sur son objectif, la lutte contre la fraude fiscale, qu'il jugeait au demeurant parfaitement légitime, mais sur les conditions de mise en œuvre de la procédure de l'article L. 16 B du LPF. L'article 89 instituait en réalité « une procédure administrative, sous réserve d'une autorisation purement formelle, au lieu d'une véritable procédure judiciaire qui seule pouvait assurer la sauvegarde de la liberté individuelle »[305]. La lecture des considérants suivants de la décision du 29 décembre 1983 est assez éclairante à cet égard : « Considérant que, si les nécessités de l'action fiscale peuvent exiger que des agents du fisc soient autorisés à opérer des investigations dans des lieux privés, de telles investigations ne peuvent être conduites que dans le respect de l'article 66 de la Constitution qui confie à l'autorité judiciaire la sauvegarde de la liberté individuelle sous tous ses aspects, et, notamment celui de l'inviolabilité du domicile ; que l'intervention de l'autorité judiciaire doit être prévue pour conserver à celle-ci toute la responsabilité et tout le pouvoir de contrôle qui lui reviennent ; Considérant que, quelles que soient les garanties dont les dispositions de l'article 89 entourent les opérations qu'elles visent, ces dispositions ne précisent pas l'acceptation du terme « infraction » qui peut être entendu en plusieurs sens et ne limitent donc pas clairement le domaine ouvert aux investigations en question ; qu'elles n'assignent pas de façon explicite au juge ayant le pouvoir d'autoriser les investigations des agents de l'administration la mission de vérifier de façon concrète le bien-fondé de la demande qui lui est soumise ; qu'elles passent sous silence les possibilités d'intervention et de contrôle de l'autorité judiciaire dans le déroulement des opérations autorisées[306], qu'enfin

[304] Le Conseil constitutionnel assoit le principe de lutte contre la fraude fiscale sur l'article 13 de la Déclaration des droits de l'homme et du citoyen (qui a valeur constitutionnelle) qui proclame que : « Pour l'entretien de la force publique et pour les dépenses de l'administration une contribution commune est indispensable : elle doit être également répartie entre tous les citoyens, en raison de leurs facultés ». C'est le principe d'égalité devant l'impôt que la fraude rompt.

[305] T. Lambert, *op. cit.*, p. 58.

[306] Selon M. Drago et Decocq, le Conseil constitutionnel en reprochant à l'article 89 de la loi de finances pour 1984 de passer « sous silence les possibilités d'intervention et de contrôle de l'autorité judiciaire dans le déroulement des opérations autorisées », posait

elles n'interdisent pas une interprétation selon laquelle seules les visites effectuées dans des locaux servant exclusivement à l'habitation devraient être spécialement autorisées par le juge, de telle sorte qu'*a contrario*, les visites opérées dans d'autres locaux pourraient donner lieu à des autorisations générales ; Considérant qu'ainsi, pour faire pleinement droit de façon expresse tant aux exigences de la liberté individuelle et de l'inviolabilité du domicile qu'à celles de la lutte contre la fraude fiscale, les dispositions de l'article 89 auraient dû être assorties de prescriptions et de précisions interdisant toute interprétation ou toute pratique abusive et ne sauraient dès lors, en l'état, être déclarées conformes à la Constitution ».

81. Ainsi selon le Conseil constitutionnel, pour que des règles instituant une perquisition soient conformes aux exigences constitutionnelles de la liberté individuelle, il faut que certaines conditions soient réunies : « La perquisition des locaux doit faire l'objet d'une autorisation qui ne peut être donnée que par le juge judiciaire ; cette autorisation doit être particulière à chaque opération de perquisition ; le procédé de la disposition ou de l'autorisation de caractère général étant exclu ; l'autorisation judiciaire est nécessaire pour tous les locaux privés; le texte législatif doit donner une définition précise des infractions faisant l'objet des recherches de l'administration ; il doit assigner de façon explicite au juge la mission de vérifier de façon concrète le bien-fondé de la demande qui lui est soumise ; l'autorité judiciaire doit pouvoir intervenir dans le déroulement des opérations de perquisition et en contrôler l'exécution[307] ».

La décision du Conseil constitutionnel allait finalement avoir pour bienheureuse conséquence de donner corps une année après, dans la loi de finances pour 1985, au visage actuel du droit de visite et de saisie.

§2) *La décision du 29 décembre 1984*

82. Le nouveau dispositif que l'on trouve codifié à l'article L. 16 B du LPF fut une nouvelle fois soumis au Conseil constitutionnel par des

---

les exigences suivantes concernant le juge qui a autorisé la visite : il doit être « tenu informé de la date et du lieu de l'opération, qu'il peut y assister, en prendre la direction et que la validité de cette mesure doit entrer dans la compétence du juge judiciaire », *JCP* 1984. I. 20160.

[307] J. Lamarque, *Perquisitions fiscales*, *op. cit.*, p. 297.

parlementaires, comme contraire au principe de liberté individuelle. Notamment du fait de l'imprécision des conditions dans lequel il ouvrait le droit de procéder à des perquisitions et à des saisies (les infractions n'étant selon eux une nouvelle fois pas spécialement, clairement et limitativement énumérées). Le deuxième point de l'argumentation des requérants portait sur l'insuffisance dans le texte des garanties concernant le déroulement des opérations, la conservation des documents saisis, la restitution et leur utilisation éventuelle qui permettait d'après eux qu'il soit procédé non à des simples constatations de fait, mais à des « vérifications occultes » ne respectant pas les droits de la défense. Le troisième et dernier point de cet argumentaire soulevait l'absence de toute indication sur la limitation dans le temps de l'exercice du droit de perquisition. Cet oubli (involontaire ?) ouvrait ainsi la voie à des perquisitions, non pas de courte durée comme doit l'être par nature une perquisition classique, mais de longue durée, ce qui pouvait permettre aux agents de l'administration de choisir le cadre légal d'une perquisition (ce qui permet d'échapper aux garanties contraignantes des articles L. 47 et s. du LPF) pour effectuer en réalité une vérification de comptabilité. Le risque était donc grand que l'administration utilise le droit de visite et de saisie, dans un but purement administratif et non pas à des fins pénales. Il y avait concluaient les requérants, de nouveau les prémisses d'un détournement de procédure. Ce qui devait amener le Conseil constitutionnel à censurer l'article 94 de la loi de finances pour 1985, comme il l'avait fait antérieurement dans sa décision du 12 janvier 1977 sur la fouille des véhicules[308] .

83. Mais cette fois-ci, le Conseil constitutionnel ne donna pas raison aux auteurs de la saisine effectuée en vertu de l'article 61 de la Constitution. Ici aussi, il nous paraît intéressant de citer les extraits fondamentaux de la décision du 29 décembre 1984 : « Considérant que l'article 94 de la loi de finances pour 1985 ne méconnaît aucune des exigences constitutionnelles assurant, la conciliation du principe de la liberté individuelle et des nécessités des luttes contre la fraude fiscale telles qu'elles ont été explicitées par la décision du Conseil constitutionnel en date du 29 décembre 1983, qu'en effet il détermine de façon satisfaisante le domaine ouvert aux investigations par une définition précise des infractions, il assure le contrôle effectif par le juge de la nécessité de procéder à chaque visite et lui donne les pouvoirs d'en suivre effectivement le cours, de régler les éventuels incidents et, le cas

---

[308] *JO*, 30 déc. 1984 ; Cons. const., 12 janv. 1977, Déc. n° 76-75 DC, *op. cit. Cf. supra* n° 77.

échéant, de mettre fin à la visite à tout moment ; qu'ainsi le texte critiqué ne méconnaît en rien l'article 66 de la constitution…»

84. À l'issue de ses deux décisions, la jurisprudence du Conseil constitutionnel semble fixée concernant les perquisitions fiscales : le principe de liberté individuelle doit être concilié avec les nécessités de la lutte contre la fraude fiscale (qui légitiment à leur tour le droit de visite et de saisie de l'administration fiscale). La Cour suprême exige ainsi du parlement, comme elle le fait constamment lorsqu'elle intervient pour « réglementer » une liberté : « des finalités, des autorités responsables, des procédures, des recours et contrôles possibles »[309]. La conciliation réalisée par les membres du Conseil constitutionnel est pourtant sujette à certaines critiques.

§3) *La délicate conciliation par le Conseil constitutionnel de l'intérêt général et de la liberté individuelle*

85. Il ressort des décisions étudiées que comme souvent, le Conseil constitutionnel légitime la perquisition par la nécessité de lutter contre la fraude fiscale (délit issu de la loi du 25 juin 1920). Comme il a pu justifier en matière pénale dans sa décision du 16 juillet 1996, des restrictions à l'inviolabilité du domicile et à la liberté individuelle au nom de la recherche nécessaire d'auteurs d'infraction[310]. On peut relever dans ces deux décisions la confrontation classique entre des libertés individuelles et des impératifs d'ordre collectif[311]. Cette manière de procéder de la juridiction suprême n'est pas nouvelle et a été appliquée notamment à propos du droit de grève[312], de la liberté d'aller et de

---

[309] J. Morange, *Le droit français des libertés publiques a-t-il un avenir ?* in *Clés pour le siècle*, p. 1321.

[310] Cons. const., 16 juill. 1996, Déc. n° 96-377 DC, *Rec.*, p. 87 ; *RJC*, p. I-671 ; *JO*, 23 juill. 1996, p. 11108

[311] *Cf.* M. Mekki, *L'intérêt général et le contrat. Contribution à une étude de la hiérarchie des intérêts en droit privé*, *op. cit.*, p. 3 : « L'analyse de la notion d'intérêt général va également permettre de mieux motiver le mouvement de collectivisation du droit ».

[312] Cons. const., 25 juill. 1979, Déc. n° 79-105 DC, *Rec.*, p. 33 ; *RJC*, p. I-71 ; 18 sept. 1986, Déc. 86-217 DC, *Liberté de communication*, *Rec.*, p. 141, *RJC*, p. I-283 et 28 juill. 1987, Déc. n° 87-230 DC, *Amendement Lamassoure*, *Rec.*, p. 48, *RJC*, p. I-315 : conciliation avec la continuité du service public ; 22 juillet 1980, Déc. n° 80-117 DC,

venir[313], de la liberté de communication[314] et même des libertés en général, à propos de la législation sur l'état d'urgence[315]. La chambre commerciale juge d'ailleurs eu égard à la Convention européenne des droits de l'homme que l'article L. 16 B assure de façon satisfaisante cet équilibre : « les visites domiciliaires sont nécessaires notamment à la sûreté publique, au bien-être économique du pays ou à la prévention des infractions pénales, et les dispositions de l'article L 16 B du Livre des procédures fiscales assurent la conciliation du principe de la liberté individuelle et des nécessités de la lutte contre la fraude (conformité à l'art. 8) »[316].

86. Un auteur a proposé récemment, une façon originale de mesurer les atteintes d'actes juridiques privés aux droits fondamentaux, et ainsi de déterminer si ces dernières méritent ou non d'être sanctionnées. Selon lui, « les actes juridiques privés pourront être exempts de sanctions, si l'atteinte au droit fondamental est justifiée par un réel intérêt légitime, proportionnée à la satisfaction de cet intérêt et ne viole pas dans sa substance le droit atteint »[317]. Cette proposition qui exigerait l'examen de ces trois critères cumulatifs pourrait-elle recevoir une application en matière de procédure fiscale ? Il semble que les actes d'investigation du fisc et en particulier la perquisition, quand la question de sa constitutionnalité est arrivée à deux reprises devant le Conseil constitutionnel, aient fait l'objet d'un tel contrôle. Cette proposition qui est tout à fait originale en droit civil perd de son intérêt en procédure fiscale.

Protection des matières nucléaires, *Rec.*, p. 42, *RJC* I, p. 80 : conciliation avec la protection de la santé et de la sécurité des personnes et des biens.

313 Cons. const., 19-20 janv. 1981, Déc. n° 80-127 DC, *Rec.*, p. 15 : mise en balance avec les besoins de la recherche des auteurs d'infraction et la prévention d'atteintes à l'ordre public, notamment à la sécurité des personnes et des biens.

314 Cons. const., 27 juill. 1982, Déc. n° 82-141 DC, *Communication audiovisuelle*, *Rec.*, p. 48 ; *RJC* I-126 ; 18 sept. 1986, Déc. n° 86-217 DC, *Rec.*, p. 141 et 17 janv. 1989, Déc. n° 88-248 DC, *CSA*, *Rec.*, p. 18 : conciliation avec la sauvegarde de l'ordre public, le respect de la liberté d'autrui et la préservation du caractère pluraliste des courants d'expression socioculturels.

315 Cons. const., 25 janv. 1985, Déc. 85-187 DC, *Rec.*, p. 43 : qui mentionne « la conciliation nécessaire entre le respect des libertés et la sauvegarde de l'ordre public sans lequel l'exercice des libertés ne saurait être assuré ».

316 Cass. com., 9 févr. 1993, *op .cit.*

317 J. Raynaud, *Les atteintes aux droits fondamentaux dans les actes juridiques privés*, thèse Limoges, 2001, 376 p.

87. Les précautions prises par les rédacteurs dans le cas de l'article 94, pourraient dans un premier temps, nous inciter à penser que la légitimation de l'intrusion dans la vie privée et donc de l'abaissement des libertés individuelles par des notions telles que la lutte contre un crime ou un délit répréhensible ou bien la sûreté publique n'est pas si gravissime. John Rawls ne disait pas autre chose quand il déclarait, lucide, que « des circonstances malheureuses et les desseins injustes de certains nécessitent qu'on limite la liberté par rapport à celle dont on jouirait dans une société bien ordonnée »[318]. Néanmoins la question de savoir jusqu'on peut aller dans la restriction des droits fondamentaux, au nom de ces notions doit être posée[319]. Nicolas Molfessis avait fort bien démontré dans sa thèse que le Conseil constitutionnel protège faiblement les droits fondamentaux en conflit avec l'intérêt général[320], ce qui est par exemple le cas de la liberté individuelle ou de l'inviolabilité du domicile. L'intérêt général qui s'inspire de l'article 1er de la Déclaration de 1789, est une notion polymorphe qui a souvent servi au Conseil constitutionnel en matière fiscale. Il suffit de penser aux jurisprudences administrative et constitutionnelle qui ont souvent admis des discriminations législatives, à condition qu'elles soient justifiées par l'intérêt général. Par analogie avec la théorie philosophique de l'autonomie de la volonté, on dira que l'intérêt ou la volonté générale s'impose aux volontés individuelles, parce qu'il est fait de la totalité de celles-ci à travers un mécanisme de représentation[321]. Ainsi, la liberté d'aller et venir doit être conciliée avec la protection de la sécurité nationale ou l'exercice de la liberté de communication doit être concilié avec « les objectifs de valeur constitutionnelle que sont la sauvegarde de l'ordre public, le respect de la liberté d'autrui et la préservation du caractère pluraliste des courants d'expression socioculturels ».

---

[318] J. Rawls, *Théorie de la justice*, *op. cit.*, p. 279.

[319] Pour Jean Lamarque, l'un des obstacles à la défense des droits fondamentaux en droit fiscal « résulte du fait que toutes les atteintes aux droits fondamentaux se parent d'une justification fondée sur le principe de l'égalité devant l'impôt : la nécessité de lutter contre la fraude fiscale ». Selon lui, « la jurisprudence s'inspire de cette conception et va même jusqu'à légitimer des dispositions dont l'intérêt ne se conçoit pas en dehors d'une incitation à la délation. » ; *Droit fiscal général*, *op. cit.*, p. 417.

[320] N. Molfessis, *Le Conseil Constitutionnel et le droit privé*, *op. cit.*

[321] Pour Jean Pradel, « l'intérêt général est établi à l'avantage de tous les citoyens par opposition aux intérêts individuels (propres à un individu déterminé) ou catégoriels (propres à une catégorie déterminée d'individus) » ; *Notre procédure pénale défend-elle l'intérêt général ? op. cit.*, p. 504.

88. Ne pourrait-on pas voir une antinomie dans la décision du Conseil constitutionnel du 29 décembre 1983 ? Quand le juge disserte d'un coté sur l'inviolabilité du domicile et d'un autre sur la nécessité de lutter contre la fraude fiscale, n'y a t'il pas une contradiction voire une incohérence dans la décision ? Il est évident qu'il n'est pas question d'une contradiction qui rendrait pénible toute interprétation de la loi, la volonté du juge étant ici dénuée d'ambiguïté. La conciliation opérée est classique, elle conduira nécessairement à limiter un droit ou un principe, ce qui est le but recherché. La nécessité de lutter contre la fraude fiscale n'est invoquée que pour restreindre la liberté individuelle du contribuable, l'antinomie est ici voulue et non involontaire, comme celle célèbre qui se manifeste entre les articles 692 et 694 du Code Napoléon. Mais est-il surprenant que la résolution des antinomies se conclue toujours en faveur de l'intérêt général (quelque appellation qu'on lui donne : nécessité de lutter contre la fraude fiscale, sauvegarde de l'ordre public ou bien impératifs d'ordre public) ? Mais après tout, toute appréciation des deux décisions du Conseil constitutionnel sur le droit de visite et de saisie, comme sur d'autres, dépend fortement de la place et de la valeur que l'on estime devoir être attribuée à l'intérêt général.

89. En revanche, la Cour suprême protège fortement les droits fondamentaux conformes à l'intérêt général. L'intérêt général en droit fiscal, c'est la bonne perception de l'impôt, et le fait que tous les individus doivent contribuer aux charges de la nation (égalité devant l'impôt) et toute fraude va à l'encontre de cet intérêt. C'est pour cela que l'inviolabilité du domicile, droit fondamental reconnu par le Conseil constitutionnel, a été finalement peu protégée par celui-ci dans sa décision du 29 décembre 1984, même si l'intervention du juge judiciaire dans la procédure de perquisition nous fait nuancer ce propos. L'inviolabilité du domicile (ne serait-elle pas conforme à l'intérêt général ?) devait s'écarter devant la nécessité de la lutte contre la fraude fiscale, elle-même émanation du caractère obligatoire de l'impôt. L'argument de l'intérêt général comme fondement à une restriction de la protection de certaines libertés, s'il semble recevable en matière de lutte contre la fraude fiscale, peut néanmoins être critiqué. Léon Duguit, célèbre positiviste qui était connu pour ses positions antivolontariste, a répété à de nombreuses reprises que la suprématie d'une volonté sur une autre est une notion métaphysique (comme l'est la notion d'intérêt général), impliquant une hiérarchie des personnes et des valeurs qui doit être exclue d'une discipline positive. Il convenait néanmoins que la volonté générale peut sans doute s'imposer, mais à condition qu'elle soit

conforme au droit objectif et à la morale politique. Pour Jean Pradel, « le concept de l'intérêt général est fuyant, rebelle à une appréhension précise »[322]. Ces interrogations trouvent écho dans la thèse de Mustapha Mekki qui se demande s'il « existe un intérêt propre à la société civile ? », si l'intérêt général est celui de l'État, du Peuple, de la Nation ? Ou encore s'il est transcendant par rapport aux intérêts particuliers ou immanent ?[323]

La notion d'intérêt général qui est véritablement une abstraction de l'esprit, est parente en droit fiscal de principes à valeur constitutionnel comme ceux de la nécessité de l'impôt, de son caractère obligatoire ou de l'égalité devant l'impôt qui suffisent à justifier des atteintes proportionnées aux droits de ceux qui sont soupçonnés de se rendre coupables de fraude fiscale. A moins de remettre en cause ces principes, l'intérêt général semble bien établi en droit fiscal. On regrettera seulement qu'en droit fiscal particulièrement l'intérêt général soit souvent brandi un peu trop aisément, plus par réflexe politique que comme résultante d'une volonté réfléchie et affirmée.

Le droit comparé nous enseigne également que la violation du principe d'« inviolabilité du domicile » est toujours justifiée par les États comme dans d'autres cas d'atteintes à des droits fondamentaux par le conflit avec un autre droit fondamental[324]. Ainsi en Grande-Bretagne, où le juge Lord Wilberforce rappela dans une décision relative à des perquisitions litigieuses que le droit au respect du domicile ou des locaux professionnels est un droit de l'homme important qui est constamment démantelé depuis la Seconde Guerre mondiale, par de nombreuses lois au nom du primat de la lutte contre la fraude fiscale[325].

---

[322] J. Pradel, *op. cit.*, p. 504.
[323] M. Mekki, *op. cit.*, numéro de bas de page 18.
[324] *Cf.* en ce sens : en Espagne, deux décisions du Tribunal constitutionnel, n° 239/1999 et n° 136/2000.
[325] House of Lords (1980), *R. v. IRC., Ex p. Rossminster Ltd* : "*The integrity and privacy of a man's home, and of his place of business, an important human right has, since the second world war, been eroded by a number of statutes passed by Parliament in the belief, presumably, that this right of privacy ought in some cases to be over-ridden by the interest wich the public has in preventing evasions of law. Some of these powers of search are reflections of dirigisme and of heavy taxation, others of changes in mores. Examples of them are to be found in the Exchange Control Act 1947, the Finance Act 1972 (in relation of VAT) and in statutes about gaming or the use of drugs*".

90. Tout est finalement problème de priorité et d'arbitrage dépendant du bon jugement du législateur et éventuellement du juge constitutionnel. Pour certains comme Pierre Catala, c'est finalement à travers la coexistence d'intérêts opposés que naît l'équilibre, le droit : « Je crois à la dualité des forces antagonistes, le bien et le mal, l'individuel et le collectif, dont la dialectique éternelle nous sauve des extrêmes et perpétue le droit »[326]. Toutefois, la liberté et l'ordre public sont à ce point antinomiques, qu'on peut se demander si on n'est pas dans un cas d'antinomie fondamentale comme peuvent l'être l'idéalisme et le réalisme ou le contrat et le statut[327]. L'intérêt général doit pourtant ne pas être perçu par le fiscaliste comme étant fondamentalement un frein à l'évolution des droits du contribuable. Même si les exemples sont extrêmement rares en droit fiscal, on peut se référer en droit civil à la décision du Conseil constitutionnel sur la loi de 1975 justifiée par une raison de politique générale (les droits de la femme)[328].

91. Les décisions du Conseil constitutionnel de 1983 et 1984 ont cependant le mérite d'avoir donné une réelle assise juridique à une pratique administrative contestable. Cette jurisprudence constitutionnelle fut par la suite confortée par des arrêts du Conseil d'État et de la Cour de cassation sanctionnant les abus auxquels avait donné lieu le détournement de procédure antérieur.

C. La condamnation de la pratique administrative par les deux ordres de juridictions

92. Ce détournement de procédure, par le biais l'ordonnance de 1945 fut sanctionné tout d'abord par la Cour de cassation dans un arrêt du 2 juin 1986[329] puis par le Conseil d'État dans un arrêt d'assemblée plénière du 11 février 1987[330]. Auparavant, le Conseil d'État avait bien admis après

---

[326] Cité par V. Larribau-Terneyre, *op. cit.* , p. 107.

[327] P. Malaurie, *Les antinomies des règles et de leurs fondements*, in *Le droit privé français à la fin du XXe siècle*, pp. 25-31.

[328] Déc. 74-54 DC, *Cf.* L. Favoreu et L. Philip, *Les grandes décisions du Conseil constitutionnel*, 13e éd., Dalloz, 2005 ; J. Hauser, *Le Conseil constitutionnel et le droit de la famille, Cahiers du Conseil constitutionnel*, n° 16.

[329] Cass. crim., 2 juin 1986, *RJF* 1986, p. 694 ; *Bull. crim.*, p. 781, n° 187

[330] CE, 11 févr. 1987, *DF* 1987, comm. 1985, concl. De Guillenchmidt ; *RJF* 1987, 4, comm. 414, concl. Amouyal, p. 238 ; 11 févr. 1987, n° 55.363 ; *Gaz. Pal.* 1987.1.354,

la décision du Conseil constitutionnel du 29 décembre 1983, le détournement de procédure, mais seulement de manière implicite[331] dans un arrêt de sursis à exécution du recouvrement des impositions. Du côté des juridictions judiciaires, le Tribunal de grande instance de Paris avait également prononcé dès le 18 avril 1984[332], la nullité d'une information judiciaire pour abus de biens sociaux en constatant le détournement de procédure constitué par l'utilisation des dispositions de l'article 16 de l'ordonnance du 30 juin 1945, mais cela ne concernait pas la matière fiscale.

93. L'administration des impôts avait pourtant d'une certaine manière anticipé cette jurisprudence, en étant à l'origine d'un texte adopté par le parlement (art. 89 L. fin. 1984, n° 83-1179, 28 déc. 1983) qui devait donner une assise légale à son droit de perquisition. Dans son arrêt du 11 février 1987, le Conseil d'État avait jugé qu'en l'absence de toute indication devant le juge de l'impôt sur la nature et le bien-fondé des soupçons de fraude en matière de contributions indirectes, ou d'infractions à la législation économique, des perquisitions effectuées par des agents des services fiscaux, qui n'ont pas abouti à l'engagement des poursuites ou dont le procès-verbal n'a pas été transmis au parquet, n'ont manifestement été engagées qu'aux fins de rechercher les preuves d'infractions à la législation fiscale. Il en tirait comme conséquence qu'un tel détournement de procédure entache d'irrégularité les impositions établies à partir des documents saisis lors de ces perquisitions[333].

La chambre criminelle de la Cour de cassation avait quant à elle estimé qu'une perquisition opérée par des agents de douanes, assistés d'inspecteurs des impôts, qui n'a pas été motivée par un quelconque indice d'une infraction douanière, cambiaire ou économique était constitutive d'un détournement de procédure à des fins fiscales, privant

concl. Martin-Laprade ; *Les Petites Affiches*, 1987, 45, p. 4 ; 4 mai 1988, *DF* 1988, 48, 2185, concl. Fouquet.

[331] CE, 9 mars 1984, n° 46.552 et 46.553, *RJF* 1984, p. 336 ; *Cf.* également dans la même affaire : *Les Petites Affiches*, 15 avril 1987, n° 45, p. 4, concl. Fouquet.

[332] TGI Paris, 11ème ch., 18 avr. 1984, *RJF* 1984, p. 619 ; *Gaz. Pal.* 1985. 1.85, note Darrois et Tiraqueau.

[333] CE, 11 févr. 1987, *op. cit. Cf.* une décision analogue où le juge pénal de l'impôt statue sur un détournement de procédure et considère que le détournement de procédure entache de nullité les investigations de l'administration et par voie de conséquence, l'information judiciaire, CA Paris, 9e ch., 19 nov. 1984, *RJF* 1985, 5, comm. 743.

l'entreprise de la garantie essentielle des droits de la défense et que par la suite la procédure de vérification de comptabilité était viciée[334].

94. À travers ces jurisprudences finalement identiques des deux ordres de juridictions, on perçoit précisément le raisonnement suivi. À partir du moment où les perquisitions effectuées apparemment dans les formes par le biais de l'ordonnance du 30 juin 1945 étaient menées à des fins exclusivement fiscales, il y avait détournement de procédure. On ne peut finalement s'empêcher de penser ici au régime de l'abus de droit[335] en matière fiscale. Ainsi comme l'explique Maurice Cozian, « en cas de fraude à la loi, il n'y a ni simulation ni mensonge ; les actes passés sont réels ; en revanche, le montage juridique est artificiel et contre nature (…). Il y a fraude à la loi lorsque les motivations sont exclusivement fiscales »[336].

---

[334] Cass. crim., 2 juin 1986, *op. cit.*

[335] *Cf.* F. Terré, « *Introduction générale au droit »*, p. 397 qui tente de cerner cette notion caméléon en droit civil, consacrée par les tribunaux dès le milieu du 19e siècle en matière de propriété : « il y a abus de droit lorsqu'un individu, sans dépasser les limites objectives de son droit, se sert de celui-ci pour nuire à autrui…. On a parfois proposé d'aller plus loin et de considérer comme abusif, non seulement l'exercice du droit accompli pour nuire à autrui, mais d'une manière générale tout exercice du droit à des fins autres que celles en vue desquelles il a été reconnu à l'individu. Dans ce dernier cas, il ajoute : « on confronte chaque fois le mobile auquel le titulaire du droit a obéi en l'occurrence, la fin qu'il s'est proposé d'atteindre, avec l'esprit, la fonction du droit en cause ; s'il y a discordance, l'exercice du droit est abusif et la responsabilité de l'agent susceptible d'être mis en cause». *Cf.* également l'article fondamental de Josserand, *Rev. crit. Législ. Jurispr.* 1929, 33.
L'abus de droit n'est-il pas finalement la sanction-contrepartie ultime de la grande liberté accordée aux individus notamment en matière contractuelle ? *Cf.* sur cette notion : J.-L. Bergel, *Méthodologie juridique*, PUF, pp. 382- 386 et J. Carbonnier, *Droit civil. Introduction*, PUF, pp. 364-365.

[336] M. Cozian, *Précis de fiscalité des entreprises*, *op. cit.*, n° 1334. Autres : P. Serlooten, *Droit fiscal des affaires*, Dalloz, pp. 25-33 ; S. Verclytte, *Abus de droit et garantie des contribuables ayant appliqué la doctrine administrative : le triomphe de la sécurité juridique*, *RJF* 1998, n°5, p. 359 ; J. Turot, *L'abus de droit est-il un vice ? RJF* 1996, n° 7, p. 486 ; G. Vignaud, *L'abus de droit en matière fiscale*, thèse droit, 1981. L'abus de droit en matière fiscale regroupant deux situations distinctes la simulation et la fraude à la loi. Dans un cas de fraude à la loi, à la différence de la simulation, les actes passés sont réels, mais l'application d'un principe non écrit, mais traditionnel du droit *fraus omnia corrumpit* (la fraude corrompt tout, y compris l'application normale des règles de droit) vient paralyser cette tentative d'éluder ou d'atténuer la charge fiscale (*Cf.* CE, 30 juin 1982, *RJF* 1982, n° 10 comm. 980). La fraude pouvant être caractérisée par « la réalisation artificielle d'une situation juridique inspirée principalement, sinon exclusivement, par le désir de tourner la règle et de

95. Le parallèle est saisissant, on voit bien que dans les deux cas, la procédure dans l'un et le montage juridique dans l'autre sont apparemment légaux. Ils empruntent chacun une forme légale qui ne peut prêter à constatation dans un cas, comme détournement de procédure et dans l'autre comme fraude à la loi, que s'ils sont inspirés par des motivations exclusivement fiscales. On perçoit donc bien l'importance du terme « exclusivement » qui sert à remettre en cause une procédure ou un acte formellement légal.

96. Le fait marquant de cette juridicisation du droit de visite et de saisie est, on l'a dit, l'intervention du juge judiciaire dans la mise en œuvre et dans la conduite de la procédure. C'est sa mission de protecteur de libertés individuelles (art. 66 Const.) qui assoit sa légitimité[337].

Sous-section 2. Le juge judiciaire, garant de l'inviolabilité du domicile

97. Le principe de l'intervention d'un magistrat en matière de perquisitions domiciliaires est ancré profondément en droit français. En matière fiscale, « son intronisation » par le Conseil constitutionnel a permis de juridiciser le droit de visite et de saisie au bénéfice du contribuable. La question de la détermination de la compétence *ratione loci* de la juridiction compétente pour délivrer une ordonnance a fait l'objet de changements récents. La loi n° 2000-516 du 15 juin 2000, renforçant la protection de la présomption d'innocence et les droits de la victime en son article 49-IV a modifié l'ancien dispositif de l'article L.16 B et c'est désormais le juge des libertés et de la détention du TGI dans le ressort duquel sont situés les lieux à visiter qui est compétent pour délivrer l'ordonnance et ceci depuis le 16 juin 2002[338] (art. L. 16 B

---

bafouer de la sorte un ordre juridique, qui s'apprécie dans son ensemble et non point pièce par pièce », F. Terré, *op. cit.*, p. 401.

[337] Le Conseil constitutionnel a réaffirmé en 2004, le rôle de protecteur de l'inviolabilité du domicile de l'autorité judiciaire : Cons. const., Déc. n° 2004-492 DC, 2 mars 2004, *Rec.*, p. 66, *Gaz. Pal.*, 11 avr. 2004, p. 3, note Schoettl ; *JCP* 2004.II.10048, note Zarka ; M. Dobkine, *La constitutionnalité de la loi portant adaptation de la justice aux évolutions de la criminalité*, *D.* 2004, p. 956.

[338] C'était auparavant le président du TGI ou un juge délégué par lui dans le ressort duquel sont situés les lieux à visiter, qui était compétent pour délivrer une ordonnance autorisant une visite des locaux de la personne suspectée de fraude.

II LPF). Par analogie le pourvoi contre l'ordonnance autorisant une visite et une saisie sera jugé non plus par la chambre commerciale de la Cour de cassation, mais par la chambre criminelle. Encore un exemple de l'influence et de la coloration « pénaliste » accrue du droit procédural fiscal. Il est également intéressant de relever que l'invocation de l'exception d'illégalité qui tend à faire écarter dans un litige, l'application d'un règlement illégal peut être reçue par le juge judiciaire quant l'acte réglementaire porte atteinte à l'inviolabilité du domicile, alors qu'en règle générale c'est le juge administratif qui peut connaître de ce moyen. C'est une illustration de plus, du lien « historique » étroit entre le juge judiciaire et ce principe

98. Cette intervention du juge judiciaire dans la procédure de perquisition s'explique par son rôle traditionnel de protecteur de la liberté individuelle En cela, la décision du 29 décision 1984 est conforme à la tradition juridique française (**I**), à de nombreux droits étrangers et à la jurisprudence de la Cour de Strasbourg (**II**).

I. Le juge judiciaire protecteur traditionnel de la liberté individuelle

99. La dévolution au juge judiciaire des différends ayant pour objet les libertés individuelles, s'explique par une méfiance envers le juge administratif, suspecté à tort ou à raison de partialité à l'égard de l'administration. À l'origine, l'article 112 de l'ancien Code de l'instruction criminelle interdisait d'élever le conflit dans toute instance civile fondée sur des infractions constituant : des attentats à la liberté individuelle, des arrestations, des séquestrations. Le Tribunal des Conflits avait toutefois limité la portée de ce texte aux agents de l'administration et non pas à l'administration elle-même (sauf si l'administration s'était rendue coupable de voies de fait) en considérant qu'il ne s'applique que contre les agents qui ont commis une faute

---

La chambre commerciale de la Cour de cassation (27 juin 2000, *Sté Lil'Export*, *RJF* 2000, n° 1472) précise selon une jurisprudence constante que : le président du TGI peut, par une ordonnance unique, délivrer une autorisation de visite et de saisie domiciliaire pour plusieurs lieux, dont certains hors de son ressort, mais il doit délivrer commission rogatoire aux présidents de TGI dont relèvent ces lieux afin qu'ils désignent un ou plusieurs officiers de police judiciaire chargés d'assister aux opérations et de les tenir informés de leur déroulement.

personnelle ou de service. Le législateur ayant entendu briser cette jurisprudence du Tribunal des conflits, le Nouveau Code de procédure pénale a prévu dans son article 136 que, dans tous les cas d'atteinte à la liberté individuelle, le conflit ne peut jamais être élevé par le Tribunal administratif et donc que le Tribunal judiciaire est toujours exclusivement compétent. De même dans toute instance civile fondée sur des faits constitutifs d'infractions, fondées par les atteintes aux libertés et à leurs violations, qu'elles soient dirigées contre les collectivités publiques ou ses agents. La jurisprudence en a conclu que toutes les actions en réparation de dommages causés par de telles infractions relèvent bien des juges judiciaires, mais que ces juridictions judiciaires ne peuvent sauf hypothèses de voie de fait apprécier la légalité d'un acte administratif ou l'interpréter en dehors du pouvoir que la jurisprudence leur reconnaît en toute hypothèse[339]. C'est donc en matière de responsabilité que l'article 136 du Code de procédure pénale accorde une compétence particulière au juge judiciaire.

100. Le droit privé a depuis longtemps revêtu le juge judiciaire du rôle de garant de l'inviolabilité du domicile, et cela avant même l'adoption de la Constitution de 1958 et son article 66. En atteste la jurisprudence sur l'intervention du juge en cas de pénétration d'un auxiliaire de justice dans le domicile d'un particulier, afin d'y dresser un procès-verbal de constat. La question se posait lorsque l'huissier agissant sur la demande d'un des conjoints se rendait au domicile conjugal, dans le but d'y dresser un procès-verbal constatant l'adultère allégué en vue d'une action ultérieure en divorce.

Le procédé fut jugé admissible par la jurisprudence judiciaire[340] sous réserve de respecter deux conditions. La première tenait à l'intervention du juge judiciaire qui statuant en référé, devait autoriser « cette violation du domicile » par une ordonnance. La seconde consistait en un rappel de la règle ancienne de l'interdiction des intrusions nocturnes dans le domicile d'un particulier[341].

L'intervention de l'autorité judiciaire est nécessaire afin de permettre d'écarter le droit à l'inviolabilité du domicile : « c'est l'ordre de

---

[339] T. confl., 16 nov. 1964, *Clément*, *D.* 1965, note Demichel, p. 668 : qui admet que dans le cas d'atteinte aux libertés individuelles le juge judiciaire est compétent pour condamner la personne publique. Dans le cas où l'action en réparation suppose l'appréciation de la légalité d'un acte administratif, le juge judiciaire doit poser une question préjudicielle.

[340] Cass. crim., 4 juin 1955, *D.* 1956, 133, note Vouin ; *JCP* 1955. 2.8839.

[341] Sur les perquisitions de nuit : *Cf. infra* n° 199 et s.

l'autorité publique prévue par la constitution de l'an VIII comme exception à la règle de l'inviolabilité »[342].

101. L'article 66 de la Constitution de 1958 a consacré le rôle du juge judiciaire comme gardien des libertés individuelles : « Nul ne peut être arbitrairement détenu. L'autorité judiciaire, gardienne de la liberté individuelle, assure le respect de ce principe dans les conditions prévues par la loi ». Ce principe a pour conséquence d'entraîner l'intervention d'une autorité judiciaire, magistrature, mais également de la police judiciaire chaque fois qu'est en cause une liberté. Le Conseil constitutionnel a ainsi tiré de l'article 66, les conséquences de cette affirmation pour l'aménagement des procédures qui garantissent la liberté des particuliers contre les investigations de l'administration. Dans les décisions du 12 janvier 1977[343] et 29 décembre 1983[344], il a considéré en matière fiscale que, si les nécessités de l'action fiscale peuvent exiger que les agents du fisc effectuent des perquisitions chez les agents privés, elles ne peuvent avoir lieu que dans le respect de l'article 66 de la Constitution. L'intervention de l'autorité judiciaire doit être prévue par le législateur pour conserver à celle-ci la responsabilité et le contrôle qui leur revient. C'est le cas du droit de visite et de saisie de l'article L. 16 B du LPF en droit fiscal.

102. Le Conseil constitutionnel dans sa décision du 27 décembre 1990, jugea que la protection de la liberté individuelle « rend nécessaire l'intervention de l'autorité judiciaire lorsque peut être mise en cause l'inviolabilité du domicile de toute personne habitant le territoire de la République »[345]. La protection du domicile n'est, en effet, qu'un pan de la protection de la liberté individuelle[346] par le juge judiciaire. Le

---

[342] J. Carbonnier, *Les personnes*, p. 169.
[343] Cons. const., Déc. n° 76-75 DC, 12 janv. 1977, *op. cit.*
[344] Cons. const., Déc. n° 83-166 DC, 29 déc. 1983, *op. cit.*
[345] Cons. const., Déc. n° 90-281 DC, 27 déc. 1990, *Rec.*, p. 91 ; *Les Petites Affiches* 1992, n° 85, comm. D. Turpin.
[346] Art. 2 Décl. 1789 : « Le but de toute association politique est la conservation des droits naturels et imprescriptibles de l'homme. Ces droits sont la *liberté*, la propriété, la sûreté et la résistance à l'oppression ».
La liberté individuelle est une notion à contenu variable qui a depuis toujours engendré des débats passionnés sur son champ d'application. Un temps cantonné, à la notion de sûreté (qui elle-même fait l'objet de désaccord entre ceux qui l'assimilent à une protection contre les arrestations et détentions arbitraires (P. Wachsmann, *La liberté individuelle dans la jurisprudence du Conseil constitutionnel*, *RSC* 1988.1, pp. 6-7) et ceux qui y incorporent « la garantie de la sécurité juridique de l'individu face au pouvoir », J. Rivero, *Libertés publiques*), la liberté individuelle couvre aujourd'hui, un

Conseil constitutionnel dans sa décision du 12 janvier 1977[347] avait ainsi affirmé qu'une loi autorisant les agents de police judiciaire sur ordre des officiers de police judiciaire à pouvoir procéder à une fouille de tout véhicule se trouvant sur une voie ouverte à la circulation publique, sans qu'il soit nécessaire qu'une infraction ait été commise et qu'il y ait menace d'atteinte à l'ordre public porte atteinte à la liberté individuelle, « principe fondamental reconnu par les lois de la république ».

103. Deux décisions du 18 janvier 1995[348] et 22 avril 1997[349], la première sur des opérations de fouille de véhicules aux fins de découvrir et de saisir des armes prohibées, la seconde sur la possibilité pour un OPJ de pénétrer dans des locaux professionnels, avec l'autorisation du parquet, afin de vérifier la légalité du travail qui s'y exécute et à se faire présenter le registre, confirment la décision de 1977. En outre, une décision du 16 juillet 1996 rappelle que « la recherche des auteurs d'infraction est nécessaire à la sauvegarde de principes et droits de valeur constitutionnelle ; il appartient au législateur d'assurer la conciliation entre cet objectif de valeur constitutionnelle et l'exercice des libertés publiques constitutionnellement garanties, au nombre desquelles figurent la liberté individuelle et notamment, l'inviolabilité du domicile »[350]. Pierre Kayser a synthétisé ces décisions du Conseil

---

champ large de situations allant des contrôles et vérifications d'identité aux perquisitions domiciliaires. Le Code pénal dans ses articles 432-4 et s. range les atteintes à la liberté individuelle dans la catégorie des atteintes à l'administration publique commises par des personnes exerçant une fonction publique.

347 Cons. const., 12 janv. 1977, Déc. n° 76-75 DC, *op. cit.*

348 Cons. const., 18 janv. 1995, Déc. 94-352 DC, *Vidéosurveillance*, *RJC*, I, 612, *JCP* 1995.II.22525, note Lafay.

349 Cons. const., 22 avr. 1997, Déc. n° 97-389 DC, *Certificats d'hébergement*, *Rec.*, p.45 ; *Procédures*, juill. /août 1997, n° 192, obs. Buisson.

350 Cons. const., 16 juill. 1996, Déc. n° 96-377 DC, *Perquisitions de nuit*, *Rec.*, p. 87 ; *RJC*, p. I-671 ; *JCP* 1996. II. 22709, note Nguyen Van Tuong; *AJDA* 1996, note O. Schrameck : « Considérant que l'article 10 de la loi déférée (loi tendant à renforcer la répression du terrorisme et des atteintes aux personnes dépositaires de l'autorité publique ou chargées d'une mission de service public et comportant des dispositions relatives à la police judiciaire) modifie l'article 706-24 du code de procédure pénale par l'ajout de quatre alinéas ; qu'en vertu des trois premiers, s'agissant d'infractions entrant dans la définition des actes de terrorisme, peuvent désormais être opérées de nuit, des visites, perquisitions et saisies, si les nécessités de l'enquête ou de l'instruction l'exigent ; que le quatrième alinéa fixe des règles spécifiques de répartition des compétences entre présidents de tribunal de grande instance ;

Considérant que les sénateurs auteurs de la première saisine soutiennent que la règle posée par l'article 59 du code de procédure pénale qui interdit que visites et perquisitions puissent se dérouler entre 21 heures et 6 heures, est un principe constitutionnel, en faisant remarquer que la protection de la liberté individuelle fait l'objet d'une interprétation extensive de la part du

---

fondamental reconnu par les lois de la République ; que les sénateurs et les députés auteurs des saisines font valoir que le principe de liberté individuelle garantissant l'inviolabilité du domicile ne saurait connaître d'atténuations qu'autant que celles-ci sont rendues nécessaires pour sauvegarder l'ordre public, et que cette exigence d'une nécessité éprouvée et indiscutable n'existe pas dans le cadre de l'enquête préliminaire ; qu'ils estiment enfin que l'intervention de l'autorité judiciaire ne saurait garantir à elle seule le respect de la liberté individuelle ;
Considérant que la recherche des auteurs d'infractions est nécessaire à la sauvegarde de principes et droits de valeur constitutionnelle ; qu'il appartient au législateur d'assurer la conciliation entre cet objectif de valeur constitutionnelle et l'exercice des libertés publiques constitutionnellement garanties au nombre desquelles figurent la liberté individuelle et notamment l'inviolabilité du domicile ;
Considérant qu'eu égard aux exigences de l'ordre public, le législateur peut prévoir la possibilité d'opérer des visites, perquisitions et saisies de nuit dans le cas où un crime ou un délit susceptible d'être qualifié d'acte de terrorisme est en train de se commettre ou vient de se commettre, à condition que l'autorisation de procéder auxdites opérations émane de l'autorité judiciaire, gardienne de la liberté individuelle, et que le déroulement des mesures autorisées soit assorti de garanties procédurales appropriées ; qu'en l'occurrence, le législateur a fait du président du tribunal de grande instance ou de son délégué, magistrats du siège, l'autorité compétente pour autoriser la mesure, en exigeant une décision écrite motivée précisant la qualification de l'infraction dont la preuve est recherchée, l'adresse des lieux concernés, les éléments de fait justifiant la nécessité des opérations ; qu'en outre il a placé les opérations sous le contrôle du magistrat qui les a autorisées, lequel peut se déplacer sur les lieux pour veiller au respect des dispositions légales ; qu'il a précisé enfin que les opérations en cause ne peuvent, à peine de nullité, laquelle revêt un caractère d'ordre public, avoir un autre objet que la recherche et la constatation des infractions qu'il a ainsi visées ; que la notion de "nécessités de l'enquête" doit s'entendre comme ne permettant d'autoriser une perquisition, visite ou saisie, que si celle-ci ne peut pas être réalisée dans les circonstances de temps définies par l'article 59 du code de procédure pénale ; qu'en outre, une fois l'autorisation accordée, les perquisitions, visites et saisies doivent être opérées sans délai ; que dans ces conditions le législateur n'a pas apporté une atteinte excessive au principe d'inviolabilité du domicile, eu égard aux nécessités de l'enquête en cas de flagrance ;
Considérant qu'à l'inverse, la possibilité de telles visites, perquisitions et saisies de nuit, pendant une période qui n'est pas déterminée par la loi, dans tout lieu, y compris dans les locaux servant exclusivement à l'habitation, en cas d'enquête préliminaire et au cours d'une instruction préparatoire, alors que d'une part le déroulement et les modalités de l'enquête préliminaire sont laissées à la discrétion du procureur de la République, ou sous son contrôle, des officiers et agents de police judiciaire, et que d'autre part, dans l'instruction préparatoire, l'autorité déjà investie de la charge de celle-ci se voit en outre attribuer les pouvoirs d'autoriser, de diriger et de contrôler les opérations en cause, est de nature à entraîner des atteintes excessives à la liberté individuelle ».

Conseil constitutionnel, qui y englobe le respect de la vie privée à travers notamment la défense du domicile[351].

Ce rôle de garant des libertés individuelles attribué au juge qui justifie que c'est à lui d'autoriser l'intrusion de représentants de l'État dans le domicile des particuliers se retrouve dans les droits allemand, espagnol ou anglais ainsi que dans la jurisprudence de la Cour européenne des droits de l'homme.

II. La nécessité commune en droit comparé et en droit européen d'une autorisation judiciaire comme garantie de la protection du domicile

104. La décision du 29 décembre 1984 montre bien le rôle mieux défini dans la procédure du juge, ce qui répond davantage aux exigences de l'article 66 de la Constitution. Le contrôle effectif par le juge de la nécessité de procéder à une visite est certainement un des apports les plus importants de la reformulation opérée par l'article 94 de la loi de finances pour 1985. À cela, on aurait envie toutefois envie d'objecter que, même si le juge du TGI peut se rendre dans les locaux pendant l'intervention ou en cas d'empêchement pourra désigner un officier de police judiciaire[352] qui assistera aux opérations et le tiendra informer de leur bon déroulement, l'administration garde cependant un rôle prépondérant dans la procédure, car partie au litige elle conduit dans le même temps les opérations de fouille et de saisie. Enfin, on peut regretter que l'article 94 ne nous renseigne pas sur l'étendue du contrôle de la Cour de cassation sur l'ordonnance du juge autorisant la visite domiciliaire.

La place faite au juge dans la procédure de perquisition s'explique par le caractère contraignant de celle-ci, par sa lourdeur. Ce qui explique qu'en droit de la concurrence, l'enquête lourde, qui à la différence de l'enquête simple est bien une perquisition[353], n'a lieu que sur demande du ministre

---

[351] P. Kayser, *Le Conseil constitutionnel protecteur du secret de la vie privée*, in Mélanges Raynaud, 1985, Dalloz, pp. 329- 341.

[352] L'officier de police judiciaire est chargé de veiller également au respect du secret professionnel et aux droits de la défense conformément aux articles 56 al. 3 et 58 du Code de procédure pénale.

[353] C'est pour cette raison que la personne faisant l'objet de la procédure bénéficie de garanties similaires à celles reconnues au contribuable en matière fiscale (art. L. 16 B LPF).

chargé de l'économie « ou le rapporteur général du Conseil de la concurrence sur proposition du rapporteur » et doit bénéficier d'une autorisation judiciaire donnée par ordonnance du juge des libertés et de la détention, du Tribunal de grande instance dans le ressort duquel sont situés les lieux à visiter (art. L. 450-4 al. 1er).

105. La lecture de diverses législations étrangères montre par ailleurs que les solutions apportées à la question de l'encadrement de la procédure des perquisitions domiciliaires sont souvent les mêmes : autorisation donnée préalablement par un juge à la visite et saisie dans de nombreux pays, encadrement des heures où la visite peut avoir lieu et droit à un recours contre la procédure et les éventuelles irrégularités commises. La première idée est finalement une application de la théorie des contre-pouvoirs de Montesquieu, on décide d'inclure dans le binôme administration-contribuable, un tiers qui est le juge, autorité réputée indépendante par nature.

106. La Cour de cassation a eu l'occasion dans un arrêt du 9 février 1993 de rappeler le rôle de « gardien des droits de l'homme » du juge judiciaire en matière de perquisition fiscale : « la protection des droits de l'homme au sens de la Convention européenne (...) est assurée par le juge qui autorise la visite domiciliaire et la saisie ainsi que par le contrôle de la Cour de cassation au regard de la régularité de l'ordonnance »[354]. L'intervention du juge judiciaire en matière de perquisition pénale date de la Constitution de l'an VIII, ce principe s'appliquant également à la perquisition fiscale. L'obtention d'un « mandat judiciaire » est aujourd'hui une démarche obligatoire pour les représentants de l'administration des impôts désireux de s'introduire chez le contribuable dans la plupart des pays occidentaux. Il est ainsi exigé dans la plupart des pays de l'OCDE, en cas d'introduction dans des locaux à usage d'habitation, mais ne l'est pas cependant pour les locaux professionnels au Canada, en Norvège ou au Portugal **(A)**. L'Irlande, l'Australie et la Nouvelle-Zélande vont encore plus loin, en n'exigeant aucun mandat quelque soit la nature des locaux visités[355]. La Cour européenne des droits de l'homme a également, à plusieurs reprises, estimé que l'autorisation accordée par un juge de procéder à la perquisition devait être prévue par le texte instaurant celle-ci, sous peine de violer l'article 8 de la CESDH (**B**).

---

[354] Cass. com., 9 févr. 1993, n° B56/37.

[355] *Cf.* OCDE, *Droits et obligations des contribuables. Description de la situation légale dans les pays de l'OCDE, op. cit.*

A. En droit comparé

107. Les droits allemand (dans une moindre mesure) (**§1**), anglais (**§2**) et espagnol (**§3**) à l'image du droit français, conditionnent l'entrée des agents des impôts dans le domicile d'un particulier aux fins de rechercher des preuves d'un délit, à une autorisation judiciaire. En revanche, ils ne protègent pas tous de façon identique les locaux professionnels.

§1) *Droit allemand*

108. L'article 103 du Code de procédure pénale allemand formule une interdiction d'opérer une perquisition au domicile ou dans d'autres locaux (*Wohnung und andere Räume*) d'une personne non soupçonnée d'une infraction pénale, sauf aux fins d'y arrêter un inculpé, d'y rechercher des indices d'une infraction ou d'y saisir des objets précis, et cela seulement, si des faits donnent à penser que l'on y découvrira cette personne, ces indices ou ces objets. L'article 304 du même Code et l'article 23-1 de la loi introductive à la loi d'organisation judiciaire ouvrent la voie à un recours contre la légalité et les modalités d'exécution d'un mandat de perquisition.

109. Les fonctionnaires du service de la répression de fraude à l'impôt « ont le droit de perquisition et de saisie de leur propre initiative si l'ordre public le justifie, à défaut de quoi une décision du tribunal compétent est nécessaire »[356] . Ce sont des fonctionnaires qui peuvent travailler aussi bien pour les bureaux de perception, que pour la juridiction pénale ou pour le ministère public. Leur mission est de découvrir des faits imposables non déclarés et de déterminer alors les matières imposables. Le droit allemand ne suspend à aucun aval judiciaire l'entrée des agents des impôts dans les locaux qu'ils soient à usage personnel ou professionnel. Concernant le droit de rechercher des informations dans ces mêmes locaux, il ne prévoit le recours au juge que dans des cas restreints que l'on pourrait circonscrire au domaine pénal. En matière fiscale, le mandat judiciaire est donc seulement requis à partir du moment où les services fiscaux procèdent à des investigations

---

[356] P. Fontaneau, *Fiscalité européenne*, *Allemagne*, t. II, p. 9.

de nature pénale (recherche d'éléments constitutifs d'une fraude fiscale). L'incrimination de la fraude fiscale nous est donnée par le paragraphe 370 alinéa 1 du Code des impôts allemand : « commet une fraude fiscale, celui qui s'arroge, ou détermine intentionnellement à son profit, ou au profit d'un tiers, des avantages fiscaux illicites, de sorte que les recettes fiscales s'en trouvent réduites ». On notera qu'est également punie la tentative de fraude, car il est prévu que « se rend également coupable, celui qui utilise des objets, au titre desquels des avantages fiscaux ont été accordés, à des fins étrangères à celles ouvrant droit à l'exonération et n'en avertit pas l'administration des contributions ».

110. Dans ce domaine particulier qu'est la banque, le procureur s'est vu reconnaître le droit d'ordonner en cas d'urgence et de danger imminent, la perquisition des locaux bancaires et la saisie de tous les documents nécessaires comme moyen de preuve. Et ceci, sans autorisation judiciaire préalable[357]. Il faut néanmoins que l'établissement bancaire en question soit soupçonné d'avoir incité, aidé ou participé à une fraude fiscale par l'intermédiaire de leurs dirigeants ou de leurs agents. Le secret bancaire ne pouvant être invoqué ici, pour faire échec à une perquisition et à une saisie de documents.

§2) *Droit anglais*

111. En Grande-Bretagne, en conséquence d'un rapport de la commission royale sur la procédure pénale qui indiquait que les pouvoirs de police étaient vagues, compliqués et inadéquats, ces derniers furent codifiés et élargis dans le *Police and Criminal Evidence* (PACE) de 1994. Des *Codes*[358] publiés par le ministère de l'Intérieur viennent par ailleurs apporter des détails sur les pouvoirs accordés. Il existe en la matière beaucoup différences avec le système français. La police anglaise n'étant pas soumise comme la police française au ministère public et « est plus ou moins libre d'exercer ses pouvoirs en dehors d'un contrôle externe »[359]. Malgré tout, les pouvoirs touchant le plus

---

[357] *Cf.* P. Beltrame, *Les pouvoirs d'investigation de l'Administration fiscale et le secret bancaire en Allemagne*, RFFP 2000, n° 72, p. 128.
[358] L'équivalent de la DGI française, l'*Inland revenue* publie de son coté des *Codes* en matière fiscale, comme le *Code of practice 2 « Inland revenue investigations »* ; http://www.hmrc.gov.uk/leaflets/c11.htm.
[359] J.-R. Spencer, *La procédure pénale anglaise*, « Que-sais-je ? », PUF, p. 24.

gravement aux libertés publiques sont soumis à la délivrance d'un mandat d'un *Justice of the peace*[360] ou d'un *circuit judge*[361]. Dans le domaine qui nous intéresse, celui de la perquisition, la *PACE* accorde le pouvoir de pénétrer dans des lieux privés sans mandat de perquisition, mais cela que dans quelques cas (comme pour mettre fin à un trouble à l'ordre public ou effectuer une arrestation). La loi anglaise de 1996 sur les services de sécurité a fait dire à un ancien *Law Lord*, que « le pouvoir de pénétrer dans le domicile d'une personne sans mandat judiciaire représente « un changement constitutionnel majeur » qui viole un principe datant du XVIIIe siècle[362].

112. En dehors des cas spéciaux permettant de recourir à la perquisition sans mandat, l'article 8 du *PACE* prévoit l'obtention d'un mandat judiciaire par les agents de police si les conditions légales sont remplies. Il faut alors que « la police estime qu'une *arrestable offence* grave ait été commise, que des indices importants existent dans le lieu en question, et que sans mandat de perquisition elle ne pourra pas les obtenir »[363]. Particularité intéressante de la procédure pénale britannique, le fait que dans le cas de communications entre conseillers juridiques et clients et de dossiers médicaux, la police doit obtenir non un mandat, mais un ordre d'un juge professionnel contraignant le détenteur de l'information à la révéler à la police.

113. Le droit fiscal anglais ne s'écarte pas du droit pénal en requérant une autorisation judiciaire pour la perquisition des locaux professionnels (en matière d'impôt sur le revenu, mais non en matière de TVA) et du

---

[360] *Les justices of the peaces* ou juges de paix sont des citoyens (30 000) nommés à vie par le *Lord chancellor*. Cette catégorie de *JPs* non professionnels sont dénommés *lay magistrates*. Les *JPs* professionnels moins nombreux (85) sont les *stipendiary magistrates*. Leurs compétences en matière civile sont aujourd'hui très minces, ce qui n'est pas le cas en matière pénale, où ils jugent à charge d'appel les infractions les moins graves *(petty of offences*) et ils décident de l'accusation de personnes soupçonnées d'avoir commis une infraction majeure (*indictable offence*).

[361] Les *circuit judges* peuvent appartenir aux cours de comté (*county courts*) et dans ce cas jugent qu'en matière civile. Ils existent aussi des *circuit judges* appartenant exclusivement à la Cour de la Couronne (*Crown Court*) qui est une juridiction pénale supérieure faisant partie de la Cour suprême de justice (*Supreme Court of judicature*). *Cf.* sur l'organisation du système judiciaire britannique : R. David et C. Jauffret-Spinosi, *Les grands systèmes de droit contemporain*, 11e éd., Dalloz, 2002 ; P. Kinder-Gest, *Les institutions britanniques*, 2e éd., PUF, 1999.

[362] *Droits et libertés en Grande-Bretagne et en France* (actes d'un colloque), 1996, L'Harmattan, p. 12.

[363] J.-R. Spencer, *op. cit.*, p. 28-29.

domicile des personnes physiques. Ainsi, dans les cas où il existe de sérieux indices qui font suspecter qu'une infraction (*offence*) impliquant une fraude sérieuse (*serious fraud*) a été commise, ou va se commettre, ou est commise, un inspecteur des impôts peut saisir un *circuit judge* pour obtenir une ordonnance (*warrant*) l'autorisant à pénétrer dans des lieux privés pour chercher et saisir des documents dont il pense raisonnablement qu'ils constituent des éléments de preuve de la fraude[364] (s. 20C *TMA*). Les pouvoirs accordés sont extrêmement larges. Et aucune « *offence* » particulière doit être spécifiée dans l'ordonnance autre que la fraude sérieuse[365].

114. Élément critiquable, la personne faisant l'objet de la visite n'a pas le droit d'être informée des motifs contenus dans l'ordonnance qui justifient la perquisition[366].

Dans le cas d'un contrôle portant sur fraude sérieuse et pouvant donner lieu à des poursuites pénales, ce sont les règles du droit pénal qui ont vocation à s'appliquer (*Police & Criminal Evidence Act* de 1984 et le *Criminal Procedure & Investigation Act* de 1996).

§3) *Droit espagnol*

115. Le droit pénal espagnol quant à lui ne protège pas en tant que tel la vie privée, mais vise certains des éléments qui s'y trouvent étroitement liés. Cela s'explique par le fait que la protection pénale de la vie privée en Espagne est indirecte, car assurée par le biais de la défense d'autres droits fondamentaux, comme le secret des correspondances, le droit à l'image et l'inviolabilité du domicile[367]. L'article 545 de la loi

---

[364] *R v Inland Revenue Board, ex p Goldberg* (1989). C'est le Rapport *Keith* de 1983 qui a restreint le droit de perquisition et de saisie des agents de l'*Inland Revenue* (s. 20C *TMA*), en subordonnant la perquisition à l'existence d'indices qui ferait suspecter qu'une fraude sérieuse a été commise par le contribuable contrôlé ; *Keith Report*, Vol. 1 (Cmnd. 8822, 1983), n° 9.23.1-9.23.41 et *Finance Act* 1989, ss. 142, 144, 146 et 147 qui a amendé l'article 20C, ss. 20, *TMA*. *Cf.* pour plus de détails sur les travaux du comité ayant donné lieu au rapport : R. D Salter et J. Kerr, *Easson : cases and materials on revenue law, op. cit.*, pp. 14-18.

[365] C. Witehouse, *Revenue Law. Principle and Practice*, p. 18.

[366] Il aura en revanche le droit de connaître la liste des documents emportés par les agents du fisc ainsi qu'à un accès raisonnable (*reasonable access*) à ceux-ci durant le temps qu'ils seront conservés par l'administration fiscale.

[367] I. Lolies, *La protection pénale de la vie privée, op. cit.*, p. 19.

d'instruction criminelle dispose ainsi que « personne ne pourra entrer dans la partie du domicile destinée à l'habitation d'un espagnol ou d'un étranger résidant en Espagne ou de sa famille ».

116. En matière fiscale, la loi générale fiscale (*LGT*) établit une distinction qui a eu cours en France[368], c'est-à-dire entre une « inspection », c'est-à-dire un contrôle dans un domicile et une « inspection » dans le lieu de travail du contribuable contrôlé (*inspección tributaria*). Les opérations d'inspection de l'administration fiscale qui se rapprochent plus de la vérification fiscale du droit français que de la perquisition peuvent se dérouler (art. 151 *LGT*) :

- au domicile fiscal de l'intéressé ou à celui de son représentant ;

- à l'endroit où se réalisent en totalité ou partiellement les activités imposées ;

- à l'endroit où se trouve une preuve du revenu imposable ou dans des officines publiques sous certaines conditions.

Lorsque l'inspection a lieu durant la journée de travail dans des bureaux où sont contenus la comptabilité et d'autres documents relatifs aux affaires, le consentement des personnes visées par la procédure est requis. L'article 142-2 de la *LGT* (et également l'art. 39 al. 1 « *Entrada y reconocimiento de fincas* » du *Reglamento general de la inspeccion de los tributos* (*RGI*) instauré par le décret royal n° 939/1986 du 25 avr. 1986) dispose que les inspecteurs des impôts peuvent entrer dans les propriétés, lieux de négoce et autres établissements ou lieux dans lesquels se déroulent activités ou exploitations soumises à impôt. Cette même disposition et l'article 39 al. 2 du *RGI* prévoient le cas où le propriétaire de l'édifice ou de la propriété s'opposerait à l'entrée des inspecteurs. Pour pouvoir passer outre, les inspecteurs devront obtenir l'autorisation écrite préalable du délégué ou de l'administrateur de la Direction générale de l'inspection des impôts (*Agencia Estatal de la*

[368] La distinction entre locaux à usage professionnel et domicile n'a néanmoins pas perdu tout son intérêt en France, où le Conseil constitutionnel dans sa décision n° 90-281 du 27 décembre 1990 a retenu parmi les motifs d'inconstitutionnalité de la loi du 29 décembre 1990, article 9 (insérant dans le Code des postes et télécommunications un article L. 40 reconnaissant un droit de visite aux fonctionnaires de l'administration des télécommunications habilités à cet effet), le fait que « n'est pas prise en considération l'hypothèse dans laquelle les locaux susceptibles d'être visités serviraient, pour partie, de domicile aux intéressés ; J. Lamarque, *Juris-classeur Procédures fiscales*, fasc. 112, 24.

Administracion Tributaria[369]) territorialement compétente ou du directeur du département. L'article 39-2 *RGI* précise que l'autorisation du délégué ou administrateur est également requise dans le cas d'une investigation dans un lieu d'exercice professionnel, quand l'entrée et la fouille se déroulent en dehors des horaires usuels de fonctionnement ou de déroulement de l'activité.

117. S'il s'agit d'une perquisition dans un domicile d'un Espagnol ou d'un étranger (*domicilio constitucionalmente protegido*), un mandat judiciaire (*Mandamiento judicial*) doit être obtenu (art. 113 *LGT*). La distinction entre investigation dans un lieu professionnel et investigation dans un lieu servant de cadre de vie (affectés exclusivement à l'habitation) qui avait existé en droit français (art. 38 à 41 LPF ; art. 16, Ord. 30 juin 1945), subsiste toujours en droit espagnol. Dans le premier cas, une autorisation d'un supérieur hiérarchique devra être obtenue, ce qui n'est pas satisfaisant, car c'est un membre de la même « caste » qui intervient et dont l'indépendance peut parfois faire défaut. Dans le second cas, le juge intervient, ce qui est davantage favorable au contribuable et permet donc à un membre d'un corps différent de celui de l'administration des impôts d'apporter un regard neutre sur les éléments qui lui sont soumis et qui justifient selon l'administration, une atteinte au droit d'inviolabilité du domicile. La distinction entre les cas de perquisition qui nécessitent une autorisation écrite de l'administration et ceux qui nécessitent une ordonnance du juge est assez originale. L'ordonnance du juge étant nécessaire dans tous les cas, où il est porté atteinte au droit à l'inviolabilité du domicile privé d'un espagnol ou d'un étranger résident. Si le « *Reglamento General de la Inspeccion de los Tributos* » se réfère seulement au domicile d'une personne physique, la jurisprudence a élargi le champ de protection du principe de protection du domicile en l'entendant comme domicile des personnes juridiques,[370] mais avec un champ de protection distinct.

118. Le Tribunal constitutionnel espagnol a rendu une décision n° 50/1995 le 23 février 1995, où il était question du principe

---

369 L'*Agencia Estatal de la Administracion tributaria* (AEAT) est l'organisation administrative responsable de l'application du système fiscal étatique (Direction générale de l'inspection des impôts). Sa fonction est de programmer et de coordonner les opérations de contrôle, à travers des programmes annuels et des programmes sectoriels ou territoriaux. Elle doit également, assurer l'homogénéité des opérations d'inspection et de l'application des textes fiscaux.

370 TC, 17 oct. 1985 ; TS, 19 déc. 1986, *Aranzadi* 7165.

d'inviolabilité du domicile. Une plainte avait été déposée devant la Cour constitutionnelle, contre une ordonnance autorisant les inspecteurs des impôts à pénétrer dans la maison du demandeur qui n'aurait pas déclaré des sommes passibles de l'impôt sur les successions et les donations, au motif que cela était contraire aux articles 8 et 13 de la CESDH, qui sont repris dans les articles 18- 2 et 24 de la Constitution espagnole.

Il faut rappeler qu'en Espagne, l'article 18- 2 de la Constitution, dispose que le domicile est inviolable. Cependant, dans sa décision du 23 février 1995 la juridiction constitutionnelle, à laquelle il était demandé se de prononcer sur la possibilité pour autorités publiques d'interférer avec le respect de la vie privée et familiale ou de l'inviolabilité du domicile, répond que l'intérêt général inhérent aux activités d'inspection est essentiel dans une société démocratique pour le bien-être du pays. Elle rappelle qu'en application de la Constitution, la condition préalable pour entrer dans un domicile privé est le consentement du propriétaire ou l'autorisation des organes judiciaires. Mais une telle autorisation doit remplir un minimum d'exigences qui justifient la limitation de ce droit fondamental, comme l'identité et le nombre de fonctionnaires qui entreront dans le domicile et le laps de temps pendant lequel la visite peut avoir lieu.

La Cour décida que, dans l'affaire qui lui était soumise, l'ordonnance ne contenait pas les éléments requis qui constituent une protection pour le contribuable et donc que la procédure était contraire à l'article 18-2 de la Constitution (ou art. 8 CESDH).

119. La Haute Cour de Justice de Catalogne (*Tribunal Superior de justicia de Catalunia*) a connu une affaire analogue, il y a de cela peu de temps. Un appel avait été formé pour obtenir l'annulation de redressements en matière d'impôt sur le revenu et de TVA qui avaient été rendus possibles grâce aux informations qu'avait recueillies l'administration lors de sa perquisition dans le domicile du plaignant et avec son accord.

La Cour rappela qu'en vertu de l'article 8-2 de la CESDH, applicable dans le droit national par le biais de l'article 96 de la Constitution et sous l'article 18-2, le droit à l'inviolabilité du domicile peut être limité si l'atteinte est en accord avec la loi et est nécessaire dans une société démocratique au vu de ses intérêts de sécurité nationale, de sûreté publique, de bien-être économique du pays, de défense de l'ordre et de prévention des infractions pénales, de protection de la santé ou de la morale, ou de protection des droits et libertés d'autrui.

La juridiction décida qu'en l'espèce, la perquisition domiciliaire ne portait pas atteinte au droit à l'inviolabilité du domicile pour deux raisons : d'une part, parce qu'il n'avait pas été démontré que le contribuable vivait dans le lieu perquisitionné et d'autre part, la perquisition avait été effectuée par des officiers publics avec le consentement du père qui est son représentant légal.

120. Le Tribunal constitutionnel dans un arrêt n° 151/1997 du 29 septembre 1997 résume parfaitement la jurisprudence sur l'article 18 tout en y ajoutant quelques éléments substantifs relatifs à la défense de l'intimité personnelle et familiale, quand il déclare que l'article 18 protège tout le noyau des relations intimes et personnelles « non seulement contre l'intromission consistant en la connaissance non consentie de ce qui forme ce noyau ou de ce qui lui advient, ou encore la divulgation non consentie d'informations obtenues de la sorte, mais également contre l'ingérence que constitue « l'action d'autrui »[371] et partant, l'ingérence sans nul doute absolue que suppose la sanction des comportements adoptés dans la sphère d'intimité. La juridiction rappelle en ce sens que « le droit à l'intimité limite l'intervention d'autrui et des pouvoirs publics dans la vie privée »[372] ou encore que « l'article 18. 1 de la Constitution [...] empêche les ingérences « arbitraires ou illégales » dans l'intimité, ainsi que le dit clairement l'article 17-1 de l'Accord sur les Droits Civils et Politiques[373] ». Toutefois, les droits contenus dans l'article 18 ne sont pas absolus et peuvent « céder le pas devant d'autres intérêts d'ordre constitutionnel, à condition que cette mesure soit nécessaire pour atteindre la fin légitime prévue, qu'elle soit proportionnée au but poursuivi et qu'en tout état de cause elle respecte le contenu essentiel » de ces droits[374].

121. On constate au vu de ces trois législations que le droit allemand est celui qui protège le moins le domicile et les locaux professionnels. Il ne suspend en effet à aucun aval judiciaire l'entrée des agents du fisc dans les locaux qu'ils soient à usage personnel ou professionnel. Concernant le droit de rechercher des informations dans ces mêmes locaux, il ne prévoit le recours au juge que dans des cas restreints que l'on pourrait circonscrire au domaine pénal.

---

[371] STC 231/1988.
[372] STC 117/1994.
[373] STC 110/1984.
[374] TC, n° 98/2000, 10 avr. 2000 ; n° 186/2000, 10 juill. 2000.

Le droit anglais est plus proche du droit fiscal espagnol, en exigeant pour l'entrée des agents des impôts dans les locaux professionnels, une autorisation judiciaire en matière d'impôt sur le revenu, mais non en matière de TVA. S'agissant du domicile des personnes physiques, l'autorisation judiciaire est nécessaire. Celle-ci est donc requise pour procéder à des recherches aussi bien dans les locaux professionnels que dans la résidence d'un particulier.
Le régime juridique espagnol est en revanche différent. Une autorisation administrative suffit pour les locaux professionnels, alors qu'il faut une autorisation judiciaire pour le domicile.
Enfin, le droit espagnol suspend la perquisition fiscale dans les locaux professionnels ou dans la résidence d'un particulier à l'aval de l'occupant. Il se démarque ainsi du droit fiscal français qui n'exige pas que le « perquisitionné » donne son assentiment à la visite de son domicile. Au contraire, d'ailleurs, du droit pénal qui protège davantage le domicile, car, dans le cadre de l'enquête préliminaire[375] (qui fait l'objet du chapitre II, Titre II, Livre premier du Code de procédure pénale), l'article 76 CPP dit que « les perquisitions, visites domiciliaires et saisies de pièces à conviction ne peuvent être effectuées sans l'assentiment exprès de la personne chez laquelle l'opération a lieu ». Celle-ci doit en outre être avertie avant la perquisition qu'elle a le droit de s'y opposer.

122. En dehors de l'Union européenne, des pays comme le Canada ou l'Afrique du Sud constituent pour nous des expériences intéressantes d'application du droit au respect de la vie privée en matière fiscale. Ces deux pays contiennent d'ailleurs dans leurs constitutions, une liste de droits fondamentaux à l'instar de l'Allemagne et de l'Espagne.

§4) *Autres droits*

123. Au Canada, l'application de l'article 8 (droit à la vie privée) de la charte canadienne (« *Canadian Charter* ») a conduit à une restriction des pouvoirs de visite et de saisie de l'administration fiscale et à amender les dispositions du « *Canadian Income Tax Act* ». Pour se conformer à

---

[375] L'enquête préliminaire consiste en des investigations destinées à fournir au procureur de la République, les renseignements relatifs à un fait susceptible de constituer une infraction pour qu'il puisse décider de la suite à lui donner.

l'article 8, il faut avant toute perquisition obtenir l'autorisation du juge qui dispose d'un pouvoir discrétionnaire en la matière.

124. En Afrique du Sud, la Cour constitutionnelle très influencée par la jurisprudence nord-américaine a rendu une décision *DA Park-Ross c/ The Director, Office for The Investigations of Serious Economic Offences*[376] très intéressante, en ce qu'elle essaie de concilier la loi sur les investigations concernant de graves délits (*Investigation of Serious Offences Act*) et la disposition constitutionnelle sur le droit à la vie privée. Dans cette décision, elle estime que l'atteinte au droit à la vie privée causée par les dispositions de la loi précitée sur les pouvoirs de visite et de saisie ne doit pas être plus que ce qui est nécessaire à l'accomplissement des objectifs de la loi[377]. On pourrait résumer cela, en disant que l'atteinte doit être proportionnée au but suivi. La Cour Constitutionnelle d'Afrique du Sud va plus loin et s'appuyant sur la jurisprudence canadienne dans l'affaire *Hunter v. Southam*[378] considère que les dispositions de la loi sur la visite et la saisie sont illégales en ce qu'elles ne prévoient pas d'autorisation préalable donnée par une personne impartiale et indépendante, sous la forme d'une ordonnance (*Cf.* note 65, 2e paragraphe). Cette ligne jurisprudentielle est également celle de la Cour de Strasbourg.

B. En droit européen

125. La Cour européenne des droits de l'homme à travers plusieurs arrêts a fait de l'intervention du juge une condition essentielle de la validité de la procédure de perquisition. Dans l'arrêt *Funke*[379] du 25 février 1993 (où ont été dégagés les critères de conventionalité des perquisitions), pour conclure à la violation de l'article 8, elle constata que « l'administration des douanes disposait de pouvoirs fort larges ; elle

[376] 1995 (2) SA 198 (c).

[377] "*Whether the search and seizure provisions of the Act impaired the right of privacy no more than was necessary to achieve the objective of the Act ...*".
"*(...) prior authorisation of the search and seizure, usually in the form of a warrant, by an impartial and independent person who was bound to act judicially in so doing*".

[378] (1985) 14 SCC (3d) 97 SCC.

[379] Le respect du domicile selon l'article 8 était mis en cause par une visite domiciliaire conduite par les agents des douanes pour se procurer des précisions sur des avoirs à l'étranger. Ils agissaient d'ailleurs, au vu de renseignements fournis par les services fiscaux

avait notamment compétence pour apprécier seule l'opportunité, le nombre, la durée et l'ampleur des opérations de contrôle. *En l'absence surtout d'un mandat judiciaire*, les restrictions et conditions prévues par la loi et soulignées par le gouvernement apparaissent trop lâches et lacunaires pour que les ingérences dans les droits du requérant fussent étroitement proportionnées au but légitime recherché »[380]. Pour la juridiction européenne, l'administration française pendant la période incriminée possédait ainsi des pouvoirs très larges : compétence d'apprécier *seule* l'opportunité, le nombre, la durée et l'ampleur des opérations de contrôle.

126. Le même jour, dans la première affaire *Miailhe* (les faits étaient pratiquement similaires à ceux de l'arrêt précédemment examiné[381]), la violation de l'article 8 par l'administration française avait été également alléguée. La Cour y reprend la même argumentation que dans *Funke* en relevant qu'« *en l'absence d'un mandat judiciaire*, les restrictions et conditions prévues par la loi et soulignées par le gouvernement apparaissent trop lâches et lacunaires pour que les ingérences dans les droits du requérant fussent étroitement proportionnées au but légitime recherché (§ 38) ». Si ces arrêts concernaient les procédures douanières et le régime qui leur était applicable avant que n'intervienne la loi n° 86-1317 du 30 décembre 1986 qui posa le principe de l'intervention du juge judiciaire, on peut néanmoins transposer ces solutions à la perquisition fiscale.

127. La Cour européenne dans un arrêt *Keslassy* du 8 janvier 2002 s'est finalement prononcée sur la conformité de la procédure prévue à l'article L. 16 B, à l'article 8 de la CESDH. Pour la Cour, « eu égard au cadre strict dans lequel les autorisations de visite domiciliaire sont enfermées et au fait que la visite s'est déroulée dans le respect de ce cadre, l'ingérence dans le droit du requérant au respect de sa vie privée et de son domicile est proportionnée aux buts légitimes poursuivis et donc

[380] *Cf.* également l'arrêt *Crémieux*, 25 févr. 1993, série A/ 256-B, qui reprend les mêmes termes que l'arrêt *Funke*.

[381] CEDH, 29 nov. 1993, *Miailhe c/ France* n° 1, série A n° 277 : les 5 et 6 janvier 1983, des agents de l'administration des douanes de Bordeaux, accompagnés d'un officier de police judiciaire, effectuèrent deux visites domiciliaires dans les locaux qui abritaient, à Bordeaux, le siège des sociétés gérées par M. Miailhe et qui servaient de consulat des Philippines. Les requérants y recevaient d'ailleurs la correspondance privée qui ne leur était pas directement adressée à Manille.

nécessaire dans une société démocratique au sens de l'article 8-2 de la CESDH »[382].

128. Cette décision est d'ailleurs identique à la jurisprudence de la Cour de cassation qui depuis les arrêts *Funke*, *Miailhe* et *Crémieux* contre France de la Cour européenne des droits de l'homme a, à de nombreuses reprises[383] estimée que le contrôle exercé par le juge judiciaire sur la perquisition suffisait à concilier les dispositions de l'article 8 de la CESDH et la nécessité de lutter contre la fraude fiscale. Selon la juridiction civile, la protection des droits de l'homme au sens de la Convention est assurée d'une part, par la vérification opérée par le juge qui autorise la visite domiciliaire et la saisie en vertu de l'article L. 16 B sur le bien-fondé de la demande de l'administration et d'autre part, par le contrôle de la Cour de cassation au regard de la régularité de l'ordonnance.

Dans l'affaire *Feingold*, la personne du même nom avait fait l'objet de la procédure prévue à l'article L. 16 B, l'administration pensant retrouver dans son domicile les preuves de la fraude de plusieurs sociétés. Dans son pourvoi M. Feingold faisait grief à l'ordonnance d'avoir autorisé la visite et la saisie, alors que « suivant l'article 8 de la Convention européenne de sauvegarde des droits de l'homme et des libertés fondamentales, toute personne a droit au respect de son domicile et il ne peut y avoir ingérence d'une autorité publique dans l'exercice de ce droit que pour autant que cette ingérence est prévue par la loi et qu'elle constitue une mesure, qui dans une société démocratique est nécessaire (...) à la défense de l'ordre et à la prévention des infractions pénales ; qu'une perquisition fiscale destinée, suivant l'article L. 16 B du Livre des procédures fiscales, à réunir les éléments de preuve d'une fraude supposée en dehors de toute vérification et sans ouverture d'une information judiciaire n'est pas une mesure nécessaire au sens de l'article 8 de la Convention de sauvegarde ».

129. L'argumentation du requérant est « classique » et la Cour n'a pas eu une réponse différente de la jurisprudence du Conseil

---

[382] CEDH, 8 janv. 2002, *Keslassy c/ France*, *RJF* 2002, n° 597.

[383] Cass. com., 9 févr. 1993, n° 218 P, *Feingold* ; 24 mars 1998, n° 787D, *Aouizerat*, *RJF*, 6/98, n°689 ; 12 janv. 1999, n° 121 D, *Gombert*, *RJF*, 4/99, n°431 ; 1er juin 1999, n°1124D, *Gershel*, *RJF*, 8-9/99, n° 1010 ; 16 mai 2000, n° 1206FS-P, *Sté des grands magasins A*, *RJF* 2000, 9-10, n° 1104 ; 21 mars 2000, *Sté SKF*, *RJF* 2000, n° 799 ; Crim., 24 oct. 2001, *Moallemi*, *RJF* 2002, n° 296.

constitutionnel[384] en affirmant que « les dispositions de l'article L. 16 B du Livre des procédures fiscales assurent la conciliation du principe de la liberté individuelle et des nécessités de la lutte contre la fraude fiscale; qu'ainsi, ces dispositions ne contreviennent pas à celles de l'article 8 de la Convention européenne des droits de l'homme et des libertés fondamentales ». On constate finalement que si l'article 8 de la Convention est de plus en plus invoqué en droit interne, à l'appui de recours contre les ordonnances ayant autorisé une visite et une saisie, tout comme l'article 6 sur le droit à un procès équitable, cela n'influe pas à l'heure actuelle sur le résultat du différend. La Cour de cassation considérant que, la procédure de l'article L. 16 B étant compatible avec l'article 8, le moyen tiré de la violation de celui-ci sera inopérant[385].

130. En plus de la garantie que constitue pour le contribuable, l'obligation faite aux services fiscaux de demander au juge une autorisation de procéder à une perquisition domiciliaire, il faut ajouter l'obligation qui est faite à l'autorité judiciaire de contrôler strictement la motivation contenue dans la requête présentée par les services fiscaux.

Section 2. Le pouvoir d'appréciation du juge de la demande d'autorisation

131. En France, la procédure de l'article L. 16 B du LPF vise tout « contribuable (qui) se soustrait à l'établissement ou au paiement des impôts sur le revenu ou sur les bénéfices ou de la taxe sur la valeur ajoutée ». Mais, les dispositions contraignantes de l'article L. 16 B ne peuvent être mises en œuvre, que si le contribuable peut être présumé coupable de certains agissements frauduleux ou délictueux. Le paragraphe 1er du même article cite les cas de fraude pour lesquels le juge judiciaire pourra autoriser l'administration à mettre en œuvre son droit de visite et de saisie. La présomption de fraude résulte d'un des agissements correspondant à des circonstances aggravantes du délit de

---

[384] Cons. const., 29 déc. 1983 et 29 déc. 1984, *op. cit.*

[385] *Cf.* par exemple : Cass. crim., 10 avr. 2002, n° 00-30265 ; 10 sept. 2002, *Bull. crim.* 2002, n° 159, p. 589 ; 16 oct. 2002, n° 01- 86203 où le requérant invoquait dans son pourvoi « qu'une perquisition fiscale destinée suivant l'article L. 16 du LPF à réunir les éléments de preuve d'une fraude supposée en dehors de toute procédure de vérification et sans ouverture d'une information judiciaire n'est pas une mesure nécessaire au sens de l'article 8 de la convention européenne de sauvegarde ».

fraude fiscale de l'article 1741 ou à des infractions réprimées par l'article 1743 du Code général des impôts. De telles présomptions peuvent résulter aussi, de constatations opérées par l'administration dans le cadre du droit d'enquête de l'article L. 80 H du Livre des procédures fiscales[386]. On notera que la définition donnée par ces textes, des agissements frauduleux, fait présumer que les contribuables faisant l'objet de la perquisition sont soit des commerçants soumis aux obligations comptables (notamment les comptes annuels) de l'article 123-12 du Code de commerce, soit des personnes astreintes plus généralement à la tenue d'une comptabilité.

132. Le juge judiciaire doit avant de rendre l'ordonnance autorisant la visite, vérifier que la demande est tout d'abord fondée (**Sous-section 1**) et que les documents fournis par l'administration à l'appui de sa requête sont bien licites (**Sous-section 2**). Ceci afin de ne pas voir la lourde procédure de perquisition intentée injustement contre un contribuable innocent. Malgré tout même si le juge exerce un contrôle plus consistant qu'auparavant, des réserves peuvent être encore émises sur son efficacité (**Sous-section 3**).

Préambule : Les conditions tenant à la saisine du juge judiciaire

133. Il s'agit à la fois de conditions tenant à la qualité des auteurs de la saisine (**I**) et de conditions relatives au contenu de la requête (**II**).

I. Conditions tenant à la qualité des auteurs de la saisine

134. L'article L. 16 B[387] distingue les auteurs de la saisine, des agents de l'administration en charge du contrôle proprement dit. Cette répartition

---

[386] Cette procédure a pour objet la recherche des manquements aux règles de facturation auxquelles sont soumis les assujettis à la taxe sur la valeur ajoutée (art. L. 80 F et s. LPF). Elle présente l'intérêt d'être en partie une création du droit communautaire et de la sixième directive du 17 mai 1977.

[387] Art. L. 16 B- I : Lorsque l'autorité judiciaire, saisie par l'Administration fiscale, estime qu'il existe des présomptions (...) elle peut (...) autoriser les agents de l'administration, ayant au moins le grade d'inspecteur et habilités à cet effet par le directeur général des impôts, à rechercher la preuve de ces agissements (...) ».

des rôles ne s'explique pas seulement par une analyse littérale de l'article L. 16 B LPF, mais également par le fait qu' « on ne saurait concevoir sérieusement que des agents de rang subalterne puissent prendre l'initiative de mettre en œuvre des pouvoirs aussi exorbitants que ceux de la perquisition et de la saisie, dont le caractère attentatoire aux libertés fondamentales a motivé précisément l'intervention de l'autorité judiciaire, sur le fondement de l'article 66 de la Constitution »[388]. En effet depuis 1977, les lois ou les textes réglementaires ont systématiquement entendu réserver aux agents ayant au moins le grade d'inspecteur principal la décision de mettre en œuvre des procédures importantes, cela en vue de renforcer les garanties du contribuable.

135. La question des membres de l'administration ayant le pouvoir de saisir le juge reste cependant floue. L'article L. 16 B évoque seulement le cas de l'autorité judiciaire saisie par les services fiscaux (...) ». Nulle mention n'est donc faite des membres de l'administration habilités à présenter une requête devant l'autorité judiciaire. La loi de finances pour 1990 n° 89-935 du 29 décembre 1989 (art. 108) a transmise l'exigence d'identification des fonctionnaires du fisc dans l'ordonnance de visite, dans notre droit, en disposant que « l'ordonnance (d'autorisation) comporte (...) le nom et la qualité du fonctionnaire habilité qui a sollicité et obtenu l'autorisation de procéder aux opérations de visite »[389]. D'après la jurisprudence judiciaire, seuls les agents de l'administration des impôts ayant au moins le grade d'inspecteur habilités[390] par le Directeur général des impôts ont comme le directeur des services fiscaux, qualité pour saisir l'autorité judiciaire de la demande d'autorisation exigée par la loi[391].

---

[388] J. Lamarque, *Droit fiscal général*, fasc. 2, p. 606.

[389] Cass. com., 9 nov. 1993, *Algoud, RJF* 1994, n° 53 : arrêt qui fait application de l'article L. 16 B du LPF dans sa rédaction issue de la loi du 29 décembre 1989, puisqu'il dispose expressément que l'ordonnance doit mentionner le nom et la qualité du (ou des) fonctionnaire habilité qui a sollicité et obtenu l'autorisation.

[390] Cette habilitation est générale, c'est-à-dire que l'habilitation donnée n'a pas à être renouvelée pour chaque contribuable pouvant être mis en cause ; Cass. crim., 22 févr. 2001, *Gervais, RJF* 2001, n° 1081.

[391] *Cf.* en ce sens, Cass. com., 21 mars 1989, *Torrès-Duchêne, Bull. civ. IV*, p. 63, n° 96 ; *D.* 1990, somm. 109, obs. Gavalda et Lucas ; *DF* 1989, c. 971 : la chambre commerciale devait se prononcer sur la validité de la saisine du juge de première instance par des agents « spécialement habilités par le directeur général des impôts en application de l'article L. 16 B du Livre des procédures fiscales » ; 18 juill. 1989, *Sté Sprint, RJF* 1989, n° 1239 ; *Bull. civ. IV*, p. 153, n° 229 ; *DF* 1990, c. 447 ; 9 nov. 1993, *Algoud, op. cit.*

136. Cette solution est critiquable au regard des déclarations du représentant du gouvernement devant le Sénat au cours d'un débat en 1984 (concernant l'adoption d'un amendement qui visait à réserver au directeur des services fiscaux le droit de saisir l'autorité judiciaire), pour qui la décision de saisir l'autorité judiciaire devait être prise au plus haut niveau de chaque direction compétente et non par des agents « seulement » habilités par le directeur général des impôts : « (...) la garantie des contribuables résulte (...) de l'intervention du juge. La saisine de l'autorité judiciaire reste cependant un acte grave. Il est donc prévu qu'elle sera autorisée par le chef de service. En un mot (...), on veut éviter qu'il n'existe des départements à forte perquisition et des départements à sous perquisition. Une harmonisation est nécessaire au plan national. Mais cette raison n'est pas la seule. Le Directeur des services fiscaux n'est pas toujours la personne compétente (...). Il existe aujourd'hui des brigades nationales. Celles-ci s'orientent d'ailleurs, de plus en plus, vers la recherche de la grande fraude, ce qui permet à l'administration fiscale d'obtenir un rendement supérieur de ses contrôles alors que leur nombre décroît. Or, le directeur des services fiscaux n'a aucune compétence sur ces brigades qui, dans la quasi-totalité des cas, sont à l'origine des demandes de perquisitions fiscales (...). Soyez assuré en tous cas, que la décision de saisir l'autorité judiciaire sera prise au plus haut niveau de chaque direction compétente »[392].

137. Or, dans ces deux arrêts rendus en 1989, le juge judiciaire place néanmoins sur un pied d'égalité le directeur des services fiscaux et les inspecteurs habilités. Cependant, la précision apportée par les arrêts *Torrès-Duchêne* et *Sté Sprint* a semblé un moment abandonnée par l'arrêt *Pagès* du 21 avril 1992[393]. Mais ce « flottement » jurisprudentiel a été de courte durée, car la chambre commerciale dans un arrêt du 6 avril 1999 est finalement revenue sur sa position de 1989, en affirmant que les agents habilités par le directeur général des impôts ont, comme le directeur des services fiscaux, qualité pour saisir l'autorité judiciaire[394].

---

[392] *JO Déb. Sénat*, 9 déc. 1984, p. 4266.
[393] Cass. com., 21 avr. 1992, *Pagès*, *RJF* 1992, n° 1239.
[394] Cass. com., 6 avr. 1999, *Sté d'acquisition des châteaux de l'aude*, *Rev. Gen. Proc.* 1999, n° 2, comm. J. Lamarque, pp. 242- 255.

II. Conditions relatives au contenu de la requête

138. D'après l'article L. 16 B, la demande d'autorisation qui est soumise au juge « doit comporter tous les éléments en possession de l'administration de nature à justifier la visite ». L'ordonnance doit comporter en outre l'adresse des lieux à visiter ainsi que le nom et la qualité du fonctionnaire habilité qui a sollicité et obtenu l'autorisation de procéder aux opérations de visite et de saisies (art. 108 de la loi de finances pour 1990, n° 89-395, 29 déc. 1989). En revanche, il semble que l'article L. 16 B n'impose pas de préciser ni la date de la demande de perquisition[395], ni la nature des investigations à effectuer[396], ou encore de rappeler les obligations qui incombent à l'officier de police judiciaire[397]. La juridiction judiciaire a également pu décider que le juge n'a pas à mentionner dans l'ordonnance d'autorisation ni l'existence de la faculté pour le juge de suspendre ou d'arrêter la visite, ni les modalités de sa mise en œuvre[398].

Le droit fiscal anglais exige pour sa part des services fiscaux qu'ils précisent dans leur demande le nombre d'agents des impôts qui iront perquisitionner, la période de la journée au cours de laquelle la perquisition aura lieu et la présence ou non d'un officier de police (s. 20 C (1 B) *TMA*).

139. En droit douanier, l'article L. 38 du LPF n'impose pas non plus de préciser dans l'ordonnance le grade, la fonction et l'origine de l'habilitation de l'officier désigné pour assister aux opérations[399]. La jurisprudence a, à multiples reprises, jugé que le représentant de l'administration peut parfaitement demander par une requête unique l'autorisation d'effectuer des visites en des lieux différents situés dans le ressort de la même juridiction et intéressant un groupe de sociétés et que la circonstance que le président du tribunal ait rendu des ordonnances

---

[395] Cass. com., 28 nov. 1995, *Sté Rodriguez, DF* 1996, comm. 427 ; 20 févr. 1996, *Duret, DF* 1996, c. 640

[396] Cass. com., 15 mars 1994, n° 89- 18958 ; 4 oct. 1994, n° 93-12473.

[397] Cass. com., 28 nov. 1995, n° 93- 21611 ; 12 déc. 1995, n° 93- 2072.

[398] Cass. crim., 24 mars 2004, *Servole et a, RJF*, 8-9/04, n° 902.

[399] Cass. crim., 24 mars 2004, *Sté Demarest, RJF*, 8-9/04, n° 901.

distinctes pour chacun des lieux en cause n'entache pas celles-ci d'irrégularité[400].

140. La requête doit être la plus détaillée et exhaustive possible, de façon à permettre au juge des libertés et de la détention de s'assurer que la demande de l'administration est bien fondée.

Sous-section 1. La demande doit être fondée

141. L'article L. 16 B II impose au juge « de vérifier de manière concrète que la demande d'autorisation qui lui est soumise est bien fondée ». C'est la reprise textuelle de la décision du Conseil constitutionnel du 29 décembre 1983, qui posait comme principe que les dispositions prévoyant la perquisition doivent assigner de façon précise au juge la mission de « vérifier de manière concrète, le bien fondé de la demande qui lui est soumise »[401].

142. En droit de la concurrence, dans un souci de protéger celui qui fait l'objet d'une enquête simple[402], la jurisprudence exige que les fonctionnaires indiquent l'objet de leur enquête[403]. L'article L. 450-4 du Code de commerce ainsi que la jurisprudence[404] attendent également du

---

[400] Cass. com., 28 nov. 1995, *op. cit.* ; Crim., 25 janv. 2001, *Bednarek*, *RJF* 2001, n° 557.

[401] *Cf. supra* n° 82.

[402] L'enquête simple est souvent utilisée pour constater les infractions aux règles de facturation (Ord. Titre IV). Elle s'inspire du Règlement n° 17/62 des Communautés européennes et ne peut donner lieu qu'à des investigations non coercitives.
Ce sont en général, les membres des services de la DGCCRF qui mènent ces enquêtes, les rapporteurs du Conseil de la concurrence se limitant souvent à des examens sur pièces ou à l'audition des représentants de l'entreprise, du fait du manque de moyens et de personnel, Cons. conc., Rapport pour 1997, p. 18.

[403] CA Paris, 8 avr. 1994, *BOCC*, 18 mai 1994 ; Cass. com., 14 janv. 2003, *JCP E* 20003, n° 10, p. 393 ; *Contrats. Conc. Consom.* 2003, n° 56, obs. Malaurie-Vignal : lorsque l'indication expresse de ce que l'objet de l'enquête a été porté à la connaissance des personnes entendues ne figure pas au procès-verbal, il appartient à l'administration de démontrer qu'elle a néanmoins rempli cette obligation. À défaut d'indication expresse de l'objet de l'enquête ou de la mention selon laquelle il a été porté à la connaissance de la personne entendue, et, même si l'indication de cet objet doit être préalable aux déclarations, elle peut seulement se déduire du contenu de l'acte ou d'un acte qui serait antérieur à l'audition.

[404] Cass., ch. mixte, 15 déc. 1988, *Bull. civ.*, n° 4; *D.* 1989, concl. Jéol ; *JCP* 1989. II.21263, note Dugrip ; Com., 20 nov. 1990, *Bull. civ. IV*, n° 294.

juge qu'il vérifie que la demande d'autorisation (visant à permettre aux enquêteurs de procéder à une perquisition) qui lui est soumise est fondée. La « demande doit comporter tous les éléments d'information en possession du demandeur de nature à justifier la visite ». En revanche le contrôle juridictionnel du juge est moindre quand on se trouve dans un cas de flagrant délit. Ici la loi est plus souple et exige seulement des requérants de joindre à leur demande des « indices permettant de présumer, en l'espèce, l'existence des pratiques dont la preuve est recherchée » (art. 450-4 al. 2 C. com.). Cette « innovation » issue de la loi n° 2001-420 (NRE) du 15 mai 2001 contient pourtant les germes d'un affaiblissement du contrôle juridictionnel sous couvert d'une situation d'extrême urgence[405].

En matière pénale, dans le cas d'une perquisition en cas d'infraction flagrante (art. 56-1 CPP)[406] (la flagrance désigne l'infraction qui est en train de se commettre), le juge va rechercher, s'il y avait des indices attestant d'un comportement délictueux de nature à révéler l'existence d'une infraction répondant à la définition des crimes et délits flagrants. S'il constate qu'aucun indice de cette sorte n'existait, il devra prononcer la nullité de la perquisition et de la saisie[407].

143. En matière fiscale, pendant longtemps l'intervention de l'autorité judiciaire était formelle. L'administration utilisait des formules de requête type précomplétées aux fins d'ordonnance qu'elle envoyait au juge avec les visas et la décision, à charge pour lui de mentionner son nom, son titre et d'y apposer sa signature[408]. Cette intervention factice du juge fut dénoncée par le juge administratif sans que pour autant il y

---

[405] En ce sens : C. Lucas de Leyssac, *Le nouveau contrôle judiciaire des visites domiciliaires (C. com. Art. 450-4 ; Ord. 1er déc. 1986, ex. Art. 48) ou la procédure de flagrant délire*, *JCP* 2001, n° 23, pp. 1085-1086.

[406] Qui vient du latin *flagrare*, qui veut dire brûler.

Art. 56 al. 1 : « Si la nature du crime est telle que la preuve en puisse en être acquise par la saisie des papiers, documents ou autres objets en la possession des personnes qui paraissent avoir participé au crime ou détenir des pièces ou objets relatifs aux faits incriminés, l'officier de police judiciaire se transporte sans désemparer au domicile de ces derniers pour procéder à une perquisition dont il dresse le procès-verbal ».

[407] Cass. crim., 30 mai 1980, *Bull. crim.*, 165 ; *D.* 1981, 533, note Jeandidier.

[408] *Cf.* sur ce point : J. Lamarque, fasc. 2, *op. cit.*, p. 609 ; *D.* 1987, p. 58 et *Les perquisitions fiscales*, *Justices* 1997, n° 5, pp. 294-308. *Cf.* pour exemple : Cass. com., 21 mars 1989, *op. cit.* n° 132 où trois présidents de TGI avaient rendu le même jour trois ordonnances identiques, qui ne faisaient que reprendre des textes déjà rédigés par l'administration fiscale. Ainsi, la Cour de cassation avait pu à juste titre, juger qu'aucun des magistrats n'avait vérifié de *manière concrète* que la demande d'autorisation qui leur était soumise était bien fondée.

change quelque chose[409]. La jurisprudence a depuis, souvent, rappelé que le juge qui autorise en vertu de l'article L. 16 B, des visites et des saisies à la requête du fisc, doit vérifier de *manière concrète* que la demande d'autorisation qui lui est soumise est bien fondée[410]. Ainsi selon la Cour de cassation, le juge répond aux exigences de l'article L. 16 B dès lors qu'il s'est référé en les analysant, fut-ce succinctement, aux éléments d'information fournis par l'administration et dont il a tiré les faits fondant son appréciation[411].

144. En droit de la concurrence, le contrôle opéré par la Cour de cassation est également rigoureux. Elle vérifie la teneur des éléments d'information qui doivent constituer des présomptions suffisantes de pratiques anticoncurrentielles et contrôle la régularité formelle de l'ordonnance[412].

145. Ce contrôle de la « pertinence » par le juge des documents fournis par l'administration fiscale est la pierre angulaire du système instauré par la loi de finances pour 1985. Elle accorde au juge un véritable rôle actif dans la procédure et lui donne un pouvoir d'appréciation qui évite de donner une suite positive à des requêtes sans fondement sérieux. Cela constitue assurément un gage de sûreté pour le contribuable. Le juge procède ainsi en deux étapes. Dans un premier temps, il doit constater qu'il a bien été saisi d'une demande, c'est-à-dire que l'administration lui a fourni un dossier. Elle ne pourrait se contenter d'allégations verbales. Le juge vérifie donc le caractère effectif de la demande. Encours de fait la cassation, l'ordonnance qui ne met pas la juridiction suprême en mesure d'exercer son contrôle, en se déterminant sans se référer aux éléments d'informations sur lesquels elle fonde son appréciation[413].

---

[409] CE, 11 juill. 1984, *Gaz. Pal.* 1984. 2. 765, concl. Fouquet.

[410] Cass., Ch. mixte, 15 déc. 1988, *Farnaud et Prigent* (2 arrêts), *D.* 1989. IR. 23 ; *D.* 1990, Somm. 109, obs. Gavalda et Lucas ; *JCP* 1989. II. 21263, note Dugrip ; *DF* 1989, n° 9, p. 330, chron. Dibout.

[411] Cass. com., 18 juill. 1989, *Bull. civ. IV*, p. 155, n° 231 ; *RJF* 1989 p. 646 ; 18 janv. 1991, *Hervé et Fadoul*, *Bull. civ. IV*, p. 11, n° 18 ; *RJF* 1991, p. 210 ; 15 déc. 1998, *RJF*, 3/99, n° 326 : en l'espèce, le vice de l'ordonnance trouvait son origine dans le fait qu'elle se bornait à citer la liste des pièces fournies et à reproduire la formule légale, sans appréciation de fait.

[412] Cass., Ch. mixte, 15 déc. 1988, *D.* 1989.189, concl. Jeol ; Com. 10 mars 1992, *Bull. civ. IV*, n° 108, p. 78 ; 15 juill. 1992, *Bull. civ. IV*, n° 277, p. 193 ; 6 avr. 1993, *Bull. civ. IV*, n° 145, p. 99; n° 146, p. 100.

[413] Cass. com. 18 juill. 1989, *Sté Sprint*, *RJF* 1989, p. 645 ; 30 oct. 1989, *Sté Roga*, *RJF* 1990, p. 37.

146. Dans un second temps, le magistrat doit s'assurer que les éléments d'informations ou pièces fournis, justifient la mise en œuvre de la procédure de l'article L. 16 B, c'est-à-dire que leur étude laisse présumer l'existence d'agissements frauduleux. C'est à ce moment que la vérification se doit d'être concrète. Il se livre alors à une véritable analyse des éléments d'information qui lui sont fournis. Ainsi serait viciée l'ordonnance qui se contente seulement de se référer aux éléments d'informations fournis par l'administration, et qui ne comporte pas une analyse même succincte de ces éléments[414].

147. La loi de finances pour 1990 est venue contrarier cette jurisprudence en considérant que « le juge motive sa décision par l'indication des éléments de fait et de droit qu'il retient et qui laissent présumer, en l'espèce l'existence des agissements frauduleux dont la preuve est recherchée ». À la lecture de ces quelques lignes, on comprend que l'obligation fondamentale faite au juge d'analyser les documents fournis est rayée par le législateur. On ne peut voir ici que les prémisses d'un retour à l'ancien régime peu protecteur des droits du contribuable et donc à une régression du droit fiscal dans ce domaine.

148. Cependant à la lecture des décisions postérieures à la loi de finances pour 1990, on constate que la Cour de cassation continue à exercer un contrôle étroit sur les ordonnances et censure par exemple celles où le juge analyse de manière vague et imprécise les documents produits par l'administration[415] . Elle a également pu considérer que le

---

[414] Cass. com., 18 juill. 1989, *op. cit.*, n° 143. *Cf.* pour une solution voisine en droit de la concurrence : Com., 5 févr. 1991 : qui dispose que le juge doit vérifier de manière concrète par l'appréciation des éléments d'information que l'administration est tenue de lui fournir que la demande d'autorisation qui lui est soumise est bien fondée et à cette fin doit se référer en les **analysant,** fût-ce succinctement, à ces éléments d'information desquels il tire les faits fondant son appréciation, *D.* 1991.IR.65.

[415] Cass. com., 21 oct. 1991, *Gautier*, *RJF* 1991, p. 907 ; 24 mars 1992, *Horse France*, *RJF* 1992, n° 847 : doit être censurée l'ordonnance qui vise le « dossier présenté » à l'appui de la demande et « en outre » certaines pièces qu'il désigne expressément ; le juge est réputé s'appuyer sur tous les documents qu'il vise, et en retenant un tel dossier, contenant des documents dont il ne fait aucune analyse, il ne satisfait pas aux exigences de l'article L. 16 B; 23 nov. 1993, *Alfonsi*, *RJF* 1994, n° 163 : doit être censurée l'ordonnance dans laquelle le juge, après avoir énuméré les pièces fournies par l'administration, se réfère à des « informations et explications complémentaires fournies sur notre demande », sans analyser sur quels points avait porté la demande ni quelles étaient les informations et explications complémentaires fournies, d'où il résulte qu'il ne s'est pas référé avec précision, en les analysant, fût-ce succinctement, aux éléments d'informations fournis par l'administration, *Cf.* aussi : Cass. com., 12

juge ne peut pas non plus se borner à faire une appréciation globale des pièces fournies par l'administration sans se référer, en les analysant, fût-ce succinctement, aux éléments d'informations fournis par l'administration dont il tirait les faits fondant son appréciation[416]. C'est une sorte d'obligation de motivation qui pèse sur le juge en matière de perquisition, la Cour de Strasbourg y accorde une très grande importance, car selon elle cette obligation perd tout son sens si la motivation démontre que les juges n'ont pas lu les pièces essentielles du dossier[417].

Enfin, si le juge doit se référer aux éléments d'information sur lesquels il fonde son appréciation, il dispose néanmoins d'un pouvoir souverain pour apprécier les faits qui lui ont été communiqués par l'administration[418].

149. En Espagne, une ordonnance judiciaire insuffisamment motivée constitue une violation du domicile du contribuable contrôlé. Un arrêt du Tribunal constitutionnel n° 8/2000 du 17 janvier 2000 en se référant à l'article 18-2 de la Constitution[419] donne les deux aspects de la violation du domicile : il faut une perquisition du domicile sans que l'autorité judiciaire ait mis en avant les éléments permettant d'évaluer la proportionnalité de la mesure et que l'on puisse estimer que l'autorisation judiciaire n'est pas motivée auquel cas la mesure n'est pas proportionnée[420].

---

juill. 1993, *Derain*, *RJF* 1993, n° 1236 ; 6 avr. 1999, *Sté d'Acquisition des Châteaux de l'Aude*, *op. cit.*

[416] Cass. com., 15 déc. 1998, *RJF*, 3/99, n° 326 : le vice de l'ordonnance trouvait son origine dans le fait qu'elle se bornait à citer la liste des pièces fournies et à reproduire la formule légale sans appréciation de fait. *Cf.* P. Philip, *Les limites aux garanties du contribuable dans la mise en œuvre du droit de visite et de saisie*, *DF* 2000, pp. 833-837.

[417] *Cf.* S. Guinchard et J. Vincent, *Procédure civile*, *op. cit.*, p. 1232 ; C. Pereleman et P. Foriers, *La motivation des décisions de justice,* Travaux du centre national de recherche de logique, Bruylant, 1978 et Colloque Ass. H. Capitant, *La motivation*, Limoges, 6 mars 1998.

[418] Cass. com., 16 janv. 1996, *Ledanois*, n° 93-20160, *Procédures* 1996, n° 316.

[419] Art. 18-2 : « Le domicile est inviolable. Aucune irruption ou perquisition ne sera autorisée sans le consentement de celui qui y habite ou sans décision judiciaire, hormis en cas de flagrant délit ».

[420] *Cf.* également les arrêts du Tribunal constitutionnel n° 283/2000 du 27 nov. 2000 et n° 14/2001 du 29 janv. 2001 (qui explicite les conditions essentielles du contenu d'une résolution judiciaire autorisant l'entrée et la perquisition d'un domicile en matière pénale).

150. Le droit fiscal anglais, comme a pu le voir, subordonne la perquisition à l'existence d'indices démontrant qu'une grave fraude fiscale (*serious tax fraud*) a été commise (s. 20C *TMA*[421]).

Une décision importante de la Chambre des Lords relative à des perquisitions litigieuses dans les quatre maisons d'un chef d'entreprise et dans les bureaux de sa société illustre l'importance du contrôle du juge sur les demandes présentées par les services fiscaux afin d'user de leur droit de perquisition[422]. Le juge Lord Wilberforce faisant le constat que nombre d'administrations s'étaient vues reconnaître le droit de pénétrer, dans les domiciles des particuliers, déclara que les juridictions ont le devoir de superviser ces perquisitions de plus en plus fréquentes. Cette mission leur est dévolue selon lui, du fait qu'elles sont les gardiennes du droit à la vie privée des citoyens. En cela, la perquisition doit être autorisée par une ordonnance d'un « *circuit judge* », s'il est convaincu au vu des informations qui lui ont été transmises qu'il existe des preuves raisonnables qu'une grave fraude fiscale (*serious tax fraud*) a été ou va être commise, et que celles-ci se trouveraient dans le domicile du contribuable[423].

La Cour d'appel (*Court of Appeal*) dont la décision avait fait l'objet d'un recours avait jugé en l'espèce que les quatre autorisations accordées par le « *circuit judge* » aux agents de l'*Inland Revenue* étaient invalides, car elles ne précisaient pas suffisamment le délit allégué[424]. Ce qui avait pour conséquence de couvrir un trop grand nombre de délits.

151. Les documents fournis par les services fiscaux à l'appui de la requête jouent donc un rôle primordial dans l'opinion que se fera le juge de l'espèce. En cela, il est impératif que l'administration fiscale fasse

---

[421] S. 20C (1) *TMA*: " *If the appropriate judicial authority is satisfied on information on oath given by an officer of the Board that-*

a) there is a reasonable ground for suspecting that an offence involving serious fraud in connection with, or in relation to, tax is being, has been or is about to be committed and that evidence of it is to be found on premises specified in the information; and

b) in applying under this section, the officer acts with the approval of the Board given in relation to the particular case;

the authority may issue a warrant in writing authorising an officer of the Board to enter the premises, if necessary by force, at any time within 14 days from the time of issue of the warrant, and search them".

[422] House of Lords (1980) *R. v. IRC., Ex p. Rossminster Ltd, op. cit.* Et aussi : *Monarch Assurance Co. Ltd v. Special Commissioners* (1986) S.T.C 311.

[423] *Cf. supra*, n° 113.

[424] Cr. App. R. 157 : les autorisations indiquaient seulement « *fraud in connection with or in relation to tax* ».

preuve de loyauté et de responsabilité quant au choix des documents qu'elle va ou non transmettre au magistrat.

Sous-section 2. La condition tenant à la nature des documents fournis par l'administration (ou l'obligation de loyauté de l'administration)

152. La jurisprudence estime d'une part, que les documents fournis à l'appui de la requête doivent être obtenus et détenus de façon licite par l'administration (**I**) et d'autre part, que l'administration est en droit de communiquer au juge que les pièces qu'elle estime pertinentes (**II**). En outre, elle admet la recevabilité des déclarations anonymes (**III**), ainsi que les attestations fournies par les agents de l'administration des impôts. Le principe est que le juge peut se référer dans son ordonnance à des attestations fournies par des agents en complément de la requête[425]. En revanche, une attestation relatant des faits infractionnels dont l'agent a été témoin ne peut être reçue par le juge, si elle est destinée à en administrer la preuve dans le cadre d'une poursuite pénale[426]. On trouve de nombreux cas d'attestations d'agents des impôts relatant des faits rapportés par une personne désireuse de conserver l'anonymat[427].

I. Les documents fournis doivent être obtenus et détenus de façon licite par l'administration

153. D'après la jurisprudence, le juge ne peut se référer qu'aux documents détenus de façon apparemment licite par l'administration. Ce n'est qu'une application en droit fiscal, d'un de ces fameux principes directeurs communs à toutes les procédures, qu'est le principe de loyauté[428]. La solution est également la même en droit de la concurrence, où le juge statuant, en vertu de l'article L. 420-1 du Code de commerce,

---

[425] Cass. com., 19 mai 1998, *Sfez*, *RJF* 1998, n° 960.
[426] Cass. com., 27 janv. 1998, *Sté le Queen*, *RJF* 1998, n° 572.
[427] *Cf. infra* n° 161.
[428] *Cf. supra* n° 48.

ne peut se référer qu'aux documents produits par l'administration demanderesse et détenus par elle de manière apparemment licite[429].

154. La Haute juridiction a précisé en matière fiscale, que le président du TGI qui a vérifié que « les éléments d'informations fournis par l'Administration fiscale requérante ont été obtenus et détenus par elle de manière apparemment licite » avait bien procédé au contrôle qui lui incombait[430]. Dans un arrêt du 14 mai 2003, la chambre criminelle réitère cette obligation à la charge de l'administration : « l'Administration fiscale, tenue d'un devoir de loyauté, doit fournir au juge judiciaire auquel un droit de visite est demandé tous éléments en sa possession permettant à ce dernier d'apprécier exactement les présomptions de fraude invoquées »[431].

155. Il a été également jugé, que le président du TGI ne peut se référer à des documents et pièces remis aux services fiscaux par des préposés des entreprises concernées ou par des tiers dont l'origine licite ne résultait pas des mentions de l'ordonnance[432], ou se référer à des documents dont il résulte à l'évidence des mentions de l'ordonnance qu'ils ont été détournés par d'anciens salariés du contribuable[433]. Mais le doute pèse sur cette jurisprudence depuis un arrêt du 15 décembre 1998[434], où la Chambre commerciale a jugé que l'ordonnance constate l'origine licite d'une pièce produite par l'administration, en précisant qu'elle constitue la copie d'une note de service remise par un employé d'une société à une

---

[429] Cass. com., 27 nov. 1991, *D.* 1992.122, concl. Jéol, note Texidor ; *JCP E* 1992.II.248, concl. Jéol : « Aussi, manque de base légale la décision qui, pour autoriser des visites et des saisies de documents dans des locaux appartenant à diverses entreprises, après avoir retenu que les documents obtenus au cours de l'enquête corroborent les éléments résultant de documents émanant des entreprises recherchées reçus par le service de au moyen d'un envoi anonyme, se fonde sur ces derniers documents dont l'origine licite ne résulte pas des mentions de l'ordonnance » ; Com., 15 déc. 1998, *Les Petites Affiches*, 26 mai 1999, p. 9, note Brandeau.

[430] Cass. com., 5 juill. 1994, *SARL El. Développement et a., Procédures* 1995, c. 111.

[431] Cass. crim., 14 mai 2003, n° 01-86996 : la chambre criminelle reproche à l'Administration fiscale de ne pas avoir fourni au juge judiciaire à l'appui de sa demande d'autorisation de visite domiciliaire, un avis de dégrèvement dont le requérant avait bénéficié en sa qualité de résident fiscal en Russie et les pièces fournies par celui-ci à l'appui de sa demande, documents établissant que l'ensemble des revenus perçus par l'intéressé étaient imposable en Russie et non en France qui auraient été de nature à remettre en cause l'appréciation par le juge judiciaire des éléments retenus à titre de présomption de fraude fiscale portant sur de tels revenus.

[432] Cass. com., 23 févr. 1993, *RJF*, 5/93, n° 670.

[433] Cass. com., 4 févr. 1997, *RJF*, 5/97, n° 447.

[434] Cass. com. , 15 déc. 1998, *RJF*, 7/99, n° 879.

autre employée lorsqu'elle était en fonction dans cette société. D'après un auteur, sauf à considérer qu'il y a revirement de jurisprudence, il semblerait dans ce cas précis, que l'employée était la destinataire normal de cette note de service et que de ce fait elle pouvait à bon droit la divulguer à un tiers[435].

156. En revanche dans des circonstances certes différentes, la Cour de cassation a pu juger dans un arrêt du 10 mars 1998 que l'administration peut mettre en œuvre son droit de visite et de saisie en se fondant sur des éléments tirés d'une procédure de même nature (c'est-à-dire la procédure de l'art. 16 B), concernant un autre contribuable dès lors que les pièces utilisées ont été régulièrement saisies[436] : « Mais attendu qu'ayant relevé que l'un des documents présentés à l'appui de la requête était la copie d'une pièce obtenue au cours d'une visite domiciliaire précédemment effectuée chez un tiers, le président du tribunal a vérifié que cette pièce avait été régulièrement saisie, comme se rapportant aux agissements visés à la précédente ordonnance qu'il a détaillées ; qu'en se déterminant ainsi (…) le président du tribunal a procédé au contrôle qui lui incombait (…) »!

157. L'obligation faite à l'administration fiscale de communiquer uniquement les documents qu'elle détient de façon licite doit être approuvée, car elle est conforme à l'exigence de loyauté dans l'administration de la preuve[437]. En revanche, est contestable au regard de l'idéal de justice la jurisprudence de la Cour de cassation qui autorise l'administration des impôts à ne communiquer au juge que les pièces qu'elle estime être pertinentes.

II. L'administration est en droit de ne communiquer au juge que les pièces qu'elle estime pertinentes

158. La Cour de cassation a jugé dans plusieurs arrêts que l'administration peut ne produire que les pièces qu'elle estime

---

[435] P. Philip, *op. cit.*, p. 835.

[436] Cass. com., 10 mars 1998, *Sté Agrisol*, *Procédures* 1998, n° 213.

[437] Concept indéfini et flou selon Jean Pradel, car ne faisant pas l'objet d'une définition légale ou jurisprudentielle ; *Notre procédure pénale défend-elle l'intérêt général ? op. cit.*, p. 514.

pertinentes[438]. Ainsi, dans une affaire où le requérant invoquait dans son moyen le fait que l'administration avait produit des documents tronqués et une pièce faisant état d'une dénonciation anonyme, la chambre criminelle juge « que l'administration est en droit ne communiquer au juge que les pièces qu'elle estime pertinentes et qu'il n'est pas démontré que la production des pièces invoquées par la première branche du moyen aurait été de nature à remettre en cause l'appréciation du magistrat sur les présomptions de fraude fiscale[439].

159. On a cependant quelques difficultés à analyser et à comprendre cette jurisprudence qui accorde un large pouvoir d'appréciation contestable à l'administration. Et qui rappelle étrangement la jurisprudence relative au droit de l'administration de ne pas produire les pièces à décharge lors de la saisine du juge[440]. L'administration devrait dans un souci de loyauté, fournir toutes les pièces qu'elle en a sa possession, sans faire un tri au préalable sur des critères qui lui sont propres. C'est au contraire, le juge des libertés et de la détention qui doit effectuer ce travail de sélection des documents fournis par l'administration au soutien de sa requête. Les services fiscaux ne devant en aucun cas se substituer au juge dans cette hypothèse.

160. L'administration fiscale dispose ainsi d'une grande liberté choix dans les documents qu'elle peut adresser au soutien de sa requête. En atteste la possibilité d'y joindre des déclarations anonymes visant à étayer la culpabilité du contribuable.

III. La recevabilité des déclarations anonymes

161. Une interrogation demeure, quant à la considération que le juge doit avoir pour une déclaration anonyme qui lui est soumise par l'administration. En France, la dénonciation anonyme n'est pas institutionnalisée, mais existe et joue parfois un rôle obscur dans le

---

[438] Cass. com., 29 juin 1999, *RJF*, 10/99, n° 1210 ; 8 févr. 2000, *RJF*, 5/00, n° 642 ; 30 mai 2000, *RJF*, 10/00, n° 1105 ; Crim., 16 oct. 2002, *Sté Optical center et a.*, *RJF*, 3/03, n° 320 ; 16 oct. 2002, *F.-D.Favier et a.*, *RJF*, 3/03, n° 321.

[439] Cass. crim., 16 oct. 2002, *Sté Optical center et a.*, *ibid.*

[440] Cass. com., 18 févr. 1997, *Sté France Alcools*, *RJF*, 6/97, n° 579 ; 1er juin 1999, *RJF*, 8-9/99, n° 1010.
Cf. également *infra* n° 904 et s.

déclenchement de la procédure. La jurisprudence a d'ailleurs reconnu l'existence de la dénonciation anonyme et sa prise en compte parmi d'autres documents qui lui sont remis, dans plusieurs arrêts : « Il n'est pas interdit au juge de faire état d'une déclaration anonyme dès lors que cette déclaration lui est soumise au moyen d'un document dans lequel elle a été consignée et qui a été établi par les agents de l'administration et signé par eux, permettant ainsi d'en apprécier la teneur, et qu'elle est corroborée par d'autres éléments d'informations décrits et analysés par lui »[441].

162. Il appartient ainsi au juge de dire en quoi les éléments d'information produits par l'administration et qu'il retient corroborent les termes de la déclaration anonyme[442]. Ainsi par exemple, pour la Cour de cassation « n'est pas fondé le moyen tiré de ce que le juge ne peut faire état d'une déclaration anonyme sans mentionner que le procès-verbal d'audition la contenant lui a été présenté et que cette mention n'apparaît pas dans l'ordonnance attaquée, dès lors que celle-ci vise et analyse, sous une référence déterminée, un document qui, compte tenu de sa teneur, peut-être considéré comme équivalent à un procès-verbal d'audition du dénonciateur anonyme »[443]. La condition de motivation de l'ordonnance du président du TGI étant alors considérée comme remplie, car visant un document qui peut-être considérée comme équivalent à un procès-verbal d'audition du dénonciateur anonyme. Pierre-François Racine considère ainsi que la Cour de cassation a à travers sa jurisprudence « pratiquement interdit à l'administration de faire état de dénonciations anonymes comme indices de nature à justifier une demande d'autorisation de perquisition »[444].

163. En Espagne, la dénonciation (*denuncia pública*) est institutionnalisée à la différence de la France, l'Allemagne ou encore la Grande-Bretagne. Elle est prévue par l'article 114 de la *Ley General Tributaria*. Les particuliers désireux d'avoir une part de l'amende à la suite de leur droit de dénonciation publique, devront effectuer une

---

[441] Cass. com., 13 janv. 1998, *Guilloux*, *RJF* 1998, n° 417; 16 juin 1998, *Sté Médiatime, RJF* 1998, n° 962, *Procédures* 1998 n° 257 : où il a été notamment jugé que le principe résultant de l'article 1315 du Code civil, selon lequel nul ne peut se constituer de preuve à soi-même est sans application au cas particulier; 4 mai 199, *Sté Abbott*, *RJF* 1999, n° 882 ; 30 mai 2000, *SCI du Château de la Jonchère*, *RJF* 2000, n° 1106 ; Crim., 17 mai 2001, *Noël*, *RJF* 2001, n° 1400.

[442] Cass. com., 30 mai 2000, *SCI du Château de la Jonchère, op. cit.*, note n° 162.

[443] Cass. com., 7 janv. 1997, *Ghanadian*, *Bull. civ. IV*, n° 1 ; *Procédures* 1997, n° 228.

[444] *L'impôt, Archives de philosophie du droit*, p. 208.

dénonciation par écrit, signé, sur papier spécial, en indiquant leur domicile, en joignant leur carte d'identité nationale et en constituant un dépôt[445].

164. Finalement, on peut se demander si l'on ne devrait pas procéder comme en Espagne, ce qui ne signifierait pas pour autant que l'on ouvrirait la voie au phénomène de la sycophantie qu'a pu connaître la cité d'Athènes[446]. Car à partir du moment où la dénonciation anonyme est reconnue par la jurisprudence, ne serait-il pas plus honnête que le droit français la reconnaisse à son tour, à partir du moment où l'administration lui fait jouer un rôle comme élément déclencheur de certaines procédures d'investigation ?

Par ailleurs, le flou juridique qui entoure la question de la recevabilité des questions anonymes par le juge, peut nous amener à nous interroger sur l'effectivité du contrôle qu'il exerce sur la requête dont il est saisi.

Sous-section 3. Un contrôle du juge encore perfectible

165. L'intervention du juge dans la procédure prévue par l'article L. 16 B du LPF, comme le contrôle exercé par la Cour de cassation sur la

---

[445] Art. 114 : « Denuncia pública ».

1. Mediante la denuncia pública se podrán poner en conocimiento de la Administración tributaria hechos o situaciones que puedan ser constitutivos de infracciones tributarias o tener trascendencia para la aplicación de los tributos. La denuncia pública es independiente del deber de colaborar con la Administración tributaria regulado en los artículos 93 y 94 de esta Ley.

2. Recibida una denuncia, se remitirá al órgano competente para realizar las actuaciones que pudieran proceder. Este órgano podrá acordar el archivo de la denuncia cuando se considere infundada o cuando no se concreten o identifiquen suficientemente los hechos o las personas denunciadas.

Se podrán iniciar las actuaciones que procedan si existen indicios suficientes de veracidad en los hechos imputados y éstos son desconocidos para la Administración tributaria. En este caso, la denuncia no formará parte del expediente administrativo.

3. *No se considerará al denunciante interesado en las actuaciones administrativas que se inicien como consecuencia de la denuncia ni se le informará del resultado de las mismas. Tampoco estará legitimado para la interposición de recursos o reclamaciones en relación con los resultados de dichas actuaciones* ».

Mais en pratique les dénonciations anonymes sont les plus fréquentes ; A. Fontaneau, *La Charte des droits et garanties du contribuable espagnol*, *Revue Fiscalité Européenne et Droit International des Affaires* 1999, n° 1, p. 2

[446] C. Doganis, *Aux origines de la corruption. Démocratie et délation en Grèce ancienne*, PUF, 2006, 240 p.

régularité de la décision du juge sont essentiels afin de garantir le droit à un procès équitable et le droit à un recours effectif. C'est ce qu'a affirmé récemment la Cour de cassation dans un arrêt du 7 juillet 2005, en rejetant un moyen qui prétendait que l'article L. 16 B LPF était contraire à l'article 13 de la CESDH[447]. En effet, le juge judiciaire à travers son contrôle du bien-fondé de la requête de l'administration fiscale, du déroulement des visites et saisies qu'il a autorisées et la possibilité qui lui est offerte de pouvoir arrêter ou suspendre d'office ou à la demande des intéressés la visite tant que durent les opérations, garantit selon la cour le droit à un procès équitable du contribuable faisant l'objet du droit de visite du fisc. Cependant, le contrôle du juge reste encore peu poussé, surtout si on le compare au contrôle exercé par le juge britannique[448].

166. Cette constatation quelque peu étonnante, malgré de nombreux progrès ces deux dernières décennies, est aujourd'hui partagée par de nombreux auteurs[449]. On a tenté notamment d'expliquer cette passivité du juge judiciaire en matière de perquisitions fiscales, par son manque de connaissances en droit fiscal[450]. Ceci tient au fait que le juge durant sa formation suit des enseignements en droit civil et en droit pénal, alors que l'on n'exige pas qu'il ait suivi des enseignements en droit fiscal[451]. L'argument n'est certes pas contestable, le juge judiciaire compétent pour rendre l'ordonnance n'ayant sûrement pas reçu une formation très poussée en droit fiscal. Mais a-t'-on réellement besoin d'une telle formation pour pouvoir juger si la requête de l'administration est bien-fondé et ne constitue pas une violation des droits du contribuable ? Sûrement pas, on est ici dans le domaine des libertés publiques, que connaît bien le juge judiciaire qui doit en assurer la protection en vertu de l'article 66 de la Constitution. L'argument de la méconnaissance du droit fiscal par le juge judiciaire, s'il peut expliquer en partie les défaillances constatées ne saurait donc en rien excuser l'absence de contrôle effectif du juge.

167. On prendra comme exemple de cette « inertie » des juridictions judiciaires, une affaire où la chambre commerciale était saisie d'un pourvoi qui reprochait au juge ayant autorisé la perquisition de ne pas

---

[447] Cass. civ. 2e, 21 avr. 2005, n° 02-21.148.
[448] *Cf. supra* n° 150.
[449] P. Philip, *op. cit.*, p. 837 et J. Lamarque, *Les perquisitions fiscales*, p. 306.
[450] P. Philip, *op. cit.*, p. 837.
[451] En ce sens : C. Geppaart, *Tresholds for access to the tax court*, in *Taxpayer protection in the European Union*, p. 38.

avoir eu le temps d'examiner les 49 pièces annexées à la requête représentant plus de 120 feuillets en une journée. Pour la Cour le fait que la requête ait été déposée le jour même où le magistrat a établi l'ordonnance d'autorisation, n'a aucune incidence sur la régularité de la décision attaquée[452]. Cette décision est pour la moins sujette à critiques, car on voit mal comment le juge a pu dans ce cas précis examiner les 120 feuillets en une seule journée.

168. Autre élément qui vient expliquer cette faiblesse du contrôle judiciaire sur la requête soumise, c'est le fait que selon une jurisprudence constante, le juge n'a pas à apprécier l'exactitude des faits allégués par l'administration. Ainsi est inopérant pour critiquer l'ordonnance d'autorisation, le moyen tiré de ce que les faits retenus par le juge dans l'exercice de son pouvoir d'appréciation de la requête sont inexacts[453]. Un arrêt du 4 juin 1996 illustre bien cette jurisprudence déroutante. La chambre commerciale avait considéré qu'en retenant que des chèques, destinés à rémunérer des soins dentaires avaient été encaissés par une compagnie d'assurances et que ces faits constituaient une présomption de défaut de comptabilisation, le juge avait justifié son appréciation, indépendamment du point de savoir si les chèques avaient été effectivement comptabilisés en recettes professionnelles et en débit au profit des créanciers. Cette question relevant de la preuve recherchée de la fraude, dont la réalité ne peut être contestée que dans un contentieux de fond ; le président du tribunal a donc pu affirmer que ces chèques « sont présumés ne pas avoir été comptabilisés par la SCP », sans assortir cette affirmation du moindre élément justificatif et sans priver sa décision de base légale au regard de l'article L. 16 B[454].

169. Ces affaires mettent en relief la faiblesse du contrôle du juge judiciaire sur les demandes de l'administration des impôts visant à mettre en œuvre la procédure prévue par l'article L. 16 B du LPF. Cela est particulièrement grave car, de toutes les libertés individuelles, le droit à l'inviolabilité du domicile est certainement une de celles dont la

---

[452] Cass. com., 16 mai 2000, n° 1084 F-D, *Sté Vinci international, e.a*., *RJF*, 10/00, n° 1103.

[453] *Cf.* Cass. com., 21 nov. 1990, *Markey*, *Bull. Civ. IV*, p. 201 ; 29 juin. 1993, *Camilli*, *DF* 1993, comm. 1891 : est inopérant le moyen tiré par le requérant de ce qu'il n'a jamais déclaré exercer une profession rémunéré sur le territoire français, ce qui tend à contester le bien-fondé de l'impôt sur le revenu ; Com., 4 oct. 1994, *Sté Financière Daniel Boulogne*, *DF* 1994, comm. 2173 ; 14 juin 2000, *Sté Avi-Entreprise*, *RJF* 2000, n° 1473.

[454] Cass. com., 4 juin 1996, *Davidas*, *RJF* 1996, n° 1174.

violation est la plus contestable. Pénétrer dans la « forteresse de l'individu » là où il peut se dire chez soi et où il se sent en sécurité est *a priori* une atteinte difficilement justiciable au droit à l'intimité et à la tranquillité des individus. La Cour de Strasbourg a d'ailleurs considéré dans un arrêt du 8 janvier 2002 *Keslassy c/ France*, que la procédure de visite et de saisie constituait bien une ingérence dans le respect de la vie privée et du domicile[455]. Cependant, des intérêts vitaux qu'il serait naïf de contester commande dans certains cas (recherche de la vérité en droit pénal ou lutte contre la fraude fiscale en droit fiscal) de mettre à mal ce droit, le recours obligatoire au juge judiciaire aux fins d'autoriser l'intrusion dans le domicile apparaît alors comme une solution logique et rassurante. Elle ne l'est pourtant plus, si le contrôle judiciaire est peu approfondi, voire même inexistant. Au contraire, il vient alors à couvrir l'illégalité manifeste de la demande, l'intervention judiciaire servant de « paravent » à l'action des agents du fisc. Il revient dès lors au juge judiciaire d'établir un contrôle beaucoup plus strict et exigeant sur les demandes qui lui sont fournies, sous peine sinon de perdre le crédit qu'on lui alloue habituellement en matière de protection des libertés individuelles.

170. Si le contrôle du juge judiciaire sur le contenu de la requête est un élément essentiel de la protection du domicile du contribuable, l'ordonnance rendue par le juge l'est tout autant, en limitant le champ d'investigation du fisc.

Section 3. L'apport de l'ordonnance aux garanties du contribuable

171. La question des locaux susceptibles d'être perquisitionnés par les agents des impôts est liée à la notion de domicile. Le droit à l'inviolabilité du domicile couvre-t-il seulement les locaux d'habitation ou englobe-t-il les locaux professionnels ? On a pu voir précédemment en droit comparé que les solutions variaient en fonction de la destination des locaux en cause[456]. Il s'agit donc de délimiter les locaux bénéficiant

---

[455] CEDH, 8 janv. 2002, *Keslassy c/ France*, *op. cit.* : elle constate toutefois qu'eu égard aux garanties prévues par l'article L 16 B, et à condition que ces garanties soient respectées, cette ingérence est proportionnée aux buts légitimes poursuivis et donc compatible avec les stipulations de l'article 8 de la CESDH.
[456] *Cf. supra* n° 107 et s.

des règles protégeant le domicile **(Sous-section 1)**. L'ordonnance du juge judiciaire autorisant les agents du fisc à mettre en œuvre leur droit de visite et de saisie apporte à son échelle, une garantie supplémentaire au contribuable soumis à cette procédure. En définissant de manière précise les locaux devant être « visités », l'ordonnance encadre soigneusement la perquisition fiscale **(Sous-section 2)**.

Sous-section 1. La délimitation des locaux

172. Cette délimitation suppose avant tout de définir de façon précise la notion de domicile **(I)**, afin de mieux appréhender par la suite l'assimilation des locaux professionnels au domicile **(II)**.

I. La notion de domicile

173. Définir ce qu'on entend par domicile et ce que l'on englobe dans la notion est primordial pour le contribuable. Selon que l'on retienne une conception stricte **(A)** ou extensive **(B)** du domicile, l'étendue de la protection ne sera pas identique. Dans le premier cas, un local professionnel ne sera pas protégé par le principe de l'inviolabilité du domicile et les garanties adjacentes. Dans l'autre cas, il le sera.

A. La conception classique du domicile

174. L'article 102 du Code civil affirme que « le domicile de tout français, quant à l'exercice de ses droits civils, est le lieu où il a son principal établissement ». En droit civil, le domicile serait le lieu où une personne est présumée se trouver pour l'exercice de ses droits. Pourtant, les contours de la notion de domicile sont difficiles à délimiter en témoigne la querelle entre les tenants de la doctrine du domicile abstrait et ceux de la doctrine du domicile concret[457]. Si on regarde l'étymologie

---

[457] C'est Aubry et Rau, d'après Zachariae, qui ont défini de manière abstraite le domicile comme étant « la relation juridique existante entre une personne et un lieu ».

du mot, on s'aperçoit qu'il vient des termes latins *domicilium* et *domus* que l'on traduit par maison. Le domicile serait donc le lieu de fixation d'un individu donné (attache actuelle), à un moment donné dans le temps. Ce qui permet de comprendre la distinction du droit romain entre l'*origo* qui est le lieu de naissance et le *domicilium* qui était le second motif de rattachement d'un individu à une commune urbaine et qui entraînait l'obligation de participer aux charges de la cité (*munera*)[458]. D'après Savigny dans son Traité de droit romain, celui-ci est le lieu où un individu « réside constamment, et qu'il a librement choisi comme centre de ses affaires et de ses rapports de droit »[459]. On rejoint alors la définition donnée par Merlin qui concevait le domicile comme étant le lieu d'habitation d'une personne, le lieu où quelqu'un fait sa demeure[460]. Enfin, Pothier afin de résoudre l'hypothèse d'une personne partageant son temps entre plusieurs résidences, avait proposé de le définir comme « le lieu où une personne a établi le siège principal de sa demeure et de ses affaires »[461].

175. On pourrait également dire que le domicile civil est un domicile volontaire résultant de la réunion d'un *corpus* et d'un *animus*, d'une matérialité et d'une intention selon la formule du Doyen Carbonnier. L'élément déterminant, c'est l'intention qu'a eue l'intéressé de fixer son établissement principal en un lieu (art. 102 al. 1 C. civ.). On parle alors de domicile volontaire, par opposition au domicile légal qui est le fait de la loi (ex : art. 108-2, 109 C. civ.).

176. En procédure pénale, on peut avoir une première idée de la notion de domicile en allant voir l'article 226-4 du Code pénal et la jurisprudence qui en découle sur le délit de violation de domicile. L'article C. 104 d'une circulaire du 17 février 1961 nous précise que « l'article 56 CPP emploie le mot domicile pour désigner en fait toutes les résidences des personnes soupçonnées ou détenant des pièces ou objets relatifs à l'infraction. Le Code d'instruction criminelle contenait la même expression et la jurisprudence l'avait étendue à toutes les

---

Cf. cependant la critique émise par M. Planiol et G. Ripert, *Traité élémentaire de droit civil*, t. I, 3e éd., LGDJ, 1946, p. 214.

458 *Cf.* notamment : Y. Thomas, *Le droit d'origine à Rome. Contribution à l'étude de la citoyenneté*, *Rev. crit. DIP* 1995, pp. 253-290.

459 F. -C. von Savigny, *Traité de droit romain*, t. 8, Editions Panthéon-Assas, 2002, pp. 41-88, spéc. p. 61.

460 Cité par M. Planiol et G. Ripert, *ibid.*, p. 214.

461 Pothier, *Introduction à la Coutume d'Orléans*, n° 8.

résidences et à tous les logements que pouvaient occuper les personnes soupçonnées.

B. L'interprétation extensive de la notion par le juge pénal

177. La jurisprudence pénale entend très largement la notion de domicile. Dès le XIXe siècle, la Cour de cassation a considéré que cette notion n'était pas circonscrite au champ étroit que lui avait assigné le droit civil. Ainsi, la chambre criminelle a pu juger que « le terme domicile ne désigne pas seulement le lieu où une personne a son principal établissement, mais encore le lieu, qu'elle y habite ou non, où elle a le droit de se dire chez elle, quels que soient le titre juridique de son occupation et l'affectation donnée aux locaux »[462]. La chambre criminelle est encore plus concrète en 1995, en voyant le domicile comme un lieu « pourvu des équipements nécessaires à une habitation effective » et dans lequel la personne peut « exercer une activité permanente »[463].

178. Il ressort de la jurisprudence que c'est le critère d'habitabilité qui est au centre de la notion de domicile en procédure pénale comme en droit pénal. La jurisprudence définit largement le domicile, en y incluant ainsi la résidence secondaire, la chambre d'hôtel louée[464] et le bureau[465], mais le local doit être habitable[466]. En matière pénale, si la définition du domicile a fait l'objet de tant de jurisprudence, ce n'est pas un hasard. Car la perquisition pénale est plus ou moins soumise à un formalisme rigoureux, selon qu'on est dans le cas d'une perquisition domiciliaire ou d'une perquisition non domiciliaire. Ce qui justifie « la nécessité pédagogique de commencer par définir le domicile »[467], et par là d'assimiler ou non les locaux professionnels au domicile.

---

[462] Cass. crim., 4 janv. 1972, *Bull. crim.*, n° 6; 13 oct. 1982, *Bull. crim.*, n° 281.
[463] Cass. crim., 17 oct. 1995, *Bull. crim.*, n° 310, *Dr. Pénal*, 1996, comm. 20 et obs. A. Maron ; *D.* 1996, somm. 256 et obs. J. Pradel.
[464] Cass. crim., 31 janv.1914, *S.*, 1916. I. 59 ; 13 oct. 1982, *Bull. crim.*, n° 281.
[465] Cass. crim., 24 juin 1987, *Bull. crim.*, n° 267.
[466] Cass. crim., 22 janv. 1997, *Dr. Pénal* 1997, comm. n° 78 et obs. M. Veron
[467] J. Pradel, *op. cit.*, p. 341

II. La délicate assimilation des locaux professionnels au domicile

179. On s'est un temps interrogé sur le fait de savoir si les locaux professionnels étaient entendus dans la notion de domicile[468]. La réponse à cette question est d'une grande importance pour les entreprises qui ne bénéficieraient pas des garanties prévues par la loi fiscale, en cas de réponse négative. De façon plus générale, c'est la reconnaissance aux groupements de droits fondamentaux qui pose problème. En effet, les droits de l'homme avaient été conçus à l'origine qu'au profit de l'être humain, ce qui exclut de fait de leur périmètre les personnes morales. Ce raisonnement a pu être celui de penseurs comme Carl Schmitt.

180. Si le principe d'inviolabilité du domicile privé des personnes physiques, comme le faisait remarquer la Cour de justice des communautés européennes en 1989 « s'impose dans l'ordre juridique communautaire en tant que principe commun aux droits des États membre », on constate comme elle « qu'il n'en va pas de même en ce qui concerne les entreprises, car les systèmes juridiques des États membres présentent des divergences non négligeables en ce qui concerne la nature et le degré de protection des locaux commerciaux face aux interventions des autorités publiques »[469].

181. En France, depuis un arrêt du 23 mai 1995 (relatif à une introduction illicite dans le centre d'essais Citroën pour y prendre des photos)[470], la jurisprudence de la Cour de cassation est sans nuance sur cette question, jugeant qu'une personne morale peut avoir un domicile dont la violation est pénalement sanctionnée. La jurisprudence allemande a quant à elle toujours interprété de manière large la notion de domicile en y englobant les locaux professionnels[471]. L'article 19 de la loi fondamentale consacre également ce principe en déclamant que « les

---

[468] L. Burgorgue-Larsen, *La protection du domicile des personnes morales (arrêt Stés Colas Est et autres du 16 avril 2002)*, pp. 179-190, in *La France et la Cour européenne des droits de l'Homme. La jurisprudence en 2002*, Bruxelles (sous la direction de Paul Tavernier), coll. du CREDHO, n° 5, Bruylant, 2003, 377 p.

[469] CJCE, 21 sept. 1989, *Hoechst c/ Commission*, *Rec.* 1989, p. 2924.

[470] Cass. crim., 23 mai 1995, *Dr. pénal* 1995, comm. 220 ; *Bull. crim.*, n° 193 ; *Rev. soc.* 1996.109, note B. Bouloc. *Cf.* également : Y. Guyon, *Droits fondamentaux et personnes morales de droit privé*, *AJDA*, juill.-août 1998, p. 136 et s.

[471] Cour const. féd., 13 oct. 1971, *Entscheidungssammlungdes Bundesverfassungsrichts*, vol. 32, p. 54.

droits fondamentaux s'appliquent aussi aux personnes morales nationales dans la mesure où ils leur sont applicables en raison de leur nature ». Dans ce pays, les personnes morales sont érigées en véritables bénéficiaires de droits fondamentaux[472], alors qu'en Espagne, elles ne se voient attribuer qu'un droit d'accès au juge (art. 162 b. Const. esp.)[473].

En revanche, au niveau des juridictions supranationales, un désaccord a longtemps subsisté entre la Cour de Strasbourg et la Cour du Luxembourg (« guerre des juges »[474]). La première ayant étendu les garanties dont bénéficie le domicile aux locaux professionnels au début des années 90 (**A**), alors que la seconde est restée longtemps sur une conception stricte du domicile qui ne permettait pas cette extension jusqu'à un arrêt *Roquette* en 2002[475] (**B**).

A. La jurisprudence européenne

182. Le domicile de l'article 8 al. 1 de la CESDH est entendu de façon large par la Cour européenne des droits de l'homme puisqu'elle y intègre les locaux mixtes et professionnels. C'est ce qui résulte notamment du célèbre arrêt *Niemietz*[476]. On peut ainsi imaginer que, dans un proche

---

[472] Sur la distinction entre bénéficiaires et titulaires de droits fondamentaux : O. Pfersmann, *Les destinataires des droits fondamentaux*, in *Droits des libertés fondamentales*, Dalloz, 2002, pp. 96 et 101.

[473] Art. 162 : « Sont en droit :
b. d'introduire le recours individuel d'amparo toute personne physique ou juridique invoquant un intérêt légitime... ». Le tribunal constitutionnel a pour sa part estimé dans une sentence n° 23/1989 que les droits fondamentaux concernent aussi pour les personnes morales. *Cf.* A. J. Gomez Montoro, *La titularidad de derechos fundamentales por personas juridicas : un intento de fundamentacion, Revista espanola de derecho Constitucional*, n° 65, mai-août 2002, pp. 49-105.

[474] *Cf.* : *Europe*, déc. 2002, comm. 404, E. Meisse.

[475] CJCE, 22 oct. 2002, *Roquette Frères*, aff. C-94/00, *Rec.* p. I-9011 ; *Europe*, déc. 2002, comm. 422 ; *Contrats, conc. Consom.*, févr. 2003, n° 30, obs. S. Peruzzeto ; *RTD eur.* 2003, n° 2, pp. 299-305.

[476] CEDH, 16 déc. 1992, *Niemietz c/ Allemagne*, série A. 251 ; *D.* 1993, Somm. 386, obs. Renucci, *JDI* 1993, 755, obs. Decaux et Tavernier ; *AFDI* 1992, p. 629, obs. V. Coussirat-Coustère ; *RTDH* 1993, p. 410, chron. P. Lambert et F. Rigaux.
Cf. O. De Schutter, *L'accès des personnes morales à la Cour européenne des droits de l'homme*, in *Avancées et confins actuels des droits de l'homme aux niveaux international, européen et national* (Mélanges offerts à Silvio Marcus Helmons), Bruylant, 2003, pp. 83-108 ; S. Marcus Helmons, *L'applicabilité de la Convention européenne des droits de l'homme aux personnes morales*, Journal des tribunaux. Droit européen, 1996, p. 150 et s.

avenir, l'Espagne se fasse condamner par la Cour, du fait de la différence de régime qu'elle instaure entre perquisition non domiciliaire et perquisition domiciliaire, en réservant la nécessité d'une autorisation judiciaire que dans le second cas[477].

L'affaire *Niemietz c/ Allemagne* du 16 décembre 1992 mettait en cause le respect de la correspondance, mais également le respect du domicile. Il convient de rappeler à cet égard que l'article 13-1 de la Loi fondamentale (*Grundgestz*) garantit l'inviolabilité du domicile (*Wohnung*). M. Niemietz, avocat allemand, résidant à Fribourg-en-Brisgau avait vu son cabinet perquisitionné afin de découvrir et saisir des documents pouvant révéler l'identité d'un certain « Klaus Wegener » qui était poursuivi en vertu de l'article 185 du Code pénal.

D'après M. Niemietz, la perquisition incriminée ne répondait pas aux exigences de l'article 8 de la Convention.

La question posée était de savoir si le terme domicile au sens de l'article 8 englobait les locaux professionnels, en l'occurrence le cabinet d'avocat. La Cour répond par l'affirmative. Cette solution a sans doute été dictée en partie par le fait qu'était également en jeu le secret des correspondances. Car les agents ayant procédé à la perquisition avaient examiné quatre classeurs renfermant des informations sur des clients. Cela a amené certainement la juridiction à estimer que « la perquisition incriminée s'analysait comme une ingérence dans les droits reconnus au requérant par l'article 8 ». Dans un second temps, elle s'est demandée si l'ingérence était prévue par la loi, ce qu'elle a jugé être le cas. Elle se demanda ensuite si l'ingérence poursuivait des buts légitimes, ce qu'elle ne conteste pas comme le requérant. Mais en dernier lieu, elle s'interrogea sur la nécessité de l'ingérence dans une société démocratique. Selon elle, la mesure étant disproportionnée par rapport aux objectifs poursuivis, il y avait donc violation de l'article 8.

Le raisonnement en quatre temps conduit par la Cour est intéressant, car il montre la démarche poursuivie par la juridiction communautaire pour savoir si une perquisition est ou non contraire à l'article 8. Elle pose finalement quatre critères alternatifs qui permettent de se prononcer dans un sens ou dans l'autre. L'idée de proportion étant fondamentale et l'on peut juger dommageable qu'elle ne soit pas utilisée explicitement par la Cour de cassation en France, lorsqu'elle connaît du contentieux sur la validité d'une ordonnance ayant autorisé une visite.

---

[477] *Cf. supra* n° 116.

183. La Cour européenne dans son arrêt du 16 décembre 1992 justifie sa lecture large de l'article 8 de la Convention, en considérant qu' « interpréter, les mots « vie privée » et « domicile » comme incluant certains locaux ou activités professionnels ou commerciaux, répondrait à l'objet et au but essentiels de l'article 8 : prémunir l'individu contre des ingérences arbitraires des pouvoirs publics. Les États contractants ne s'en trouveraient pas indûment bridés, car ils conserveraient, dans la mesure autorisée par le paragraphe 2 de l'article 8, leur droit d'« ingérence » et celui-ci pourrait fort bien aller plus loin dans les locaux ou activités professionnels ou commerciaux que dans d'autres cas ». Dans l'arrêt *Sté Colas Est c/ France*, la Cour a d'ailleurs jugé que, parmi les droits garantis par la Convention européenne, on doit inclure pour une société « le droit au respect de son siège social, son agence ou ses locaux professionnels »[478].

184. Sur le terrain de l'appréciation de la nécessité de l'ingérence subie par le requérant, la solution du 16 décembre 1992 consacrée par la Cour est d'une grande banalité. En effet, le mandat de perquisition était rédigé en des termes particulièrement larges, la visite domiciliaire n'avait pas été entourée de garanties spéciales (telle la présence d'un observateur indépendant), la fouille empiétait sur le secret professionnel de façon disproportionnée. En revanche, sans être fondamentalement novatrice en ce qui concerne l'applicabilité des garanties de l'article 8 aux atteintes au domicile professionnel[479], elle apporte cependant des précisions intéressantes (et importantes) sur les relations entre les notions d'activités professionnelles et commerciales d'une part, et de vie privée, de domicile et de correspondance, d'autre part. Sur la nature des activités en cause, la Cour considère que des activités professionnelles et commerciales peuvent ressortir de la «vie privée» au sens de l'article 8 et « spécialement les tâches d'un membre d'une profession libérale » dès lors qu'elles constituent «... un élément de vie à un si haut degré que l'on ne saurait dire quelle qualité il avait à un moment donné ». La Cour fait d'ailleurs valoir qu'elle n'a jamais opté pour une telle dissociation, qu'il s'agisse d'écoutes téléphoniques portant sur des communications

---

[478] CEDH, 16 avr. 2002, *Sté Colas Est c/ France*, *D.* 2003, p. 1541, obs. A. Lepage ; *JDI*, 1er avr. 2003, pp. 554-556, note P. Tavernier et E. Decaux.

[479] *Cf.* déjà sur ce point l'arrêt *Chappell* du 30 mars 1989, série A, n° 152 A : où la Cour semblait admettre le principe d'ingérence au sens de l'article 8 à propos de la fouille des locaux commerciaux et du domicile d'un requérant, même si elle ne l'avait pas jugé en l'espèce disproportionnée.

commerciales[480] ou qu'il s'agisse de perquisitions visant des activités commerciales[481].

185. De même, la Cour écarte, pour des raisons identiques, une interprétation par trop restrictive de la notion de domicile qui serait calquée sur celle de *home* qui figure dans la version anglaise de l'article 8. En effet, selon la juridiction, le domicile au sens de cette disposition peut englober le bureau d'un membre d'une profession libérale ; il peut plus généralement être le siège d'activités liées à une profession ou à un commerce[482].

186. Il semble que si « la Cour a pris autant de soin à motiver le champ d'application qu'elle attribuait à l'article 8, c'est pour mieux mettre en exergue le caractère précipité et imprévoyant de la lecture donnée au même article par la CJCE, dans le cadre de sa jurisprudence relative aux pouvoirs d'investigation de la Commission dans les locaux commerciaux »[483].

B. La jurisprudence communautaire

187. La CJCE a longtemps opéré une protection indirecte des locaux d'une société en cas d'investigation, en effectuant un contrôle sur les opérations de vérification par le truchement du principe général du droit communautaire qui pose que sont interdites les interventions arbitraires ou disproportionnées[484], elle n'estimait pas pour autant que les entreprises puissent bénéficier de la protection de l'article 8 qui protège le « domaine d'épanouissement de la liberté personnelle de l'homme et ne saurait donc être étendu aux locaux commerciaux »[485].

---

480 CEDH, *Huvig*, 24 avril 1990, série A, n° 176 B, § 8 et § 25.
481 *Chappell, op. cit.*, § 26 et § 51
482 *Cf.* la décision de la Commission du 12 octobre 1992, *Noviflora Siweden Aktiebolag*, n° 14369/88, déclarant recevables sur le terrain de l'article 8 des griefs concernant une «visite domiciliaire» au siège d'une société.
483 J.-F. Flauss, *Droit administratif et Convention européenne des droits de l'homme : mai-décembre 1992*, *AJDA*, févr. 1993, p. 105 et s. ; CJCE, *Hoechst c/ Commission*, 21 sept. 1989, aff. 46/87 et 227/88, *op. cit.* ; *Dow Benelux c/ Commission*, 17 oct. 1989, aff. 85/87 ; *Dow Chimical Iberica et autres c/ Commission*, aff. 97 à 99/87.
484 Aff. Jtes 46/47 et 227/88, *Rec.* p. 2859.
485 CJCE, 21 sept. 1989, *Hoechst c/ Commission*, *op. cit.*

On était alors confronté à cette différence existante dans les jurisprudences des deux juridictions supranationales dans leur appréhension de certains droits[486].
L'arrêt *Niemietz* mettait ainsi en exergue l'existence de deux jurisprudences « européennes » en matière de protection des locaux à usage professionnel. Il semblait toutefois utile que, dans la perspective actuelle de protection des droits fondamentaux, la CJCE s'aligne sur la position adoptée par la Cour de Strasbourg. Ce qui était loin d'être utopique, si l'on se souvient qu'au moment de l'arrêt *Hoechst*, la Cour européenne des droits de l'homme n'avait pas encore consacré explicitement la règle de l'inviolabilité du domicile pour les personnes morales.
Cette harmonisation souhaitée entre les jurisprudences des deux cours eut finalement lieu avec l'arrêt Roquette du 22 octobre 2002[487]. La Cour de justice y reconnaît que l'article 8 de la CESDH est susceptible de s'appliquer dans certaines circonstances aux locaux commerciaux des entreprises qui font l'objet d'une vérification par voie de décision (pt 29). Ce « revirement » est intervenu après un certain nombre de questions préjudicielles qu'avait posées la Cour de cassation dans un arrêt du 7 mars 2000 à la Cour de justice et qui mettaient en cause le développement de la procédure de vérification en droit de la concurrence avec la théorie des droits fondamentaux[488].

188. Il est vrai qu'en droit fiscal français, une ordonnance du président du TGI étant requise aussi bien pour la visite du domicile que du lieu de travail, s'attarder sur les contours du concept de domicile présente moins d'intérêt. Ce n'est pas le même cas, en Espagne, où l'ordonnance n'est requise que pour la visite du domicile, ici l'effort de définition de la notion de domicile conserve tout son intérêt pour éviter d'éventuels abus ou erreurs de l'administration. Concernant le droit d'investigation de l'administration, l'article 39-3 du « *Reglamento Inspeccion de Tributos* » considère comme domicile particulier non seulement la maison qui sert de résidence habituelle à une personne physique, mais également le lieu qui sert effectivement de maison.

---

[486] *Cf.* pour plus de détails : B. Favreau, *Le renforcement de l'effectivité de la protection des droits du particulier en droit communautaire : la dimension de la convention européenne de sauvegarde des droits de l'homme et des libertés fondamentales*, in *La protection juridictionnelle des droits dans le système communautaire*, Bruylant, 1997, pp. 345-347.
[487] CJCE, 22 oct. 2002, *Roquette Frères*, *op. cit.*
[488] Cass. com, 7 mars 2000, *Sté Roquette*, *D.* 2000. 491, note L. Boré ; *D. aff.* 2000, 180, obs. Marmontel ; *Europe*, mai 2000, comm. 149 ; *RTD eur.* 2002, n° 1, n° 110.

189. Si l'on se réfère aux solutions retenues par les tribunaux de pays occidentaux, on constate que souvent les locaux professionnels sont englobés dans la notion de domicile et bénéficient donc des garanties y afférentes. En Allemagne, les membres compétents de l'administration ont un droit d'accès aussi bien aux locaux professionnels qu'au domicile du contribuable. Il n'existe pas d'habilitation générale, mais un accès limité aux cas de présomption de fraude ou qui peut également s'effectuer dans le cadre d'un contrôle ordinaire. Le mandat de perquisition est obligatoire, aucune distinction n'étant faite quant à la nature des locaux. Ainsi, la jurisprudence allemande a interprété de manière large la notion de domicile en y englobant les locaux professionnels[489]. S'il y a emport des documents, ce n'est qu'en cas de fraude fiscale et là encore un mandat cette fois-ci de saisie est exigé. En revanche, au Canada, il est fréquent de trouver dans des lois fédérales et ontariennes, des dispositions prévoyant des perquisitions sans mandat quand il ne s'agit pas de résidences privées[490].

Il serait bien dans la perspective européenne d'harmonisation des procédures fiscales qu'un mandat judiciaire soit exigé en cas de perquisition fiscale dans des locaux professionnels. Ce qui concerne particulièrement des pays tels que la Norvège, le Portugal ou l'Irlande. On pourrait alors se rapprocher d'un « mandat de perquisition européen », comme il a pu en être question un moment en droit communautaire de la concurrence[491].

La protection des locaux professionnels peut aussi résulter du contenu de l'ordonnance judiciaire autorisant la perquisition, grâce à une délimitation précise des locaux pouvant faire l'objet d'investigations fiscales.

---

[489]Cour const. féd., 13 oct. 1971, *Entscheidungssammlungdes Bundesverfassungsrichts*, vol. 32, p. 54.

[490] Lois fédérales : loi sur les aliments et drogues, L.R.C 1985, ch. F-27, art. 23 ; Loi sur les stupéfiants, L.R.C. 1985 ch. N. 1 art. 10 ; C. Lopez, *Les pouvoirs d'investigation de l'Administration fiscale en France et au Canada*, L'Harmattan, 1997, p. 240

[491] *RTD eur*. 2002, n° 1, *op. cit.*, n° 111.

Sous-section 2. L'individualisation des locaux dans l'ordonnance d'autorisation

190. En requérant que l'ordonnance d'autorisation mentionne de façon précise les lieux soumis à la visite domiciliaire, le droit fiscal français limite le champ d'investigation des agents du fisc (**I**). Ce dernier peut sous certaines réserves s'étendre à des sociétés connexes (**II**) ou encore aux coffres bancaires du contribuable suspecté de fraude fiscale (**III**).

I. Une limitation du champ d'investigation des agents des impôts

191. L'article L. 16 B II pose le principe que « chaque visite doit être autorisée par une ordonnance (…) ». On a vu qu'un des griefs fait à la procédure prévue par la loi de finances pour 1984, était le fait qu'on puisse à la lecture du texte, penser qu'une autorisation générale du juge permettrait à l'administration de visiter tous les locaux autres que ceux d'habitation. La décision du Conseil constitutionnel du 29 décembre 1983 en condamnant un texte qui pouvait laisser libre cours à des autorisations judiciaires générales de perquisition, va dans le sens de la protection du contribuable. Car on sait que, dans les domaines où l'administration possède de larges pouvoirs contraignants, des définitions trop générales des prérogatives accordées et des conditions de leur mise en œuvre sont sources d'insécurité juridique et laissent la porte ouverte à d'éventuels abus. On peut donc considérer l'individualisation des locaux dans l'ordonnance[492], comme une garantie pour le contribuable perquisitionné et une limite au droit de perquisition tel que défini à l'article L. 16 B. En effet, il est dit dans cet article que le droit de perquisition peut-être exercer « en tous lieux même privés », ce qui est une définition pour le moins large et laissant à l'administration si l'envie lui en prenait de visiter toutes les habitations (habitation familiale, lieu professionnel, résidence secondaire…), sans que le contribuable suspecté de fraude puisse y trouver à redire.

---

[492] Le décret n° 90-799 du 10 septembre 1990 (*JO*, 11 sept. 1990, p. 11042) qui a incorporé dans le LPF diverses dispositions a précisé que l'ordonnance autorisant la visite domiciliaire comporte la désignation des lieux à visiter ainsi que le nom et la qualité des fonctionnaires chargés de l'opération.

Le droit pénal, en cas d'infraction flagrante, dispose que le procureur de la République, le juge d'instruction ou le plus souvent un officier de police judiciaire peuvent se transporter au domicile des personnes qui paraissent avoir participé à l'infraction, ou même « paraissent détenir des pièces ou objets relatifs aux faits incriminés » (art. 56 CPP). Quand il s'agit d'une perquisition effectuée dans le cadre de la procédure d'instruction, le périmètre d'investigation des officiers de police est plus vaste. L'article 92 du CPP autorise le juge d'instruction à se « transporter sur les lieux pour y effectuer toutes constations utiles ou procéder à des perquisitions ». L'article 94 du CPP ajoute que « les perquisitions sont effectuées dans tous les lieux où peuvent se trouver des objets dont la découverte serait utile à la manifestation de la vérité ».
En droit douanier, l'article 64 du Code des douanes prévoit que : « Pour la recherche et la constatation des délits douaniers, visés aux articles 414 à 429 et 459 du présent Code, les agents des douanes habilités à cet effet par le directeur général des douanes et droits indirects peuvent procéder à de visites en tous lieux, même privés, où les marchandises et documents se rapportant à ces délits sont susceptibles d'être détenus et procéder à leur saisie (…) ».
Enfin, en droit de la concurrence, s'agissant de l'enquête lourde, l'article L. 450-4 du Code de commerce indique que les enquêteurs peuvent procéder aux visites en tous lieux, ainsi qu'à la saisie de documents et de tout support d'information. En revanche, si c'est une enquête simple (art. 450-3 C. com. ; art. 47 Ord. 1er déc. 1986)[493] qui est mise en œuvre, les enquêteurs disposent du droit d'accès à tous locaux, terrains ou moyens de transport à usage professionnel, mais sans pouvoir « perquisitionner » les lieux en cause (art. 450-3 C. com. modifié par l'article 42 de la loi NRE).

192. La définition extensive du droit fiscal permet aux agents des impôts de visiter des locaux d'un tiers en relation avec le contribuable[494]. Cela peut-être un membre de sa famille, mais aussi un ami, un collaborateur,

---

[493] C. Gavalda et C. Lucas de Layssac, *Commentaire de l'ordonnance du 1er décembre 1986 relative à la liberté des prix et de la concurrence*, *ALD* 1988, p. 74, n° 120.
Cette enquête est souvent en pratique, le préalable à l'enquête dite lourde de l'article L. 450-4 du Code de commerce. C'est une enquête préliminaire selon les termes d'André Decocq et Michel Pédamon (A. Decocq et M. Pédamon, *L'ordonnance du 1er décembre 1986 relative à la liberté des prix et de la concurrence,* Litec, 1987, p. 33).

[494] En droit anglais cette possibilité existe aussi, mais est depuis la loi de finances pour 2000, rendue plus facile, car le juge pourra ordonner à la tierce personne de communiquer directement à l'administration les documents susceptibles de l'intéresser concernant l' « enquête » sur le fraudeur présumé. *Cf. infra* n° 409.

un dirigeant de société ou son conseil (avocat, notaire, conseil juridique et fiscal[495]). En ce sens, cette délimitation du périmètre d'investigation de l'administration fiscale et de ses agents paraît primordiale. On peut relever également que le Conseil constitutionnel a posé en matière de perquisitions, le principe que toute loi instaurant ce type de procédure doit limiter dans le temps l'accès aux locaux[496].

Un arrêt de la Chambre mixte de la Cour de cassation du 15 décembre 1988[497] a fait une application de ce principe, dans une affaire où le juge avait autorisé des agents de l'administration à procéder à une visite de locaux d'habitation. Dans la matinée, les agents avaient effectué la visite d'une cave, de retour l'après-midi, ils avaient fait ouvrir la porte aidé par un serrurier, puis avaient creusé le sous-sol. Le contribuable dans la même journée avait présenté une requête demandant la suspension des mesures de visite, en faisant valoir que la perforation et l'analyse du sous-sol de la cave qui avaient été effectuée ne rentraient pas dans le cadre des pouvoirs de l'administration, et qu'une seule des deux visites avait été autorisée par le juge. Celui-ci rejeta malgré tout la requête au motif que la perquisition de l'article L. 16 B du LPF est assimilable à la perquisition pénale, que le sous-sol peut-être assimilé aux murs de la cave et que la cave fait incontestablement partie des locaux d'habitation. Saisie d'un pourvoi, la Cour de cassation n'a pas suivi la position du juge du fond. Elle annula l'ordonnance autorisant la perquisition, au motif « qu'il ne résultait pas de la première ordonnance que le droit de creuser le sous-sol de la cave ait été conféré aux agents de l'administration des impôts ». En revanche, la chambre commerciale[498] a

---

[495] *Cf.* Cass. com., 30 oct. 1989, n° 1269 P (pour un cas de perquisition aux locaux du conseil de l'intéressé).

[496] Cons. const., Déc. n° 90-281 DC, 27 déc. 1990, *Rec.*, p. 91 ; *Les Petites Affiches*, 15 juill. 1992, n° 85, comm. D. Turpin.

En matière de procédure fiscale, aucun texte ne précise pour combien de temps l'autorisation de perquisition est donnée. La Cour de cassation ne s'est pas non plus prononcée sur ce point. Dans une affaire qui a donné lieu à un arrêt de la chambre commerciale le 21 mars 1989, le président du TGI avait jugé que son ordonnance devait être utilisée dans un délai d'un mois sous peine de devenir caduque.

[497] Cass., ch. mixte, 15 déc. 1988, *Maène, D.* 1989, IR 23 ; *RJF* 1989, p. 176 ; *Gaz. Pal.*, 19-21 mars 1989, p. 2, note A. Viala ; *DF* 1989, n° 9, comm. 412, note P. Dibout.

[498] Cass. com., 21 mai 1996, *Toumieux, DF* 1996, com. 996 ; *Bull. civ. IV*, p. 125 ; *RJF* 1996, n° 1025. À rapprocher de l'arrêt de la chambre criminelle du 15 octobre 1974 en matière pénale, qui considère qu'une perquisition effectuée dans une des résidences d'une personne ou dans les dépendances de cette résidence doit être considérée comme ayant lieu au domicile de ladite personne avec donc toutes les garanties que cela entraîne pour la personne suspectée ; *Bull. crim.*, 292.

estimé que le juge peut par une même ordonnance, donner l'autorisation d'effectuer des visites et saisies domiciliaires dans les locaux d'habitation et leurs annexes, non autrement désignés, dès lors qu'ils sont occupés par la personne visée par l'ordonnance comme étant cet occupant.

193. La solution rendue par la Cour de cassation le 15 décembre 1988 est originale à plus d'un titre. Elle différencie la perquisition fiscale de son homologue pénale. Car comme l'avaient fait remarquer à juste titre les juges du fond, la perquisition pénale[499] ne comporte pas de limitation préalable. La perquisition fiscale *a contrario*, sous peine de nullité de l'ordonnance l'autorisant, doit définir de manière précise les locaux dans lesquels elle peut s'exercer. L'article L. 16 B alinéa 3 va dans ce sens en exigeant que l'ordonnance du président du Tribunal de grande instance comporte l'adresse des lieux à visiter. On peut ramener cette exigence de précision à la charge du juge dans l'ordonnance qu'il délivre, à la jurisprudence exigeante de la Cour de cassation qui estime que le juge doit vérifier de manière concrète que l'autorisation demandée est bien fondée et qu'il doit motiver très sérieusement son ordonnance[500]. En droit de la concurrence, la loi exige également que l'ordonnance d'autorisation comporte la désignation précise des lieux où la visite est autorisée (Ord. art. 48 al. 2 : « la demande doit comporter tous les éléments d'information de nature à justifier la visite »).

La question de la perquisition de sociétés est tout aussi délicate, notamment dans l'hypothèse où il s'avérerait utile pour les agents des impôts d'étendre leurs recherches à des entreprises ayant des liens de connexité avec la société qui fait l'objet de l'ordonnance d'autorisation.

---

[499] Selon l'article 56 CPC qui vise le cas de crime flagrant, l'officier de police judiciaire peut se transporter au domicile du suspect pour rechercher et saisir des objets pouvant servir de preuve. Pour la chambre criminelle de la Cour de cassation (Cass. crim., 31 janv. 1914 : *S.* 1916. 1. 59) le terme domicile, au sens des articles 56 et 76 CPC ne signifie pas seulement le lieu où une personne a son principal établissement mais encore le lieu où, qu'elle y habite ou non, elle a le droit de se dire chez elle, quels que soient le titre juridique de son occupation et l'affectation donnée aux locaux. Les perquisitions non domiciliaires obéissent à des règles plus souples (ainsi des recherches effectuées au siège des personnes morales).
La protection du domicile est davantage renforcée en matière d'enquête préliminaire, car la perquisition ne peut-être opérée qu'avec l'accord express du particulier. On expliquera cette différence par la nature de la perquisition en cas de flagrance, où il serait étrange d'avoir à demander à la personne qui a été pris en commettant un délit, le droit de fouiller son domicile !

[500] Cass., ch. mixte, 15 déc. 1988, *op. cit.*

On peut alors se demander si le fisc détient le droit d'étendre son champ d'investigation à ces établissements.

II. La perquisition de sociétés ayant des liens de connexité

194. Le problème de la délimitation de la perquisition à des sociétés ayant des liens de connexité ou à des établissements secondaires s'est posé à la Cour de cassation. Elle a jugé le 29 novembre 1994[501], que dès lors que le président du tribunal a autorisé une visite unique dans les locaux situés, à la même adresse, de plusieurs sociétés présentant de nombreux liens de connexité, pour rechercher la preuve de la fraude fiscale de celles-ci, « il s'ensuit que l'autorisation de visite et de saisie est limitée aux locaux occupés à l'adresse susvisée par les personnes morales nommément désignées comme auteurs présumés de la fraude dont la preuve est recherchée » et que l'ordonnance est régulière. Dans un arrêt du 10 mars 1998, elle confirme cette jurisprudence en jugeant que l'ordonnance du président du Tribunal de grande instance peut viser une société qui a un établissement secondaire, à la même adresse qu'une autre société, dont l'objet social est connexe à celui de la première société et dont les coordonnées téléphoniques sont identiques à celles dudit établissement[502].

195. La perquisition des coffres bancaires du contribuable suspect susceptibles de contenir des éléments de preuve a également posé pendant longtemps problème.

III. La perquisition des coffres bancaires

196. Dans un arrêt du 21 mars 1989[503], la Cour de cassation avait jugé que devait être censurée l'ordonnance qui autorise plusieurs visites et

---

[501] Cass. com., 29 nov. 1994, *Sté Selff et a.* ; *Procédures* 1995, comm. n° 110.

[502] Cass. com., 10 mars 1998, n° 96-30.051 P, *Sté Agrisol*, *op. cit.*, note n° 163.

[503] Cass. com., 21 mars 1989, *Torrès-Duchêne*, *op. cit. Cf.* également dans la même lignée : Cass. com., 22 oct. 1991, *Mazière*; *RJF* 1991, p. 907 ; *DF* 1992, c. 624 et 625 ; *Bull. civ. IV*, p. 214, n° 309-310, où la Cour de cassation sanctionne l'ordonnance qui autorise sans autres précisions la visite du domicile de l'intéressé et de sa mère, de tous coffres en banque situés dans le ressort du TGI loués ou mis à la disposition de

saisies dans les locaux d'habitation du contribuable et sans autres précisions, la visite de tous coffres en banque situés dans le ressort du Tribunal de grande instance, loués ou mis à la disposition des personnes physiques ou morales visées. La loi de finances pour 1990 est venue considérablement simplifier les formes dans lesquelles peut être donnée l'autorisation de visite des coffres bancaires, sans pour autant supprimer l'exigence d'une autorisation préalable. Désormais, si à l'occasion d'une visite, les agents habilités découvrent l'existence d'un coffre dans un établissement de crédit dont la personne occupant les lieux visités est titulaire et où des pièces et documents se rapportant aux agissements frauduleux sont susceptibles de se trouver, ils peuvent sur autorisation délivrée par tout moyen[504] par le juge qui a rendu l'ordonnance, procéder de suite à la visite de ce coffre.

197. On perçoit bien à travers ces exemples, le rôle fondamental joué par la jurisprudence de la Cour de cassation quant à la délimitation des endroits à visiter. Le contrôle strict qu'elle exerce sur les précisions apportées par l'ordonnance autorisant la visite et saisie, vise à corriger les abus que pourrait entraîner la définition large de l'article L. 16 B. C'est une forme de protection du domicile ou tout au moins un des aspects de sa protection par le juge judiciaire. C'est également du point de vue de l'administration des impôts, un véritable frein à son pouvoir d'investigation. L'administration avait auparavant coutume, lorsqu'elle

---

l'intéressé et de tout véhicule stationné dans le même ressort appartenant à ou utilisé par lui.
On voit bien ici que, comme le coffre bancaire, la fouille d'un véhicule se trouvant en dehors du domicile doit faire l'objet d'une ordonnance spécifique. C'est bien la sanction des ordonnances « fourre-tout » qui est ici visée.
Dans le cas où il y a divers lieux à visiter occupés par des personnes différentes, la chambre commerciale de la Cour de cassation a décidé dans un arrêt *Carlill* du 16 décembre 1997 (*Bull. civ. IV*, n° 347; *RJF* 1998, n° 277), que le juge n'a pas l'obligation de rendre autant d'ordonnances qu'il y a de lieux à visiter, dès lors qu'il n'est pas contesté que l'ordonnance litigieuse a été notifiée à chacune des personnes concernées.

[504] *Cf.* Cass. com., 7 juin 1994, n° 92-20610, pour un exemple d'autorisation délivrée par téléphone, en présence d'un occupant des lieux et mentionnée dans le procès-verbal signé par les personnes concernées : « attendu que le coffre visité appartenait à une des personnes physiques ou morales occupant les lieux, que la visite a été autorisée par téléphone par le juge ayant autorisé les opérations et qu'elle s'est effectuée en présence d'un occupant des lieux dûment mandaté, mention de l'autorisation ayant été faite au procès-verbal ; qu'ainsi les prescriptions de l'article L. 16 B n'ont pas été méconnues ».

soupçonnait une fraude sans en avoir la preuve à aller saisir les pièces incriminantes dans le lieu où elles se trouvaient[505].

198. Enfin, on relèvera qu'en Espagne, l'autorité judiciaire est également dans l'obligation de préciser dans le détail, les circonstances spatiales (situation du domicile) et temporaires (moment et lieu), et dans la mesure du possible les personnes (propriétaires ou occupants du domicile)[506].

199. La perquisition domiciliaire en dehors de l'intervention du juge judiciaire dans l'enclenchement et le déroulement de la procédure est entourée d'autres « garde-fous » afin de protéger le droit à l'inviolabilité du domicile de l'intéressé. On peut citer par exemple, l'interdiction des perquisitions de nuit qui est une garantie fondamentale commune aux différentes branches du droit qui organisent des perquisitions domiciliaires. On la retrouve d'ailleurs en droit étranger (art. 13 Const. all.) comme limite aux pouvoirs des autorités compétentes. L'encadrement des heures où la visite domiciliaire peut avoir lieu est une garantie importante pour celui qui fait l'objet d'une telle procédure ; la visite ne pouvant avoir lieu qu'entre six heures et vingt et une heures (art. L. 16 B III LPF). La solution est identique en droit de la concurrence (art. L. 450-4 al. 7 C. com.). On retrouve ici, la retranscription de la règle posée par l'article 59 du Code pénal selon laquelle les perquisitions ne peuvent avoir lieu de nuit, c'est-à-dire avant 6 heures du matin ou après 21 heures. La règle de l'interdiction des perquisitions nocturnes est ancienne, car elle date de la fin du XVIIIe siècle avec la Constitution de l'an VIII (art. 76). Il existe néanmoins des exceptions à ce principe en matière pénale, dans des cas limitativement énumérés par la loi. Ainsi, comme certains l'ont rappelé lors du vif débat engendré par la loi n° 2004-204 du 9 mars 2004 dite Perben II (qui a pour objectif d'adapter « *la justice aux évolutions de la criminalité* » en France), les perquisitions de nuit (art. 706-89 à 706-94 CPP) ne sont pas une création nouvelle de la loi. Elles étaient déjà permises en « matière de terrorisme, de trafic de drogue et de proxénétisme sous certaines conditions variant selon le cadre procédural »[507]. La loi nouvelle a retouché le régime des perquisitions, que les forces publiques pourront

---

[505] J. Gosclaude et P. Marchessou, *Procédures fiscales*, *op. cit.*, p. 143.
[506] TC, n° 290/1994 et n° 181/1995 du 11 déc. 1995.
[507] J. Pradel, *Vers un « aggiornamento » des réponses de la procédure pénale à la criminalité. Apports de la loi n° 2004-204 du 9 mars 2004 dite Perben II, seconde partie*, *JCP* 2004, n° 20, p. 885

utiliser en cas de délits et de crimes commis en bande organisée. Cette règle semble d'ailleurs avoir une portée plus large que le simple domaine des visites domiciliaires. En atteste la jurisprudence civile, qui juge nul le procès-verbal de constat établi par un huissier de nuit au domicile d'un particulier[508], ainsi que l'article 664 du Code de procédure civile qui va dans le même sens.

Le Conseil constitutionnel s'est déjà prononcé sur la délicate question des perquisitions et saisies opérées de nuit dans le cas où un crime ou un délit susceptible d'être qualifié d'acte de terrorisme serait en train de se commettre ou viendrait d'être commis. Dans sa décision n° 93-377 DC du 16 juillet 1996[509], il jugea que ces opérations sont permises à la « condition que l'autorisation de procéder aux dites opérations émane de l'autorité judiciaire, gardienne de la liberté individuelle, et que le déroulement des mesures autorisées soit assorti de garanties procédurales appropriées (...) ». Cependant, « une fois l'autorisation accordée, les perquisitions, visites et saisies doivent être opérées sans délai ». De plus, la Cour suprême exclut la possibilité d'effectuer « des visites, perquisitions et saisies de nuit, pendant une période qui n'est pas déterminée de la loi, dans tout lieu, y compris dans les locaux servant exclusivement à l'habitation, en cas d'enquête préliminaire et au cours d'une instruction préparatoire, alors que d'une part le déroulement et les modalités de l'enquête préliminaire sont laissés à la discrétion du procureur de la République, ou sous son contrôle, des officiers et agents de la police judiciaire, et que d'autre part, dans l'instruction préparatoire, l'autorité déjà investie de la charge de celle-ci se voit en outre attribuer les pouvoirs d'autoriser, de diriger et de contrôler les opérations en cause, est de nature à entraîner des atteintes excessives à la liberté individuelle ». Le Conseil constitutionnel réservant donc aux seuls magistrats du siège, la possibilité d'autoriser ces perquisitions de nature « exceptionnelles ».

200. On citera enfin, la règle de l'assentiment de la personne dont le domicile va faire l'objet d'une perquisition. Ce principe existe en droit pénal où notamment dans le cadre de l'enquête préliminaire[510], l'intéressé doit être averti avant la perquisition, qu'il a le droit de s'y

---

[508] J. Carbonnier, *Les personnes*, pp. 152-153 ; Cass. crim., 17 févr. 1950, *D.* 50, 347.
[509] Cons. const., Déc. n° 96-337 DC, 16 juill. 1996, *op. cit.*
[510] *Cf.* pour plus de détails sur cette enquête, J. Buisson, *L'enquête préliminaire*, Rép. pén. Dalloz, 1999.

opposer[511]. En effet, l'article 76 CPP dit que « les perquisitions, visites domiciliaires et saisies de pièces à conviction ne peuvent être effectuées sans l'assentiment exprès de la personne chez laquelle l'opération a lieu. En revanche, ni en droit fiscal, ni en droit douanier, la visite domiciliaire n'exige le consentement du titulaire du domicile[512], alors que le droit fiscal espagnol, lui, le pose comme condition préalable[513].

---

[511] Néanmoins, la loi du 9 mars 2004 a apporté une dérogation au principe de l'assentiment en introduisant dans l'article 76 alinéa 4 du Code de procédure pénale, la possibilité « si les nécessités de l'enquête relative à un délit puni d'une peine d'emprisonnement d'une durée égale ou supérieure à cinq ans l'exigent, le juge des libertés et de la détention du Tribunal de grande instance peut, à la requête du procureur de la République, décider, par une décision écrite et motivée, que les opérations prévues au présent article seront effectuées sans l'assentiment de la personne chez qui elles ont lieu ».

[512] Cass. crim., 13 juin 1988, *Bull. crim.*, n° 267, p. 709.

[513] *Cf. supra* n° 121.

Chapitre 2. LE DROIT AU SECRET FISCAL DU CONTRIBUABLE

201. La protection des données confidentielles des citoyens à l'égard des administrations est devenue un sujet de préoccupation majeure de notre époque, surtout depuis le développement phénoménal de l'informatique ces dernières années. Les débats suscités à l'occasion de refonte de la loi sur l'informatique et les libertés de 1978 par la nouvelle loi « informatique et libertés » du 6 août 2004[514] (ayant pour cause l'obligation à laquelle la France est tenue, depuis 1998, de remanier la loi pour se mettre en conformité avec la directive européenne 95/46/CE du 24 octobre 1995 sur la protection des données personnelles) illustre cette préoccupation grandissante[515]. À ce titre, les échanges croissants de données informatisées (EDI) de nature fiscale au sein des administrations françaises, entre les administrations fiscales de différents pays (par le biais de conventions fiscales bilatérales ou de la directive européenne sur l'assistance administrative), entre l'administration fiscale et le citoyen (déclaration de revenus sur Internet) ou encore la constitution de fichiers par les services fiscaux intéressent au premier chef les droits des contribuables (avec notamment la question de la preuve de l'échange des données)[516]. Enfin, il faut souligner le rôle des groupes d'intervention régionaux (GIR) comme source non négligeable de renseignement pour l'administration, à travers le croisement d'informations sur le terrain[517].

---

[514] *JO*, 8 août 2004.

[515] La CNIL perd une part importante de son pouvoir de contrôle sur les fichiers publics. La création de fichiers de sécurité (police, gendarmerie, renseignements généraux…) ne sera plus suspendue à son aval. Elle rendra un avis consultatif, qui sera publié au *Journal officiel*, mais n'influera pas, *in fine*, sur la création de ces fichiers. Les fichiers constitués par le secteur privé et les collectivités locales pourraient, eux aussi, échapper au contrôle *a priori* de l'autorité indépendante.

[516] *Cf.* J.-P. Le Gall, *Fiscalité et échanges de données informatisées (EDI)*, *JCP E* 1996, n° 21, pp. 212-216.

[517] C'est une circulaire interministérielle du 22 mai 2002 qui a créé 28 Groupes d'Intervention Régionaux (GIR). Composées de policiers, de gendarmes, de fonctionnaires des impôts et des douanes, ces structures sont destinées à lutter contre toutes les formes de trafic et de délinquance souterraine. *Cf.* T. Lambert et D. Turpin (sous la direction de), *Les groupes d'intervention régionaux*, L'Harmattan, 2005, 278 p.

En Espagne, la création de tels fichiers est strictement encadrée par la loi afin de protéger la vie privée des contribuables. Un organe indépendant, l'Agence de protection des données (*Agencia de Proteccion de Datos*) veille à ce qu'il n'y ait pas d'abus de la part de l'administration fiscale.

202. La confidentialité des données est garantie par plusieurs textes en droit interne. La loi n° 78-17 du 6 janvier 1978 dite « informatique et libertés » dispose notamment que la collecte de données opérée par tout moyen frauduleux, déloyal ou illicite est interdite, et que toute personne a le droit de s'opposer pour des raisons légitimes à ce que des informations nominatives la concernant fassent l'objet d'un traitement. Elle ajoute également que « l'informatique ne doit porter atteinte ni à l'identité humaine, ni aux droits de l'homme, ni à la vie privée, ni aux libertés individuelles ou publiques » (art. 1er)[518]. Cette protection est renforcée par une directive européenne n° 95/46/CE du 24 octobre 1995 relative à la protection des personnes physiques s'agissant du traitement des données à caractère personnel et à la libre circulation de ces données[519]. La loi du 17 juillet 1978 sur la liberté d'accès aux documents administratifs permet quant à elle, à toute personne de connaître les informations contenues dans un document dont les conclusions lui sont opposées, sous certaines réserves.

203. La question de la confidentialité en droit fiscal est la traduction des intérêts contraires de l'administration et du contribuable en la matière. La première cherche à obtenir le maximum d'informations sur la vie privée du contribuable afin de vérifier si sa situation patrimoniale est bien conforme aux revenus déclarés. Alors que le deuxième désire avant tout protéger sa vie privée, en essayant de soustraire le maximum de données confidentielles du champ d'investigation du fisc. Le fait que les institutions fiscales, comme les institutions religieuses, ont à gérer des informations confidentielles, protégées par « le secret fiscal », explique que le droit fiscal est parmi les branches juridiques une de celles qui aime le plus le secret et qui privilégie la discrétion[520]. Ce secret est bénéfique au contribuable qui est certain de ne pas voir révéler à un tiers

---

[518] *D.* et *BLD* 1978.77.

[519] *JOCE L* 280, 23 nov. 1995.

[520] En ce sens : C. David, *Réflexions sur les aspects processuels de la justice fiscale*, *op. cit.*, p. 221 : « (…) il existe en matière fiscale une tendance marquée au secret, imposée par la loi aux inspecteurs fiscaux ou à de nombreux conseils fiscaux ; ce secret est renforcé par le fait que les méthodes d'évasion fiscale ou de contrôle de cette évasion fiscale sont en quelque sorte des « secrets de fabrique » soigneusement gardés dans le cadre administratif ou privé, que ce soit en France ou à l'étranger ».

des informations ou données relatives à sa vie privée. Cependant, ce linceul couvrant les actions de l'administration fiscale est dans d'autres cas regrettable car, engendrant une certaine méfiance envers le Ministère de l'Économie et des finances perçu comme une forteresse opaque.

204. Si le droit au secret fiscal du contribuable revêt aujourd'hui une importance particulière c'est en raison de deux éléments : d'une part, l'accroissement des flux d'informations qu'il doit fournir à l'administration des impôts du fait de l'augmentation de la base imposable dans les années 70 et d'autre part, le développement cette dernière décennie de la législation visant à protéger l'information et la vie privée, en raison de l'accroissement du commerce électronique et des transferts d'informations par des moyens électroniques. Mais si la règle du secret fiscal est inscrite dans le droit français (art. L. 103 et s. LPF), elle n'a pourtant jamais été consacrée par le Conseil constitutionnel. Ce qu'il aurait pu pourtant faire à travers le droit au respect de la vie privée[521]. Finalement, le secret en matière fiscale peut être envisagé sous deux angles :

- celui de l'administration fiscale, à qui on reproche sempiternellement son opacité et le secret qui entoure son action[522] ;

- ou celui du contribuable qui réside dans l'étude des garanties existantes afin d'assurer à celui-ci le respect des informations relatives à sa vie privée lors de la mise en œuvre par le fisc de procédures de contrôle.

Ces deux facettes du secret en droit fiscal ne s'excluent toutefois pas. L'obligation qui incombe aux agents du fisc de garder secrètes les informations dont ils ont eu connaissance à l'occasion de l'exercice de leur mission s'incorpore dans le *corpus* des droits visant à protéger la vie privée du contribuable. Ainsi, le droit fiscal espagnol à travers l'obligation de réserve de l'administration fiscale établit le droit pour le contribuable à ce que l'administration soit discrète sur les informations obtenues à des fins fiscales. Celles-ci ne pouvant être utilisées que pour l'application de l'impôt et ne pouvant être communiquées à des tiers que dans des cas énumérés par la loi comme la recherche de délits publics, ou dans le cadre de collaboration avec d'autres administrations dans le cas de la lutte contre la fraude[523].

---

[521] *Cf. supra* n° 52 et s.
[522] *Cf.* T. Lambert, *L'administration fiscale et le secret*, *BF* 2005, n° 6, pp. 447-453.
[523] Charte du contribuable espagnol (version de 1996), p. 33 ; art. 3 g) et 18 de la loi de 1998 sur les droits du contribuable.

205. Le droit au secret présente deux aspects que Jacques Robert a qualifiés de « droit au secret de l'être » et de « droit au secret de l'avoir ». Le premier peut être défini comme « le droit qui appartient à chaque individu de s'opposer à la captation et à la divulgation de son image ou de sa voix, ou de renseignements relatifs à sa vie privée »[524]. Le second est le droit qui protège des informations ou données à caractère patrimonial ou financier d'un individu ou de sa famille. C'est ce second aspect du droit au secret du contribuable qui est susceptible d'atteintes en droit fiscal, lors de la mise en œuvre par le fisc des procédures de demandes de justifications et de renseignements, d'échanges de renseignements ou du droit de communication. Mais les atteintes au « secret de l'avoir » peuvent aussi être le fait d'organismes privés en cas de divulgation des revenus et du patrimoine d'un individu[525]. Ainsi dans la célèbre affaire du Canard enchaîné, les juges avaient du en matière fiscale répondre à la question de la conciliation du droit au respect de la vie privée ou à la tranquillité qui englobe le fait de ne pas voir divulguer l'état de sa fortune ou de ses dettes[526] avec la liberté de la presse ou le droit à l'information.

206. Si le secret fiscal est la première source de protection des données confidentielles du contribuable qu'il soit une personne physique ou une personne morale (**Section 1**), il existe cependant de nombreuses exceptions souvent justifiées par le principe d'égalité devant l'impôt qui permettent à l'administration fiscale de s'approprier ces informations (**Section 2**).

Section 1. Le secret fiscal

207. Ce droit au secret fiscal du contribuable est assuré essentiellement par l'obligation au secret, auxquels sont assujettis les agents du fisc (concernant les informations communiquées lors de l'exercice de leur mission) ainsi que les avocats et les médecins (**Sous-section 1**). Il est

---

[524] G. Lebreton, *Libertés publiques et droits de l'homme*, *op. cit.*, p. 301.

[525] CEDH, 21 janv. 1999, *Fressoz et Roire c/ France, RTDH* 1999, pp. 673-694, note C. Bigot, R. Marie ; F. Deboissy et J.-C. Saint-Pau, *La divulgation d'une information patrimoniale, à propos de l'affaire Calvet, D.* 2000, chron. 267 ; *RJF* 1999, n° 367 ; *Gaz. Pal.*, 25-27 juill. 1999, p. 18, note P. Lambert ; *Les Petites Affiches*, 4 août 1999, n° 154, note R. Marie ; *JCP* 1999. II.10120, note E. Derieux ; E. Mignon, *Y a-t'il encore un secret fiscal ? RJF* 1999, p. 178.

[526] J. Carbonnier, *Les personnes*, p. 156.

également assuré dans l'environnement international par le droit au secret des informations transmises lors des échanges de renseignement entre administrations fiscales étrangères (**Sous-section 2**).

Sous-section 1. Le secret professionnel, une limite aux pouvoirs de l'administration fiscale

208. Émile Garçon, à la fin du siècle dernier, dans son commentaire de l'article 378 du Code pénal, avait donné une définition imagée du secret professionnel : « Le bon fonctionnement de la société veut que le malade trouve un médecin, le plaideur un défenseur, le catholique un confesseur, mais ni le médecin, ni l'avocat, ni le prêtre ne pourraient accomplir leur mission si les confidences qui leur sont faites n'étaient assurées d'un secret inviolable. Il importe donc à l'ordre social que ces confidents nécessaires soient astreints à la discrétion et que le silence leur soit imposé sans condition ni réserve, car personne n'oserait plus s'adresser à eux si l'on pouvait craindre la divulgation du secret confié. Ce secret est donc absolu et d'ordre public. »[527]

209. Le droit au secret professionnel a été consacré pour la première fois en droit français à travers l'article 378 du Code pénal de 1810 : « Les médecins, chirurgiens et autres officiels de santé ainsi que les pharmaciens, les sages-femmes et toutes autres personnes dépositaires, par état ou profession ou par fonctions temporaires ou permanentes, des secrets qu'on leur confie, qui, hors le cas où la loi les oblige à se porter dénonciateurs auront révélé ces secrets, seront punis d'une peine d'emprisonnement d'un mois à six mois et d'une amende de 900 à 19000 F. » Deux catégories émergent du texte, les professionnels de la santé et les autres personnes tenues. Cette dernière catégorie a été explicitée par la jurisprudence.

210. Le nouvel article 226-13 dispose qu'est tenue au secret professionnel, la personne dépositaire du secret soit par état, soit par profession, soit en raison d'une fonction ou d'une mission temporaire. L'idée étant « que le secret professionnel est fait pour ceux dont la fonction ou la profession provoque et exige la confiance du public »[528]. La jurisprudence a déclaré qu'étaient notamment tenus au secret les

[527] E. Garçon, *« Code Pénal français annoté » de 1810*, Recueil Sirey, 1959, 52 p.
[528] M.-L. Rassat, *Droit pénal spécial*, 4e éd., Dalloz, 2003, p. 437.

ministres du culte[529], les avocats[530] et les avoués[531], les notaires[532], et les gradés de police[533]. En ce qui concerne les faits à ne pas révéler, le nouveau Code ne vise que la révélation « d'une information à caractère secret ». La jurisprudence avait pourtant étendu l'obligation de silence à tout ce qu'un professionnel pouvait avoir appris en cette qualité, même s'il ne s'agissait pas de choses secrètes de par leur nature[534]. La loi plus restrictive semble pourtant exiger un secret au sens exact du terme[535].

211. La jurisprudence du Conseil constitutionnel que cela soit en matière fiscale ou pénale est basée sur la dialectique suivante : comment assurer la conciliation entre d'une part, la prévention des atteintes à l'ordre public et à la recherche des auteurs des infractions, toutes deux nécessaires à la sauvegarde de droits et de principes à valeur constitutionnelle et d'autre part, l'exercice des libertés constitutionnellement garanties. On a pu voir comment le Conseil constitutionnel avait procédé pour atteindre l'équilibre tant voulu en matière de perquisitions fiscales[536].

212. La Cour de cassation s'est référée au principe du secret professionnel dans de nombreuses décisions, changeant au cours du temps de formulation tout en restant fidèle à celui-ci. « En imposant à certaines personnes, sous sanction pénale, l'obligation du secret comme un devoir de leur état, le législateur a entendu assurer la confiance qui s'impose dans l'exercice de certaines professions »[537] ou encore « ce que la loi a voulu garantir, c'est la sécurité des confidences qu'un particulier est dans la nécessité de faire à une personne dans l'État ou la profession, dans un intérêt général d'ordre public, fait d'elle un confident nécessaire »[538]. Pour certains, il conviendrait de reconnaître la valeur juridique la plus élevée au principe, car il procèderait de l'intérêt général, étant porteur « d'un enjeu social pour ce qu'il représente de

[529] Cass. crim., 4 déc. 1891, *S.* 1892. 1.473, rap. Salantin, note Villey.
[530] Cass. crim., 18 juin 1835, *S.* 1835. 1.920 ; 18 sept. 2001 ; *Dr. pén.* 2002, n° 16.
[531] Cass. crim., 20 mai 1899, *D.* 1900. 1.25.
[532] Cass. crim., 7 avr. 1870, *D.* 1870.1.185 ; 3 mars 1938 ; *S.* 1938.1.209, note Rousseau ; CA Paris, 13 juill. 1973 ; *D.* 1974. 16, note Sallé de la Marnière.
[533] Cass. crim., 4 avr. 1924, *DH* 1924. 329.
[534] Cass. crim., 4 déc. 1981, *D.* 1982.1.139 : il a été ainsi jugé que le prêtre est tenu au secret pour toutes les confidences qui lui sont faites même s'il les recueille en dehors de la succession.
[535] M.-L. Rassat, *ibid.*, p. 440.
[536] *Cf. supra* n° 76 et s.
[537] Cass. crim., 15 déc. 1885, *Watelet*, *DP* 1886. I. 347*;* *S.* 1886.1.86, rapport Tanon.
[538] Cass. crim., 19 nov. 1985, *Bull. crim.*, n° 364.

confiance indispensable à certaines relations »[539]. Une protection effective du secret professionnel est également l'assurance dans un État d'une meilleure indépendance de l'avocat[540].

213. C'est l'article 8 de la Convention européenne de sauvegarde des droits de l'homme qui constitue le socle en droit européen du droit au secret professionnel : « Toute personne a droit au respect de sa vie privée et familiale, de son domicile et de sa correspondance ».

La Cour a d'ailleurs expressément reconnu ce principe dans deux arrêts célèbres[541]. Dans d'autres États membres de l'Union européenne, le secret professionnel s'est vu reconnaître une valeur constitutionnelle. Ainsi l'article 20-1 d) de la Constitution espagnole précise que la loi définira « le droit à l'invocation de la clause de conscience et au secret professionnel » dans l'exercice des libertés « de communiquer ou de recevoir librement une information véridique par n'importe quel moyen de diffusion ». Le Tribunal constitutionnel espagnol a d'ailleurs reconnu le secret professionnel des avocats dans une décision du 20 juin 1994[542].

Dans certaines législations, la protection du secret professionnel s'oriente vers la défense de la vie privée, dans d'autres, c'est davantage la dimension publique et institutionnelle qui prévaut. Dans le droit anglais, le secret professionnel n'est pas réglementé de façon générale, quoique son existence puisse déboucher sur les concepts de « *legal privilege* » conférés aux professions juridiques, et de « *confidentiality* » appliquée à d'autres professions. Dans le cas de l'Allemagne, la loi établit la liste des professions soumises au secret.

En dehors de l'Union européenne, la Cour suprême du Canada a rappelé récemment le statut constitutionnel du secret professionnel de l'avocat dans la décision *Maranda c/ Richer* du 14 novembre 2003 : « La jurisprudence de notre Cour a constamment renforcé le secret professionnel de l'avocat. Elle refuse désormais de la traiter comme une simple règle de preuve ou de procédure. Elle y voit maintenant un

---

[539] Yves Mayaud, *D.* 2001, chron. 3454 et s.

[540] L'indépendance des avocats étant assurée « grâce à un libre accès à la profession, à l'autonomie des organes disciplinaires, **la protection du secret professionnel,** le libre choix des avocats, le respect de tous les principes qui régissent notre profession, selon les règles et les usages de chaque Etat », Remo Danovi, *Essais sur la déontologie*, Bruxelles, Nemesis et Bruylant, 2002, p. 142.

[541] CEDH, 16 déc. 1992, *Niemietz c/ Allemagne*, *op. cit.*, *D.* 1993, som. 386, obs. Renucci ; *JDI* 1993, 755, obs. Decaux et Tavernier ; *RTDH* 1993. 467 ; *Gaz. Pal.*, 24 juin 1993, p. 2, note Junoza-Zdrojewski ; 25 févr. 1993, *Funke c/ France*, *op. cit.*, *D.* 1993, p. 457, obs. J. Pannier ; *D.* 1993, somm. 387, obs. Renucci.

[542] TC, pleno, S 20-06-1994, n° 183/ 1194, *STC* n° 115/2000 ; 5 mai 2000.

principe général de droit substantiel. Au principe de confidentialité qu'établit ce privilège, elle ne tolère, dans le contexte du droit pénal, que des exceptions limitées, clairement définies et strictement contrôlées. Cette jurisprudence tend à éviter que l'avocat ne devienne, même involontairement, une ressource pour la poursuite criminelle contre son client et ne compromette ainsi la protection constitutionnelle dont celui-ci jouit contre l'auto incrimination. »[543]

214. Ainsi, les agents du fisc ne sont pas les seuls tenus de respecter le secret fiscal (**I**), l'avocat ou le médecin sont également, à travers leur obligation au secret professionnel, astreints à ne pas communiquer certaines informations relatives à leurs clients, quand ils font l'objet d'un contrôle fiscal (**II**).

I. L'obligation au secret professionnel des agents des impôts

215. Le principe est que les services fiscaux ne doivent pas divulguer des renseignements qu'ils auraient en leur possession sur un contribuable, à des tiers. Cette règle trouve à s'appliquer par exemple dans le cas de la procédure de l'avis à tiers détenteur (ATD)[544]. La doctrine administrative précise ainsi que l'ATD ne doit contenir aucune information permettant de renseigner le tiers (celui qui fait l'objet de l'ATD) sur l'importance des affaires du débiteur fiscal et ne doit pas préciser la nature des impositions dont le paiement est réclamé[545]. Cette règle est également valable s'agissant des experts sollicités par l'administration des impôts (art. L. 103 A LPF).

216. Cette obligation au secret professionnel est prévue dans les législations d'autres pays de l'Union européenne, tels que l'Espagne ou la Grande-Bretagne. Dans le premier cité, le chapitre VI de la Charte des droits et garanties du contribuable de 1995 dispose que la confidentialité des informations fiscales est une garantie pour le contribuable (*El contribuyente tiene derecho a que la Administracion observe los limites*

[543] 2003 *CSC* 67. *Cf.* pour la jurisprudence antérieure : 2 mars 2000, *R. c. McClure*, 2001 *CSC* 14; 28 mars 2002, *R. c. Brown*, 2002 CSC 32; 12 sept. 2002, *Lavallee, Rackel & Heintz c. Canada*; *White, Ottenheimer & Baker c. Canada; R. c. Fink*, 2002 *CSC* 61.

[544] Pour plus de détails sur l'avis à tiers détenteur, *Cf. infra* n° 363 et s.

[545] DGI, Documentation de base, Action en recouvrement, 12 C 2222, n° 14.

impuestos legalmente a su facultad de requerir informacion y guarde la debida reserva acerca de los datos obtenidos para fines tribuarios)[546]. L'administration est ainsi tenue à une obligation de réserve en ce qui concerne les renseignements obtenus à des fins fiscales (art. 95 *LGT*[547]). En Grande-Bretagne, l'administration fiscale sauf autorisation légale contraire ne possède pas le droit de communiquer des informations sur le contribuable à des tiers. Le *Code of practice* n° 8 (*Special Compliance Office investigations - Cases where serious fraud is not suspected*) dans un souci de protection de la confidentialité des données, dispose ainsi que les agents de l'administration feront preuve de discrétion, s'ils ont besoin de recueillir des informations sur le contribuable ou sur ses affaires, auprès de personnes physiques ou de sociétés[548]. C'est pourquoi le personnel travaillant pour l'*Inland Revenue* doit à travers une déclaration personnelle, jurer de respecter le secret fiscal. En Italie, la Constitution elle-même (dont découle l'article 68 du décret n° 600/73) fonde l'obligation pour les autorités fiscales au secret concernant toute information et communication relative à la vérification des impôts du contribuable[549].

Il convient toutefois au préalable d'opérer la distinction entre l'obligation de discrétion professionnelle et l'obligation au secret fiscal **(A)**, avant de circonscrire l'étendue de celle-ci **(B)**.

A. La distinction entre l'obligation au secret fiscal et l'obligation de discrétion professionnelle

217. L'obligation des agents du fisc se double d'une obligation de discrétion professionnelle. En effet, les agents de l'administration sont tenus à une obligation de discrétion professionnelle (art. 26, L. n° 83-634, 13 juill. 1983). En vertu de l'article 23 de cette loi, les agents

[546] Charte du contribuable espagnol (version de 1996), p. 30.
[547] « Art. 95 : *Carácter reservado de los datos con trascendencia tributaria.*
1. *Los datos, informes o antecedentes obtenidos por la Administración tributaria en el desempeño de sus funciones tienen carácter reservado y sólo podrán ser utilizados para la efectiva aplicación de los tributos o recursos cuya gestión tenga encomendada y para la imposición de las sanciones que procedan, sin que puedan ser cedidos o comunicados a terceros, salvo que la cesión tenga por objeto* (…) ».
[548] « *We will be discreet if we need to ask other people or organisations for information about you or your business during our investigation*".
[549] P. Pistone, *Les limites à l'utilisation des informations fiscales et la protection du contribuable en droit italien, L'Année fiscale* 2003, pp. 195-196.

des impôts doivent s'abstenir de communiquer à des tiers toute information ou tout document ayant trait à l'activité de caractère purement administratif de leur service, indépendamment des renseignements qui, relatifs aux personnes ou aux intérêts privés, sont couverts par le secret professionnel. Cette interdiction vaut également vis-à-vis d'autres fonctionnaires du service, qui n'ont pas à connaître ces informations dans le cadre de leur propre mission. Il n'y a pas lieu dès lors de distinguer selon le caractère plus ou moins confidentiel des faits, informations ou documents, ni selon que l'agent en a eu connaissance par lui-même ou par l'intermédiaire de tiers. En cas de violation de l'obligation, les agents des impôts engageraient leur responsabilité civile, dans le cas où l'indiscrétion aurait causé à l'administré un préjudice certain, et dans la mesure où il y aurait une faute personnelle détachable de l'exercice de leurs fonctions. Ils s'exposeraient également à l'application de sanctions disciplinaires[550]. Le fait de porter à la connaissance de tiers un enregistrement ou un document se rapportant à la vie privée d'autrui est d'ailleurs sanctionné pénalement (art. 226-2 CP).

218. Le secret fiscal est l'équivalent en droit fiscal du secret des affaires. On entend ainsi le fait que, sauf exceptions prévues par la loi, il ne soit pas organisé de publicité de la situation fiscale des contribuables. Pour justifier cette règle, on avance le fait que parce que le commerce juridique entre les personnes privées, les rigueurs de la concurrence, impliquent un minimum de discrétion, l'impôt doit être secret. Cependant, ce principe n'a plus une valeur absolue puisque, d'une part, des mesures de publicité fiscale sont organisées aux termes des articles L. 111 et suivants complétés par les articles R. 111-1 et suivants du Livre des procédures fiscales[551]. Et parce que, d'autre part, cette règle est inopposable au juge (art. L. 201 LPF)[552]. D'ailleurs, les arrêts rendus par

---

[550] CE, 6 mars 1959, *Faucheux, RD Publ.* 1953, note M. Waline : transmission d'une information à des agents de l'administration non autorisés à en connaître ; 15 févr. 1961, *Dame Métivier* : transmission d'une information à des tiers ; 28 févr. 1964, *Carbonnel* ; 12 mai 1997, *M. Bourdiec,* n° 132477, non publié au Recueil Lebon : transmission d'une information par voie de presse.

[551] *Cf. infra* n° 325 et s.

[552] Art. L. 201 : « Les documents et pièces que l'administration a joint au dossier du litige devant le tribunal administratif et qui concernent les entreprises ou personnes nommément désignées ne peuvent porter que sur des moyennes de chiffre d'affaires ou de revenus, de façon à respecter le secret professionnel, sauf lorsqu'ils portent sur des indications qui doivent être mises à la disposition du public par dépôt au greffe du tribunal de commerce.

le Conseil d'État en matière d'impôt sur le revenu le sont en séance publique, depuis quelques années[553].

Néanmoins, si l'obligation au secret fiscal fait l'objet de nombreux empiétements législatifs, l'obligation au secret professionnel à laquelle sont astreints les agents des impôts a un champ d'application large afin de protéger au mieux la vie privée du contribuable.

B. Portée de l'obligation

219. L'obligation au secret professionnel à laquelle sont soumis les agents de l'administration large est à cet effet relativement étendue **(§1)**. Cette volonté de protéger les informations relatives à la situation patrimoniale du contribuable se trouve renforcée par les sanctions qu'encourent ces mêmes agents en cas de violation de l'article L. 103 du LPF **(§2)**.

§1) *Une obligation apparemment étendue*

220. En raison des pouvoirs importants qui leur sont reconnus par la loi, les agents des impôts sont astreints au secret professionnel dans les termes des articles 226-13 et 226-14 du Code pénal (art. 103 LPF). Cette obligation s'étend à toutes les personnes appelées à l'occasion de leurs fonctions ou de leurs attributions à intervenir dans l'assiette, le contrôle ou le recouvrement ou le contentieux des impôts de toute nature prévus par le Code général des impôts. L'article 103 prévoit également que toutes les informations recueillies à l'occasion de ces opérations sont protégées par ce secret professionnel : « Pour les informations recueillies à l'occasion d'un examen contradictoire de la situation fiscale personnelle, l'obligation au secret *nécessaire au respect de la vie privée* s'impose au vérificateur à l'égard de toute personnes autres que celles ayant, par leurs fonctions, à connaître du dossier ».

Le tribunal administratif, s'il le demande à l'audience, reçoit pendant le délibéré, pour son intime conviction, communication intégrale en chambre du conseil de tous documents ou pièces concernant les entreprises ou personnes nommément désignées ».

[553] *Cf. infra* n° 910 et s.

Cette obligation est fondamentale en ce qu'elle est, comme l'affirme l'article 103, nécessaire au principe du respect de la vie privée. En cela, elle constitue le socle, la pierre angulaire du régime juridique relatif à la protection de la vie privée du contribuable.

221. Le secret fiscal de l'article L. 103 n'est pas absolu, mais relatif, car il s'applique non pas à l'information elle-même, mais à la qualité de la personne ayant connaissance de l'information. C'est ainsi que la presse n'est pas tenue de garder certaines informations secrètes comme les revenus d'un dirigeant d'entreprise[554]. Toutefois la violation par les agents des impôts du secret professionnel, les feraient encourir des sanctions de nature pénale et civile et serait susceptible de mettre en cause la régularité de la procédure d'imposition.

§2) *Les sanctions encourues en cas de méconnaissance du secret professionnel*

222. Les sanctions prévues par la loi en cas de méconnaissance du secret professionnel de l'article L. 103 du LPF par l'agent vérificateur sont de deux sortes. La première va porter sur la responsabilité pénale et civile de celui-ci, alors que la seconde concerne la régularité de la procédure d'imposition.

223. Le principe est que l'agent des impôts doit prendre garde à ne pas révéler aux tiers des éléments déclarés par le contribuable. Ainsi lors de l'envoi d'une demande de renseignements, il ne doit pas demander à un employeur de « confirmer » des salaires déclarés par son employé. Dans le cas contraire, il peut engager sa responsabilité pénale, car selon l'article 226-13 du Code pénal « la révélation d'une information à caractère secret par une personne qui en est dépositaire soit par état ou par profession, soit en raison d'une fonction ou d'une mission temporaire, est punie d'un an d'emprisonnement et de 15 000 euros d'amende ». Ainsi que civile, dans les conditions de droit commun (art. 1382 C. civ.) en cas de manquement à l'obligation au secret professionnel.

---

[554] CEDH, *Fressoz et Roire c/ France*, 21 janv. 1999, *op. cit.* La solution est identique pour le secret de l'instruction de l'article 11 du CPP : CA Paris, 11e ch., 14 déc. 1988, *Légipresse*, n° 65, III, 81. *Cf.* D. Mayer, *L'information du public par la presse sur les affaires en cours d'instruction*, *D.* 1995, chron., p. 80.

224. Les sanctions sont de même nature en Allemagne dans l'hypothèse où l'agent des impôts manquerait à son obligation au secret fiscal (s. 30 *AO* ; art. 2 Const. all.). Il sera passible de sanctions pénales et pourra voir sa responsabilité civile engagée par le contribuable qui estime avoir subi un préjudice (s. 839 *BGB* ; art. 34 Const. all.). En Grande-Bretagne, l'utilisation de données personnelles sans le consentement du contribuable, expose également le contrevenant à des poursuites pénales (*FA* 1989, s. 182).

225. En cas de non-respect du secret professionnel relatif aux informations recueillies en application de l'article L. 287 al. 2 du LPF à l'occasion des opérations de collecte, de conservation et d'échange des numéros d'inscription au répertoire national d'identification des personnes physiques entre la direction générale des impôts, la direction générale de la comptabilité publique et la direction générale des douanes, ce sont des peines spécifiques prévues par l'article 226-1 du Code pénal[555] (cinq ans d'emprisonnement et 300 000 euros d'amende) qui s'appliquent.

226. En dehors de la responsabilité pénale ou civile de l'agent en cause, se pose la question de savoir si la violation du secret professionnel entache la régularité de la procédure de vérification. Selon une jurisprudence constante, la méconnaissance par le vérificateur de l'obligation au secret professionnel à laquelle il est tenu dans l'exercice de ces fonctions, est sans incidence sur la régularité de vérification et sur le bien-fondé de l'imposition. Et cela, même si la violation est établie[556]. Ainsi, la Cour administrative d'appel de Lyon dans un arrêt du 25 février 1993, où le contribuable faisait état du fait que son adversaire politique aurait été en possession d'un document du Ministère du Budget relatif au contrôle fiscal et aux impositions supplémentaires dont il avait fait

---

[555] Sur renvoi de l'article 1753 *bis* B du CGI : « Tout contrevenant à l'obligation prévue au deuxième alinéa de l'article L. 287 du Livre des procédures fiscales est puni des peines mentionnées à l'article 226-21 du Code pénal ».

[556] CE, 25 juill. 1980, n° 10. 898, *RJF* 1980, p. 476 ; 20 mars 1985, n° 45. 589, *RJF* 1985, p. 398 ; 10 avr. 1991, n ° 64. 886, *DF* 1991, c. 1720 : « Considérant, enfin, que M. BOUSE s'étant placé en situation de taxation d'office de son revenu global, l'argument tiré de la violation du **secret professionnel** qu'aurait commise le vérificateur en consultant au cours de la vérification de comptabilité les dossiers de M. Bouse est inopérant » ; 16 déc. 1992, n° 58. 791 ; *RJF* 1993, n° 175 : « Considérant, enfin, que la méconnaissance par le vérificateur de l'obligation de **secret professionnel** à laquelle il est tenu dans l'exercice de ses fonctions, en admettant même qu'une telle violation soit établie, est sans incidence sur la régularité de la procédure d'imposition ».

l'objet, a estimé que la violation probable du secret professionnel par un agent de l'administration fiscale n'avait aucune incidence sur la régularité de la procédure de vérification et donc d'imposition[557].

227. Pour le Conseil d'État qui s'en tient à une application stricte de la loi, cette violation ne figure pas parmi les causes limitativement énumérées de la procédure d'imposition. Solution critiquable à notre sens, car comment comprendre que l'emport d'un document comptable lors d'une vérification de comptabilité emporte nullité de la procédure[558], alors que la violation du secret professionnel de l'article 103 du LPF par un agent des impôts n'entraîne pas la même sanction. La faute commise nous paraît être de la même gravité dans les deux cas.

228. Il n'empêche que l'on peut penser que dans une affaire où l'administration aurait commis une entorse à l'article 103, que le contrôle en résultant serait fragilisé et les impositions éventuelles abandonnées[559]. Ce qui constitue néanmoins une maigre et hypothétique consolation comparée à la sanction normale d'une telle violation qui ne peut être que la nullité, au regard de l'irrégularité manifeste de la procédure. De plus, la justification de la non-sanction tenant à l'absence de disposition légale la prévoyant, trouve un contre-exemple dans la jurisprudence sanctionnant l'administration lorsqu'elle viole le secret professionnel de professions qui y sont astreintes. En cas de violation du secret médical, le Conseil d'État opte bien pour la nullité de la procédure d'imposition[560]. Cette solution prétorienne pourrait servir d'inspiration à celui-ci, afin qu'il sanctionne de façon idoine, à l'avenir, la violation par l'administration des impôts de l'article L. 103 du LPF.

II. Les contribuables protégés par le secret professionnel

229. Lors de la mise en œuvre de procédures de contrôle, l'administration peut être amenée à prendre connaissance de la correspondance d'un avocat avec son client ou de documents comptables ou non-comptables d'un médecin indiquant le nom des patients, les honoraires et la nature des soins médicaux prodigués. Les contribuables

---

[557] CAA Lyon, 25 févr. 1993, n° 91. 1025, *DF* 1994, n° 9, c. 414.
[558] CE, Ass. plén., 29 juill. 1983, *DF* 1984, comm. 444.
[559] *Contrôle fiscal des particuliers*, Francis Lefebvre, 2001, pp. 72-73.
[560] CE, 24 nov. 1986, n° 18 804 et 49 333.

soumis au régime de la déclaration contrôlée doivent déclarer le montant exact de leur bénéfice, déterminé à partir de leur comptabilité. Ils doivent mentionner sur le livre journal, l'identité du client qu'ils appartiennent à une profession soumise au secret professionnel ou non. Afin de garantir le secret professionnel, on considère que la désignation de la nature de l'acte ou de la prestation accomplie ne peut faire l'objet d'une demande de renseignements de la part de l'administration à l'égard des catégories de contribuables placées sous la protection de l'article 226-13 du Code pénal[561].

230. Les perquisitions opérées dans le cabinet de l'avocat ou du médecin pour ne reprendre que les hypothèses les plus fréquentes, mais qui concernent toutes les professions soumises au secret professionnel (huissier, avoué...) peuvent également mettre à mal le secret professionnel. On retrouve une nouvelle fois ici, ce combat permanent entre deux intérêts parfois opposés. Celui de l'État qui de rechercher des preuves pour exercer la justice et celui du particulier ici pris comme professionnel qui désire protéger des informations relatives à ses clients au cours de son travail. Le droit essaie tant bien que mal d'établir un juste équilibre en posant des exigences supplémentaires pour ce type de perquisition. La perquisition opérée dans un cabinet d'avocat illustre bien cette recherche périlleuse d'équilibre aussi bien en procédure pénale, qu'en procédure fiscale.

231. Afin de délimiter l'étendue du secret professionnel, il convient d'examiner son champ d'application dans le cas de l'avocat (**A**) et dans le cas du médecin (**B**).

A. La prise en compte par le droit fiscal du secret professionnel de l'avocat

232. Le secret professionnel de l'avocat a été renforcé par deux réformes législatives. En premier lieu, par la loi n° 71–1130 du 31 décembre 1971 organisant la profession d'avocat, pour toutes les communications de

[561] L'administration admet dans ce cas que le livre journal comporte, au lieu et à la place de l'identité du client, soit une référence à un document annexe, auquel elle a accès, permettant de retrouver cette indication, soit le nom du client dans la mesure où son identité complète figure dans un fichier couvert par le secret professionnel (D. adm. 5 G-3122, n° 13).

l'avocat qu'elles soient entretenues avec son client ou ses confrères. Et en second lieu, par la loi n° 2000-516 du 15 juin 2000 renforçant la présomption d'innocence et les droits des victimes qui est venue accorder aux avocats des garanties procédurales supplémentaires.

233. Le secret professionnel de l'avocat est ainsi un de ceux « qui a le mieux résisté jusqu'à présent, peut être en raison des mentalités traditionnelles du barreau »[562] notamment par rapport au secret médical qui commence à s'amenuiser devant le nombre considérable de cas où les médecins se trouvent dans l'obligation de déclarer[563]. Le secret professionnel était au départ une obligation morale, puis une obligation religieuse avant d'être protégé par la loi pour connaître par la suite tout un débat doctrinal qui divisait deux tendances : la tendance contractuelle[564] et la tendance de l'ordre public d'Émile Garçon[565]. La première considère que l'obligation au secret professionnel ressort de la relation contractuelle entre l'avocat et son client. Les uns voyaient là un contrat de dépôt[566] ; d'autres considéraient qu'il s'agissait d'un contrat de mandat tandis que les derniers considéraient l'obligation au secret professionnel de l'avocat comme la résultante d'un contrat innomé[567].

Mais l'obligation du secret professionnel de l'avocat n'a été établie ni dans l'intérêt de l'avocat[568], ni même dans l'intérêt de son client, mais plutôt dans l'intérêt de l'ordre public.

Le secret professionnel de l'avocat procède d'un intérêt social auquel on doit reconnaître la plus haute valeur juridique. Car il est porteur d'un « enjeu social pour ce qu'il représente de confiance indispensable à certaines relations »[569]. Les perquisitions dans un cabinet d'avocat soulèvent la question de la conciliation du secret professionnel et des droits de la défense avec la recherche de la vérité.

---

562 J. Hamelin et A. Damien, *Les règles de la profession d'avocat*, 9e éd., Dalloz, 2000, p. 310.

563 *Cf. infra*, n° 247.

564 L. Piementa, *Le secret professionnel de l'avocat*, Pédone, 1937, p. 32 ; Fau, *Le secret professionnel de l'avocat*, thèse, Toulouse, 1912, p. 26 ; S. Sasserth, *Quelques considérations sur le secret professionnel des magistrats et des avocats* ; rapport présenté à l'Union Belge pénal, le 15 janvier 1949, p. 31.

565 Emile Garçon, *« Code Pénal français annoté » de 1810*, *op. cit.*, note sous art. 378

566 M. Delmas Marty, *A propos du secret professionnel*, *D.* 1982, chron. p. 268 ; L. Piementa, *ibid.* p. 32.

567 A.-P. Charmantier, *Le secret professionnel : ses limites et ses abus*, 1926, p. 227.

568 Ce qui explique que le secret n'appartenant pas à l'avocat, il ne saurait en disposer sans commettre une faute professionnelle et un délit correctionnel.

569 Y. Mayaud, *D.* 2001, chron. p. 3454, *spéc.* p. 3459.

On envisage souvent le principe du secret professionnel sous l'angle de sa violation par l'avocat à l'égard de son client. C'est l'hypothèse envisagée par exemple dans les Codes de déontologie des avocats[570]. Mais il est possible que l'atteinte au secret professionnel soit le fait de l'autorité publique et non de l'avocat lui-même. C'est ce dernier qui se retrouvera ici en position de victime, et non de coupable. Par ailleurs, la violation du secret professionnel peut également porter préjudice au client. C'est à travers les perquisitions (qu'elles soient fiscales ou pénales) opérées dans les cabinets d'avocats que le problème se pose.

234. L'obligation au secret professionnel de l'avocat a donc pour corollaire l'inviolabilité du cabinet de l'avocat **(§1)** et la protection de sa correspondance et de ses conversations téléphoniques **(§2)**.

§1) *L'inviolabilité du cabinet de l'avocat*

235. L'article 94 du code de procédure pénale donne au juge d'instruction la possibilité d'effectuer des perquisitions dans tous les lieux où peuvent se trouver des objets ou des documents, dont la découverte serait utile à la manifestation de la vérité. D'ailleurs, les articles 96 et 97 permettent la saisie de documents sous réserve du secret professionnel et des droits de la défense. L'article 56-1 du même code prévoit explicitement le cas de perquisitions dans le cabinet d'avocat.

236. La question des perquisitions opérées dans le cabinet de l'avocat ou du médecin pour ne reprendre que les hypothèses les plus fréquentes, mais qui concerne toutes les professions soumises au secret professionnel (huissier, avoué...) est épineuse. On retrouve ici comme partout en droit des perquisitions, ce combat permanent entre deux intérêts parfois opposés. Le droit essaie tant bien que mal d'établir un juste équilibre en posant des exigences supplémentaires pour ce type de perquisition. Dans son arrêt *Niemietz* du 16 décembre 1992, la Cour de Strasbourg étend au cabinet de l'avocat la protection posée à l'article 8 de la Convention sur le droit au respect de la vie privée. Elle pose deux conditions à la perquisition. La perquisition doit être légale (prévue par la loi, comme toute ingérence visée à l'article 8) et elle doit constituer

---

[570] *Cf.* par exemple : art 9 du Code de déontologie des avocats italiens sur le « Devoir du secret professionnel et du caractère confidentiel ».

une mesure nécessaire dans une société démocratique, notamment pour la prévention des infractions pénales[571].

237. Si la première condition est aisément vérifiable, la seconde pose en pratique des difficultés. Comment juger en effet si telle disposition légale instaurant une procédure de perquisition est nécessaire dans une société démocratique. Toute mesure légale n'est-elle pas par nature théoriquement nécessaire ?

238. En droit interne, l'officier de police judiciaire ou le magistrat ont « l'obligation de provoquer préalablement toutes mesures utiles pour que soit assuré le respect du secret professionnel » (art. 56 al. 3, 76 al. 3 et 96 al. 3 CPP). Ces articles posent notamment comme exigence, que cela soit un magistrat qui effectue la perquisition, en présence de la personne responsable de l'ordre ou de l'organisation professionnelle à laquelle appartient l'intéressé ou son représentant.

239. S'il nous paraît aujourd'hui acquis que la perquisition dans un cabinet d'avocat soit effectuée par un magistrat avec la présence obligatoire du bâtonnier (L. 30 déc. 1985, art. 56-1 CPP), il n'en pas toujours été ainsi. À la fin du XIXe siècle, la jurisprudence dans le silence de la loi avait jugé qu'un policier nanti d'une commission rogatoire pouvait procéder seul à la perquisition[572]. Le Code de procédure pénale de 1959 lui-même n'exclut pas cette possibilité. Son article 56 alinéa 3 semblant autoriser un officier de police judiciaire à agir de lui-même, dans le cas d'une enquête de flagrance. Une circulaire d'application du Code (art. C 105 al. 6) invitait néanmoins le policier à en référer au procureur de la République ou au juge d'instruction. Cette position était également celle de la doctrine.

240. La règle protectrice fondamentale pour l'avocat, c'est l'obligation faite au magistrat d'effectuer la perquisition en présence du bâtonnier ou de son délégué. Le nouvel article 56-1 du CPP, issu de la loi n° 85-1407 du 30 décembre 1985, n'a fait que légaliser la pratique antérieure. La présence du bâtonnier résulte d'un « usage traditionnel résultant de la situation professionnelle très particulière des avocats. Les droits de la défense seraient en effet violés si l'autorité judiciaire venait à prendre connaissance de documents confiés par des inculpés à leurs conseils » et permet donc d'éviter « que l'autorité judiciaire, en recherchant des

---

[571] *Cf. supra* n° 182 et s.
[572] Cass. crim., 11 févr. 1865, *D.* 1865.1.94.

documents se rapportant à une infraction, ne soit amenée à prendre connaissance de documents étrangers à l'information en cours » (Circ. 17 fév. 1961). En cas d'absence du bâtonnier, c'est le président du tribunal qui a qualité pour remplir son rôle[573].

241. Le bâtonnier a également pour tâche de faire noter sur le procès-verbal, les réserves que lui indique l'avocat perquisitionné ou celles qu'il désire émettre lui-même. Il prend conjointement connaissance avec le magistrat des documents susceptibles d'être saisis. Si « le rôle du bâtonnier ne dépasse guère celui de témoin privilégié de la régularité de la procédure »[574], il peut en ne se présentant pas bloquer la perquisition et par conséquent la saisie (l'article 56-1 exigeant expressément « la présence du bâtonnier »).

§2) *La protection de la correspondance*

242. La question se pose de savoir si le magistrat seul habilité à procéder aux recherches peut saisir n'importe quel objet qui lui paraîtrait utile à la manifestation de la vérité ? La réponse de la jurisprudence[575] et de la doctrine[576] est limpide : les lettres du client adressées à l'avocat, les doubles des lettres de celui-ci adressées au client, ainsi que les documents se trouvant chez l'avocat sont insusceptibles de saisie. Il a été également jugé que les consultations données par un avocat à son client[577], ainsi que les propositions transactionnelles [578] sont protégées

---

[573] Cass. crim., 23 févr. 1977, *Bull. crim.*, n° 74.

[574] R. Martin, *Déontologie de l'avocat*, 8e éd., Litec, 2005, n° 458.

[575] Dans un premier temps, la jurisprudence avait retenu le principe de l'inviolabilité pour le courrier adressé à l'avocat, même lorsque cette correspondance n'était pas encore parvenue entre les mains de ce praticien (Cass. crim., 12 mars 1886, *S.* 1887.1.89, *D.* 1886-1, 345 : arrêt visant « le droit supérieur de la défense, qui commande d'affranchir de toute entrave la communication de l'accusé avec ses conseils »). Elle l'a ensuite étendu au cas de l'inculpé mis au secret (Cass. crim., 31 déc. 1897, *S.* 1898. 1.247) ou adressant à son conseil des instructions répréhensibles (Cass. crim., 9 sept. 1897, *D.* 1898.1.146). L'arrêt *Gérin* du 15 février 1906 ira encore plus loin en décidant que le secret des correspondances entre client et avocat joue aussi lorsque ce dernier n'est pas encore défenseur attitré, mais simplement sollicité de l'être.

[576] *Cf.* F. Hélie, *Traité de l'instruction criminelle*, 2e éd., 1866, IV, n° 1818 ; J. Hamelin et A. Damien, *Les règles de la nouvelle profession d'avocat*, 9e éd., Dalloz, 2000, n° 271.

[577] T. corr. Nanterre, 18 déc. 1980, *Gaz. Pal.* 1981.1.68, note A. Damien, et sur appel, Versailles, 28 avr. 1982, *Gaz. Pal.* 1982.1.310, note A.D. ; Crim., 6 févr. 1997, *Bull.*

par le secret professionnel. Ces décisions démontrent que l'inviolabilité du secret professionnel s'est étendue du « judiciaire » au « juridique ».

243. La loi du 7 avril 1977 qui a réécrit l'article 66-5 du Code de procédure pénale dispose qu'« en toutes matières, que ce soit dans le domaine du conseil ou dans celui de la défense, les consultations adressées par un avocat à son client ou destinées à celui-ci, les correspondances échangées entre le client et son avocat, entre l'avocat et ses confrères, les notes d'entretien et, plus généralement toutes les pièces du dossier sont couvertes par le secret professionnel »[579].

En revanche, ne sont pas couvertes par le secret professionnel et peuvent être librement saisies les pièces strictement comptables relatives aux notes d'honoraires des avocats.

La deuxième directive blanchiment du 4 décembre 2001 (transposée en France par la loi du 11 février 2004) a prévu que les avocats étaient tenus de faire une déclaration destinée à la cellule de renseignement financier (TRACFIN en France) lorsqu'ils soupçonnent leurs clients de se livrer à une activité de blanchiment. La 3e directive blanchiment au champ d'application plus large pourrait quant à elle contraindre les avocats à dénoncer un client soupçonné de fraude fiscale, ce qui constituerait une entorse grave à la protection du secret professionnel.

Le secret de la correspondance est également prévu en droit fiscal anglais qui pose notamment comme limite au droit de communication de l'*Inland Revenue*, l'interdiction de consulter les documents entrant dans la relation entre l'avocat et son client (s. 20B (8) *TMA*)[580]. Et aussi par le droit communautaire, la CJCE a ainsi affirmé dans un arrêt *AM & S-AFF* du 18 mai 1982 que « la confidentialité répond à l'exigence selon

---

crim., n° 55. Est ainsi, par conséquent, irrégulier le redressement fondé sur une consultation d'avocat dont le service des impôts a eu connaissance par une visite domiciliaire, CAA Lyon, *Godefrin*, *Procédures* 2007, comm. 271, note J.-L. Pierre.

[578] Colmar, Ch. acc., 17 déc. 1987, *Gaz. Pal.* 1982.1.126, note A. Damien.

[579] L'extension du secret au « juridique » est d'autant plus justifiée depuis la loi du 31 décembre 1990 qui a créé une nouvelle profession d'avocat en fusionnant avocats traditionnels et conseils juridiques.

[580] *Cf. R. v IRC, ex p Tamosius and Partners* (1999): "*The High Court held that s 20C (4) TMA only prevented the removal of documents with respect to wich a claim to professional privilege could be maintenained – the seizure did not become unlawful merely because the lawyers claimed that the documents were privileged. The court supported the Revenue's taking independent counsel to advise on the issue of privilege on the raid but recognised that the American lawyers could subsequently claim back any privileged documents and sue the Revenue !*" ; C. Withehouse, *Revenue Law. Principles and Practice*, 18 éd., Tilley, 2000, p. 19.

laquelle tout justiciable doit avoir la possibilité de s'adresser en toute liberté à son avocat dont la profession comporte la tâche de donner, de façon indépendante, des avis juridiques à tous ceux qui ont en besoin. Que la correspondance entre l'avocat et le client est protégée par la confidentialité, dès lors qu'il s'agit d'une correspondance échangée dans le cadre des droits de la défense et émanant d'avocats indépendants qui ne sont pas liés à un client par un rapport d'emploi. Que la confidentialité couvre toute correspondance échangée après l'ouverture d'une procédure administrative susceptible d'aboutir à une décision et doit être étendue également à la correspondance antérieure ayant un lien de connexité avec l'objet d'une telle procédure »[581]. Elle a récemment fait du secret professionnel de l'avocat un principe fondamental dans la décision *Wouters* du 19 février 2002[582].
Si les arrêts et les textes relatifs à la protection du secret professionnel de l'avocat sont nombreux et lui permettent de résister au mieux aux investigations contraignantes du fisc, on n'omet trop souvent d'aborder la question du secret médical qui constitue également un rempart contre les débordements auxquels peuvent donner lieu les contrôles fiscaux.

B. La protection du secret médical en droit fiscal

244. La conciliation entre d'une part, le secret auquel sont tenus les membres des professions médicales et d'autre part, les nécessités du contrôle fiscal par l'administration fiscale de la sincérité des déclarations de revenus souscrites par ces membres au titre de l'exercice libéral de leur art a fait l'objet d'une jurisprudence abondante des juridictions administratives depuis plusieurs décennies. Toutefois, si les articles 226-13 et 226-14 du nouveau Code pénal consacrent l'obligation du secret médical en y attachant une sanction pénale, ils n'en définissent pas l'étendue[583] (**§1**). Pourtant, connaître précisément le périmètre du secret médical s'avère primordial lors des contrôles fiscaux des professions médicales **(§2)**. D'autant qu'il a fait l'objet d'une extension prétorienne **(§3)**.

---

[581] CJCE, 18 mai 1982, *AM & S-AFF*, aff. 155-179, *Rec.* p. 1675.
[582] CJCE, 19 févr. 2002, *Wouters*, aff. c-309/99.
[583] R. Genevois, concl. sur CE, 22 janv. 1982, *Administration générale de l'Assistance publique de Paris*, *Lebon*, p. 33.

§1) *Délimitation du droit au secret médical : un secret « général et absolu »*

245. Le secret médical remonte au serment d'Hippocrate (version dite de Montpellier)[584] : « (...) Admis dans l'intérieur des maisons, mes yeux ne verront pas ce qui s'y passe, ma langue taira les secrets qui me seront confiés, et mon état ne servira pas à corrompre les mœurs, ni à favoriser le crime (...) »[585]. Au contraire du droit romain, l'ancien droit sanctionnait la violation délibérée du secret médical par le médecin par l'octroi de dommages-intérêts.

246. C'est l'article 378 du Code pénal de 1810, qui a posé pour la première fois l'obligation faite aux médecins et aux professionnels de santé de respecter le secret professionnel. Le Code pénal ne fait plus référence aux médecins en son article 226-13. Il traite du secret professionnel, et non plus de façon spécifique du secret médical. Il ne s'agit plus du secret « confié ', mais du secret dont le professionnel est dépositaire. Il faut se référer au Code de santé publique pour en obtenir une définition. L'article R. 4127-4 du Code de la santé publique (article 4 Code de déontologie) dispose que : « le secret professionnel, institué dans l'intérêt des patients, s'impose à tout médecin dans les conditions établies par la loi. Le secret couvre tout ce qui est venu à la connaissance du médecin dans l'exercice de sa profession, c'est-à-dire non seulement ce qui lui a été confié, mais aussi ce qu'il a vu, entendu ou compris ».

247. La loi prévoit des dérogations au secret auquel sont astreints les médecins dans certaines circonstances particulières. Ces dérogations sont de deux ordres : les divulgations imposées[586] et les divulgations

---

[584] R. Villey, *Histoire du secret médical,* Seghers, 1986 ; B. Hoerni et M. Benezech, *Le secret médical- Confidentialité et discrétion en médecine*, Masson, 1996.
[585] Médecin grec (460-370 av. J-C).
[586] Le médecin est obligé :

- de déclarer les naissances (art. 56 C. civ.) ;
- de déclarer les décès (art. 223-42 Code des communes) ;
- de déclarer au médecin de la DDASS les maladies contagieuses dont la liste est fixée réglementairement
- de déclarer les maladies vénériennes, éventuellement sous forme nominative lorsque le malade, en période contagieuse, refuse d'entreprendre ou poursuivre le traitement (art. 3113-1 Code de santé publique) ;
- d'indiquer le nom du malade et les symptômes présentés sur les certificats d'internement (art. L. 3212-1 à 3213-10 Code de la santé publique) ;

autorisées[587]. Il ne peut donc être dérogé au secret médical que par la loi. La chambre criminelle de la Cour de cassation dans son célèbre arrêt *Wattelet* du 19 décembre 1885 qualifia l'article 378 du Code pénal, de disposition « générale et absolue », (...qui) punit toute révélation du secret professionnel, sans qu'il soit nécessaire d'établir à la charge du révélateur l'intention de nuire »[588]. Tandis ce qu'un arrêt de la chambre criminelle du 8 mai 1947 *Degraene* affirma quant à lui que : « L'obligation du secret professionnel s'impose aux médecins comme un devoir de leur état. Elle est générale et absolue et il n'appartient à personne de les en affranchir »[589]. Cette interdiction générale et absolue

---

- de signaler les alcooliques dangereux pour autrui (pour les médecins des dispensaires, des organismes d'hygiène sociale, des hôpitaux, des établissements psychiatriques) ;
- d'établir, pour les accidents du travail et les maladies professionnelles, des certificats détaillés décrivant les lésions et leurs conséquences (art. L. 441-6 et L. 461-5 Code de la sécurité sociale) ;
- de fournir à leur demande aux administrations concernées des renseignements concernant les dossiers des pensions militaires et civiles ;
- de communiquer à l'Institut de veille sanitaire les informations nécessaires pour prévenir et maîtriser les risques pour la santé humaine.

[587] Le médecin est autorisé :
- à signaler au procureur de la République (avec l'accord de victimes adultes) des sévices constatés dans son exercice et qui permettent de présumer de violences sexuelles ;
- à signaler aux autorités compétentes et à témoigner en justice à propos de sévices ou mauvais traitements infligés aux mineurs de moins de 15 ans ou à des personnes qui ne sont pas en mesure de se protéger (art. 226-14 CP) ;
- à communiquer, lorsqu'il exerce dans un établissement de santé public ou privé, au médecin responsable de l'information médicale, les données médicales nominatives nécessaires à l'évaluation de l'activité ;
- à transmettre les données nominatives qu'il détient dans le cadre d'un traitement automatisé de données autorisé ;
- à informer les autorités administratives du caractère dangereux des patients connus pour détenir une arme ou qui ont manifesté l'intention d'en acquérir une.

[588] Cass. crim., 19 déc. 1885, *Wattelet*, *op. cit.* : le docteur Watelet a soigné avec d'autres médecins, un peintre réputé Bastien Lepage. Celui-ci a présenté un cancer du testicule et, sans espoir de le sauver, ses médecins l'ont autorisé à faire un dernier voyage en Algérie « pour convalescence ». À sa mort, une campagne de presse se déclenche contre Watelet, l'accusant d'avoir négligé de traiter une maladie vénérienne chez l'illustre patient. Pour se défendre contre la calomnie, le médecin adresse au journal Le Matin, une lettre par laquelle il rétablit la vérité, en révélant la vraie nature de la maladie du peintre. Il est alors poursuivi par le Parquet pour avoir enfreint l'article 378 du Code pénal d'alors et condamné en première instance, puis en appel.

[589] Cass. crim., 8 mai 1947, *Degraene* ; 8 avr. 1998, *Bull. Crim.* ; n° 136, p. 368 ; Cass. 1re civ., 6 janv. 1996, n° 95-19.902, n° 2.

a été ensuite confirmée par la Cour de cassation notamment dans un arrêt du 5 juin 1985[590]. Des aménagements ont pourtant dû être apportés à ce principe absolu à l'égard du malade ou de ses ayants droits. Ainsi, la jurisprudence judiciaire a admis que le secret médical n'était pas opposable au malade lui-même[591] et à ses ayants droits[592] et qu'il pouvait être levé avec le consentement du malade[593]. Le Conseil d'État a admis lui aussi que la divulgation de renseignements couverts par le secret médical pouvait être autorisée dans les « cas prévus par la loi ou sur le fondement de dispositions réglementaires qui sont la conséquence d'une loi »[594].

On peut dès lors se demander si cette jurisprudence permet au fisc au cours d'un contrôle fiscal de prendre connaissance de données relatives à un contribuable couvertes par le secret médical.

§2) *Contrôle fiscal et secret médical*

248. La Cour de cassation a jugé que les services fiscaux pouvaient régulièrement prendre connaissance d'un registre comptable établi par un chirurgien dirigeant une clinique qui mentionnait le nom des clients soignés et opérés, mais également des informations sur la nature des affections de ceux-ci et des interventions pratiquées, en indiquant que la

---

[590] Cass. crim., 5 juin 1985, *D.* 1986, obs. Pradel, p. 120 ; *D.* 1988, p. 106, note Fénaux : la Cour confirme d'ailleurs que cette interdiction n'est en rien contraire aux dispositions de l'article 6-3 de la Convention européenne des droits de l'homme.

[591] Cass. civ. 2e, 28 janv. 1966, *D.* 1967.447, note Savatier ; Soc., 1er mars 1972, *D.* 1972.427.

[592] Les ayants droits du malade décédé peuvent faire état d'informations concernant celui-ci dans deux cas :

- d'une part, lorsqu'ils se proposent d'assurer le respect de la mémoire du défunt (Cass. civ. 1re, 12 juin 1958, *JCP* 1959.II.10940 note Chavanne : ici pour assurer son intégrité mentale) ;
- d'autre part, lorsqu'il s'agit de leur permettre de faire valoir leurs droits en justice que ce soit en matière civile (Cass. civ., 26 mai 1964, *D.* 1965. 109, note Le Bris : pour obtenir l'annulation du testament rédigé par une personne atteinte de démence) ou en matière sociale (Cass. soc., 31 janv. 1963, *JCP* 1963.II.13 122, note Savatier : pour déterminer la date de première constatation de l'affection ayant entraîné le décès).

[593] Cass. crim., 8 mai 1947, *D.* 1947.109, note Gulphe ; *JCP* 1948.II.4141, note Légal : la chambre criminelle admet qu'un médecin puisse produire aux débats, à la demande de son client, un certificat médical.

[594] CE, 26 juill. 1996, *Syndicat des médecins d'Aix et Région, RJS* 7/97, n° 858 ; 30 avr. 1997, *Syndicat des médecins d'Aix et Région*, *RJS* 7/97, n° 858.

divulgation de ces informations ne pouvait être regardée comme ayant révélé un « secret d'ordre médical ou des faits confidentiels dont le prévenu aurait été dépositaire à l'occasion de l'exercice de sa profession »[595].

249. De nombreux litiges ont pour origine l'article 1649 *quater* G du Code général des impôts. Il convient de rappeler que les adhérents des centres de gestion agrées (créés par la loi n° 74-1114 du 27 décembre 1974, art. 1-I et II)[596] sont astreints à une obligation principale qui est l'établissement d'une comptabilité sincère, en contrepartie d'allégements fiscaux. Les médecins qui sont membres de ces centres doivent en vertu de l'article 1649 *quater* G al. 2 (en application de l'article 99 du CGI) indiquer sur les documents comptables : l'identité du client, le montant, la date et la forme de versement des honoraires. Ceci afin d'obtenir des adhérents un effort de transparence de leur gestion. Ces dispositions sont issues de la loi n° 82-1126 du 29 décembre 1982. Elles furent adoptées à la suite d'un arrêt du Conseil d'État du 12 mars 1982, qui avait jugé que des dispositions similaires antérieures, prises par décret n'étaient pas compatibles avec le respect du secret médical imposé par le Code pénal (art. 226-13 et 226-14)[597]. Le Conseil d'État ayant jugé que seule la loi pouvait limiter la portée de ce décret[598], le législateur a du explicitement prévoir que les documents comptables des praticiens adhérents à une association de gestion agréée, accessibles à l'administration fiscale, devaient comporter le nom de leurs patients[599].

250. L'accès aux documents comptables des praticiens pour les besoins de la procédure d'imposition est prévu par la loi. Le législateur n'a pas indiqué de façon exhaustive les personnes qui bénéficient de ce droit d'accès. Un arrêt du Conseil d'État du 7 juillet 2004[600] a d'ailleurs levé le voile sur la question de l'accès à des documents couverts par le secret médical, aux membres de la commission départementale des impôts

---

[595] Cass. crim., 11 févr. 1960, *D.* 1960. 258 ; *JCP* 1960. II. 1 1604.
[596] Sur l'organisation et les missions de ces centres, *Cf.* J.-P. Fradin et J.-B. Geffroy, *Traité du droit fiscal de l'entreprise*, PUF, 2003, pp. 305-306.
[597] CE, Ass. plén., 12 mars 1982, *RJF*, 5/82 n° 475, concl. J.-F. Verny, p. 227, chron. P.-F. Racine ; *RJF* 1982, n° 6, p. 270.
[598] CE, 26 juill. 1996, *Syndicat des médecins de d'Aix et région*, *RJS*, 7/97, n° 858 ; 30 avr. 1997, *Syndicat des médecins de d'Aix et région et Brossault*, *RJS* 7/97, n° 858.
[599] F. Seners, concl. sur CE, 7 juill. 2004, n° 253711, *Ministre c/ Wiedemann*, *La commission départementale des impôts peut-elle avoir accès à des documents couverts par le secret médica*l *?* *BDCF* 2004, n° 10, p. 64.
[600] CE, 7 juill. 2004, *op. cit.*, *RJF*, 10/04, n° 1023.

directs et des taxes sur le chiffre d'affaires, appelés à se prononcer sur les désaccords subsistant entre le contribuable et l'administration. Le Conseil a considéré que les membres de ladite commission pouvaient avoir accès à de tels documents à l'instar des agents vérificateurs. Sa position rejoint celle du commissaire du gouvernement qui dans ses conclusions considérait « qu'en vertu de l'article L. 136 du même Livre, la commission peut recevoir des agents des impôts communication des renseignements utiles pour lui permettre de se prononcer. Il nous paraît difficile de considérer que ces dispositions n'auraient pas entendu permettre à la commission de recevoir communication des éléments couverts par le secret médical auxquels la loi a, par ailleurs, donné accès aux agents des impôts et alors que ces éléments ont pu être déterminants pour le redressement proposé par le Service (...). L'article L. 60 du LPF nous paraît d'ailleurs pouvoir être interprété comme, imposant à la phase de procédure qui se déroule devant la commission départementale une transparence totale entre l'administration, le contribuable et les membres de la commission. Cet article fait seulement obstacle à ce que le contribuable reçoive communication de renseignements confidentiels concernant d'autres contribuables et il ne mentionne aucun document utile à la commission qui ne lui serait pas accessible »[601].

251. L'affaire ayant donné lieu à l'arrêt du 7 juillet 2004 soulevait deux questions majeures :

- est-il légal pour les agents des impôts, d'accéder à des pièces nominatives autres que les documents comptables mentionnés à l'article 1649 *quater* G ?

- la loi autorise t'elle le fisc à accéder à des documents nominatifs comportant des indications, même sommaires ou codées, relatives aux prestations médicales (en l'espèce, relevés de la Caisse primaire d'assurance maladie) ?

S'agissant de la première interrogation, la Haute Assemblée dans une décision *Méas* du 20 janvier 1999 avait confirmé un arrêt qui avait jugé irrégulière une procédure au cours de laquelle le vérificateur avait eu accès à un fichier nominatif et à des feuilles de soins, au motif que ces pièces ne contenaient pas seulement des renseignements d'ordre

---

[601] F. Seners, concl. sur CE 7 juill. 2004, *Ministre c/ Wiedemann*, *La commission départementale des impôts peut-elle avoir accès à des documents couverts par le secret médical ? op. cit.*, p. 65.

comptable sur le paiement des actes, mais également la mention des noms des patients[602]. Cette solution a été critiquée par le Commissaire du gouvernement François Séners dans ses conclusions relatives à l'arrêt du 7 juillet 2004. Selon lui, « l'accès par le vérificateur, à des documents non comptables qui ne comportent, en dehors des noms des patients, aucune indication couverte par le secret médical ne constitue pas une irrégularité ». Il ajoute en ce sens « que maintenir de façon rigide le nom des patients dans le champ du secret médical, hors documents comptables, est un obstacle non seulement pour l'administration mais également pour les contribuables membres des professions médicales qui ne peuvent produire de tels documents pour contester les redressements qui leur sont opposés. Un médecin ne peut, en l'état actuel de la jurisprudence, produire un carnet de rendez-vous comportant les noms de ses patients, un registre d'admission dans sa clinique ou bien des feuilles de soins dont il aurait occulté toute mention relative aux prestations et aux soins. Priver l'administration et les praticiens vérifiés de ces éléments justificatifs dans le seul but de préserver l'anonymat de patients n'a guère de sens dès lors que la loi a levé cet anonymat s'agissant des documents comptables »[603]. Il apparaît dès lors que pour le Commissaire du gouvernement la distinction faite entre les documents comptables et les autres documents n'est pas (ou n'est plus) justifiée : « la divulgation de la consultation d'un praticien par l'intermédiaire d'un document comptable révèle autant à cet égard, que tout autre document mentionnant le nom des patients »[604].

252. On peut relever également la divergence de vues entre la Haute Assemblée et la Cour de cassation sur les limites du secret médical. Pour cette dernière, les noms des patients ne sont pas au nombre des mentions couvertes par le secret médical[605]. Il semble à la lecture de son arrêt du 7 juillet 2004 que le Conseil d'État ait finalement suivi les positions prises par certains commissaires du gouvernement. En effet, la juridiction administrative a admis s'agissant des praticiens adhérents d'une association de gestion agréée, que les dispositions de l'article 1649 *quater* du CGI et de l'article L. 86 A du LPF relatif aux documents tenus par les associations de gestion agréées, *permettent à l'administration d'accéder dans le cadre de son droit de communication, à des*

[602] CE, 20 janv. 1999, n° 181011, *Ministre c/ Méas*, *RJF*, 3/99, n° 336.
[603] F. Seners, concl. sur CE, 7 juill. 2004, *op. cit.*, p. 66 ; C. Goulard sur CE, 17 juin 1998, n° 156532, *Ministre c/ Chung*, *BDCF*, 4/98, n° 86.
[604] F. Seners, concl. sur CE, 7 juill. 2004, *ibid.*, p. 66.
[605] *Cf.* notamment : Cass. crim., 1er févr. 1977, *German*, *Bull. crim.*, n° 40, p. 97.

documents, comptables ou non, fournissant des renseignements sur le paiement des actes intéressant des patients nommément désignés.

253. Quant à la seconde question soulevée par l'arrêt *Wiedermann,* elle appelle une réponse négative. L'article L. 86 A du LPF s'oppose à ce que la nature des prestations fournies par le contribuable membre d'une profession soumise au secret professionnel (en vertu des articles 226-13 et 226-14 CP) fasse l'objet d'une demande de renseignements de la part du fisc. C'est la solution d'ailleurs retenue par le Conseil d'État qui considère que « dès lors que des feuilles de soins et des relevés communiqués au vérificateur par la Caisse primaire d'assurance maladie ne contenaient pas seulement des renseignements sur le paiement des actes effectués par le praticien et le nom des patients mais comporte aussi la cotation des actes médicaux effectués pour chacun des patients désignés par leur nom, le vérificateur en se fondant, pour établir les impositions litigieuses, sur ces documents, a entaché d'irrégularité la vérification en vue de laquelle le droit de communication avait été exercé ».
Concrètement, cet assouplissement de la jurisprudence des juges du Palais Royal permet dorénavant aux vérificateurs d'accéder à des documents non comptables. Comme un carnet de rendez-vous ou un registre d'admission d'une clinique comportant le nom des patients, sous réserve qu'il n'y ait pas d'indications portant sur la nature des prestations et des soins.

254. Si une perquisition doit avoir lieu dans le cabinet d'un médecin, la loi exige qu'un représentant de l'ordre soit présent (art. 56-1 CPP modifié par la loi du 4 janvier 1993). De plus, afin de protéger au mieux le secret professionnel, seul un magistrat est habilité procéder à la perquisition. La saisie judiciaire d'un dossier médical ne peut donc être faite que par le juge d'instruction (ou le procureur de la République), lequel a toutefois la possibilité de mandater à cet effet un officier de police judiciaire.

255. Concernant l'étendue du secret médical, la jurisprudence administrative a considéré qu'il ne s'imposait pas seulement aux médecins ou aux autres patriciens en contact avec des malades, mais à toute personne qui en est dépositaire.

§3) *L'extension prétorienne du champ d'application du secret médical*

256. Un arrêt de la Cour administrative d'appel de Paris du 31 mars 2004 est à cet égard parlant[606]. À la suite d'une procédure de visite et de saisie, une société ayant pour activité l'achat et la revente de prothèses médicales, a été soumise à des compléments d'impôt sur les sociétés au titre des années 1992, 1993 et 1994. Le Tribunal administratif saisi prononce la réduction des bases d'imposition à l'impôt sur les sociétés assignées à la ladite société au titre des années 1993 et 1994, à concurrence du montant des redressements qu'il a estimé être fondé sur l'examen de documents couverts par le secret médical et la décharge des droits en principal et des majorations pour manœuvres frauduleuses. La juridiction de première instance ayant estimé que la consultation par le vérificateur de quatre fiches portant des informations relatives à des implants de prothèse réalisés par des médecins clients de la société et comportant le nom du patient, le nom du chirurgien et les dates d'intervention, ainsi que d'un carnet-répertoire comptabilisant des commissions et avantages occultes en nature attribués à des praticiens et comportant les mêmes indications, a constitué une violation du secret médical de nature à entraîner la réduction des bases d'imposition correspondant aux redressements procédant de l'examen des documents.

257. Pour la Cour, la consultation du carnet-répertoire de la requérante par les agents du fisc constitue une violation du secret médical, même si ces informations concernent des praticiens et des patients domiciliés à l'étranger (ils étaient domiciliés au Maroc). L'administration fiscale considérait au contraire que le secret médical ne pouvait s'appliquer à la société en cause. Car d'après elle, le secret médical concerne seulement les praticiens qui sont en contact avec les malades, ce qui n'est pas le cas d'une société ayant pour activité l'achat et la revente de prothèses médicales.

258. L'arrêt est intéressant en ce qu'il clarifie la question du champ du secret médical. Une conception littérale du secret médical reviendrait à ne faire bénéficier de sa protection que les professions médicales ou paramédicales en relation directe avec les patients. Alors qu'une

---

606 CAA Paris, 2e ch., 31 mars 2004, *Sté Almed et min. c/ Sté Almed*, *RJF*, 8-9/04, n° 911.

conception plus large englobe des professions travaillant dans le secteur de la santé, mais n'ayant pas de rapports directs avec les patients.

Sous-section 2. Le droit à la confidentialité des informations transmises dans le cadre des échanges de renseignement entre administrations étrangères

259. La question des garanties du contribuable lorsqu'un élément d'extranéité est en cause (ex : revenus à l'étranger...) est cruciale. Ainsi, dans le cadre complexe des échanges de renseignements entre administrations étrangères (**I**), l'assistance administrative doit respecter deux principes fondamentaux que sont le caractère secret des informations transmises (**II**), ainsi que le droit du contribuable à être informé du cours de la procédure[607].

I. Le cadre des échanges de renseignements entre administrations étrangères

260. Les premières conventions d'assistance administrative touchant à la matière fiscale datent de la première moitié du XIXe siècle[608]. Par la suite, l'assistance administrative a fait l'objet de travaux d'organisations internationales tels la SDN, l'OCDE, le Conseil de l'Europe et l'ONU[609]. Le développement de l'assistance administrative s'explique par le caractère de plus en plus international de la fraude et de l'évasion fiscale. Sur le plan juridique, cette procédure s'exerce sur trois fondements : les conventions bilatérales[610], les directives et règlements communautaires et l'article L. 114 du Livre des procédures fiscales, qui habilite l'administration des impôts à échanger des renseignements avec

[607] *Cf. infra* n° 778 et s. ; B. Terra et P. Wattel, *European tax law*, 2e éd., Kluwer, pp. 327-359.

[608] En particulier : la convention d'assistance administrative réciproque entre la France et la Belgique du 12 août 1843.

[609] *Cf.* Juris-classeur *Droit fiscal international*, t. II, *Assistance fiscale internationale*, fasc. 358

[610] Toutes les conventions signées par la France ne comportent pas forcément de clause d'échange de renseignements (ex : avec le Quatar, le Barhein, l'Arabie Saoudite...). Certaines contiennent de telles clauses, mais à la portée limitée (ex : avec l'Algérie, la Suisse...).

les administrations des territoires d'outre-mer et des collectivités territoriales relevant d'un régime fiscal spécifique[611], ainsi qu'avec les États ayant conclu avec la France une convention d'assistance réciproque en matière d'impôts.

L'assistance administrative internationale peut être définie comme « l'ensemble des opérations traduisant, en matière d'échanges de renseignement, une coopération entre les administrations fiscales de deux ou plusieurs États pour permettre une application correcte des dispositions régissant l'assiette, le contrôle et le recouvrement des impôts de chacun des États intéressés »[612]. On trouve généralement le principe d'assistance administrative inscrit dans les conventions internationales. La portée de l'échange de renseignement variant selon les conventions.

261. L'Union européenne comme l'OCDE ont depuis un certain nombre d'années élaboré un cadre juridique spécifique aux échanges de renseignement entre administrations fiscales[613]. Ceci afin de faire face au développement de l'évasion fiscale et des nombreux schémas d'évitement de l'impôt. Cet accroissement des instruments internationaux relatifs à la lutte contre la fraude fiscale s'explique par le fait que les administrations fiscales sont uniquement compétentes qu'à l'intérieur des frontières nationales alors que les contribuables opèrent à l'échelle mondiale[614].

262. Au sein de l'Union européenne, la directive n° 77/799 du 19 décembre 1977 (portant sur l'assiette des impôts sur le revenu et sur la fortune qui a été actualisée par la directive 2005/56/CE)[615], complétée par les directives n° 79/1070 du 6 décembre 1979 (TVA)[616], n° 92/108

---

[611] *Cf.* J.-P. Chevalier, *Confidentialité et droit fiscal*, *RIDC* 1998, n° 2, pp. 618-619.

[612] J.-J. Bienvenu et T. Lambert, *Droit fiscal*, 3e éd., 2003, pp. 156-157.

[613] Il existe en dehors de ces deux « institutions », d'autres modèles d'accords. *Cf.* par ex. :

- le modèle d'accord sur l'échange de renseignements en matière fiscale par le centre interaméricain d'administrateurs fiscaux ;
- le modèle d'accord en matière de coopération et d'assistance mutuelle sur les questions de respect de la législation fiscale élaboré par la Fédération de Russie ;
- la convention nordique pour une assistance administrative mutuelle.

[614] OCDE, *Tax inspectors meeting on the use of international co-operation to counteract tax avoidance and evasion*, Auckland, 21-12 avr. 2004.

[615] Elle a été transposée en droit espagnol par les décrets royaux n° 123/1987 et 1408/2004.

[616] *JOCE*, n° L331.

du 14 décembre 1992[617] et par le règlement n° 218-92 (TVA intra-communautaire)[618] a mis en place une forme d'assistance mutuelle entre les États membres, qui consiste essentiellement en diverses sortes d'échanges de renseignements, mais qui se heurte à des limites justifiées notamment par les garanties du contribuable[619]. Il faut également ajouter à cette liste la convention conjointe concernant l'assistance administrative mutuelle en matière fiscale (25 janvier 1988) qui a été signée par des États membres du Conseil de l'Europe et des pays membres de l'Organisation de coopération et de développement économique (OCDE)[620].

Celle-ci est également à l'origine du modèle d'accord sur l'échange de renseignements en matière fiscale (2002), de la convention modèle de double imposition et de son article 26[621] relatif à l'IR et d'un manuel de mise en œuvre des dispositions concernant l'échange de renseignements à des fins fiscales (2006)[622].

Il faut citer en dernier lieu, la convention européenne d'entraide judiciaire en matière pénale qui a été étendue aux affaires fiscales par le Protocole additionnel du 17 mars 1978 (affaires de poursuites engagées en cas d'infraction fiscale).

En dépit de ce cadre juridique imposant, l'échange de renseignements en pratique fonctionne difficilement. En effet, d'après le rapport du Conseil des prélèvements obligatoires (CPO) du 1er mars 2007 sur la fraude fiscale, sur les 1 500 000 entreprises effectuant des opérations communautaires, seuls 2 % d'entre elles ont fait l'objet de l'assistance administrative mutuelle. Le CPO propose d'y remédier à travers la création d'une structure européenne de coordination des administrations

---

617 *JOCE*, n° L390.

618 Ce texte a engendré un système informatisé de recoupement d'informations sur le territoire de l'UE et également trois formes d'assistance administrative (sur demande, spontanée et automatique).

619 Il faut également citer le programme Fiscalis qui a pour mission de favoriser la coopération entre administrations fiscales européennes et qui vient d'être reconduit pour 2008-2013 (Fiscalis 13).

620 La convention est entrée en vigueur en France 1er septembre 2005 ; D. n° 2005-1198 du 19 septembre 2005 portant publication de la convention concernant l'assistance administrative mutuelle en matière fiscale

621 Plus de 2000 conventions fiscales bilatérales reposent sur le modèle de convention fiscale de l'OCDE.

Les dispositions de la convention fiscale modèle OCDE en matière d'échange de renseignements ont fait l'objet d'une révision complète en 2004, pour la première fois depuis 1977.

622 Comité des affaires fiscales, n° 23/1/2006, OCDE.

fiscales, à l'image de ce qui existe en matière de police avec EUROPOL ou en matière judiciaire avec EUROJUST.
La coopération entre les différentes administrations se heurte à deux obstacles majeurs :

- mauvaise volonté affichée par certains États qui ne souhaitent pas « effrayer » les investisseurs étrangers ;
- et problèmes de langue. Ce qui explique que les transmissions d'informations s'effectuent plus aisément avec les pays anglo-saxons.

263. Si l'on excepte les procédures informelles, l'échange de renseignements intervient selon trois modalités non exclusives les unes des autres : l'échange de renseignements d'office, l'échange spontané de renseignements, l'échange de renseignements sur demande :

- l'échange de renseignements d'office qui suppose un accord formel entre les autorités fiscales en cause ne concerne que dix-sept pays (Allemagne, Autriche, Belgique, Burkina Faso (Haute-Volta) Danemark, États-Unis, Finlande, Gabon, Maroc, Monaco, Niger, Norvège, Nouvelle-Zélande, Pays-Bas, Royaume-Uni, Sénégal et Suède) et un territoire d'outre-mer (la Polynésie). Il est mis en œuvre pour les impôts autres que la TVA. Les catégories de revenus visées sont principalement les salaires, les intérêts, redevances, honoraires, commissions ;

- l'échange spontané de renseignements concerne les éléments recueillis lors des procédures d'établissement de l'assiette et du contrôle de l'impôt. Il est considéré comme un substitut à l'échange de renseignements d'office pour les pays avec lesquels aucun accord exprès n'a été conclu, ou comme un complément pour des renseignements ponctuels non visés par l'accord intervenu sur l'échange d'office. Les éléments transmis concernent l'existence de revenus imposables dans le pays auquel sont transmis les éléments, la fortune et le train de vie d'un non-résident ou une fraude supposée commise dans l'autre État. C'est l'article 4 de la directive du 19 décembre 1977 qui organise l'échange spontané de renseignements entres les administrations fiscales des États membres de la CE. Cette disposition a été interprétée pour la première fois par la CJCE dans un arrêt du 13 avril 2000[623] ;

[623] CJCE, 13 avr. 2000, aff. C-420-98, *WN c/ Staatssecretaris van financiën*, *DF* 2000, n° 27, comm. n° 560, *RJF*, 7-8/00, n° 1040 : L'article 4 §1, sous a) de la directive doit être lu de la façon suivante :

- enfin, l'échange de renseignements sur demande concerne les cas où un État souhaite recueillir des informations susceptibles d'être détenues dans un État partenaire ou obtenir la confirmation des faits dont il a eu connaissance[624]. On compte en plus de ces procédures dites « classiques », les échanges survenant à l'occasion de vérifications fiscales simultanées[625].

264. La coopération entre administrations fiscales étrangères est aujourd'hui inévitable et nécessaire dans un contexte de développement du commerce électronique et de mise en œuvre par les différents acteurs du marché de stratégies fiscales mondiales. Le fait qu'un nombre croissant de contribuables se livrent à des activités transnationales oblige ainsi les administrations fiscales à recourir à ce mécanisme juridique pour obtenir des renseignements de leurs partenaires aux conventions fiscales, aux fins d'une part de faire respecter leurs législations fiscales et d'autre part de lutter contre l'évasion et la fraude fiscale internationale à travers l'application des conventions fiscales et des législations fiscales nationales.

Pour autant les dispositions relatives à l'échange de renseignements, si elles sont nécessaires, ne doivent pas porter atteinte à la souveraineté d'autres États, ni aux droits des contribuables.

---

il n'est pas nécessaire que l'exonération ou la réduction d'impôts qu'il vise figure dans un acte explicite de l'autorité compétente d'un autre État membre. Cela signifie qu'il suffit que la réduction ou l'exonération soit présumée par l'Etat membre transmetteur de l'information ;
l'expression « réduction ou exonération anormales » se réfère à une diminution injustifiée d'impôts dans un autre État membre.

[624] Pour plus de renseignements, *Cf.* G. Orsoni, *La coopération des administrations fiscales*, *Les Petites Affiches* 2002, n° 97, p. 52.

[625] Un contrôle simultané est un contrôle entrepris en vertu d'un accord par lequel deux ou plusieurs États contractants conviennent de contrôler simultanément et de manière indépendante, chacun sur son territoire, la situation fiscale de contribuables qui présentent un intérêt commun ou complémentaire, en vue d'échanger les renseignements ainsi obtenus. Il s'agit en d'autres termes, d'une « autre forme d'assistance mutuelle, qui vise principalement les grandes questions qui se posent en matière d'échanges internationaux, que ce soit la fiscalité intra-groupes et notamment les prix de transfert ou toute interposition de ce qu'on appelle vulgairement les paradis fiscaux », G. Orsoni, *La coopération des administrations fiscales, op. cit.*, p. 53.

II. Protection de la vie privée du contribuable et transmission d'informations entre administrations fiscales étrangères

265. Le régime juridique de l'assistance administrative entre États de l'UE tel que, résultant des directives précitées, prend en compte la nécessaire protection du contribuable. En effet, une information obtenue sur le fondement de la directive sera protégée par le secret de la même façon qu'en droit interne[626]. Nous verrons donc dans un premier temps, les conditions émises par les normes européennes et nationales aux transmissions d'informations entre administrations fiscales étrangères (**A**), avant de nous demander dans un second temps, si le secret bancaire est une source de protection pour le contribuable face à ce flux d'informations le concernant (**B**).

A. Les conditions relatives à la transmission d'informations confidentielles

266. Le contenu des directives du 19 décembre 1977 et du 6 décembre 1979 a fait l'objet d'une incorporation en droit interne par la loi de finances rectificative n° 81-1179 du 31 décembre 1981[627]. En effet, l'article 8 de la directive du 19 décembre 1977 ne prévoit pas l'obligation de faire effectuer des recherches ou de transmettre des informations lorsque la législation ou la pratique administrative de l'État membre qui devrait fournir les informations n'autorisent pas l'autorité compétente ni à effectuer de recherches, ni à recueillir ou à utiliser ces informations pour ses propres besoins[628]. D'autre part, la transmission d'informations peut être refusée dans le cas où elle conduirait à divulguer soit un secret

---

[626] *Cf.* Fried J. Schmitz (*Netherland Report*), Cahiers de droit fiscal international, vol. LXXVB (« *International Mutual Assistance trough Exchange of Information* »), Boston, Kluwer Deventer, 1990, 416.

[627] Ce texte a fait ensuite l'objet d'un décret pris en Conseil d'État le 28 juillet 1982 (n° 82-661) dont les dispositions furent reprises aux articles R-114 A-1 à R-114 A-5 du LPF.

[628] *Cf.* une réponse ministérielle (Rép. Min. budget, n° 39930 à M. Guy Bêche, *JOAN Q* 13 mai 1991, p. 1903, *DF* 1991, n° 46-47, comm. 91) à un parlementaire qui demandait si le projet de directive européenne d'assistance administrative, prévoyant l'obligation de fournir des renseignements en cas de fraude, même lorsque la réglementation nationale y fait obstacle, a des chances d'aboutir ; *Juris-classeur Droit fiscal international*, t. II, *Assistance fiscale internationale*, n° 16 et s.

commercial, industriel ou professionnel ou un procédé commercial, soit une information dont la divulgation serait contraire à l'ordre public (art. R. 114 A-2 LPF). Cette disposition est d'ailleurs une reprise de l'article 26 de la Convention OCDE. Cet article a été révisé d'ailleurs afin d'empêcher des obligations relevant « de l'intérêt fiscal national » d'entraver l'échange de renseignements[629]. Le nouveau paragraphe précise que les États contractants doivent obtenir et échanger des renseignements indépendamment de la question de savoir, s'ils en ont besoin pour leurs propres fins fiscales.

Cette modification est importante, car on considère généralement que les dispositions de l'article 26 du Modèle de convention fiscale de l'OCDE constituent une norme internationale pour l'échange de renseignements entre administrations fiscales.

267. L'autorité compétente d'un État membre peut refuser la transmission d'informations lorsque l'État intéressé n'est pas en mesure de fournir une transmission d'informations équivalente pour des raisons de fait ou de droit (art. 8-3 de la directive du 19 décembre 1977). Il y a là une mesure de réciprocité à l'envers tout à fait préjudiciable, « étant donné l'importance de la réciprocité dans cet échange d'informations entre Etats »[630]. Les droits internes peuvent, en outre, ajouter des conditions supplémentaires à ces échanges d'informations. L'Allemagne fait ainsi obstacle à ceux-ci dans les cas où l'ordre public n'est pas respecté dans l'État qui a formé la requête.

268. Les renseignements transmis dans le cadre de l'assistance doivent rester confidentiels et n'être transmis qu'aux personnes et autorités chargées de l'établissement ou du recouvrement des impôts, voire du règlement du contentieux relatif à ces impôts, et aux tribunaux compétents (ex : art. 22 de la Convention entre la France et l'Allemagne du 21 juillet 1959 relative aux doubles impositions et assistance administrative en matière d'impôts sur le revenu et sur la fortune, de

---

[629] La notion d'obligation relevant de l'intérêt fiscal national fait référence aux lois ou pratiques de nature à empêcher un partenaire à une convention d'obtenir des renseignements ou d'en échanger à la demande d'un autre partenaire à moins que le partenaire requis n'ait un intérêt à disposer de tels renseignements à ses propres fins fiscales.

[630] C. David, *Les normes fiscales imparfaites sur les plans international et communautaire*, in Mélanges Béguin *(Droit et actualité)*, Litec, 2005, p. 264 : l'auteur fait, en outre, remarquer à juste titre que l'échange de renseignements entre administrations fiscales de pays membres de l'UE est devenu plus aléatoire que l'échange prévu à l'article 26 de la Convention modèle OCDE.

taxe professionnelle et de taxes foncières ; art. 26 de la Convention franco-américaine du 28 juillet 1967 tendant à établir des règles d'assistance administrative réciproque en matière d'impôt sur le revenu et la fortune). Par conséquent, les informations fournies ne doivent être utilisées que pour l'établissement ou le recouvrement des impôts, même si elles révèlent des infractions non fiscales (ex : violation de la législation sociale). L'engagement des poursuites en violation de cette règle entraîne leur nullité d'ordre public[631].

L'article 22 de la directive européenne sur l'assistance administrative pose une autre règle particulièrement protectrice du secret fiscal. Selon celle-ci, dans le cas d'un échange d'informations entre États membres de l'UE, ce sera la législation la plus protectrice du secret fiscal qui s'appliquera.

B. Échanges d'informations et secret bancaire

269. L'opposabilité du secret bancaire aux investigations entreprises par les agents du pays requis dans le cadre de l'assistance administrative peut être perçue comme une source indirecte de protection pour le contribuable.

Dans le cas de la Grande-Bretagne, il est par exemple extrêmement difficile pour l'*Inland Revenue* chargée de l'assistance en matière d'impôts directs et de droits de succession de demander des informations sur les comptes bancaires détenus dans le pays par un contribuable contrôlé en France. Il est cependant possible d'obtenir des *Commissioners* une injonction de produire l'information recherchée, sous réserve que l'*Inland Revenue* démontre qu'il y a une faute avérée et que les droits fraudés aux dépens du Royaume sont substantiels[632].

L'obstacle du secret bancaire n'existe, en revanche, pas en Allemagne. De plus, grâce à une importante réforme en 2003 qui a modifié les dispositions en vigueur relatives au secret bancaire, et qui oblige chaque établissement de crédit ou banque à établir un fichier obligatoire et à le transmettre à l'Office fédéral de surveillance des prestataires de service

---

[631]CE, 13 mars 1968, n° 66801, *DF* 1969, n° 9, comm. 314, concl. Mehl : à propos de l'utilisation de renseignements fiscaux à l'occasion de poursuites concernant un délit pénal (trafic de stupéfiants).

[632]T. Lambert, *Un aspect méconnu du contrôle fiscal : l'assistance fiscale internationale*, *BF* 2000, n° 4, p. 220 ; C. David, *Les normes fiscales imparfaites sur les plans international et communautaire*, *op. cit.*, p. 264.

financier (*Bundesanstalt für finanzdienstleistungsaufsicht*), le Trésor peut prendre désormais plus facilement connaissance des renseignements mentionnés[633]. Dès lors, les demandes d'assistance se trouvent facilitées par rapport au régime antérieur où l'État requérant devait indiquer le compte bancaire (numéro, nom du titulaire, adresse de l'établissement financier concerné…) pour lequel il désirait recueillir des informations. L'Allemagne ayant dorénavant un fichier central des comptes bancaires à travers l'Office fédéral de surveillance des prestataires de service financier, on peut penser que le secret bancaire ne sera pratiquement plus un obstacle en Allemagne lors des échanges de renseignements.

270. Cette opposabilité du secret bancaire est également mise à mal dans la nouvelle monture de l'article 26 du modèle de Convention OCDE, qui dans son nouveau paragraphe 5[634] empêche l'invocation du secret bancaire comme motif pour refuser d'échanger des renseignements.

271. Pour finir, on regrettera que le droit communautaire des échanges d'information ne prévoie pas une protection judiciaire du contribuable qui a été affecté par cette transmission de données le concernant. Il devra pour faire sanctionner ou interrompre cette transmission s'adresser aux juges de son pays[635]. Comme en droit allemand où le contribuable peut exercer un recours contre cet échange d'informations, en cas de manquement par le fisc à son devoir de discrétion[636]. On peut ainsi penser qu'il ne serait pas inutile d'ajouter en droit communautaire une disposition relative à la protection judiciaire du contribuable faisant l'objet d'un échange de renseignements entre administrations étrangères.

On s'aperçoit finalement que le droit au secret fiscal du contribuable contient de nombreuses failles, qui sont dans bien des cas nécessaires dans un système déclaratif.

---

633 *Cf. supra* n° 110.

634 Qui a été ajouté pour permettre l'échange de renseignements concernant la propriété et de renseignements détenus par des banques, des institutions financières, des mandataires, des agents et des fiduciaires.

635 *Cf.* B. Terra et P. Wattel, *European tax law, op. cit.*, p. 334.

636 *Taxpayer's rights : an international perspective, op. cit.*, p. 178.

Section 2. Les exceptions au principe de non-divulgation des données confidentielles

272. Ces exceptions peuvent être classées en deux catégories, celles qui découlent de la loi (**Sous-section 1**) et celles qui sont d'origine prétorienne (**Sous-section 2**).

Sous-section 1. Exceptions d'origine légale

273. La loi fiscale prévoit un certain nombre de cas où l'administration fiscale peut prendre connaissance d'informations qui ont un caractère confidentiel pour le contribuable (**I**). Les tiers autres que le fisc peuvent aussi dans certains cas bien précis, prendre connaissance de ces informations du fait de la publicité de l'impôt et de la publication des décisions de justice. Ou encore en vertu d'exceptions au secret professionnel de l'article L. 103 du Livre des procédures fiscales (**II**).

I. Au profit de l'administration fiscale : la mise en œuvre de procédures visant à collecter des informations et la protection des données confidentielles

274. La question de la durée de conservation des données est connexe à celle des prérogatives de l'administration ayant pour objet la collecte d'informations. La prescription est trentenaire en matière civile (art. 2262 C. civ.). Elle commence à courir à compter du jour où l'acte est passé ou, s'il s'agit d'un acte à exécution échelonnée, du jour où il a cessé de produire ses effets. Les entreprises sont donc tenues de garder les contrats et les documents relatifs à leurs titres de propriété pendant trente ans ou plus, s'il s'agit des contrats à exécution échelonnée. Les documents et les pièces justificatives afférents aux éléments de la comptabilité des commerçants doivent être conservés dix ans. Enfin, le délai de reprise de l'administration est de dix ans en cas d'omissions, d'erreurs ou d'insuffisance d'imposition dans le cas des droits d'enregistrement, de la taxe de publicité foncière, des droits de timbre et des taxes et redevances assimilées.

275. En matière fiscale, les livres, registres et documents (annexes, pièces de recettes et de dépenses) sur lesquels peut s'exercer le droit de communication, d'enquête et de contrôle de l'administration, doivent être conservés pendant un délai de six ans à partir de la date de la dernière opération mentionnée, ou de la date à laquelle le document a été établi. On retrouve cette même obligation de conservation des documents dans des pays voisins de la France, comme l'Allemagne (s. 97 (1) *AO*). En Espagne, la durée minimale de conservation des livres et registres est de 6 ans, comme en France, aussi bien en droit fiscal qu'en droit des sociétés.

276. Cette obligation de conservation est applicable quel que soit le support utilisé pour la conservation des documents, y compris lorsqu'il est magnétique. Il en est de même des pièces justificatives d'origine relatives à des opérations ouvrant droit à déduction en matière de taxes sur le chiffre d'affaires, des informations échangées entre les entreprises émettrices et réceptrices d'informations transmises par voie télématique dans leur contenu originel et dans l'ordre chronologique, la liste récapitulative séquentielle des messages reçus et émis et les anomalies éventuelles lors de la télétransmission des factures. Doivent être également conservés par l'entreprise pour pouvoir être présentés à l'administration fiscale, les documents relatifs à son résultat fiscal des trois ou cinq dernières années, en cas de déficit antérieur imputé sur une de ces trois ou cinq dernières années ou en cas d'amortissements différés. C'est le délai général de reprise du fisc et le délai pendant lequel il peut se faire communiquer : la documentation comptable (livres, registres...) établie sur support informatique, ainsi que la documentation relative aux analyses, à la programmation et à l'exécution des traitements informatiques. Enfin, s'agissant de la taxe sur les salaires, en matière fiscale, le délai général de reprise est de trois ans. Conformément aux articles L 143-5, R 143-2 du Code du travail et L 243-12 du Code de la sécurité sociale, le livre de paie doit être conservé pendant cinq ans à compter de sa clôture.

Cette obligation de conservation du contribuable est une conséquence des prérogatives accordées à l'administration fiscale afin d'obtenir des données sur la situation patrimoniale du contribuable qui lui permettra de vérifier la cohérence de la déclaration de revenus de celui-ci. Le fisc peut ainsi user de son droit de communication (**A**), des demandes de justifications et de renseignements (**B**) et de la vérification des comptabilités informatisées (**C**).

A. **Droit de communication et protection des données confidentielles**

277. Les agents du fisc peuvent avoir besoin d'informations afin de lever diverses sortes d'interrogations sur le dossier fiscal d'un contribuable. Afin de protéger la vie privée du contribuable qui peut être affectée par ces demandes, les États européens ont élaboré des législations en ce sens. Ainsi en Espagne, la Charte du contribuable de 1995 prévoit pour celui-ci le droit à la confidentialité de l'information fiscale (*Derecho a la confidencialidad de la informacion tributaria*).

Afin de mesurer le champ d'informations auxquelles l'administration peut avoir accès par le biais de l'article 81 du LPF, il convient de définir le droit de communication (**§1**). Par ailleurs, les modes de transmission des données confidentielles relatives au contribuable en cause varient en fonction de la nature du tiers à qui les services fiscaux demandent ces informations.
L'administration dans certains cas, est tenue de demander expressément communication de certains documents, c'est le cas à l'égard des professions commerciales ou non commerciales (**§2**). En revanche, s'agissant des juridictions et des organismes publics, il incombe à ceux-ci de transmettre automatiquement certains documents au fisc (**§3**). Celui-ci par ailleurs, dans un plus grand souci d'efficacité d'exercice du droit de communication, s'est vu reconnaître le droit d'utiliser le numéro d'inscription au répertoire national d'identification des personnes physiques (**§4**).

§1) *Définition du droit de communication*

278. Le droit de communication fait l'objet du chapitre II du titre II du LPF. Il possède son équivalent également depuis peu en droit pénal (art. L. 60-1 CPP issu de la loi Perben II[637]). Cette procédure d'investigation est aussi ancienne que les demandes d'éclaircissement et de justifications. Son étude s'impose à partir du moment où l'on étudie la

[637] Art. 60-1, al. 1 : « L'officier de police judiciaire peut requérir de toute personne, de tout établissement ou organisme privé ou public ou de toute administration publique qui sont susceptibles de détenir des documents intéressant l'enquête (...), de lui remettre ces documents, sans que puisse lui être opposée, sans motif légitime, l'obligation au secret professionnel ».

protection accordée par le droit fiscal aux données confidentielles et au secret professionnel à l'égard de l'administration fiscale. De plus, il est aujourd'hui sous ses différents aspects l'outil le plus usité par le fisc[638]. Selon l'article L. 81 du LPF « le droit de communication permet aux agents de l'administration, pour l'établissement de l'assiette et le contrôle des impôts, d'avoir connaissance des documents et des renseignements mentionnés aux articles du présent chapitre dans les conditions qui y sont précisées ». De façon plus générale, on peut dire que le droit de communication est un droit de l'administration d'accéder, à sa demande, à certaines informations détenues par des personnes morales ou physiques. Les articles L. 81 à L. 96 A et L. 96 B du LPF dans la lignée de la loi du 31 juillet 1920, contraignent en effet celles-ci à tenir à la disposition des services fiscaux certaines informations. Ces dispositions s'appliquent notamment aux personnes versant des honoraires ou des droits d'auteurs (art. L. 82 A LPF), aux employeurs et débirentiers (art. L. 82 B LPF), aux administrations et entreprises publiques[639] (art. L. 83 LPF), aux banques et établissements de crédit (art. L. 96 LPF ou art. L. 83 et L. 85 LPF) aux personnes ayant la qualité de commerçant (art. L. 85 LPF) et aux membres de certaines professions non commerciales[640] (art. L. 86 LPF). Le délai de conservation des documents pour les détenteurs des documents communicables est de six ans (art. L. 102 B LPF)[641].

Le droit de communication s'exerce sur place après envoi d'un avis de passage[642], souvent dans le cadre d'une procédure de contrôle.

---

[638] Avec les demandes de justifications et de renseignements, il est mis en œuvre plus de 3, 5 millions de fois chaque année, auprès des contribuables comme auprès des tiers (données communiquées par V. Haïm lors de son intervention au cours du colloque « *Droits du contribuable : état des lieux et perspectives* », organisé le 17 octobre 2000 par la Chambre de commerce et d'industrie de Paris.

[639] L'article L. 84 vient limiter la portée de L. 83 en disposant que les renseignements individuels recueillis au cours d'enquêtes statistiques (ex : INSEE) ne peuvent en aucun cas être utilisés à des fins de contrôle fiscal (art. 2 L. n° 51-711 du 7 juin 1951 sur le secret en matière de statistiques).

[640] *Cf. supra* n° 249 sur les professions médicales.

[641] Art. L. 102 B I : Les livres, registres, documents ou pièces sur lesquels peuvent s'exercer les droits de communication, d'enquête et de contrôle de l'administration doivent être conservés pendant un délai de six ans à compter de la date de la dernière opération mentionnée sur les livres ou registres ou de la date à laquelle les documents ou pièces ont été établis.

[642] Doc. adm. 13 K 114, 1er févr. 1994.

279. L'administration des impôts peut exercer la prérogative qu'elle tient de l'article L. 81 du LPF à l'encontre des contribuables, mais également à l'encontre des tiers. Le défaut de réponse est sanctionné par une amende, assortie éventuellement d'une astreinte (art. 1740-1 CGI). Elle peut également selon le Conseil d'État, exercer la prérogative de l'article L. 81 du LPF à l'égard des personnes non soumises au droit de communication, à condition que celles-ci ne soient pas tenues de répondre aux questions posées. Cette faculté d'origine prétorienne n'est prévue par aucun texte et reste donc limitée du fait de son caractère non contraignant résultant de l'absence de sanctions en cas de défaut de réponse[643].

Ceci explique que le Conseil d'État considère comme irrégulière, une demande de renseignements adressée à une personne non soumise au droit de communication, dès lors qu'elle fait référence à ce droit en induisant ainsi cette personne en erreur sur la possibilité qu'elle a de ne pas répondre[644]. Ce comportement « dolosif » de l'administration est alors sanctionné par la nullité de la procédure d'imposition conduite à l'égard du contribuable[645].

---

[643] CE, 13 juill. 1963, n° 58-361-58 362, *DF* 1963. 49.1166 ; 26 avr. 1967, n° 65 604, *BCD* 1967. 370, *DF* 1967. 22 .663; 14 oct. 1970, 77 231, *BCD* 1971.47 ; *BODGI* 13 L-19-70 ; Plén., 19 déc. 1975, 88 119, *RJF* 1976. 2.50 ; 14 juin 1982, n° 23 661, *RJF* 1982.8-9.419 ; *DF* 1983. 4.104; 27 avr. 1987, n° 63 634, *RJF* 1987.6.359 : « Considérant que, bien que les tireurs de ces chèques n'aient pas été soumis au droit de communication prévu aux articles 1987 et 1991 du CGI, l'Administration était en droit, dès lors qu'elle ne leur imposait pas l'obligation de répondre à ces demandes, de leur demander des informations sur la nature des sommes versées par eux au contribuable ».

[644] CE, 11 juill. 1991, n° 75 561, *Koch*, *RJF* 1991.10, n° 1179 : cette demande de renseignements n'est soumise à aucun formalisme, à condition que l'importance et la nature des renseignements demandés ne caractérisent pas un contrôle de cohérence qui serait alors qualifié d'ESFP.

[645] CE, 1er juill. 1987, n° 54 222, *Mercantetti, RJF* 1987, n° 10, concl. Fouquet, *Les Petites Affiches* 1988, n° 64, p. 10, note Maublanc : « Le Conseil d'Etat a estimé que la lettre, en faisant référence indistinctement, quelque que fut son destinataire, au droit de communication, avait pu induire en erreur ceux des clients du contribuable qui n'étaient pas soumis au droit de communication, en leur faisant croire qu'ils étaient obligés de fournir les renseignements demandés sous peine d'encourir les sanctions prévus à l'article 1740-1 du Code général des impôts. Dès lors, la Haute juridiction en a conclu que les renseignements ainsi demandés à des personnes non soumises au droit de communication avaient été irrégulièrement obtenus et qu'ils ne pouvaient pas être utilisés par le vérificateur pour redresser les bases d'imposition du contribuable », *GAJF*, n° 54, p. 845. Comp. CE, 11 déc. 1987, n° 56 479-56 481, *RJF* 1988.2.123 : où le Conseil d'État juge que l'irrégularité de l'enquête opérée auprès des clients du contribuable demeure sans effet sur la procédure d'imposition suivie à l'égard de ce

On voit bien que le champ d'action de cette procédure est des plus vaste. Cette constatation est renforcée par le fait que l'administration peut exercer autant de fois et aussi longtemps qu'elle le désire cette procédure[646].

280. Le droit de communication existe également dans les législations espagnole, anglaise et allemande. C'est au Royaume-Uni, un droit reconnu aux agents de l'*Inland Revenue (*s. 20 *TMA)*. Il couvre comme en droit français un champ large de professions et d'administrations susceptibles de se voir demander des informations (s. 15 (employeurs), 16, 17 (banques), 18, 19 *TMA*). L'inspecteur doit envoyer une notice informant le tiers des raisons pour lesquelles les documents lui sont demandés. Dans le cas où la demande de communication est adressée au contribuable lui-même ou à un tiers qui détient des documents qui sont susceptibles d'aggraver la responsabilité fiscale du contribuable (s. 20(3)), l'administration fiscale doit remplir un certain nombre d'obligations. Elle devra justifier raisonnablement de l'importance des documents demandés (*written summary of reasons*, s. 20(8 E) *TMA*) et se faire délivrer par l'autorité judiciaire un ordre ordonnant à toute personne de délivrer aux agents de l'*Inland Revenue* les documents contenant les informations recherchées (s. 20BA, s. 1AA *TMA*). Ce dernier point en particulier constitue une limite au droit de communication de l'administration fiscale britannique. Car le *General Commissioner* ou le *Special Commissioner* vont s'assurer que les faits contenus dans la demande justifient ou non la mise en œuvre de cette procédure. Cette intervention du juge dans la procédure est judicieuse, et pourrait servir de piste de réflexion pour un éventuel aménagement du régime juridique de l'article L. 81 du Livre des procédures fiscales.

281. Le droit fiscal allemand connaît un moyen de vérification dénommé « l'information de contrôle » (*Kontrollmitteilung,* s. 93 *AO*), voisin du droit de communication prévu par l'article L. 81 du LPF, qui se matérialise par un commandement administratif. Normalement les contrôleurs ne peuvent pas demander des informations aux tiers, sauf si les renseignements fournis par le contribuable ou les personnes désignées par lui se révèlent insuffisants (s. 93 (1) *AO*)[647]. Enfin, en

---

dernier, dès lors que l'imposition reposait sur des bases étrangères aux informations recueillies au cours de l'enquête.

[646] CE, 13 mars 1968, *DF* 1968, n° 15, p. 617 ; 8 mai 1968, *DF* 1968, n° 25, p. 787.

[647] Les informations peuvent être demandées oralement, par écrit ou encore par téléphone.

Espagne le droit de communication est prévu par l'article 93 (*Obligaciones de información*) et suivants de la loi fiscale générale. Son champ d'application est vaste, car il comprend toutes les informations à incidence fiscale. Les seules limites sont le secret postal, le secret statique, le secret professionnel et le devoir de conseil et de défendeur.

§2) *Informations sur demande*

282. Concernant les personnes ayant la qualité de commerçant, les agents de l'administration des impôts sont en droit, en vertu de l'article L. 85 du LPF, de prendre connaissance des livres, dont la tenue est obligatoire (art. L. 132-12 à L. 132-28 C. com.), ainsi que de tous les livres et documents annexes, pièces de recettes et de dépenses. S'agissant des sociétés, le droit de communication s'étend au registre de transfert d'actions et d'obligations et aux feuilles de présence aux assemblées générales (art. L. 85 LPF). La jurisprudence administrative afin de limiter l'étendue du droit de communication à l'égard des sociétés commerciales, a jugé qu'il ne pouvait porter que sur des documents professionnels à l'exclusion de documents privés ou de documents non comptables[648]. Les banques quant à elles sont susceptibles de se voir demander les documents comptables ainsi que les documents de service (relevés de compte et pièces annexes).

283. Sont également assujetties au droit de communication, les personnes exerçant une profession non commerciale visée à l'article L. 86 du LPF :

- celle dont l'exercice autorise l'intervention dans des transactions, la prestation de services à caractère juridique, financier ou comptable ou la détention de biens ou de fonds pour le compte de tiers (ex : avocats, huissiers, notaires, experts-comptables…) ;
- celle qui consiste à titre principal en la prestation de services à caractère décoratif ou architectural ou en la création et la vente de biens ayant le même caractère.

[648] CE, 26 oct. 1942, n° 66077, *Lebon*, p. 294.

Les membres de ces professions pourront ainsi se voir demander des informations relatives à l'identité du client, le montant et la forme du versement ainsi que les pièces annexes de ce versement.

§3) *Informations transmises spontanément*

284. Le droit de communication revêt également un second aspect souvent méconnu (art. L. 97 à L. 102 AA LPF) qui consiste en la transmission obligatoire et spontanée d'informations au fisc. C'est le cas de certains organismes de sécurité sociale qui doivent transmettre des relevés récapitulatifs de feuilles de maladie et notes de frais remises par les assurés (L. 24 oct. 1942 ; art. A. 97-1 LPF) ou de l'autorité judiciaire tenue de faire part de toute indication de nature à faire présumer une fraude fiscale (art. 6, L. 4 avr. 1926 ; art. L. 101 LPF)[649]. Cette transmission obligatoire d'informations a fait l'objet récemment de débats à l'occasion du projet de loi de finances 2004 qui prévoyait en son article 20 que les établissements diffuseurs ou distributeurs de services payants de programmes de télévision (tels que Canal Plus et autres) communiquent à l'administration fiscale (Service de la Redevance Audiovisuelle, SRA) les informations nominatives concernant leurs abonnés à savoir les noms, prénom, adresse de l'abonné et la date de souscription de l'abonnement. La CNIL consultée le 23 septembre 2003 sur le projet de loi de finances pour 2004 a mis en cause cette disposition. En effet pour l'autorité administrative indépendante, cette disposition n'est pas claire dans la mesure où elle peut être interprétée de deux manières différentes.

285. La première hypothèse envisagée est de considérer que cette disposition oblige les télévisions payantes à communiquer les données personnelles de leurs abonnés figurant sur leurs fichiers clients à l'administration des impôts, en vue de savoir si tous leurs abonnés ont payé la redevance relative à la télévision. Dans ce cas, la CNIL estime dans son communiqué du 26 septembre 2003 que cette disposition est contraire aux principes de la protection des données personnelles. En effet, la commission considère que cette disposition est contraire au

---

[649] L'autorité judiciaire est tenue de fournir tous les renseignements en sa possession nonobstant le fait que les services fiscaux ne les lui auraient pas demandés ; CE, 3 déc. 1990, n° 103101, *Sté Antipolis*, *DF* 1991, n° 7, comm. 259, concl. Arrighi de Casanova.

principe de la finalité de la collecte visée à l'article 6 de la directive communautaire n° 95/46 du 24 octobre 1995 relative aux données personnelles. À cet égard, les télévisions payantes collectent des données relatives à leurs clients abonnés. Ce traitement qui doit être déclaré à la CNIL conformément à la loi Informatique et Libertés du 6 janvier 1978 a pour objet de mieux gérer les demandes des clients abonnés. Les informations collectées ont donc une finalité déterminée et la CNIL considère que la légitimité de la finalité est disproportionnée au regard des bénéfices escomptés par l'administration fiscale.

286. La seconde hypothèse envisagée par la CNIL est que cette disposition permette uniquement de manière ponctuelle et motivée au fisc de demander des renseignements sur tel abonné, et ce, en vertu du droit de communication (art. 81 et s. LPF). La disposition du projet de loi de finances 2004 n'a donc finalement pas été retenue. En effet, la Commission des finances de l'Assemblée nationale a voté un amendement à l'article 20 du projet de loi de finances 2004. Cette affaire a connu finalement son dénouement le 21 octobre 2003, jour où l'Assemblée nationale a refusé le croisement des fichiers de l'administration avec ceux des abonnés aux opérateurs de télévision payante[650].

287. On se souvient que, déjà en 1991, l'administration fiscale désirait demander à Canal + ses fichiers d'abonnés pour pouvoir déterminer ceux qui devaient payer la redevance. Le Conseil constitutionnel dans sa décision n° 91-302 DC du 30 décembre 1991 avait déclaré la disposition permettant de croiser les fichiers du fisc avec ceux de Canal Plus non conforme à la Constitution en raison d'une irrégularité dans la procédure[651].

288. Cet accroissement de la circulation d'informations entre les administrations, joue à plein entre les services fiscaux et les services dépendant du ministère de l'Emploi, de la cohésion sociale et du logement comme en atteste le récent décret n° 2005-1624 du 22 décembre 2005 relatif au suivi de la recherche d'emploi[652]. Ainsi dorénavant, en vertu de l'article 351-30 du Code du travail, les agents

---

[650] Les députés ont uniquement aligné la redevance audiovisuelle « noir et blanc » sur celle de la redevance audiovisuelle « couleur » à 116,5 € en France métropolitaine et à 74,31 € dans les DOM.
[651] Cons. const., 30 déc. 1991, Déc. n° 91-302 DC, *Rec.*, p. 137 ; *RJC*, p. I-476.
[652] *JO*, 24 déc. 2005, n° 0299.

dépendant du Ministère de l'Emploi peuvent vérifier les déclarations fiscales souscrites par les personnes inscrites sur les listes des demandeurs d'emploi. Ils peuvent en outre se faire « communiquer par les administrations fiscales, en cas de présomption de fraude, toutes données et documents nécessaires à l'accomplissement de leur mission ». L'imprécision de ces derniers termes peut laisser craindre des abus de la part de l'administration concernée. Il conviendra donc de rapidement préciser les conditions de cette communication de données à caractère fiscal. Cette transmission d'informations au sujet d'un contribuable entre administrations se retrouve dans d'autres États. En Grande-Bretagne, l'*Inland Revenue* peut dans certains cas permis par loi sur la protection des données de 1998 (ex : pour détecter un crime ou dans un but d'intérêt général) transmettre à d'autres administrations ou recevoir de celles-ci, des renseignements sur un contribuable[653].

289. En droit allemand, divers organismes et administrations (autorités et adjudicateurs, administration des postes, radio et télévision...) qui sont soumis à un droit de communication spontané doivent envoyer aux bureaux de perception compétents des informations de contrôle sur leurs fournisseurs. Ceci est valable également pour les banques depuis une réforme législative récente. En effet, auparavant dans ce pays, le Trésor ne pouvait apprendre l'existence des comptes bancaires des contribuables soit par la déclaration que ceux-ci ont souscrite, soit par hasard. En 2003, est cependant intervenue une importante réforme législative qui a modifié les dispositions en vigueur relatives au secret bancaire (art. 93 et 93 b *AO* et art. 24 c de la loi sur le régime des crédits « *Kreditwesengesetz* »). Le nouveau régime est entré en vigueur le 1er avril 2005 et permet au Trésor allemand, même en l'absence de toute suspicion de délit fiscal, mais aux fins de la procédure d'imposition de connaître les comptes courants ou de dépôt d'un contribuable. Ainsi que leur numéro, les dates d'ouverture et de clôture, les noms des éventuelles

[653] *Cf. Code of pratice* n° 21- *"Data protection contents": We will only process the information we need to carry out our duties.*
We may get information about you from others, or we may give information to them. If we do, it will only be as the law permits, for example to
-check accuracy of information
-prevent or detect crime
-protect public funds".
Cf. également : J.-F. Avery Jones, *Information exchange : Sect. 145-147, British Tax Review* 2000, n° 5.

personnes disposant d'une procuration et les noms et adresses des personnes disposant du compte, mais autres que le titulaire[654].

C'est au moyen d'un fichier obligatoire que chaque établissement de crédit ou banque doit établir depuis le 1er avril 2003 et communiquer à l'Office fédéral de surveillance des prestataires de service financier (*Bundesanstalt für finanzdienstleistungsaufsicht*), que le Trésor peut prendre connaissance des renseignements mentionnés.

Il n'était pas prévu dans les nouveaux textes que le contribuable comme d'ailleurs l'établissement de crédit ou la banque de ce dernier soit informé de cette prise d'informations par les agents du Trésor. Cette lacune regrettable quant à l'information du contribuable a été partiellement réparée par une circulaire du Ministère fédéral des Finances (*Bundesministerium für Finanzen*) qui prévoit que le contribuable en cause sera systématiquement informé *a posteriori*, même en l'absence d'irrégularités.

Cette réforme a été vivement critiquée outre-Rhin, notamment par l'association des avocats allemands *(Deutscher Anwaltsverein*) qui considère qu'elle viole la loi fondamentale allemande.

La Cour constitutionnelle fédérale saisie sur ce point a cependant jugé le 22 mars 2005 qu'elle était conforme à la loi fondamentale[655].

290. Les banques, caisses d'épargne, instituts de crédits et toutes personnes physiques ou morales qui se consacrent aux opérations bancaires et de crédits sont également assujettis à cette obligation de communication en Espagne (art. 93 b *LGT*)[656]. Ces informations ne

---

[654] Le Trésor ne pourra pas, en revanche, connaître des soldes et des mouvements des comptes sans l'aide du contribuable.

[655] Cour. cons. féd., 22 mars 2005.

[656] « Art. 93. *Obligaciones de información.*

1. Las personas físicas o jurídicas, públicas o privadas, así como las entidades mencionadas en el apartado 4 del artículo 35 de esta Ley, estarán obligadas a proporcionar a la Administración tributaria toda clase de datos, informes, antecedentes y justificantes con trascendencia tributaria relacionados con el cumplimiento de sus propias obligaciones tributarias o deducidos de sus relaciones económicas, profesionales o financieras con otras personas.

En particular :

a. Los retenedores y los obligados a realizar ingresos a cuenta deberán presentar relaciones de los pagos dinerarios o en especie realizados a otras personas o entidades.

b.Las sociedades, asociaciones, colegios profesionales u otras entidades que, entre sus funciones, realicen la de cobro de honorarios profesionales o de derechos derivados de la propiedad intelectual, industrial, de autor u otros por cuenta de sus socios, asociados o colegiados, deberán comunicar estos datos a la Administración tributaria.

peuvent être utilisées qu'à des fins fiscales, pour des faits qui peuvent constituer des délits économiques.

Cette inopposabilité du secret bancaire aux services fiscaux n'a pas été sans susciter des heurts, mais le Tribunal constitutionnel en 1987 a mis un terme à ces protestations en rejetant un recours contre cette dérogation au secret bancaire, en faisant prévaloir le principe d'égalité devant l'impôt sur le droit à la confidentialité des informations.

Le décret-loi n° 338 du 8 mars 1990 a affaibli davantage le secret bancaire en contraignant tous les déposants à communiquer leur numéro d'identification fiscale aux établissements financiers qui gèrent leurs fonds. En cas de non-respect de cette obligation, les établissements financiers concernés doivent communiquer spontanément aux services fiscaux les informations dont ils disposent, et suspendre les opérations de retrait.

§4) *L'utilisation du numéro de sécurité sociale par l'administration fiscale*

291. L'article 107 de la loi de finances pour 1999 (art. L. 287 LPF) a permis à la Direction générale des impôts, la Direction générale de la comptabilité publique et la Direction générale des douanes et des droits indirects de collecter, de conserver ou échanger entre elles les numéros d'inscription au répertoire national d'identification des personnes physiques (NIR)[657]. Le NIR remplace le système d'identification dit « SPI » (simplification des procédures d'identification)[658]. Le fisc utilisait depuis 1984 cet identifiant qui lui était propre (comme l'éducation nationale avec le NUMEN), mais s'est avéré au final peu sur, du fait que certains contribuables disposent de plusieurs numéros SPI. Ce qui a contraint le fisc à opérer de nombreux regroupements, lorsqu'un doute planait sur l'identification exacte d'un contribuable. Pour éviter cette complication, l'administration fiscale a envisagé à de

---

A la misma obligación quedarán sujetas aquellas personas o entidades, incluidas las bancarias, crediticias o de mediación financiera en general que, legal, estatutaria o habitualmente, realicen la gestión o intervención en el cobro de honorarios profesionales o en el de comisiones, por las actividades de captación, colocación, cesión o mediación en el mercado de capitales ».

[657] *Cf.* notamment : J.-J. Bienvenu et T. Lambert, *Droit fiscal*, *op. cit.*, n° 157.

[658] La création de ce numéro résulte des décisions successives de la Commission nationale de l'informatique et des libertés (CNIL) qui optaient pour l'adoption par les administrations d'identifiants qui leur soient propres.

multiples reprises l'utilisation du numéro INSEE (NIR) pour certaines opérations) mis au point par la direction générale des impôts à usage interne seulement.

292. C'est un amendement parlementaire qui est à l'origine de ce dispositif et qui permet également d'utiliser ces numéros dits de « sécurité sociale pour demander communication de certaines informations aux organismes de sécurité sociale. Ces échanges d'information doivent être relatifs à l'appréciation des conditions d'ouverture des droits à prestation, au calcul de celles-ci, à l'appréciation des conditions d'assujettissement aux cotisations et aux contributions, à la détermination de l'assiette et du montant des cotisations et contributions ainsi qu'à leur recouvrement (art. L. 152 LPF). Avant l'instauration du droit autorisant la consultation des fichiers de la sécurité sociale, l'administration des impôts estimait que, sur 130 millions de bulletins de salaire, 1 million restait orphelin. L'administration fiscale ne parvenant pas à identifier précisément leur bénéficiaire. Le législateur a donc eu l'idée de permettre à l'administration de consulter le répertoire national de l'INSEE des personnes physiques. L'administration peut désormais rattacher tous les revenus versés à une personne physique dont l'identification aura été rendue possible grâce à son numéro de sécurité sociale[659].

293. Cette disposition a constitué une source d'inquiétude pour les défenseurs des libertés individuelles. Le Conseil constitutionnel fut alors saisi et dans une décision du 29 décembre 1998[660] il a rejeté le grief selon lequel l'article 107 méconnaissait les exigences constitutionnelles relatives à la protection de la vie privée et de la liberté individuelle, au motif que l'article 107 n'autorise les directions précitées du ministère de l'Économie et des Finances à conserver ou échanger entre elles les numéros d'inscription au répertoire national d'identification des

[659] Cette réforme a constitué une rupture par rapport à la logique fiscale précédente. Dès l'instant, en effet, où l'administration connaît, très exactement, les revenus des contribuables, grâce au fichier de la sécurité sociale, elle peut pratiquement se passer de la déclaration du contribuable. Elle élimine ainsi les risques de fraude inhérents à une insuffisance de déclaration, toujours possible. Le Ministère de l'Économie et des Finances a dans cette optique instauré depuis trois ans un nouveau système dans lequel l'administration fait connaître le montant de revenu qui doit être imputé au contribuable (*a priori*), à qui il reviendra de le confirmer ou de le corriger (*a posteriori*) et éventuellement de le contester.

[660] Cons. const., 29 déc. 1998, Déc. n° 98-405 DC, *Rec.*, p. 326 ; *AJDA*, janv. 1999, p. 14 et s., comm. J.-E. Schoettl, p. 84 et s.

personnes physiques (NIR), que pour mettre en œuvre des traitements de données relatifs à l'assiette, au contrôle et au recouvrement de tous impôts, droits, taxes, redevances ou amendes. Toutes les informations recueillies à l'occasion de ces opérations seront soumises à l'obligation de secret professionnel prévue à l'article L. 103 du Livre des procédures fiscales. Le Conseil constitutionnel recourant à la technique des réserves d'interprétation affirma que l'utilisation du NIR a pour finalité d'éviter « les erreurs d'identités et (de) vérifier les adresses des personnes ». Il ajoute « que la portée de l'article 107 devra rester restreinte. Aucun nouveau transfert de données nominatives devra être effectué entre administrations ». De plus, les communications aux organismes de protection sociale doivent être « strictement nécessaires et exclusivement destinées aux fins mentionnées à l'article L. 152 du LPF (validation des conditions de ressources de certaines prestations sociales).

294. Enfin, si en vertu des nouvelles dispositions, les directions du Ministère de l'Économie et des Finances mentionneront désormais le numéro d'identification des personnes physiques lorsqu'en application de l'article L. 152 du Livre des procédures fiscales, elles communiqueront des informations nominatives aux organismes et services chargés de la gestion d'un régime obligatoire de base de sécurité sociale et aux institutions mentionnées au chapitre 1er du titre II du livre IX du Code de la sécurité sociale, il faudra en outre que ces communications soient strictement nécessaires et exclusivement destinées à l'appréciation des conditions d'ouverture et de maintien des droits aux prestations, au calcul de celles-ci, à l'appréciation des conditions d'assujettissement aux cotisations et contributions, à la détermination de l'assiette et du montant des cotisations et contributions, ainsi qu'à leur recouvrement. La méconnaissance de ces dispositions sera réprimée.

295. La CNIL sollicitée lors de l'adoption des décrets d'application de la loi a souhaité que le NIR ne soit pas utilisé comme identifiant fiscal et que son utilisation demeure cantonnée dans des bases de données sécurisées, sa présence dans les traitements de gestion étant exclue. Dans sa délibération du 26 juin 1999, elle a affirmé son hostilité de principe à l'unification des identifiants administratifs.

296. Le Conseil des impôts est d'un avis contraire sur ce point, arguant que l'utilisation de plusieurs numéros d'identification est préjudiciable pour les administrés (complications supplémentaires) et pour l'administration (coût de gestion supérieur). L'administration fiscale

semble partager cet avis, regrettant que la décision du Conseil constitutionnel ait par trop entravé l'utilisation par ses services du NIR [661]. Mais doit-on au nom d'une efficacité supérieure diminuer le droit des contribuables à la protection de leurs données confidentielles ? Cependant, l'article 107 n'a en réalité pour effet que de faciliter aux administrations fiscales et sociales l'identification de leurs ressortissants. Il n'entraîne par conséquent aucun nouveau transfert de données nominatives. En cela, il ne déroge pas à la législation relative à l'informatique et aux libertés.

297. La possibilité ouverte dorénavant aux services fiscaux de recourir au NIR permet finalement à la France de combler son retard sur ces voisins européens comme l'Allemagne, l'Espagne ou le Royaume-Uni [662] qui ont instauré un numéro d'identification fiscal unique ces dernières années. L'identification fiscale en Espagne s'étend aux résidents et aux non-résidents (personnes morales, entités sans personnalité juridique et personnes physiques). Cette obligation est contraignante en ce sens que ce numéro doit figurer sur tous les documents d'ordre commercial, économique ou professionnel et qu'il doit être communiqué aux banques le jour même ou au plus tard dans le mois qui suit la réalisation d'opérations bancaires.

La possibilité offerte à l'administration française d'utiliser dorénavant le numéro INSEE, si elle doit lui permettre de lui faciliter le travail par un recoupement plus aisé des fichiers, doit cependant s'accompagner de mesures propres à protéger la vie privée du contribuable.

298. L'article 102 de la loi de finances pour 2003 (L. n° 2002-1575, 30 déc. 2002) a apporté une autre dérogation au secret professionnel pesant sur les agents des impôts. En effet, depuis le 1er janvier 2003, ceux-ci peuvent transmettre des informations relatives à l'assiette des cotisations sociales et de la CSG à la Direction générale de la comptabilité publique[663]. Alors que normalement le secret professionnel des agents du fisc est opposable aux personnes autres que le contribuable ou son

---

[661] *Cf.* le rapport de synthèse de l'Inspection générale des finances, mars 1999 n° 98-M-04-11 qui avance qu'une utilisation « libre » du NIR par l'Administration fiscale est « indispensable à la mise en place du compte fiscal unique » et permettrait également un accès sécurisé aux services offerts (accès aux informations et aux opérations liées au paiement des impôts).
[662] Cela ne concerne dans ce pays que les entreprises.
[663] J.-L. Pierre, *Droit de communication de l'Administration, Procédures* 2003, n° 3, p. 31 et s.

représentant. Ainsi, l'administration fiscale est liée par le secret à l'égard des autres administrations de l'État, des collectivités territoriales, des services de sécurité sociale ou des organismes chargés de la gestion de l'assurance-chômage.

299. Le droit de communication n'est cependant pas la seule arme à la disposition du fisc qui lui permettant d'obtenir des renseignements sur la situation patrimoniale du contribuable, il peut également recourir à une procédure plus contraignante : les demandes de justifications et d'éclaircissement (art. L16 LPF).

B. Demandes de justifications et d'éclaircissement et protection des données confidentielles

300. La demande d'éclaircissement et la demande de justifications sont des procédures de contrôle de la déclaration d'ensemble. Ce sont aussi des « procédures d'information »[664] qui peuvent être également mises en œuvre dans le cadre des procédures de contrôle sur place, sous réserve que le droit de reprise de l'administration ne soit pas expiré[665].

301. Les procédures de l'article L. 16 du Livre des procédures fiscales remontent aux origines de l'impôt sur le revenu (L. 15 juill. 1914 pour les demandes de justifications ; L. 30 déc. 1916 pour les demandes d'éclaircissement)[666]. Elles ne concernaient au départ, que l'établissement de l'impôt sur le revenu. Leur champ d'application a été par la suite étendu au contrôle des déclarations de succession (art. L. 19 LPF), des taxes sur le chiffre d'affaires (art. L. 70 LPF), à l'impôt de solidarité sur la fortune (art. L. 23 A LPF) ou encore à la taxe sur la valeur vénale des immeubles possédés en France par des personnes morales (art. R. 23 B-1 LPF). Si ces deux procédures d'information obéissent à certaines règles communes[667], il convient toutefois de les distinguer du fait de leurs champs d'application qui s'avèrent

[664] J. Grosclaude et P. Marchessou, *op. cit.*, p. 134.
[665] *Cf.* sur ce point : J. Grosclaude et P. Marchessou, *ibid.*, pp. 106-113.
[666] *Cf.* pour un historique : E. Mignon, *Demandes de justifications : une « chasse » de plus en plus encadrée*, *RJF* 1999, n° 4, p. 243.
[667] Entre autres : caractère écrit des demandes, indication explicite donnée au contribuable des points sur lesquels porte la demande, fixation d'un délai pour la réponse, indication des conséquences du défaut de réponse, et sanction de la taxation d'office en cas de défaut de réponse.

sensiblement différents[668] **(§1)**, tout comme leurs conditions de mise en œuvre **(§2)**. Procédures particulièrement contraignantes, leur articulation avec le droit au respect de la vie privée du contribuable, se révèle délicate à mettre en œuvre **(§3)**.

§1) *La distinction entre demande de justifications et demande d'éclaircissement*

302. La demande d'éclaircissement qui est née avec l'obligation de déclaration ne peut porter que sur un point quelconque de la déclaration selon la jurisprudence administrative[669]. Elle a pour objet de provoquer des explications du contribuable sur les énonciations de sa déclaration ou sur les discordances relevées soit entre les énonciations des diverses parties de la déclaration, soit entre ces énonciations et celles d'une déclaration antérieure, soit entre la teneur de la déclaration et les éléments détenus par le service. Elle ne pourra donc pas porter sur des éléments qui ne seraient pas contenus dans la déclaration. Par ailleurs, à la différence de la demande de justifications, l'administration fiscale n'est pas contrainte de réunir au préalable des indices avant de recourir à la demande d'éclaircissements.

303. La demande de justifications a quant à elle un objet limité par la loi. Des justifications peuvent être exigées du contribuable uniquement dans les cas énumérés dans le texte (situation et charges de famille, les charges retranchées du revenu global ou ouvrant droit à une réduction d'impôt, les avoirs et les revenus d'avoirs à l'étranger et les éléments servant de base à la détermination des revenus fonciers).

304. Pour être dissemblables dans leur nature, les demandes d'éclaircissements ou de justifications n'en possèdent pas moins un régime juridique uniforme. Ainsi, l'administration doit accorder au contribuable un délai de réponse qui ne peut pas être inférieur à deux mois. Il doit permettre au contribuable de pouvoir répondre de façon pertinente aux demandes de l'administration fiscale. Car ces demandes sont pour le fisc un instrument performant pour obtenir des précisions

---

[668] *Cf.* sur les différences et points communs de ces deux procédures : S. Verclytte, chron. sous CE, 16 mai 1997, *Niollon*, n° 145097-145121, *RJF*, 4/98, n° 247.
[669] CE, 16 mai 1997, *Niollon*, n° 145097-145121, *op. cit.*, *RJF*, 7/97, n° 647.

sur les variations de la consistance du patrimoine du contribuable[670]. En cela, l'étude de leur régime s'inscrit logiquement dans la protection de la vie privée du contribuable. Ces demandes peuvent porter par exemple, sur les sommes transitant dans des comptes bancaires[671], les origines de fonds servant à des acquisitions immobilières[672]. Elles doivent donc indiquer explicitement les points sur lesquels elles portent et fixaient à l'intéressé un délai qui ne peut être inférieur à deux mois pour répondre (art. L. 16 A LPF). Si ce dernier n'a pas répondu de façon satisfaisante aux demandes d'éclaircissement ou de justifications, l'administration lui enverra une mise en demeure d'avoir à compléter sa réponse dans un délai de trente jours tout en lui précisant les compléments de réponse souhaités (art. L. 16 A al. 2 LPF). La jurisprudence est vigilante concernant cette exigence et condamne le vérificateur qui s'est contenté de demander au contribuable de faire parvenir toutes précisions après avoir relevé que sa réponse est insuffisante, sans avoir précisé dans sa mise en demeure les compléments de réponse souhaités[673]. Si le contribuable s'est abstenu de répondre aux demandes d'éclaircissements ou de justifications, il se verra taxé d'office au titre de revenus d'origine injustifiée (art. L. 69 à L. 72 A LPF).

La demande de justifications étant très contraignante vis-à-vis du contribuable, on l'a assortie de conditions strictes de mise en œuvre. Cet encadrement vigoureux de la procédure a conduit un auteur a qualifié de façon imagée ces conditions de « permis de chasser »[674]. L'administration sera ainsi contrainte en cas de différend à démontrer devant le juge compétent que les conditions de mise en œuvre de la demande de justifications étaient bien réunies.

§2) *Les conditions de mise en œuvre des procédures de l'article L. 16 du LPF*

305. Pour pouvoir utiliser la demande de justifications à l'encontre du contribuable, l'administration doit apporter la preuve que celui-ci peut avoir des revenus plus conséquents que ceux qu'il a déclarés (art. L. 16

[670] CE, 4 oct. 1989, *DF* 1990, n° 8, 384, concl. De Saint Pulgent.
[671] CE, 15 juin 1978, *DF* 1978, n° 18, 724.
[672] CE, 13 déc. 1978, *DF* 1979, n° 8, 353.
[673] CAA Lyon, 22 sept. 1999, *Dal Moro*, *DF* 200, c. 696 ; *RJF* 2000, n° 14.
[674] *Cf.* comm. sous CAA Lyon, 14 mars 1996, n° 94-429, *Trifaud*, *RJF*, 6/96, n° 704 ; *DF* 1996, n° 21-22, comm. 683.

LPF). Cette procédure ne peut pas porter sur la détention de certains éléments du patrimoine. Son champ se circonscrit aux mouvements d'espèce ; c'est-à-dire à des flux financiers qui se matérialisent par une inscription en compte bancaire. C'est au juge qu'il appartiendra de vérifier si les éléments invoqués par les services fiscaux peuvent être considérés comme des indices suffisants de dissimulation de revenus[675]. L'administration peut user de trois méthodes lors de l'exercice de la procédure. La première consiste en une comparaison des emplois de fonds avec les revenus déclarés. En cas de discordance, l'administration pourra demander des justifications à l'intéressé.

La deuxième méthode n'est autre que celle de la balance de trésorerie ou méthode de l'enrichissement. L'article 13 de la loi du 4 avril 1926 définissait cette procédure dans les termes suivants : « lorsque le contrôleur aura réuni des éléments précis permettant d'établir que les dépenses d'un contribuable sont notoirement supérieures au revenu qu'il a déclaré, il devra les soumettre au contribuable et celui-ci sera tenu de justifier la différence ».

La comparaison porte entre le total des revenus connus et déclarés par le contribuable plus ses revenus connus, mais non imposables (disponibilités dégagées) et l'ensemble des dépenses connues du contribuable auxquels s'ajoute une évaluation des dépenses en espèces (dépenses de train de vie du contribuable en espèces). Le montant de cette évaluation dépendra entre autres du statut social du contribuable, de ses charges de famille et des dépenses effectuées par carte bancaire ou chèque (disponibilités employées)[676].

306. Si la balance dégage un solde créditeur, l'administration est en droit d'envoyer une demande de justifications. Il convient également de préciser que le solde ainsi dégagé n'est pas tenu de respecter la règle dite du « double » qui prévaut en revanche dans la troisième méthode utilisée par le fisc.

Le Conseil d'État à travers sa jurisprudence a cependant posé des lignes directrices à l'attention des services fiscaux quant au caractère ou non significatif du solde. Il a ainsi jugé que, si l'écart provient essentiellement de l'évaluation du train de vie en espèces, cela n'est pas suffisant pour justifier la mise en œuvre de la procédure de l'article L. 16

---

[675] CE, 16 févr. 1994, n° 116460, *Francelet*, *RJF*, 4/94, n° 374.

[676] Il faudra cependant corriger cette évaluation des retraits d'espèces faits par le contribuable sur son compte et qui apparaissent au débit de son compte de dépôt.

du LPF[677]. De même, il faut que la solde soit significatif notamment par rapport aux revenus déclarés. Ainsi, un écart trop faible ne peut justifier l'envoi d'une demande de justifications[678].
Il faut que ce solde ne procède pas de la prise en compte au titre des disponibilités employées de l'existence d'éléments patrimoniaux dont l'acquisition au cours des années redressées n'aurait pas été prouvée par l'administration des impôts[679].
Enfin, la troisième méthode est une comparaison entre le montant des revenus bruts déclarés avec le montant des sommes qui figurent au crédit des comptes bancaires ou courants du contribuable (mais non des comptes exclusivement professionnels sauf en cas de confusion des patrimoines[680]). La jurisprudence exige que le montant des comptes bancaires excède le double du montant des revenus bruts déclarés (règle dite « du double »)[681]. Cette discordance doit s'apprécier année par année (principe de l'annualité)[682].
La règle prétorienne dite du « double » s'explique par le fait « qu'à la différence de la balance de trésorerie, l'écart susceptible d'être constaté ne prouve pas par lui-même que le contribuable dispose de ressources autres que les revenus déclarés. Un écart entre les revenus déclarés et les sommes figurant au crédit des comptes bancaires peut s'expliquer par des mouvements de compte à compte, par des remboursements de type sécurité sociale ou indemnités d'assurance ou encore par des avances de frais consentis par le contribuable à des amis, à des proches ou encore dans le cadre d'une activité associative et ultérieurement remboursés »[683].

307. L'administration fiscale est ainsi très souvent amenée à l'occasion d'un contrôle sur pièces ou sur place, à examiner les comptes bancaires du contribuable contrôlé. En Grande-Bretagne, les agents de l'*Inland Revenue* peuvent exiger du contribuable (ou de l'établissement de crédit)

---

[677] CE, 19 janv. 1998, n° 168129, *Bassaille*, *RJF*, 3/98, n° 222, concl. J. Arrighi de Casanova, *BDCF*, 2/98, n° 29.
[678] CE, 14 mai 1986, n° 41274, *RJF*, 7/86, n° 674. *Contra* : CE, 25 janv. 1984, n° 36756, *RJF*, 3/84, n° 313 ; 2 avr. 1993, n° 86779, *Halimi*, *RJF*, 5/93, n° 621.
[679] CE, 16 févr. 1994, n° 116460, *Francelet*, *op. cit.*
[680] CE, 1er juin 1988, n° 71375, *DF* 1989, n° 12, comm. 597, concl. O. Fouquet ; *RJF*, 8-9/88, n° 948.
[681] CE, 5 mars 1999, *Bancarel*, *DF* 1999, comm. 716 ; *RJF* 1999.
[682] CE, 2 oct. 1989, n° 70219, *DF* 1990, comm. 1019, concl. Mme Hagelsteen; *RJF*, 1989. 690; 16 mai 1990, n° 97684, *RJF* 1990. 471.
[683] E. Mignon, *Demandes de justifications : une « chasse » de plus en plus encadrée*, *op. cit.*, p. 245.

qu'il lui communique des informations sur un compte bancaire (s. 19A(2) (b) ; s. 20 *TMA* modifié par la loi de finances pour 1989, ss. 142-148). On a pu voir que les demandes de justifications et d'éclaircissements pouvaient intervenir au cours d'une vérification de la situation fiscale du contribuable, afin d'obtenir communication de relevés de comptes bancaires. En principe, il n'y a aucun obstacle à une telle communication, sauf s'il s'agit de comptes bancaires ayant un usage mixte[684].

308. L'examen des comptes bancaires mixtes a été pendant un certain temps une source de problèmes pour les services fiscaux, car on est dans un domaine où les procédures de vérification personnelle et des entreprises se chevauchent. Jouant sur ce flou juridique, les contribuables ont alors obtenu de nombreuses annulations des procédures de vérification par le juge de l'impôt, en déclarant que l'examen des comptes bancaires, ayant un usage mixte, professionnel et privé, dans le cadre d'un ESFP, s'était effectué sans le respect des garanties touchant à la vérification de comptabilité.

L'examen contradictoire de la situation fiscale personnelle permet à l'inspecteur des impôts de vérifier la sincérité et l'exactitude de la déclaration d'ensemble des revenus du contribuable. Il effectue souvent en parallèle des demandes d'éclaircissements et de justifications, qui lui permettent d'obtenir du contribuable la communication de ses relevés de comptes bancaires personnels.

309. L'administration peut donc avoir accès aux comptes mixtes[685] des contribuables. C'est le cas par exemple quand un contribuable exerçant une profession libérale utilise un même compte bancaire pour financer à la fois son activité professionnelle et son train de vie personnel. Les opérations professionnelles doivent s'entendre des opérations relatives à toutes activités faisant l'objet d'une vérification de comptabilité. L'examen des comptes mixtes peut avoir lieu aussi bien dans le cadre d'un ESFP que dans celui d'une vérification de comptabilité, cela du fait

---

[684] CE, 10 mai 1996, n° 140. 254, *RJF* 1996, n° 856 ; *BDCF* 1996, n° 4, concl. Loloum ; *DF* 1996, c. 1431, concl. Loloum : lorsque les comptes bancaires du contribuable retracent indistinctement des mouvements de fonds liés à son activité professionnelle et des opérations étrangères à cette activité, l'administration ne peut retenir comme termes de comparaison le montant des sommes portées au crédit des comptes et le revenu net déclaré.

[685] Cette qualification est indépendante du nombre d'opérations, privées ou professionnelles, enregistrées sur les comptes.

de la nature particulière des comptes. Ainsi en présence de comptes mixtes, l'administration n'est pas tenue d'engager simultanément une vérification de comptabilité et un ESFP.

310. L'administration peut dans le cadre de l'une ou l'autre des deux procédures, questionner oralement ou par écrit le contribuable sur la nature des opérations et l'origine des sommes enregistrées sur un compte mixte. Elle peut aussi demander la fourniture de pièces justificatives. En principe, la durée d'une vérification de comptabilité ne peut excéder trois mois pour les contribuables dont le chiffre d'affaires n'excède pas certains seuils variables selon la nature de l'activité. L'article L. 86 II de la loi de finances rectificative pour 1992 a aménagé la durée de la vérification lorsque l'administration examine des comptes mixtes dans le cadre d'un ESFP ou d'une vérification de comptabilité. Dans ce cas, l'expiration du délai de trois mois n'est pas opposable à l'administration.

311. A l'occasion de l'examen de ces comptes bancaires, le fisc peut relever des traces d'une activité professionnelle. Or l'examen de la situation fiscale professionnelle ressort en principe d'une autre procédure qui dispose de garanties en partie différentes : la vérification de comptabilité. Le service de législation fiscale a réagi en modifiant progressivement la législation afin de contrer tous les contentieux en cours et empêcher l'annulation. Cette évolution s'est faite en deux étapes.

312. La loi de finances rectificative pour 1992 du 31 décembre 1992[686] dont l'article 86 a été codifié à l'article L. 47 B du Livre des procédures fiscales a permis d'examiner au cours d'un ESFP des opérations figurant sur des comptes financiers (notamment des comptes bancaires) utilisés à la fois à titre privé et professionnel, et de demander au contribuable tous éclaircissements ou justifications sans que cela constitue le début d'une vérification de comptabilité. L'inverse était aussi vrai pour une vérification de comptabilité : le service des impôts tombant sur des comptes bancaires mixtes au cours d'une vérification de comptabilité pouvait demander des éclaircissements, sans qu'il y ait pour autant engagement d'un ESFP occulte et obligation de respecter les garanties du contribuable correspondantes.

Cette réforme législative comportait cependant une limite de taille : le service des impôts ne pouvait pas exploiter les renseignements recueillis sans engager la procédure idoine et ensuite effectuer les redressements

---

[686] L. n° 92-1476, *DF* 1993, n° 1-2, comm. 2 ; *JCP E* 1993. III.65 885.

correspondants (ex : une vérification de comptabilité si les renseignements avaient été découverts dans un ESFP et inversement)
Pour passer outre cet obstacle et contourner les garanties du contribuable, l'administration fiscale a fait voter une disposition importante dans la loi de Finances pour 1998 du 30 décembre 1997 qui est codifiée à l'article L. 47 C du LPF[687].
Cette disposition autorise l'inspecteur des impôts au cours d'un ESFP à redresser directement les bénéfices professionnels suite aux constatations effectuées pendant ce contrôle, sous certaines conditions. L'inspecteur est ainsi dispensé de tout le formalisme d'une vérification de comptabilité. Cela concerne les cas ou le vérificateur découvre des activités occultes ou bien met en évidence des conditions d'exercice non déclarées de l'activité du contribuable. L'activité occulte est une activité non portée à la connaissance de l'administration des impôts et doit viser les activités non déclarées au centre de formalités des entreprises ou au greffe du Tribunal de commerce. L'autre situation concerne des contribuables déclarant une activité tout en masquant une activité occulte ou bien une entreprise individuelle cachant une société de fait. Cette disposition permet aux inspecteurs qui relèvent l'existence d'une activité exercée dans les conditions décrites ci-dessus de redresser les impôts correspondants à cette activité notamment par la voie de la procédure d'imposition d'office, sans qu'il soit besoin d'une mise en demeure préalable.
Ces dispositions ne s'appliquent cependant pas aux défauts de dépôt de déclaration ainsi qu'aux requalifications catégorielles, dans la mesure où l'activité n'est ni occulte, ni exercée de façon à masquer une autre activité. Cette disposition même si elle est encadrée est une brèche de plus dans l'édifice des garanties du contribuable et permet de violer les garanties du contribuable vérifié. Comme bien d'autres lois de finances, celle pour 1998 crée une nouvelle disposition destinée à neutraliser les contentieux en cours en les régularisant par le biais d'une disposition interprétative ou rétroactive et met à mal le droit au respect de la vie privée du contribuable.

[687] Art. L. 47 C : « Lorsque, au cours d'un examen contradictoire de la situation fiscale personnelle, sont découvertes des activités occultes ou mises en évidence des conditions d'exercice non déclarées de l'activité d'un contribuable, l'administration n'est pas tenue d'engager une vérification de comptabilité pour régulariser la situation fiscale du contribuable au regard de cette activité ».

§3) *L'article L. 16 du LPF et le droit au respect de la vie privée, une conciliation difficile*

313. Comme on a pu le relever, la procédure prévue par l'article L. 16 alinéa 3 est après le droit de visite et de saisie, « la procédure la plus contraignante et la plus attentatoire au droit au respect de la vie privée »[688]. D'après Jean Lamarque, elle procède de « la technique de contrôle la plus inquisitoriale de toutes les procédures de l'arsenal du fisc ; celle qui peut bafouer, de manière insupportable, l'intimité du contribuable ; la plus contraignante de toutes les procédures, beaucoup plus redoutable que les procédures d'imposition d'office, y compris l'ancienne taxation d'office d'après les dépenses personnelles ostensibles ou notoires ou que la procédure toujours prévue à l'article 168 du CGI, de l'évaluation forfaitaire minimale du revenu imposable d'après certains éléments du train de vie ; une procédure dont l'application peut se révéler complètement arbitraire et revêtir un caractère nettement vexatoire »[689].

Le sentiment d'arbitraire qui habite cette procédure est néfaste, en ne contribuant pas à apaiser les relations souvent tendues entre le contribuable et l'administration. Pour cette raison, le législateur devrait définir de façon plus précise et plus stricte cette procédure ainsi que les garanties adjacentes, car pour reprendre les mots terribles de Benjamin Constant : « lorsqu'un individu souffre sans avoir été reconnu coupable, tout ce que ni n'est pas dépourvu d'intelligence se croit menacé, et avec raison ; car la garantie est détruite, toutes les transactions s'en ressentent, la terre tremble, et l'on ne marche qu'avec effroi »[690].

Le Conseil d'État a eu l'occasion dans un arrêt du 22 décembre 1982 de se prononcer sur la conformité de l'article L. 16 du LPF avec les articles 9 du Code civil (qui dispose que chacun a le droit au respect de sa vie privée) et l'article 8 de la CESDH. Pour la juridiction administrative, ces dispositions n'ont eu ni pour objet ni pour effet d'interdire les investigations que prévoient notamment les dispositions de l'article L. 16[691]. Elle a également jugé une dizaine d'années plus tard que les

[688] L. Ayrault, *Le contrôle juridictionnel de la régularité de la procédure d'imposition*, L'Harmattan, coll. « Finances publiques », 2004, p. 148.
[689] J. Lamarque, *Droit fiscal général*, fasc. 2, p. 571.
[690] B. Constant, *op. cit.*, p. 484.
[691] CE, 22 déc. 1982, n° 21.475, *DF* 1983, comm. 1888, concl. Shricke ; *RJF* 1983, p. 75.

procédures d'investigation prévues à l'article L. 16 ne contrevenaient pas aux articles 6 (procès équitable) et 10 (liberté d'information) de la Convention européenne[692].

314. Pourtant, les deux procédures de l'article L. 16 s'avèrent particulièrement contraignantes pour le contribuable sur lequel pèse la preuve de l'exagération des bases d'imposition.

Dans le cas de la demande de justifications, la situation du contribuable est encore plus inconfortable, car il doit en plus de fournir des explications à l'administration, apporter la preuve desdites allégations, afin d'échapper à taxation d'office. Ainsi, dans le cas d'une demande de justifications portant sur une discordance entre les revenus déclarés et les dépenses du contribuable, des réponses du type, « mon père m'a prêté de l'argent, j'ai vendu des meubles, j'ai gagné au loto, j'avais des économies, non assorties de pièces justificatives, sont assimilables à un défaut de réponse et ne font donc pas obstacle à la mise en œuvre de la procédure de taxation d'office »[693]. Cette obligation lourde pesant sur le contribuable le contraint dans les faits à tenir une comptabilité stricte retraçant tous les mouvements de fonds, afin de pouvoir le moment venu justifier de l'origine de ses ressources. En revanche, confronté à une demande d'éclaircissements, en l'absence de toutes dispositions contraires, le redevable n'est pas tenu pas justifier les éléments contenus dans sa réponse aux services fiscaux.

315. Par ailleurs, dans le cas où les demandes de justifications et d'éclaircissements seraient adressées en dehors du cadre d'un ESFP, aucune disposition légale ne contraint l'administration des impôts à aviser le contribuable, qu'il a la faculté de se faire assister par un conseil selon un arrêt du Conseil d'État[694]. La lecture de cette décision de la juridiction administrative appelle à une généralisation de l'obligation pour l'administration de prévenir le contribuable qu'il peut recourir à un conseil lors de la mise en œuvre de toute procédure fiscale. Dans la mesure où s'agissant d'une matière complexe, la première des garanties pour lui est de pouvoir comprendre les textes en cause et de saisir les moyens de défense qui sont à sa disposition.

---

[692] CE, 15 déc. 1993, n° 84.181, *RJF* 1994, n° 167.

[693] E. Mignon, *Demandes de justifications : une « chasse » de plus en plus encadrée*, *RJF* 1999, n° 4, p. 243.

[694] CE, 24 nov. 1982, n° 17946, *RJF* 1983.24 ; 2 oct. 1985, n° 41977, *DF* 1986, c. 588, concl. Racine ; *RJF* 1985.745.

316. Les demandes d'éclaircissements et de justifications ne sont pas au côté du droit de communication les seules exceptions légales au droit au secret de la vie privée du contribuable. Une procédure plus récente qui découle de la vérification de comptabilité de l'article L. 47, dénommée vérification de comptabilités informatisées soulève de nouvelles d'interrogations quant à l'étendue du droit à la confidentialité en matière fiscale.

C. La vérification de comptabilités informatisées et la protection des données confidentielles de l'entreprise

317. La naissance de la vérification de comptabilités informatisées s'explique par l'évolution des supports sur lesquels sont conservées les données de l'entreprise (**§1**). Pour celle-ci, il importe de connaître précisément les données informatiques auxquelles l'administration est susceptible avoir accès (**§2**).

§1) *Les origines de la vérification de comptabilités informatisées*

318. La vérification de comptabilités est une procédure régie par l'article L. 13 et s. du Livre des procédures fiscales qui permet aux agents de l'administration des impôts de vérifier sur place, la comptabilité des contribuables astreints à tenir et à présenter des documents comptables. Il y a encore peu, ce pouvoir de contrôle du fisc portait sur une comptabilité manuelle. Or aujourd'hui, la comptabilité « s'inscrit désormais dans des systèmes intégrés d'information, informatisés et généralisés »[695]. Il a fallu donc que l'administration prenne en compte cette nouvelle donne[696]. Elle l'a fait en 1982 et 1990 avec des textes codifiés dans le Code général des impôts et dans le Livre des procédures fiscales. Puis par trois instructions du 14 octobre 1991[697], 24 décembre

---

[695] D. Ledouble, *La vérification des comptabilités informatisées*, in *Droits du contribuable. Etat des lieux et perspectives*, Economica, 2002, p. 31.

[696] On recense 80 vérificateurs réunis au sein des Brigades de vérification de comptabilité informatisée.

[697] *BOI* 13 L-6-91 ; *DF* 1991, n° 48, *ID* 10 454.

1996[698] et du 24 janvier 2006[699]. Cette dernière instruction adapte le cadre réglementaire existant suite au constat par l'administration que « l'évolution des matériels et des logiciels disponibles en matière de comptabilité informatisée et le souci d'une meilleure information des contribuables en qui concerne les obligations fiscales et comptables déjà anciennes dans ce domaine, rendent nécessaire de compléter et préciser les dispositions applicables prévues » par les deux premières instructions. Elle détaille en conséquence les dispositions du plan comptable général révisé de 1999 que doivent respecter les entreprises tenant une comptabilité informatisée.

319. En vertu de l'article L. 47 A du LPF, le vérificateur ne peut procéder à des traitements sur la comptabilité informatisée du contribuable sans l'avoir informé des différentes procédures offertes quant aux modalités de traitement informatique prévues par ce texte. Ce texte prévoit trois possibilités pour le contribuable :

- soit il autorise le vérificateur à effectuer le contrôle sur le matériel utilisé par son entreprise ;
- soit il demande à effectuer lui-même les traitements informatiques ;
- soit il demande que les traitements soient réalisés par l'administration hors de l'entreprise sur des copies de documents fournis par lui.

Le Conseil d'État a ainsi affirmé récemment que le vérificateur ne pouvait procéder à des traitements sur la comptabilité du contribuable sans l'avoir préalablement informé de ces trois options qui s'offrent à lui[700], confirmant ainsi un arrêt de la Cour administrative d'appel de Nancy[701]. Cependant, le contribuable ne sera pas informé de ces possibilités dès l'envoi d'un avis de vérification, c'est-à-dire avant la première visite sur place. Ce qui présente l'inconvénient de ne peut-être pas lui laisser un temps suffisant pour se déterminer.

---

[698] La première instruction annonçait une période de tests, clôturée par la seconde qui releva que la majorité des entreprises relevait désormais du contrôle informatisé de sa comptabilité.

[699] Instr. 24 janv. 2006, *BOI* 13 L-1-06, *DF* 2006, n° 7, instr. 13474.

[700] CE, 16 juin 2003, n° 236503, *SARL Le Veneto*, *DF* 2003, n° 46, comm. 815 ; *JCP E* 2004, n° 3, note X, pp. 91-92.

[701] CAA Nancy, 23 mai 2001, n° 96-2900, *SARL Le Veneto*, *DF* 2002, n° 15, comm. 330.

320. Cette procédure existe dans certains droits fiscaux étrangers. Notamment dans le droit fiscal allemand, où, depuis le 1er janvier 2002, l'administration des impôts d'outre-Rhin s'est vue reconnaître un contrôle étendu sur les systèmes informatiques du contribuable dans le cadre du contrôle fiscal.

Le ministère fédéral des Finances a d'ailleurs élaboré un catalogue de questions et réponses régulièrement actualisé (et publié sur Internet) relatives au droit d'accès aux informations.

On peut cependant s'interroger, du moins en France, sur le devenir de cette procédure qui devrait se positionner dans peu de temps, comme le droit commun de la vérification de comptabilité. En effet, depuis 1995 seule une vingtaine d'évaluations d'office sont intervenues sur le fondement de l'article 74 du LPF pour un total de 1500 contrôles de comptabilités informatisées[702]. Si l'efficacité du procédé semble à revoir, cette procédure requiert cependant une attention particulière du fait des abus qu'elle pourrait engendrer, quant à l'utilisation faite des données confidentielles de l'entreprise contrôlée.

§2) *Les données informatiques auxquelles l'administration peut avoir accès*

321. Selon l'article 13 du LPF « le contrôle porte sur l'ensemble des informations, données et traitement informatiques qui concourent directement ou indirectement à la formation des résultats comptables ou fiscaux ». Le périmètre du contrôle comptable de l'administration est ici tracé, mais de façon vague. Les termes « concourir » et « indirectement » laissant au fisc un champ d'investigation important. L'instruction du 14 octobre 1991 vient toutefois apporter des précisions quant aux données concernées par la vérification. Ainsi sont incluses dans le périmètre du contrôle, les données analytiques et budgétaires. En revanche en sont exclus, « les documents relatifs au fonctionnement de l'entreprise qui n'ont aucun lien avec la comptabilité ou les déclarations de résultats ». Comme les documents relatifs à la gestion du personnel, au marketing ou à l'aspect strictement technique de la production. Ces exclusions sont pourtant mineures, car la plupart des documents d'une entreprise ont un lien direct ou indirect avec la comptabilité. L'entreprise

[702] Chiffres communiqués par D. Ledouble lors du colloque « *Droits du contribuable. Etat des lieux et perspectives* », *op. cit.*

est soumise à une obligation de conservation de ses données informatisées comme n'importe quel contribuable, personne physique ou morale (art. L 102 B LPF)[703]. Elle doit garder sous leur forme originelle les données établies ou reçues sur support informatique jusqu'à la fin de la troisième année suivante celle au titre de laquelle l'imposition est due. À l'issue de ce délai, et jusqu'à l'expiration du délai général de conservation de six ans, les documents pourront être conservés sur tout support au choix du contribuable.

322. L'administration dans son instruction 13 L-9-96 du 24 décembre 1996 précise que la documentation peut lui être présentée sous tous supports informatiques, à condition de garantir l'intégralité de son contenu, notamment par des procédés de datation précise. Pourtant, les entreprises restent dans le flou concernant les obligations minimales auxquelles elles sont assujetties. Reste que la composition d'une documentation est suffisante lorsqu'elle permet « d'éclairer techniquement et fiscalement l'administration »...

323. On a vu que la loi prévoyait des exceptions au secret fiscal au profit du fisc, à travers l'utilisation de procédures visant à contrôler la sincérité des déclarations fiscales. Elle permet également dans certains cas à des tiers de prendre connaissance d'informations relatives à la situation fiscale du contribuable.

II. Les restrictions au secret fiscal au profit des tiers

324. Cette inopposabilité du secret fiscal aux tiers résulte d'une part, de la publicité de l'impôt et des décisions de justice rendues en matière fiscale (**A**) et d'autre part, de l'inopposabilité du secret professionnel des agents du fisc à certaines catégories de personnes (**B**).

[703] *Cf. supra* n° 274.

A. La publicité de l'impôt et des décisions de justice

325. La publication de données relatives à la situation fiscale d'un contribuable peut intervenir à l'occasion de la publicité légale de l'impôt (**§1**), ou lors de la publication d'arrêts rendus par le juge fiscal (**§2**).

§1) *La publicité de l'impôt*

326. On a précédemment relevé que le secret fiscal n'avait pas valeur constitutionnelle, comme en atteste certaines dispositions du Livre des procédures fiscales qui transgressent allégrement le principe. C'est le cas des articles L. 111 et L. 112 (*publicité de l'impôt*) du Livre des procédures fiscales qui autorise les contribuables à consulter (mais non de divulguer[704]) le revenu imposable des autres contribuables de leur commune et qui facilite également l'action des créanciers d'aliments lorsque leur qualité est reconnue par une décision de justice (art. L.111-II LPF)[705]. Ainsi que la loi n° 88-227 du 11 mars 1988 relative à la transparence financière de la vie politique qui prescrit notamment la publication de la situation patrimoniale des membres du gouvernement dans les jours qui suivent leur nomination[706]. Cela semble s'inscrire dans une évolution contemporaine parfaitement louable qui favorise le droit à information au détriment de la protection d'informations d'ordre patrimoniales. Il n'est qu'à se référer à la loi 24 juillet 1966 dont l'article

---

[704] Art. L. 111-I *ter* al. 2 dispose que « La publication ou la diffusion par tout autre moyen, soit des listes prévues ci-dessus, soit de toute indication se rapportant à ces listes et visant des personnes nommément désignées est interdite sous peine de l'amende fiscale prévue à l'article 1768 ter du Code précité (CGI) ».
CE, 29 juill. 2003, n° 38-418, *DF* 1983, comm. 2318, concl. Rivière, *RJF* 1983, p. 636 : « Le fait d'envoyer à plusieurs personnes copie d'une lettre adressée précédemment à un contribuable dans laquelle figuraient des indications précises sur le montant des impôts payés par celui-ci constitue l'infraction définie à l'article 243 CGI (art. L. 111 LPF). La circonstance que l'auteur de la lettre a obtenu postérieurement l'ouverture d'une information pour « injures publiques » contre le contribuable et que les personnes destinataires de la copie de la lettre litigieuse auraient pu être appelées à témoigner dans le cadre de cette information et auraient dès lors été tenues au secret est sans influence sur l'existence de l'infraction. L'amende fiscale prévue à l'article 1768 *ter* CGI a donc été appliqué à bon droit ».
[705] *Cf.* C. Gavalda, *L'homme est-il prisonnier de son passé fiscal ?* (A propos des effets civils de certaines déclarations fiscales), *JCP* 1965.I.1936.
[706] *JO*, 12 mars 1988.

168 permet aux actionnaires de prendre notamment connaissance des rémunérations des personnes les mieux rétribuées de la société[707]. Cette volonté de donner le maximum d'informations possible ne doit pas cependant déboucher sur un affaiblissement continu et alors inexorable du droit au secret de l'avoir. Car il nous semble que l'accès à des données d'ordre patrimonial ou portant sur les revenus familiaux peut être autant porteur de préjudice pour les intéressés, que les divulgations portant sur la vie privée *stricto sensu*.

327. Les règles issues des articles L. 111 et L. 112 firent l'objet de vives critiques au moment de leur adoption. Elles étaient contenues dans les articles 93-III et 114 de la loi de finances pour 1984. L'article 93-III de la loi de finances avait pour objet de permettre aux créanciers d'aliments de consulter la liste des contribuables à l'impôt sur le revenu et à l'impôt sur les sociétés, et cela même s'ils n'étaient pas contribuables dans le département. La critique adressée à cette disposition, portait sur le fait qu'il n'était pas prévu d'obligation au secret à l'égard des créanciers d'aliments. Cette imprécision pouvait être utilisée par ces mêmes créanciers afin de se servir des renseignements obtenus devant les juridictions judiciaires. La seconde disposition critiquée de la loi du 29 décembre 1983, à savoir l'article 114 prévoyait de mettre en place dans chaque commune, une liste des personnes assujetties à l'impôt sur le revenu, à l'impôt sur les sociétés ou à l'impôt sur les grandes fortunes. Des renseignements complémentaires devaient être contenus dans cette liste, tels que le montant de l'impôt et le nombre de parts, le revenu imposable, l'avoir fiscal et pour l'impôt sur la fortune, la valeur du patrimoine déclaré et le montant de l'impôt. Les députés auteurs de la saisine du Conseil constitutionnel firent valoir que ces modifications portaient atteinte à l'article 2 de la Déclaration de 1789 et, plus particulièrement, au respect de la vie privée et à la sûreté des citoyens. Ainsi, « la divulgation de telles informations pourraient permettre à des personnes peu scrupuleuses »[708] « de perpétrer à l'encontre de certains contribuables, des agissements (chantage, enlèvement avec demande de rançon...) incompatibles avec la sûreté que reconnaît à chaque citoyen la Constitution ». Malheureusement, le Conseil ne répondit pas de façon précise à cette argumentation, ce qui est regrettable, car cela constituait une réelle occasion d'avoir un débat de fond sur la question de la place

[707] Pour plus de détails, *Cf.* A. Alcouffe et C. Kalweit, *Droits à l'information des actionnaires et actions sociales des associés en France et Allemagne*, *RIDE* 2003, n° 2.
[708] *GDCC*, p. 573.

du secret de l'avoir en droit fiscal[709] : « Considérant qu'aux termes de l'article 2 de la Déclaration des droits de l'homme et du citoyen-le but de toute association politique est la conservation des droits naturels et imprescriptibles de l'homme. Ces droits sont la liberté, la propriété, la sûreté et la résistance à l'oppression » ; que les dispositions de l'article 114 ne portent aucune atteinte à ces principes non plus qu'à aucune règle ou principe de valeur constitutionnel » (Considérant 43)[710].

§2) *La publicité des décisions de justice*

328. La protection de la vie privée du contribuable justifie également dans un certain nombre de cas que les jugements rendus en matière fiscale restent anonymes. Les jugements, arrêts ou décisions rendus en France en matière fiscale, indiquent les noms ou dénomination sociale des parties. Ce principe peut s'expliquer par une certaine idée de la justice, qui vise à faire prévaloir une certaine transparence durant toute la phase juridictionnelle. Et par le fait que le droit au secret fiscal n'a qu'une simple valeur législative et non constitutionnelle.

329. Pourtant, la position adoptée par le droit français n'est pas forcément celle que l'on retrouve dans les droits étrangers. En Grande-Bretagne, les audiences des *General Commissioners* sont privées et leurs décisions ne font pas l'objet d'une publication. En revanche, les décisions des *Special Commissioners* sont publiées depuis 1994. Elles ne sont publiées sous couvert de l'anonymat que dans le cas où les audiences se tiennent à huis clos[711]. Toutes les décisions rendues par la *High Court* sont également publiées.

330. En Allemagne, en principe le jugement (*Urteil*) des tribunaux financiers est prononcé oralement en audience publique. En revanche, la publication des jugements ne fait pas référence au nom des parties pour maintenir le secret fiscal. Enfin, le droit espagnol (art. 6-4, L. 26 févr. 1998 sur les droits du contribuable) impose aux tribunaux « économico-administratifs » de supprimer dans leurs jugements toutes les références à des données qui permettraient l'identification de personnes auxquels ils se réfèrent.

---

[709] *GDCC*, p. 572.
[710] Cons. const., 29 déc. 1983, *op. cit.*
[711] *Y Co Ltd V IRC* (1996).

La publication des décisions judiciaires si elle est une règle fondamentale de la bonne justice, peut néanmoins présenter des inconvénients, notamment dans le monde des affaires. Ainsi, un des effets négatifs de la publicité des décisions de justice en matière fiscale tient à ce que les grandes entreprises peu désireuses de voir leurs affaires fiscales dévoilées sur la place publique préfèrent rechercher un accord avec l'administration plutôt que d'entreprendre des actions en justice. C'est le cas des arrêts rendus par la *High Court* qui, n'étant pas anonymes sauf demande du requérant, contraignent certains contribuables à transiger parfois à leur détriment.

331. Les difficultés engendrées par l'application du principe de publicité des décisions de justice en matière fiscale expliquent qu'il n'y a pas une seule réponse des États européens à cette question. L'hésitation est permise, car on peut imaginer à quel point il peut être dommageable pour un contribuable de voir une décision judiciaire qui contient des données relatives à sa situation fiscale, financière et patrimoniale le concernant publiée sans des justifications solides. À ce titre, on a pu proposer dans une perspective d'harmonisation des législations européennes que les décisions de justice en matière fiscale dans les pays de l'UE soient anonymes[712].

332. Il nous semble pour notre part que consacrer en droit français un principe général d'anonymat des décisions de justice en matière fiscale serait contraire à notre tradition judiciaire et au droit à un procès équitable. La publicité des débats et du jugement constituant un principe essentiel de la bonne justice[713]. Néanmoins, on pourrait peut-être prévoir des aménagements à ce principe dans certaines affaires où la publicité du jugement ou de l'arrêt rendu pourrait causer du tort aux affaires du contribuable.

333. L'inopposabilité du secret fiscal à des tiers peut résulter de la publicité des décisions de justice, mais également de l'inopposabilité de l'obligation au secret professionnel des agents du fisc, dans certains cas restreints.

---

[712] C. Geppaart, *Tresholds for access to the tax court*, in *Taxpayer protection in the European Union*, *op. cit.*, p. 40

[713] J. Carbonnier, Introduction, *op. cit.*, p. 191. *Cf. infra* n° 915 et s.

B. Du fait de l'inopposabilité du secret professionnel des agents du fisc à certaines catégories de personnes

334. L'obligation au secret professionnel des fonctionnaires intervenant dans l'établissement, la perception ou le contentieux de l'impôt connaît des dérogations limitativement énumérées par la loi[714]. Le secret professionnel sera ainsi inopposable bien évidemment au contribuable lui-même[715] dans un certain nombre de cas, mais aussi aux tiers qu'ils aient un lien de parenté (**§1**) ou non (**§2**) avec celui-ci.

---

[714] Pour une illustration récente : dans le cadre de l'application de l'article 761 du Code général des impôts, un parlementaire relevait qu'en matière de déclaration de succession, l'Administration semble pouvoir contester, pour un appartement, le montant déclaré par un contribuable, alors même que celui-ci a procédé à la vente du bien par l'intermédiaire d'une agence immobilière et a reporté le prix ainsi obtenu. Demande était faite d'une " information automatique et obligatoire du contribuable" sur les éventuelles transactions comparables qui sont intervenues.
Le ministre de l'Économie, des Finances et de l'Industrie ayant listé les divers modes d'informations à disposition du contribuable, à savoir "s'adresser aux professionnels de l'immobilier, s'informer par le biais des publications sur l'état du marché de l'immobilier ainsi que par la consultation des sites internet spécialisés pour connaître la valeur de leurs biens immobiliers" ou bien encore les motivations portées dans les évaluations faites par l'Administration, n'a pas retenu cette proposition au motif que "les informations nominatives détenues par l'administration fiscale sont soumises à la règle du secret professionnel et ne peuvent être communiquées à des tiers que dans le cadre des seules dérogations visées par la loi, notamment celles prévues par l'article L. 135 B du Livre des procédures fiscales" ; Rép. min. à QE n° 20629, *JO Sénat Q,* 1er déc. 2005, p. 3077.
[715] Il pourra obtenir sur justification de son identité, communication des déclarations qu'il a faites à l'administration au titre de l'impôt sur le revenu ou des taxes sur le chiffre d'affaires (art. L. 104 LPF).
Mais cette possibilité de demander communication des pièces du dossier fiscal n'est pas sans limites. Le Conseil d'État a jugé que le service des impôts peut s'opposer à la consultation ou à la communication de certaines pièces (CE, 30 nov. 1994, RJF, 1/95 n° 46). Sont concernés : les documents internes ou confidentiels (mettant en cause des informateurs par exemple), des documents qui porteraient atteinte à la recherche des infractions (CE, 12 oct. 1990, RJF, 11/90, n° 1357) et des documents n'ayant pas acquis leur version définitive (notes provisoires par exemple).
Le secret professionnel est inopposable au contribuable dans les cas où les documents concernés fondent une visite domiciliaire ou un redressement. Ainsi, il a été jugé que le contribuable faisant l'objet de la procédure de l'article L. 16 B du LPF doit pouvoir connaître des pièces ayant été produites par l'administration pour justifier de l'existence de présomptions de fraude et qui lui permettraient d'obtenir une ordonnance d'autorisation de perquisition, dès lors qu'il souhaite intenter une action à l'encontre de cette décision (Cass. com., 9 juill. 1996, RJF, 10/96, n° 1175).

§1) *Inopposabilité aux membres de la famille*

335. Le conjoint du contribuable ne pourra ainsi se voir opposer le secret fiscal en ce qui concerne les impositions afférentes aux années où ils font l'objet d'une imposition commune et à l'année de leur séparation.

336. En cas de décès du contribuable, les ayants cause du contribuable ne pourront également se voir opposer le secret fiscal sur les éléments se rapportant aux impositions dues par le défunt, pour le paiement desquelles ils seraient directement mis en cause. Cette solution qui s'explique par le fait qu'ils continuent la personne du défunt se retrouve en droit espagnol (art. 35. 2 j *LGT*). Ainsi, les notaires ou les personnes intervenant pour leur compte pourront obtenir communication des documents de l'enregistrement sans avoir à produire une ordonnance du juge d'instance (art. 104, L. fin. 2003[716]).

337. En dehors des cas de tiers ayant un lien familial avec le contribuable, il existe également des situations où le secret fiscal sera inopposable à des tiers qui sont liés juridiquement à celui-ci.

§2) *Inopposabilité à des tiers sans lien de parenté avec le contribuable*

338. Le secret fiscal est par exemple inopposable aux tiers qui peuvent avoir accès à l'intégralité du dossier fiscal du représenté (avocat mandaté à cette fin ou tuteur d'un incapable en vertu d'une ordonnance du juge des tutelles par exemple), dès lors qu'ils ont été régulièrement mandatés à cet effet.

Dans l'hypothèse où des tiers seraient solidairement responsables[717], ils peuvent obtenir communication de tous les éléments utiles à la contestation de l'impôt en cause (déclarations du contribuable, avis d'imposition, ou pièces de procédure en cas de vérification). Le Conseil d'État a ainsi pu juger que le secret professionnel auquel sont soumis les

[716] Inst. 10 avr. 2003, *BOI* K-2-03.

[717] *Cf.* M. Chastagnet, *De la responsabilité fiscale. Responsabilité de l'administration fiscale et responsabilité solidaire des tiers*, Presses Universitaires Aix-Marseille, 2003, 485 p.

agents des impôts n'est pas, s'agissant du débiteur solidaire de l'impôt, opposable à celui-ci dans la mesure où les pièces couvertes par le secret sont utiles à sa défense, dans la limite de la solidarité prononcée à son encontre[718]. Ou encore que l'administration entache sa décision d'une erreur de droit en refusant de communiquer au débiteur solidaire les pièces du dossier fiscal d'une société qui pouvaient être utiles à la motivation de sa réclamation, au motif que cette communication aurait méconnu la règle du secret professionnel[719].

339. Ces exceptions au droit au secret fiscal admises au profit de tiers résultent de la loi. Mais les restrictions au secret de l'avoir peuvent être également le fait de la jurisprudence qu'elle soit européenne, française ou anglaise au nom de la liberté d'expression.

Sous-section 2. Exception d'origine jurisprudentielle : le cas des organes de presse

340. La presse s'est vue reconnaître une grande liberté concernant le traitement d'informations portant sur le patrimoine d'un individu, que cela soit en matière fiscale par la Cour européenne dans l'affaire du Canard enchaîné (**I**) ou de façon plus générale par le juge judiciaire dans une série de décisions parfois contestables (**II**).

I. L'affaire dite du Canard enchaîné

341. Le Canard enchaîné avait publié des photocopies d'avis d'imposition de M. Calvet alors Président du groupe PSA, à un moment où des conflits sociaux éclataient dans l'entreprise. Ces documents avaient été communiqués par les services fiscaux en violation du secret professionnel. La Cour d'appel de Paris dans un arrêt du 10 mars 1993 avait retenu la culpabilité du directeur et d'un journaliste de l'hebdomadaire satirique au titre de recel de photocopies de déclarations d'impôt provenant d'une violation du secret professionnel. La Cour de

---

[718] CE, 3 juill. 1985, n° 52.011, *DF* 1985, comm. 2160, concl. Mme Latournerie ; *RJF* 1985, p. 728 ; 17 févr. 1988, n° 60.842, *RJF* 1988. 298 ; *DF* 1989, comm. 1078, concl. Ph. Martin.
[719] CE, 1er juin 1990, n° 65.822, *RJF* 1990.613 ; *DF* 1990, comm. 2411.

cassation saisie par la suite, rejeta le pourvoi au motif que si le montant des revenus salariaux de M. Calvet pouvait être librement révélé par l'hebdomadaire, celui-ci ne pouvait en revanche publier à l'appui de cette information, la photocopie de la feuille d'imposition du président du groupe Peugeot qui mentionnait le chiffre de ses revenus[720]. L'affaire fut alors portée devant la Cour européenne des droits de l'homme. La Commission ayant préalablement jugé dans une décision du 13 janvier 1999 qu'il y avait en l'espèce violation de l'article 10 de la Convention. La Cour de Strasbourg ne s'écarta pas de cette décision, en estimant que la condamnation du Canard Enchaîné n'était pas « strictement nécessaire dans une société démocratique »[721].

La solution rendue par la juridiction européenne n'est d'ailleurs pas si éloignée de la jurisprudence judiciaire qui admet des entorses au droit au respect de la vie privée et au secret de l'avoir, si la victime est une personnalité « publique ».

II. L'insuffisante protection du secret de l'avoir par le juge judiciaire

342. L'affaire du Canard enchaîné est riche d'enseignements en matière fiscale en cela que le verdict qui en a résulté démontre, s'il en était encore besoin, que le fait pour un individu de prendre connaissance des revenus d'un contribuable à travers son avis d'imposition n'est pas forcément en soi punissable. L'article L. 111 du LPF autorise comme on l'a vu les contribuables d'une commune à consulter la liste des personnes assujetties à l'impôt et à connaître leur revenu imposable, ainsi que le montant de l'impôt. La Cour de cassation accompagnée en cela par un fort courant de pensée avait pourtant jugé au milieu des années 70 que le patrimoine d'une personne relevait de sa vie privée[722].

---

[720] Cass. crim., 3 avr. 1995, *JCP* 1995. II.22429, note E. Derieux ; *Dr. Pénal* 1995, p. 175, obs. Véron et *Rev. sc. Crim.* 1995, p. 599, obs. Francillon.

[721] CEDH, 21 janv. 1999, n° 29.183/95, *Fressoz et Roire c/ France, op. cit.*

[722] Cass. civ. 2e, 20 oct. 1976, *Bull. Civ. II*, n° 279, p. 219: où elle a jugé que la publication d'informations relatives à l'achat et la location d'un immeuble par un huissier et à l'achat de son étude constituaient des atteintes à sa vie privée ; *Cf.* F. Terré et D. Fenouillet, *Les personnes-La famille-Les incapacités*, 7e éd., Dalloz, 2005, n° 107.

Elle a ensuite par une jurisprudence constante toujours affirmé que tout ce qui concerne le patrimoine n'est protégé par aucun secret, et en aucun cas par le secret de la vie privée de l'article 9 du Code civil[723]. Le journaliste et le directeur de l'hebdomadaire ne pouvaient pas en tout état de cause être condamnés pour violation du secret professionnel, n'étant pas des agents du fisc soumis à cette obligation. C'est pour cela que l'incrimination de recel fut proposée, ce qui aurait pu être évité si le journal s'était contenté d'indiquer les revenus sans publier les photocopies d'avis d'imposition. Les circonstances de l'espèce (droit des journalistes à informer le public, englobé dans le concept plus large de liberté d'expression[724]) et le fait notamment, que la « victime » était une personne publique[725] ou que l'écrit litigieux apportait une contribution à une question d'intérêt général, ne permettent pas d'affirmer que les données confidentielles d'un individu ne seraient pas moins protégées à l'égard d'un autre individu, qu'elles le seraient vis-à-vis de la puissance publique.

La jurisprudence judiciaire sur cette question s'est pendant un temps cherchée[726]. Mais la jurisprudence de la Cour de cassation est aujourd'hui sans équivoque, jugeant « que le respect de la vie privée de chacun n'est pas atteint par la publication de renseignements d'ordre purement patrimonial ne comportant (...) aucune allusion à la vie et à la

[723] Cass. civ. 1 re, 4 oct. 1989, *Bull. civ. I*, n° 307, p. 204 ; 28 mai 1991, *Bull. Civ. I*, n° 173, p. 114 ; *D.* 1992, p. 213, note P. Kayser ; *JCP* 1992. II. 21845, note F. Ringel ; 20 oct. 1993, *D.* 1994, p. 594, note Y. Picod ; *RTD civ.* 1994, p. 77, obs. J. Hauser.

[724] La CEDH considère qu'au droit de la presse à diffuser des informations et des idées sur des questions d'intérêt public, s'ajoute le droit, pour le public, d'en recevoir : *Observer et Guardian c/ Royaume-Uni*, 1. 216 et Sunday Times, A. 217, 26 nov. 1991, *RUDH* 1992, 8, chron. F. Sudre ; *Jersild c/ Danemark,* 23 sept. 1994, série A, n° 298, pp. 25-26 ; *JDI* 1995, 780, chron. P. Tavernier ; *AFDI* 1994, 658, chron. V. Coussirat-Coustère ; *RUDH* 1995, 1, note G. Cohen-Jonathan *; De Haes et Gijsels c/ Belgique,* 24 févr. 1997, *Rec.* 1997-I, pp. 233-234 ; *RUDH* 1998, 111, chron. M. Levinet. *Cf.* sur ce sujet : M. Hanotiau, *Le droit à l'information*, *RTDH*, numéro spécial, *Liberté d'expression*, 1993, p. 23 et s. et J.-Y. Dupeux en collab. avec B. De Silva, *Le droit du citoyen à l'information dans la jurisprudence de la Cour européenne des droits de l'homme*, *Gaz. Pal.* 1996, I, Doc., 144.

[725] Et donc que les questions patrimoniales de M. Calvet ne relevaient pas du domaine de la vie privée.

[726] Comp. TGI Marseille, 29 sept. 1982, *D.* 1984.64, note Lindon : qui applique la règle qui veut que « tout ce qui a trait au patrimoine ou aux ressources d'un individu ou de sa famille » doive être considérée comme « devant se rattacher à la vie privée » ; Cass. civ. 1re, 29 mai 1984, *Gaz. Pal.* 1984, II, somm., 304 ; CA Paris, 15 janv. 1987, *D.* 87, 231.

personnalité de l'intéressé »[727], ou encore que « la publication des renseignements d'ordre purement patrimonial, exclusifs de toute allusion à la vie et à la personnalité des intéressés, ne porte pas atteinte à l'intimité de leur vie privée »[728]. Cette solution ne valant pourtant que si l'intéressé a acquis une notoriété l'excluant du domaine de l'intimité de la vie privée[729]. Ce qui laisse à penser que, sous la seule réserve du critère de notoriété, le patrimoine est compris dans la vie privée[730].

343. Les tribunaux français font pourtant preuve par bien des égards de plus de détermination à protéger la vie privée des individus que les juges britanniques. Ceci s'explique d'ailleurs par le fait qu'il n'existe pas d'infraction générale contre la vie privée en Grande-Bretagne. Au contraire de ses voisins continentaux comme la France, l'Espagne ou l'Allemagne, dont les législations pénales punissent les infractions à la vie privée[731]. Si les juges britanniques ne sanctionnent pas les atteintes à la vie privée telle que nous l'entendons, au nom d'un principe au respect de la vie privée[732], ils procèdent différemment en faisant appel à d'autres notions. Les condamnations prononcées contre des journaux ayant publiés des photos de personnes « publiques » prises dans le cadre de leur vie privée, ont pu être fondées sur la violation de la confidentialité (*breach of confidence*) ou de la loi sur la protection des données de 1998 (*The data protection Act, DTA*)[733].

344. En Allemagne, la jurisprudence civile a utilisé les dispositions constitutionnelles pour donner naissance, à partir de 1954, à la notion de « droit général de la personnalité », dont le non-respect est sanctionné

---

727 Cass. civ. 1re, 28 mai 1991, *D.* 1992.213, note Kayser ; *JCP* 1992. II.21845, note F. Ringel.

728 Cass. civ. 1re, 20 oct. 1993, *D.* 1994, 594, note Y. Picod ; *RTD civ.* 1994, 77, obs. J. Hauser.

729 CA Paris, 20 oct. 1987, *D.* 1988, somm. 197, obs. D. Amson.

730 B. Teyssié, *Droit civil. Les personnes*, 8e éd., Litec, 2003, p. 56. *Cf.* cependant un arrêt plus qu'ambigu de la Cour de cassation : Cass. civ. 1re, 30 mai 2000, *D.* 2001, somm. 1989, obs. L. Marino.

731 « Le code pénal sanctionne les "*infractions contre la vie privée et l'intimité*" en Allemagne, les " *infractions contre l'intimité, le droit à l'image et l'inviolabilité du domicile* " en Espagne, le " *délit d'atteinte à la vie privée* " en France » ; *La protection de la vie privée face aux médias*, service des affaires européennes, janv. 1998.

732 L'invasion ou la violation de la vie privée (*Breach of privacy*) de personnes « publiques » n'est pas reconnue, en principe, par les juridictions anglaises, bien que l'adoption du *Human rights Act* puisse peut-être faire évoluer les choses différemment dans les années à venir.

733 Par exemple : *High Court*, 11 avr. 2003, *Douglas v. Hello*.

par le versement de dommages-intérêts. Les tribunaux ont ainsi estimé que le « droit général de la personnalité » s'opposait par exemple à la publication d'un journal intime, à la divulgation de feuilles de maladie, et à l'enregistrement de conversations personnelles. En outre, pour la Cour constitutionnelle la communication de détails personnels est condamnée lorsqu'il n'y a aucun intérêt légitime à cette information[734]. Dans la péninsule ibérique, la Constitution énonce à l'article 18-1 que « le droit à l'honneur, à l'intimité personnelle et familiale et à sa propre image est garanti à chacun ». Quant à son article 20, il protège la liberté d'expression et exclut toute forme de censure. La loi de 1982 sur la protection civile du droit à l'honneur, à l'intimité personnelle et familiale et à l'image fixe, à travers son article 7, les limites que la liberté d'expression doit respecter[735].

---

[734] *La protection de la vie privée face aux médias*, *op. cit.* : *«* Dans une série de décisions, la Cour constitutionnelle a fixé les principes à appliquer en cas de conflit entre le " droit général de la personnalité " et la liberté de la presse. Elle ne donne la priorité à aucun des deux droits, mais estime que les intérêts contradictoires doivent être appréciés l'un par rapport à l'autre, dans chaque cas. La Cour constitutionnelle a estimé en 1974 qu'un documentaire télévisé relatif à un crime qui montrait le visage des coupables portait certes atteinte à leur droit de la personnalité, mais que cette atteinte était justifiée par l'intérêt du public à l'information, compte tenu de la gravité du crime. De même, un personnage public ne bénéficie pas de la même protection qu'un citoyen anonyme ».

[735] 1. " Le fait de disposer, en quelque lieu que ce soit, tout appareil permettant d'écouter, de filmer, et tout matériel optique ou de quelque autre nature pouvant servir à enregistrer ou reproduire des scènes de la vie intime des personnes ; "
2. " l'emploi de tout appareil permettant d'écouter, de tout matériel optique ou de quelque autre nature permettant de connaître la vie intime des personnes ou les formes d'expression ou les correspondances privées non destinées à celui qui fait usage de ces moyens, ainsi que leur fixation, enregistrement ou reproduction ; "
3. " la divulgation de faits concernant la vie privée d'une personne ou d'une famille, portant atteinte à leur considération et à leur réputation, de même que la révélation ou la publication de contenu de lettres, mémoires ou autres écrits personnels de caractère intime ; "
4. " la révélation de faits concernant la vie privée d'une personne ou d'une famille par une personne qui en a connaissance à raison de son activité professionnelle ou officielle ; "
5. " la fixation, la reproduction ou la publication de photographies, de films ou d'autres supports montrant l'image d'une personne dans des lieux ou à des moments appartenant à sa vie privée, ou en dehors d'eux, sauf aux cas prévus à l'article 8-2 ; "
6. " l'utilisation du nom, de la voix et de l'image d'une personne à des fins publicitaires, commerciales, ou similaires ; "
7. " la divulgation de propos ou de faits concernant une personne lorsqu'elle constitue une diffamation ou qu'elle risque de la rabaisser dans l'opinion d'autrui".

Conclusion de titre

345. Force est de constater que le droit au secret de l'avoir fait l'objet d'une protection par le juge judiciaire moins « forte » que le droit au secret de l'être. Le Conseil constitutionnel lors de sa décision du 29 décembre 1983 relative aux perquisitions fiscales a d'ailleurs refusé de reconnaître une valeur constitutionnelle au droit au secret de l'avoir[736] et par voie de conséquence admet la validité des lois qui l'écartent. Les auteurs de la saisine critiquaient, on l'a dit, deux articles de la loi de finances relatifs au secret fiscal et à la publicité de l'impôt qui modifiaient l'article L. 111 du LPF. Selon eux, ces dispositions portaient atteinte à la vie privée et étaient non conformes au principe du secret fiscal qui a valeur constitutionnelle. Ils incluaient donc le secret des affaires financières dans le droit plus large, au respect de la vie privée. Le droit au secret de l'avoir du contribuable en droit interne est encore un droit en friche. Ceci s'explique par le fait que protection de la vie privée du contribuable s'efface devant les pouvoirs importants dont dispose l'administration afin d'aller recueillir des informations. Le droit du contribuable au secret sur ses affaires patrimoniales est en outre constitué d'un ensemble de droits disparates, où l'on retrouve pêle-mêle :

- l'obligation au secret professionnel à laquelle sont assujettis les agents du fisc et certaines professions (avocats, médecins…) ;

- le droit pour le contribuable d'être informé préalablement de l'utilisation du droit de communication par l'administration fiscale envers un tiers ;

- le droit pour le contribuable de pouvoir accéder aux informations détenues par l'administration des impôts sur son compte ;

- ou encore comme on le verra plus loin, le droit pour le contribuable de se voir communiquer dans le cas d'un contentieux les informations que l'administration va utiliser contre lui[737].

---

[736] Cons. const., 29 déc. 1983, *op. cit.*

[737] *Cf. infra* n° 764 et s. et n° 900 et s.

Cet éparpillement montre le manque d'unité des dispositions relatives au secret fiscal. Ce qui par conséquent rend difficile de parler d'un droit au secret fiscal du contribuable. Le constat que l'on peut dresser de la faible protection du secret fiscal par le droit français peut être également fait à l'égard du droit britannique qui se montre encore moins protecteur de la vie privée du contribuable, en ne lui reconnaissant aucun droit à la protection de la vie privée[738] ! Si on s'éloigne des droits nationaux, on constate que le droit de la Convention européenne ne constitue pas un meilleur refuge pour le contribuable désireux de faire sanctionner les atteintes commises à sa vie privée par les agents des impôts. Cela tient au fait que l'article 8 de la CESDH relatif à la protection de la vie privée est très rarement invoqué par des requérants en matière fiscale. Il en est ainsi en Allemagne où il instructif d'observer qu'on ne trouve pas de cas d'invocation de l'article 8 CESDH dans des litiges fiscaux. La doctrine allemande, pour sa part, a émis des doutes concernant le fait que le droit pour les autorités fiscales d'entrer dans des propriétés privées soit compris dans le champ de l'article 8[739]. Il semblerait qu'elle estime que cela constituerait une lecture extensive de la disposition de la Convention européenne.

346. Philip Baker, en faisant un bilan de l'invocation des dispositions de la CESDH dans les procédures fiscales nationales, avait ainsi fait part de sa surprise sur le fait que le droit à la vie privée de l'article 8 ne soit pas invoqué plus fréquemment dans les cas où l'administration use de ses pouvoirs d'investigation et de communication afin de recueillir des informations relatives à la situation patrimoniale du contribuable[740].

Pour tenter d'expliquer cette curieuse situation, il avança toutefois l'idée que pour beaucoup de gens, finalement, l'article 8 était plutôt perçu comme une disposition justifiant les atteintes au respect de la vie privée. Cette hypothèse est assez intéressante, dans la mesure où, s'il est vrai que dans son premier alinéa l'article 8 énumère différents principes qu'elle considère comme fondamentaux, elle les restreint immédiatement dans son alinéa 2, en citant les cas où les autorités nationales sont en droit d'apporter des restrictions à ces droits. N'aurait-il pas mieux valu, dans ce cas pour éviter de diminuer « l'aura » de ces principes (et éviter le malentendu possible sur le sens premier de

---

[738] *Cf.* D. Willams, *op. cit.*: "*Absent a right of privacy, the taxpayer has no other right to curb the use of information obtained by the tax authorities from any source*", p. 337.

[739] W. Oepen et G. Partmann, Germany, *European taxation*, p. 519.

[740] P. Baker, Introduction (*Taxation and the European Convention on Human rights in the Domestic Law of the Council of Europe Countries*), *European taxation*, p. 460.

l'article), de prévoir un article dans la Convention qui citerait des cas généraux de limitation des droits, faisant l'objet de la Convention ?
Cela soulève de façon plus générale, le problème du caractère flou « des termes mêmes des textes fondamentaux » qui sont alors « sujets à interprétation et peuvent revêtir des sens multiples »[741]. Ainsi « les notions même de personne, de personnalité, de famille, de vie privée, de dignité, de respect font l'objet de diverses significations et manquent de netteté »[742]. On mesure alors la difficulté d'application de ces notions déjà vagues sur un plan général, en droit fiscal !

[741] En ce sens : P. Jestaz, *Les sources du droit*, *op. cit.*, p. 73.
[742] C. Labrusse-Riou, *op. cit.*, p. 325.

Titre 2

LE DROIT DU CONTRIBUABLE AU RESPECT DE SA PROPRIÉTÉ

347. Pour John Locke, la propriété est une institution de la loi naturelle. Il l'entend comme « la liberté de disposer comme on le veut de sa personne et de ses biens »[743]. Elle préexiste à la société civile. Une fois la société civile constituée, la propriété civile est fondée uniquement sur la loi positive. Mais pour le penseur anglais, la société civile doit respecter la propriété civile, elle est à son service[744].

Le régime de protection du droit de propriété en tant que droit fondamental est essentiel dans une société démocratique. Le rôle de l'État est de respecter et de protéger ce droit contre tout type d'usurpation, et de réglementer l'exercice de ce droit afin qu'il soit accessible à tous, dans le respect de l'intérêt public.

Le droit de propriété, droit naturel de l'homme est un droit fondamental classique dans une société démocratique et libérale. Il est inscrit dans toutes les constitutions nationales (art. 14 et 15 de la loi fondamentale de la République fédérale d'Allemagne ; art. 33 Const. esp.) ou dans des textes tout aussi importants tels que l'*Human Rights Act* du 9 novembre 1998 au Royaume-Uni[745].

Sa valeur n'est pas cependant partout la même. En France, « le juge constitutionnel a clairement montré que le droit de propriété était un droit-liberté, au même titre que les autres droits affirmés à l'article 2 de la déclaration ». Fondement majeur de notre code civil, il s'agit même d'un des trois piliers de notre société avec la famille et le contrat[746].

En revanche, dans des États aux constitutions plus récentes comme l'Espagne, il a une force moindre du fait de la fonction sociale de la

---

743 A. Sériaux, *Le droit naturel*, 2e éd., « Que sais-je ? », PUF, 1999, pp. 106-113, spéc. p. 107.

744 L. Strauss, *Droit naturel et histoire*, Flammarion, pp. 205-206. Sur les difficultés qu'ont rencontré Hobbes, Locke et un certain nombre d'autres penseurs à concilier les droits naturels de l'homme et « une organisation sociale qui place par le fait même les individus sous le pouvoir du ou des gouvernants », *Cf.* A. Sériaux, *ibid.*, pp. 113-118.

745 Acte portant intégration partielle des dispositions de la CESDH en droit interne.

746 J. Pradel, *Notre procédure pénale défend-elle l'intérêt général*, *op. cit.*, p. 513.

propriété qui prime. De fait, le droit de propriété ne fait pas partie des droits fondamentaux qui bénéficient du recours d'*amparo*[747].

348. En France, l'article 2 de la Déclaration des droits de l'homme et du citoyen pose que la propriété est un droit « naturel et imprescriptible » au même titre que la liberté, la sûreté et la résistance à l'oppression. Son article 17 proclame que la propriété est un droit inviolable et sacré et que nul ne peut en être privé sauf si une nécessité publique, légalement constatée, l'exige et sous réserve d'une juste et préalable indemnité. C'est le Code napoléonien de 1804 qui consacre le triomphe de la propriété (art. 544 : « La propriété est le droit de jouir et de disposer des choses de la manière la plus absolue » dans les conditions fixées par les lois et règlements et art. 552 : la propriété du sol emporte la propriété du dessus et du dessous). Le caractère inviolable, absolutiste et sacré de la propriété a pourtant été remis en cause par le législateur qui a multiplié les restrictions à son encontre au nom de l'intérêt collectif. Elles sont justifiées par les exigences de la sécurité ou de la salubrité publique[748] ou reposent sur un intérêt historique ou artistique[749]. Mais c'est sans conteste l'émergence du droit de l'urbanisme[750] (sans oublier la politique du logement[751] et la propriété rurale) qui a contribué encore un peu plus

---

[747] L. Favoreu et *alii*, *op. cit.*, n° 266. Le recours d'*amparo* est un recours individuel qui peut être formé à l'encontre de tous les actes des pouvoirs publics, pour violation des droits fondamentaux.
Cf. : P. Pérez Tremps, *El recurso de amparo*, Tirant lo Blanch, Valencia, 2004 ; M. Carrasco Duran, *Los procesos para la tutela judicial de los derechos fundamentales*, Madrid, CEPC, 2002.

[748] *Cf.* art. 1386 du Code civil et art. L. 511-1 du Code de construction et d'habitation, lesquels imposent aux propriétaires des obligations de réparation ou de démolition des bâtiments menaçant ruine, et article L. 521-1 et s. du Code de construction relatif aux prescriptions concernant les établissements industriels dangereux, incommodes et insalubres.

[749] *Cf.* art. 5 et 14 de la loi du 31 décembre 1913 relative au classement des monuments historiques ; art. 11 de la loi du 2 mai 1930 concernant le classement des « monuments naturels » et art. 22 de la loi du 27 septembre 1941 relative aux fouilles archéologiques.

[750] « (...) les attributs juridiques de la propriété immobilière, posée comme absolue en 1804 sont aujourd'hui délabrés (...) », P. Catala, *Transformation du patrimoine dans le droit civil moderne*, *RTD civ.* 1966, p. 185. « D'un coté se trouve dans les articles 544 et suivants du Code civil un certain nombre de texte à caractère absolu ou irréels. De l'autre une réglementation qui leur est étroitement liée et qui, sans l'affirmer, ou en tout cas sans s'y référer, vide successivement et régulièrement ces textes de leur substance. A tel point qu'elle peut poser le problème de leur renversement. », J.-P. Marty, *Dissociation juridique de l'immeuble*, Thèse Toulouse, 1976.

[751] Travaux de l'Association Capitant, *Le droit au logement* (journées mexicaines), t. XXXIII, Economica, 1982.

à l'effritement d'un droit de moins en moins impérial. Le permis de construire (art. L. 421-1 al. 1 du Code de l'Urbanisme), le plan d'occupation des sols (P.O.S.)[752] ou le plafond légal de densité (P.L.D.)[753] en sont des exemples criants.

349. Le juge judiciaire a également participé à ce mouvement de limitation du droit de propriété, à l'aide de la théorie de l'abus de droit[754]. L'arrêt *Clément-Bayard* du 3 août 1915 définit ainsi le droit de propriété comme celui « qui permet à toute personne (...) de s'attribuer, par préférence et exclusivement à tous autres, la totalité de l'utilité de cette chose ». La jurisprudence a tracé également les frontières de son champ d'action, en estimant que n'étant « qu'une faculté accordée à l'homme vivant en société, il se trouve forcément limité dans l'usage que peut en faire son titulaire par les devoirs sociaux de celui-ci, tenu en particulier de ne pas l'exercer en vue d'un but autre que celui pour lequel il lui est reconnu par le législateur, notamment en vue de causer un préjudice à autrui »[755]. On pu alors parler de décadence de l'institution (...). Mais surtout décadence du droit individuel de propriété, ligoté au nom de l'intérêt général, cisaillé au profit des utilisateurs de la chose, attaqué du dehors et du dedans, et ainsi déchéance du propriétaire, qui n'est plus loin de là, le monarque absolu et inviolable, tel qu'il semblait issu de la Déclaration de 1789 et du Code civil »[756].

Au début des années 80, le droit de propriété a acquis pourtant de façon inespérée[757] une valeur constitutionnelle et par là même semble avoir retrouvé son aura d'antan. Dans une décision du 16 janvier 1982 (Loi de Nationalisation), le Conseil constitutionnel a estimé que la conservation

---

[752] Art. L. 123-1 al. 1 du Code de l'Urbanisme ; *Cf.* P. Carrias, *Le droit de propriété au point de non retour ? D.* 1985, chron. p. 293 et s.

[753] Art. L. 112-1 et s. du Code de l'Urbanisme. *Cf.* F. Bouyssou, *Le P.L.D. et le droit de propriété*, in Mélanges offerts à Pierre Hébraud, Université de sciences sociales de Toulouse, 1981, pp. 75 et s.

[754] *Cf.* A.-F. Zattara, *La dimension constitutionnelle et européenne du droit de propriété,* Bibliothèque de droit privé, t. 351, LGDJ, 2001, pp. 6-7.

[755] Req., 3 août 1915, *D.P.* 1917, I, p. 79 et s. ; T. Compiègne, 12 févr. 1913, *DP*. 1913, II, p. 177 et s., note Josserand.

[756] J. Carbonnier, *Flexible droit. Pour une sociologie du droit sans rigueur*, 7e éd., LGDJ, 1992, pp. 279-280.

[757] Ceci s'explique par le fait que le conseil constitutionnel s'est érigé en défenseur des droits de l'homme tardivement (à compter de sa décision du 16 janvier 1971, n° 71-44, *Liberté d'association*, *Rec.*, pp. 29 et s.) auparavant il se limitait à un rôle de régulation technique.

du caractère fondamental du droit de propriété est l'un des buts de la société politique (...) ». Cette aide inattendue du Conseil à un droit qui s'étiole a été saluée à juste titre par la doctrine[758]. Le droit de propriété n'est pas pour autant redevenu un droit absolu, les restrictions sont nombreuses. Celles-ci peuvent être fondées sur les rapports de voisinage (ex : servitudes légales de voisinages), mais également sur un impératif plus vaste que sont les intérêts de la collectivité.

350. La Déclaration universelle des Droits de l'Homme (DUDH) du 10 décembre 1948[759], le protocole n° 1 à la Convention de sauvegarde des droits de l'homme et des libertés fondamentales du 20 mars 1952[760] et la Charte des Droits Fondamentaux de l'Union européenne[761] ont rappelé aussi son caractère de droit fondamental, au plan international et européen. La Cour européenne des droits de l'homme a, pour sa part, fréquemment « consacré » le droit de propriété depuis 1979[762], même si

---

[758] Cette décision « redonne vie et actualité à un fondement oublié, délaissé », H. Pauliat, *Le droit de propriété dans la jurisprudence du Conseil constitutionnel et du Conseil d'Etat*, t. I, PUF, 1995, p. 1.

[759] Art. 17-1 : Toute personne, aussi bien seule qu'en collectivité, a droit à la propriété. Art. 17-2 : Nul ne peut être arbitrairement privé de sa propriété.

[760] Art. 1 – Protection de la propriété :
Toute personne physique ou morale a droit au respect de ses biens. Nul ne peut être privé de sa propriété que pour cause d'utilité publique et dans les conditions prévues par la loi et les principes généraux du droit international.
Les dispositions précédentes ne portent pas atteinte au droit que possèdent les États de mettre en vigueur les lois qu'ils jugent nécessaires pour réglementer l'usage des biens conformément à l'intérêt général ou pour assurer le paiement des impôts ou d'autres contributions ou des amendes.

[761] Le paragraphe 1er de l'article 17 de la Charte énonce les conditions de réglementation de ce droit, également applicables à la propriété intellectuelle (paragraphe 2). Le droit de propriété est protégé par le protocole additionnel à la Convention européenne des droits de l'homme (article 1er), et les limitations qu'il prévoit sont les seules recevables.

[762] CEDH, *Marckx c/ Belgique*, 13 juin 1979, série A, 231 : « (…) En reconnaissant à chacun le droit au respect de ses biens, l'article 1 (P1-1) garantit en substance le droit de propriété (…) le droit de disposer de ses biens constitue un élément traditionnel fondamental du droit de propriété (…). » (§ 63) ; *Sporrong et Lönnoth c/ Suède* (23 sept. 1982), dans cet arrêt de principe, la Cour européenne des droits de l'homme a défini, à partir de l'article 1er du protocole n°1, les notions sur lesquelles elle s'appuie pour garantir le droit de propriété :
« L'article 1er du protocole n°1 contient trois normes distinctes. La première, d'ordre général, énonce le principe du respect de la propriété ; elle s'exprime dans la première phrase du premier alinéa. La deuxième vise la privation de propriété et la soumet à certaines conditions ; elle figure dans la seconde phrase du même alinéa. Quant à la troisième, elle reconnaît aux Etats le pouvoir, entre autres, de réglementer l'usage des

la convention ne lui consacre aucun article. En effet, « les conceptions politiques contradictoires du droit de propriété - droit individuel droit ayant une fonction sociale - ainsi que le désir des États de posséder une pleine liberté d'action pour les questions économiques, ont amené finalement à un compromis : l'insertion d'un texte garantissant la protection de la propriété non pas dans le corps de la Convention européenne des droits de l'homme, mais dans son premier Protocole additionnel, signé le 20 février 1952 »[763].

C'est donc à l'article 1er du protocole additionnel n° 1 adopté à Paris le 20 mars 1952, qu'incombe la délicate tâche de protéger le droit de propriété des biens acquis légalement en tenant compte, du droit des États de réglementer l'usage des biens dans l'intérêt général et d'assurer le paiement des impôts, contributions et amendes. Cette disposition intéresse en premier lieu le droit fiscal. C'est pour cela par exemple que la décision de lever l'impôt ne peut être prise que par l'Assemblée nationale, seule légitime. Car on peut assimiler l'obligation de payer l'impôt, à une réglementation de l'usage des biens au sens de l'article 1er du protocole additionnel n° 1. La Cour de Strasbourg a d'ailleurs jugé, notamment dans un arrêt du 23 octobre 1990, que les prélèvements fiscaux relèvent du champ d'application de l'article 1er du protocole additionnel n°1. Par conséquent, en vertu de l'article 14 de la CESDH, aucune discrimination ne doit être pratiquée. Ainsi, un État méconnaît ces stipulations, s'il instaure une différenciation arbitraire entre plusieurs catégories d'assujettis en situation comparable, tels des travailleurs

---

biens conformément à l'intérêt général et en mettant en vigueur les lois qu'ils jugent nécessaires à cette fin ; elle ressort du deuxième alinéa.

La Cour doit s'assurer de l'applicabilité des deux dernières de ces normes avant de se prononcer sur l'observation de la première. " (§ 61).

Sur l'atteinte à la substance du droit de propriété, en l'absence d'une atteinte formelle

" En l'absence d'une expropriation formelle, c'est-à-dire d'un transfert de propriété, la Cour s'estime tenue de regarder au-delà des apparences et d'analyser, les réalités de la situation litigieuse (...). La Convention visant à protéger des droits "concrets et effectifs" (...), il importe de rechercher si ladite situation n'équivalait pas à une expropriation de fait (...) ". (§ 63).

Sur le principe de proportionnalité

(...) la Cour doit rechercher si un juste équilibre a été maintenu entre les exigences de l'intérêt général de la communauté et les impératifs de la sauvegarde des droits fondamentaux de l'individu (...). Inhérent à l'ensemble de la Convention, le souci d'assurer un tel équilibre se reflète aussi dans la structure de l'article 1 (P1-1).

[763] F. Sudre, B. Favreau, G. Cohen Jonathan, C. Pettiti, M. Puechavy et P. Tavernier (sous la direction de), *La protection du droit de propriété par la Cour Européenne des Droits de l'Homme,* Bruylant, 2005, 136 p.

finlandais vivants en Suède et soumis à un régime différent selon qu'ils soient ou non officiellement enregistrés comme résidents suédois[764].
La Commission européenne des droits de l'homme avait également reconnu avant sa suppression que le principe du droit de propriété s'appliquait à la matière fiscale[765] et que la perception d'un impôt n'est contraire au respect des biens que si elle impose à celui qui doit le payer une charge intolérable[766].
La Cour de justice des communautés européennes dans un arrêt *Hauer* ne se distingue pas en consacrant aussi le droit de propriété comme un droit fondamental, en visant l'article 1er du protocole additionnel n° 1[767].

351. La question du patrimoine, est pourtant peu abordée en droit fiscal français quand il s'agit d'étudier les droits du contribuable. Pourtant par essence, l'impôt ponctionne le patrimoine du redevable. Benjamin Constant a ainsi pu déclarer que « tout impôt inutile est une atteinte contre la propriété »[768]. Si théoriquement la majorité des impôts ou taxes opère un prélèvement sur les revenus du contribuable, c'est bien le patrimoine qui est finalement « atteint », comme l'illustre la question de l'impôt confiscatoire[769]. Le patrimoine d'une personne est composé de tous ses droits d'ordre pécuniaire (droits réels et personnels présentant une valeur économique). Il comprend la totalité des droits, qu'elle possède à un moment donné (biens présents) mais aussi l'ensemble de ses biens à venir (art. 2092 C. civ.). Juridiquement, le patrimoine est une entité distincte des éléments qui la composent. Il constitue une entité juridique, une universalité de droit comprenant des droits (un actif) et des obligations (un passif). L'obligation fiscale qui se traduit par le paiement de l'impôt affecte donc le patrimoine du contribuable en alourdissant son passif. Les intérêts de retard ou une majoration des droits constituent des dettes de nature fiscale formant une part du passif. Le droit fiscal et le droit de propriété ou plus largement le droit patrimonial sont intrinsèquement liés.

352. Les prélèvements obligatoires que cela soit des impôts directs (ex : IR, IS et ISF) ou dans une moindre mesure des impôts indirects (ex : TVA) portent par essence atteinte au droit de propriété, c'est pour cela

---

[764] CEDH, 23 oct. 1990, *Darby c/ Suède*, série A, n° 187.
[765] Com. EDH, 13 mai 1976, req. n° 6087 /73.
[766] Com. EDH, 11 déc. 1986, req. n° 11036, *Svenska Managementgruppen c/ Suède.*
[767] CJCE, 13 déc. 1979, *Liselotte Hauer c/ Land Rheinland Pfalz*, aff. 44/79, *Rec.*, p. 3727.
[768] B. Constant, *Écrits politiques*, *op. cit.*, p. 454.
[769] *Cf. infra* n° 420 et s.

que l'article 1er du premier protocole de la Convention européenne parle de l'impôt. Dans la pensée libérale, la propriété est la première limite naturelle à la « toute-puissance » de l'impôt et par la même un indice de mesure de l'équité du système fiscal en vigueur. Selon les théories néo-libérales, le citoyen ne doit financer que l'offre de biens publics de base, c'est-à-dire les services judiciaires, de police et de défense. La propriété, droit naturel et préexistant à tout système fiscal, est alors conçue comme étant un droit intangible tout comme son corollaire, le droit à la conservation des fruits de son travail. Différentes doctrines que l'on peut qualifier de libérales défendent cette primauté du droit de propriété qui constitue un frein puissant à l'interventionnisme étatique et à sa fonction redistributrice. La doctrine du constitutionnalisme libéral de Hayek affirme que les droits économiques dont fait partie le droit de propriété constituent « des libertés naturelles et pré-politiques qui existent de manière indépendante du fait qu'elles soient ou non élevées au rang constitutionnel »[770].

La théorie du titre valide de Robert Nozick part quant à elle du postulat qu'« au moment de la naissance, à chaque individu seraient attribués les droits fondamentaux et intangibles à la propriété ainsi que les droits, tout autant intangibles, à la disponibilité presque exclusive des fruits du travail ». Par conséquent, « les droits de propriété (*entitlements*) sont un élément structurel du droit à la liberté individuelle et, en tant que tels, ils sont limitatifs du pouvoir (y compris du pouvoir d'imposition) de l'Etat. »[771]

352. La violation alléguée du droit de propriété en matière fiscale sert donc logiquement de fondement à des actions en justice[772]. Cela n'a rien

---

[770] F. Gallo, *Justice sociale et justice fiscale*, in *Regards critiques et perspectives sur le droit et la fiscalité* (Mélanges en l'honneur de Cyrille David) ; LGDJ, 2005, p. 14.
[771] F. Gallo, *op. cit.*, p. 14.
[772] *Cf.* par ex : CEDH, 16 avr. 2002, *SA Dangeville c/ France*, n° 36677/97 : La requérante, la S.A. Dangeville, société de courtiers en assurance dont l'activité commerciale fut soumise à la taxe sur la valeur ajoutée, acquitta sur ses opérations de 1978 une somme de 292 816 francs. Les dispositions de la 6e directive du Conseil des Communautés, qui auraient dû être appliquées le 1er janvier 1978, exonéraient de la TVA « les opérations d'assurance et de réassurance, y compris les prestations de services afférentes à ces opérations effectuées par les courtiers et les intermédiaires d'assurance ». Mais la France se vit accorder un délai pour la mise en œuvre de cette directive.
La requérante demanda la restitution du montant acquitté ou, au moins, de la somme afférente à la période du 1er janvier 1978 à la date d'entrée en vigueur de ladite directive. Le Conseil d'État rejeta sa demande. La requérante saisit également

d'étonnant au demeurant, car par définition l'impôt porte atteinte à la propriété qui est un droit patrimonial affirmé par l'article 17 de la Déclaration des droits de l'homme et du citoyen de 1789. Les articles 13 et 14 permettent certes de déroger à ce principe, mais seulement en cas de nécessité d'intérêt public, d'égalité, d'existence d'une faculté contributive, de consentement organisé et de légalité. « De ce principe, il résulte ensuite, comme le prévoit l'article 34 de la Constitution, que seule une loi peut instituer une imposition et fixer les conditions d'application. Le fait de réclamer un impôt qui n'est pas légalement dû est pénalement sanctionné par les peines de la concussion »[773].

C'est également le droit de propriété qui permet d'appréhender un principe du droit fiscal espagnol, qui est le droit de ne pas payer plus que ce qu'exige la loi (*Derecho a no pagar mas de lo que exige la ley*)[774]. Cette barrière se justifiant essentiellement par la volonté de protéger le patrimoine du contribuable contre des prélèvements abusifs.

Ainsi, si pour justifier des atteintes à l'inviolabilité du domicile, le législateur met en avant la lutte contre la fraude fiscale, sorte de dérivatif de l'intérêt général en droit fiscal, il en est de même quand il s'agit pour le pouvoir législatif d'apporter des restrictions ou privations au droit de propriété. On retrouve ici la dialectique entre intérêt général et intérêts particuliers. La recherche du juste équilibre est au cœur des rapports entre l'administration fiscale et le contribuable, et on ne peut donc ignorer les solutions données par la jurisprudence qu'elle soit interne ou européenne au conflit entre le droit de propriété et l'intérêt général en dehors du domaine restreint du droit fiscal.

---

l'administration fiscale sur ce point. Cette procédure donna lieu à un arrêt du Conseil d'État qui débouta l'intéressée, dont la réclamation fiscale avait donné lieu à une décision revêtue de l'autorité de chose jugée. Mais le même jour, statuant sur le recours d'une autre société, la S.A. Revert et Badelon dont l'activité commerciale et les prétentions étaient identiques à celles de la requérante, le Conseil d'État opéra un revirement de sa jurisprudence antérieure, accordant un remboursement par l'État des sommes indûment versées. La requérante allégua la violation de l'article 1 (protection de la propriété) du Protocole n° 1 à la Convention européenne des droits de l'homme, car elle s'estimait titulaire d'une créance envers l'État dont elle s'est trouvée définitivement privée en raison du rejet de ses demandes par le Conseil d'État au titre de la TVA.

Les juges de Strasbourg donnent raison à la société plaignante pour violation de l'article 1er du premier protocole additionnel et qualifient de bien au sens de cet article la créance sur l'État de celle-ci.

Cf. aussi : CEDH, *Buffalo Srl en liquidation c/ Italie*, 3 juill. 2003.

[773] G. Blanluet et J.-P. Le Gall, *Le trust au pied du mur, DF* 2005, n° 29, p. 1233.

[774] Charte du contribuable espagnol (version de 1996), p. 25.

353. Le droit fiscal apporte de nombreuses restrictions au droit de propriété. On pensera entre autres au défunt droit de préemption du fisc. Ces atteintes sont en général justifiées par un intérêt général à coloration fiscale, qui est la lutte contre la fraude fiscale. Les techniques de recouvrement de l'impôt constituent aussi des atteintes au droit de propriété.

Mais la propriété peut également être amoindrie non par l'exercice de prérogatives de l'administration fiscale, mais par le paiement d'un impôt ou de pénalités fiscales. Cette appréhension des biens du contribuable par l'État peut donc résulter de la mise en œuvre de prérogatives de puissance publique (**Chapitre 1**), ou simplement du fait du paiement de l'impôt ou des droits sous-jacents (**Chapitre 2**).

Chapitre 1. L'APPRÉHENSION DES BIENS DU CONTRIBUABLE DU FAIT DE LA MISE EN OEUVRE DE PRÉROGATIVES DE PUISSANCE PUBLIQUE

354. Cette appréhension des biens peut se réaliser aussi bien dans le cadre de la mise en œuvre des voies d'exécution forcée (**Section 1**), qu'en dehors de celles-ci (**Section 2**).

Section 1. Les voies d'exécution forcée des créances fiscales

355. Les voies d'exécution forcée atteignent indéniablement le droit de propriété, c'est pour cela qu'elles sont du domaine de la loi (art. 34 Const.). Le droit du recouvrement forcé des créances fiscales met par ailleurs en lumière l'opposition d'intérêts entre d'une part, le Trésor public et le principe de l'égalité devant l'impôt et d'autre part, la nécessité pour le contribuable de conserver un minimum de biens afin de subvenir à ses besoins élémentaires. Le patrimoine du contribuable peut donc être appréhendé par l'administration fiscale à l'aide de voies d'exécution dont elle dispose, si celui ne s'est pas acquitté volontairement de ses obligations fiscales.

Cette solution est classique et découle du fait que les créanciers chirographaires[775] bénéficient d'un droit de gage général sur le patrimoine de leurs débiteurs (art. 2092 C. civ. : « Quiconque s'est obligé personnellement est tenu de remplir son engagement sur tous ses biens mobiliers et immobiliers, présents et à venir » et art. 13 al. 1er de la loi du 9 juillet 1991 : « Les saisies peuvent porter sur tous les biens appartenant au débiteur alors même qu'ils seraient détenus par des tiers »).

356. Cependant en cas de non-paiement de la part du débiteur, le créancier ne peut procéder à l'exécution forcée de sa créance que s'il est en possession d'un titre exécutoire. On peut imaginer que le *solvens* organise sa propre insolvabilité, pour échapper à l'exécution de sa créance. Le créancier peut bien entendu attaquer les actes commis par le

---

[775] Ce sont les créanciers ordinaires non munis de sûretés réelles sur le patrimoine de leurs débiteurs.

débiteur en fraude de ses droits, mais il peut aussi prendre pour parer à l'urgence des mesures dites conservatoires (art. 67, L. 9 juill. 1991). La loi n° 91-650 du 9 juillet 1991 portant réforme des procédures civiles d'exécution a institué de nouvelles dispositions en matière de mesures conservatoires, qui se sont substituées aux anciens textes du Code de procédure civile (art. 48 à 57).

La loi distingue : les saisies conservatoires qui portent uniquement sur les biens mobiliers (corporels ou incorporels)[776], des sûretés judiciaires qui sont constituées uniquement sur les immeubles (hypothèques), les fonds de commerce ou les valeurs mobilières (nantissement).

Les voies d'exécution ont pour finalité de permettre la sauvegarde des droits du créancier, que cela soit un particulier ou la puissance publique elle-même. On peut les définir comme étant « l'ensemble des moyens de droit permettant aux créanciers non payés amiablement par leurs débiteurs de contraindre ceux-ci à s'exécuter, au besoin en ayant recours à la force publique, et de répartir entre eux les sommes ainsi obtenues »[777].

Le créancier ne les met en œuvre que dans le cas « extrême », où le débiteur refuse d'exécuter volontairement son obligation qui découle d'un acte juridique ou encore d'un acte juridictionnel.

Mais elles visent également à protéger le débiteur en faisant intervenir le juge afin de limiter l'étendue des saisies[778]. Cette recherche d'équilibre

---

[776] La loi fiscale espagnole accorde à l'État diverses mesures conservatoires dans les cas où il y des risques de non-paiement de la dette fiscale par le contribuable. Art. 128 *LGT* : « *Para asegurar el cobro de la deuda tributaria, la Administración tributaria podrá adoptar medidas cautelares de carácter provisional cuando existan indicios racionales de que, en otro caso, dicho cobro se verá frustrado o gravemente dificultado.*

Las medidas habrán de ser proporcionadas al daño que se pretenda evitar. En ningún caso se adoptarán aquéllas que puedan producir un perjuicio de difícil o imposible reparación.

La medida cautelar podrá consistir en alguna de las siguientes :

Retención del pago de devoluciones tributarias o de otros pagos que deba

La retención cautelar o parcial de una devolución tributaria deberá ser notificada al interesado juntamente con el acuerdo de devolución.

Embargo preventivo de bienes o derechos.

Cualquier otra legalmente prevista.

El embargo preventivo se asegurará mediante su anotación en los registros públicos correspondientes o mediante el depósito de los bienes muebles embargados… ».

[777] M. Donnier et J.-B. Donnier, *Voies d'exécution et procédures de distribution*, 7e éd., Litec, 2003, n° 1.

[778] Les voies d'exécution ont pour but « la protection sociale du débiteur » pour reprendre les termes employés par J. Vincent et J. Prévault, *Voies d'exécution et procédures de distribution*, 19e éd., Dalloz, p. 2.

entre le créancier et le débiteur est encore plus délicate à atteindre en matière fiscale. L'État, créancier du contribuable possédant en ce domaine des prérogatives plus importantes que le créancier ordinaire (ex : avis à tiers détenteur). Et surtout il n'a pas besoin au préalable de passer devant le juge pour obtenir un titre exécutoire lui permettant de recourir à la force publique pour se faire payer. Cette dérogation au droit commun se retrouve également dans le droit des procédures fiscales allemand.

357. Cette situation privilégiée du fisc, s'explique par le fait que le droit fiscal prend par nature davantage en compte les intérêts du créancier que ceux du débiteur. Cette constatation s'explique par le fait qu'il n'est pas ici question d'un créancier ordinaire, mais de la puissance publique[779]. L'État pour faire face aux charges qui lui incombent doit pouvoir bénéficier de procédures de recouvrement privilégiées. Il n'est dès lors pas incongru de penser que l'on doit attribuer à l'État un rôle privilégié. Mais cette place qui lui est faite ne doit pas pour autant l'être au détriment des droits du contribuable. Ainsi, pendant longtemps, le Trésor a bénéficié d'une situation privilégiée dans le cadre des procédures collectives. Les intérêts particuliers des autres créanciers devant s'effacer devant l'intérêt général[780].

358. Jusqu'à la réforme opérée par la loi n° 91-650 du 9 juillet 1991, les sources légales du droit de l'exécution forcée étaient disparates[781]. Cette réforme de grande ampleur voulait opérer un rajeunissement de la législation en vigueur qui était vue comme étant « obsolète et inefficace »[782]. Pour autant, cette réforme n'a pas procédé à une refonte totale du droit des voies d'exécution, car elle ne s'est intéressée somme

[779] En ce sens : P. Serlooten, *Un statut fiscal pour l'entreprise en difficulté ? DF* 1999, n° 28, p. 996.

[780] *Cf.* P. Serlooten, *Le Trésor public, créancier de l'entreprise en difficulté*, *JCP E* 2000, n° 1-2, pp. 24-28.

[781] La source principale était constituée par le livre V de la 1re partie du Code de procédure civile de 1806 « De l'exécution des jugements). Un certain nombre de dispositions ont été par la suite abrogées ou transférées dans le Nouveau Code de procédure civile.

[782] Exposé des motifs du projet de loi portant réforme des procédures d'exécution en matière civile.
« La multiplicité des catégories de biens mobiliers, beaucoup plus souvent incorporels que corporels, notamment la fréquence des sommes inscrites sur des comptes et le développement extraordinaire des valeurs mobilières et des parts sociales dont la saisie n'était prévue par aucun texte, nécessitait une réglementation nouvelle pour assurer la protection des droits du créancier », J. Vincent et J. Prévault, *op. cit.*, pp. 5-6.

toute qu'aux principes généraux et aux procédures d'exécution mobilières. La saisie immobilière est régie désormais par le Code civil (art. 2190 à 2216 C. civ.)[783] et la procédure d'ordre reste soumise à l'Ancien Code de procédure civile. L'État dispose des modes de poursuite de droit commun comme la saisie-vente, la saisie-attribution ou bien encore la saisie immobilière, mais également de voies d'exécutions spécifiques comme l'avis à tiers détenteur, ou bien encore la contrainte judiciaire.

359. Le recours à des mesures d'exécution forcée par les administrations gérant l'impôt afin de recouvrer leurs créances n'est pas propre au droit fiscal français. D'autres systèmes fiscaux mettent à la disposition de leurs administrations les voies d'exécution du droit commun, afin de vaincre la réticence du contribuable. Le droit fiscal allemand organise ainsi des voies d'exécution relatives aux créances fiscales. Il distingue l'exécution forcée des prestations non pécuniaires, de l'exécution forcée des prestations pécuniaires. Dans le premier cas, le fisc pourra opter pour l'exécution de la prestation requise par des tiers, aux frais du contribuable. Cette voie d'exécution ressemblant à l'exécution par équivalent de notre droit civil. Il pourra également recourir à la contrainte par corps et aux astreintes. Dans le second cas, il pourra pour mettre en œuvre le recouvrement forcé des prestations pécuniaires recourir aux mesures d'exécution du droit commun contenues dans le Code de procédure civile et complétées par des dispositions du *FGO* (§ 259 à 327) :

- la saisie-arrêt de créances (§ 09 et s.) ;
- la saisie d'autres droits patrimoniaux (§321 et s.) ;
- la saisie d'objets mobiliers (§285 et s.) ;
- la vente aux enchères publiques des objets saisis (§298 et s.).

En Espagne, la *Ley General Tributaria* (Titre II, chap. V, sect. 2 à 5 ; Titre III, chap. IV) et le *Reglamento general de recaudacion* (*RGR*)[784] qui régissent les procédures permettant la saisie forcée de biens du débiteur fiscal par l'administration (art. 163 et s. *LGT* : *procedimiento*

---

[783] Elle vient d'être réformée par l'Ordonnance n° 2006-461 du 21 avril 2006 ; *JO*, 22 avr. 2006, p. 6072 ; *JCP* 2006, n° 18, p. 889. L'article 2190 nouveau du Code civil la définit comme la vente forcée de l'immeuble d'un débiteur ou d'un tiers détenteur en vue de la distribution de son prix.

[784] Le *RGR* a été approuvé par le décret-royal 1864/1990. Il est question par ailleurs d'un nouveau *RGR*, dont le projet peut-être consulté sur Internet (www.meh.es).

administrativo de apremio). Elle hiérarchise les biens pouvant faire l'objet de la saisie forcée en commençant par le numéraire et en terminant par les biens meubles et les crédits (art. 169 *LGT*[785]). Le *procedimiento de apremio* est la procédure qui est mise en œuvre dès lors que le débiteur ne s'est pas acquitté de sa dette, pour la recouvrir au moyen d'une exécution sur son patrimoine. C'est une manifestation du privilège « d'auto-tutelle » de l'administration qui lui permet d'exécuter directement ses propres décisions ou actes. La procédure débute par la notification du *providencia de apremio,* acte administratif qui ordonne au débiteur de payer et qui indique que, si le paiement n'a pas lieu dans le laps de temps donné, il sera procédé à une exécution sur le patrimoine de celui-ci, en suivant l'ordre légal[786].
Le droit fiscal anglais organise aussi des procédures de recouvrement forcé des biens du mauvais payeur fiscal, à travers la saisie des biens et leur vente (s. 60 à 70A *TMA*).

362. En France, afin de s'assurer une exécution forcée de sa créance, l'administration des impôts possède le choix de recourir soit à des voies d'exécution de droit commun telle la saisie-vente, soit à des procédures

---

[785] Art. 169 : « *Práctica del embargo de bienes y derechos.*
1. *Con respeto siempre al principio de proporcionalidad, se procederá al embargo de los bienes y derechos del obligado tributario en cuantía suficiente para cubrir :*
El importe de la deuda no ingresada.
Los intereses que se hayan devengado o se devenguen hasta la fecha del ingreso en el Tesoro.
Los recargos del período ejecutivo.
Las costas del procedimiento de apremio.
2. *Si la Administración y el obligado tributario no hubieran acordado otro orden diferente en virtud de lo dispuesto en el apartado 4 de este artículo, se embargarán los bienes del obligado teniendo en cuenta la mayor facilidad de su enajenación y la menor onerosidad de ésta para el obligado.*
Si los criterios establecidos en el párrafo anterior fueran de imposible o muy difícil aplicación, los bienes se embargarán por el siguiente orden :
Dinero efectivo o en cuentas abiertas en entidades de crédito.
Créditos, efectos, valores y derechos realizables en el acto o a corto plazo.
Sueldos, salarios y pensiones.
Bienes inmuebles.
Intereses, rentas y frutos de toda especie.
Establecimientos mercantiles o industriales.
Metales preciosos, piedras finas, joyería, orfebrería y antigüedades.
Bienes muebles y semovientes.
Créditos, efectos, valores y derechos realizables a largo plazo ».
[786] *Cf.* art. 65 *RGR* pour les mentions contenues dans la *providencia de apremio.*

de recouvrement qui lui sont propres comme l'avis à tiers détenteur ou encore la contrainte judiciaire.

L'avis à tiers détenteur sera la procédure sur laquelle nous nous attarderons le plus, de par sa complexité et sa fréquence dans la pratique administrative (**Sous-section 1**). Nous étudierons ensuite la saisie-vente et la contrainte judiciaire (**Sous-section 2**).

Sous-section 1. L'avis à tiers détenteur

363. Nous définirons dans un premier temps l'avis à tiers détenteur (**I**), puis nous nous attacherons à déterminer les conditions de forme requises pour la mise en œuvre de cette procédure (**II**), avant de délimiter son champ d'application (**III**).

I. Nature juridique de l'avis à tiers détenteur

364. On s'est longtemps demandé si l'avis à tiers détenteur (ATD) entrait ou non dans le champ des mesures conservatoires[787]. Cette voie d'exécution forcée spécifique au droit fiscal constituant « un moyen expéditif de saisir les créances du contribuable »[788], il s'agit sans hésitation aucune d'une voie d'exécution forcée réservée uniquement à un créancier particulier, à savoir le Trésor public.

C'est la loi du 12 novembre 1808 qui institua au profit du Trésor public, cette procédure de recouvrement exorbitante du droit commun, à laquelle la pratique donnera le nom d'avis à tiers détenteur[789], pour lui permettre d'appréhender les créances pécuniaires que possèdent les contribuables mauvais payeurs à l'encontre de tiers. On peut analyser cette voie d'exécution comme une espèce particulière de procédure de saisie-arrêt simplifiée[790] au profit du Trésor public.

---

[787] Cass. com., 16 juin 1998, *Bull. civ. IV*, n° 200 ; *D. Affaires* 1998, p. 1144 ; *RJF* 1998, n° 1303 : l'avis à tiers détenteur est une mesure d'exécution forcée, et non une simple mesure conservatoire.

[788] M. Cozian, *L'avis à tiers détenteur en matière de privilège du Trésor*, *RTD com.* 1967, p. 66, n° 2.

[789] Le législateur reprendra plus tard cette appellation dans l'article 1848 du CGI.

[790] La mise en œuvre de cette procédure d'exécution nécessite seulement l'envoi d'une simple lettre recommandée avec accusée de réception, par le comptable chargé du

Elle a été pendant longtemps réservée au recouvrement des impôts directs avant d'être étendu en 1981 à tous les impôts privilégiés, ainsi qu'aux pénalités et aux frais accessoires[791].
Cette procédure avait l'immense avantage pour le fisc de lui éviter de concourir avec les autres créanciers du contribuable insolvable. Car à la différence de la saisie-arrêt qui n'avait un effet translatif que lorsque le jugement de validité était passé en force de chose jugée, l'ATD présente l'avantage incomparable d'avoir un effet translatif immédiat au profit du Trésor public.
Cette situation avantageuse du fisc ne dura cependant qu'un temps. Elle fut d'abord mise à mal par la jurisprudence de la chambre commerciale de la Cour de cassation qui retardait, en cas d'opposition du contribuable, la date de transfert de propriété opéré par l'ATD. L'effet translatif n'opérant qu'à l'expiration du délai d'opposition ouvert par le contribuable à l'encontre du titre exécutoire[792]. Puis par l'entrée en vigueur de la réforme des voies d'exécution, le 1er janvier 1993, qui permet à tout créancier pratiquant une saisie-attribution[793] de bénéficier également immédiatement de l'effet translatif attaché à cette procédure (L. 1991, art. 43 al. 1er). Les lois n° 91-650 du 9 juillet 1991 et n° 91-1323 du 30 décembre 1991 ont donné à l'avis à tiers détenteur, les effets d'une voie d'exécution de droit commun qui opère de plein droit attribution immédiate des fonds au Trésor. Le législateur entendait ainsi placer sur un même plan d'égalité les créances privées et les créances publiques de nature fiscale. Par conséquent, la loi du 9 juillet 1991 (art. 86) a attribué à l'avis à tiers détenteur le même effet d'attribution immédiate que la saisie-attribution[794]. L'effet d'attribution opérant le transfert de la propriété de la créance à concurrence des sommes pour lesquelles la saisie ou l'avis à tiers détenteur est pratiqué.

---

recouvrement au tiers saisi. Nul besoin par conséquent de recourir à un huissier de justice ou de respecter les règles des articles 55 et suivants du décret du 31 juillet 1992.

[791] Pour un historique : M. Cozian, *L'avis à tiers détenteur en matière de privilège du Trésor*, *op. cit.*

[792] Cass. com., 5 mai 1981, *Bull. civ. IV*, n° 207; *D.* 1981, p. 425, note A. H. ; 22 nov. 1983, *Bull. civ. IV*, n° 318; *DF* 1984, comm. 2273; 15 mai 1984 (4 arrêts), *Bull. civ. IV*, n° 158-161.

[793] Il s'agit d'une procédure permettant à tout créancier muni d'un titre exécutoire constatant une créance liquide et exigible de saisir entre les mains d'un tiers les créances de son débiteur portant sur une somme d'argent (art. 42 L. 9 juill. 1991). C'est une des « nouvelles » procédures issues de la loi du 9 juillet 1991, qui s'est substituée à l'ancienne saisie-arrêt des sommes d'argent. *Cf.* sur ce sujet : G. Couchez, *Voies d'exécution*, 7e éd., Armand Colin, 2003, pp. 121-152.

[794] Art. 86 : « L'avis à tiers détenteur prévu par les articles L. 262 et L. 263 du LPF comporte l'effet d'attribution prévu à l'article 43 ».

De plus, la réforme de la saisie-arrêt causée par l'apparition de la saisie-attribution a semblé amoindrir les prérogatives du Trésor[795]. Cela se vérifie dans les cas de concours de procédure, tel le concours entre un ATD et une saisie-attribution[796]. Du fait de l'effet d'attribution immédiate de ces deux procédures, le paiement sera le prix de la course. Le créancier saisissant, s'il a un titre exécutoire pourra primer en cas d'antériorité le Trésor public.
La situation du Trésor public se voit également affaiblie du fait de dispositions spécifiques qui viennent protéger les intérêts d'une catégorie de créanciers. C'est le cas des créanciers d'aliments qui bénéficient d'une voie d'exécution spécifique de paiement direct pour le recouvrement des pensions alimentaires (art. R. 145-33 al. 1 C. trav.).
Pour autant la procédure de l'ATD garde quelques avantages non négligeables par rapport à la saisie-attribution. Les conditions de forme sont plus souples, une simple lettre recommandée avec accusé de réception suffit[797] et il n'est pas nécessaire de recourir à un huissier de justice ni de respecter les articles 55 et suivants du décret du 31 juillet 1992.

II. Conditions de forme pour la mise en œuvre de la procédure

365. Les dispositions légales ne font pas référence à des formes particulières à respecter pour la mise en œuvre de la procédure. En pratique l'administration utilise un formulaire réglementaire qui reproduit les termes des articles L. 262 et L 263 du Livre des procédures fiscales. Le formulaire consiste en une mise en demeure adressée en recommandée avec accusé de réception au tiers détenteur lui demandant de payer l'impôt en lieu et place du contribuable. Il comporte un accusé de réception à retourner par le contribuable[798]. Cette formalité est importante, car c'est la notification au redevable de la procédure de l'avis

[795] En ce sens : M. Donnier et J.-B. Donnier, *op. cit.*, n° 989.
[796] *Cf.* sur les concours de procédures : P. Julien et G. Taormina, *Voies d'exécution et procédures de distribution*, LGDJ, 2000, pp. 164-165.
[797] *Cf.* cependant le contentieux auquel donne lieu la forme simplifiée de l'ATD : CA Paris, 3 sept. 1998, *DF* 1998, comm. 1355 ; CA Paris, 11 mars 1999, *D. Affaires* 1999, p. 615 ; CA Lyon, 7 juin 2000, *Receveur principal des impôts de Lyon c/ SA Deschamps et Me Hess*, *RG,* n° 98/08328.
[798] Cette notification (imprimé n° 3738) doit être effectuée le jour même de l'envoi de l'avis à tiers détenteur au tiers qui doit être saisi, *BO,* 12 C-1-98.

à tiers détenteur qui interrompt la prescription à concurrence des sommes portées sur l'avis.

Pour autant aucun texte ne prévoit les modalités de la notification de l'ATD, dès lors il a pu être jugé que le formulaire puisse être adressé par lettre simple ou par lettre recommandée[799].
En cas de notification par la Direction générale des impôts (DGI), l'ATD est adressé par lettre recommandée avec demande d'avis de réception pour les créances d'un montant supérieur à 915 euros[800]. En revanche, en cas de notification par le Trésor, le seuil passe à 1550 euros pour les impôts directs et les taxes d'urbanisme et à 915 euros pour les amendes pénales et les droits fixes de procédure[801].
Ces seuils relativement élevés posent le problème de la charge de la preuve en cas de litige sur la non-réception alléguée de la notification par lettre simple par le contribuable.
Ici comme souvent en matière fiscale, les solutions divergent selon l'ordre juridictionnel compétent.
La jurisprudence administrative refuse étrangement de faire porter la charge de la preuve de l'envoi sur l'administration fiscale[802]. C'est au juge de se déterminer au vu des pièces du dossier[803]. Pour la jurisprudence civile, appliquant à la lettre les articles 1315 du Code civil et 9 du NCPC, c'est au contraire à l'administration de prouver l'envoi de la lettre de rappel[804].
Cette divergence illustre une nouvelle fois les différences de vue entre le Conseil d'État plus protecteur de l'administration et la Cour de cassation davantage protectrice du citoyen.
Pour autant, le recours aux règles droit privé et ici plus particulièrement de l'article 1315 du Code civil qui dispose que « celui qui réclame l'exécution d'une obligation doit la prouver » qui est plus avantageux pour le contribuable peut être contestable. Cela revient en effet, à

[799] CA Montpellier, 1er oct. 1992, *Juris-Data*, n° 034961; CE, 15 oct. 1997, *RJF* 1997, n° 1060; *DF* 1998, comm. 150; *JCP E* 1998, p. 1104; *Rev. Huissiers* 1998, 1122, note D. Boccara.
[800] Instr. n° 92-147-AM, 1er déc. 1992, n° 231.
[801] Instr. n° 97-043 A, 7 avr. 1997.
[802] CE, 20 nov. 1992, *RJF* 1993, n° 143 ; *DF* 1993, comm. 567 ; CAA Paris, 14 févr. 1995, *DF* 1995, comm. 2379, concl. Mendras ; CE, 10 mai 1999, comm. 796, concl. Bachelier ; *JCP E* 1999, p. 1884, note D. F. ; *RJF* 1999, p. 1086.
[803] CE, 29 juin 1988, *DF* 1989, comm. 41.
[804] Cass. com., 8 oct. 1997, *Gaz. Pal.* 1998, 1, 144, note Moussa ; *Gaz. Pal.* 1998, 2, 601, note Bourdillat ; *D.* 1998, p. 476, note Ruellan et Lauba. Pour autant, la preuve de l'envoi peut être rapportée autrement que par le cachet de la poste ; Cass. com., 18 déc. 1979, *Bull. civ. IV*, n° 343.

privatiser la relation entre l'État et le contribuable, et à la considérer comme un rapport d'obligation de droit commun. L'État n'est alors qu'un créancier ordinaire soumis aux règles du droit civil, ce qui revient à lui dénier son statut particulier.
Il nous semble dès lors dangereux d'aligner la situation de l'État sur celle d'un créancier ordinaire. L'État devant faire face aux dépenses publiques ne peut être mis sur le même plan, qu'un créancier privé s'intéressant à sa situation patrimoniale. Aligner totalement la relation État-contribuable sur un rapport d'obligation de droit privé affaiblirait à coup sûr l'État, mais également notre démocratie. Cependant, dans ce cas particulier qu'est la charge de la preuve de l'envoi du formulaire en matière d'ATD, l'application de l'article 1315 n'est pas incongrue, pour deux raisons principales :

- il s'agit d'une règle de bon sens, c'est à celui qui formule une prétention (le demandeur) de démontrer qu'il est dans son bon droit (*Actori incumbit probatio)*. En vertu de quels principes, pourrait-on justifier le non-assujettissement de l'État à ce principe empreint de justice ?
- l'application de l'article 1315 favorise le contribuable et, en ce sens, doit être approuvée. En refuser l'application, revient à basculer dans du non-droit, dans une sorte de loterie où le juge déterminera selon les cas, si la preuve est rapportée ou non.

Cette solution ne nous paraissant pas pleinement satisfaisante, car apportant peu de garanties au contribuable, il nous semble que la jurisprudence administrative devrait s'aligner au plus vite sur celle de son homologue judiciaire.

366. Après réception de l'avis à tiers détenteur, le tiers doit payer aux services de l'État les sommes visés dans l'avis. L'avis a pour effet d'affecter les sommes en question au paiement des impositions privilégiées, et ce, quelle que soit la date à laquelle la créance du redevable sur le tiers deviendra exigible. Ainsi, les créances conditionnelles ou à terme peuvent être appréhendées par la voie de l'ATD[805].

---

[805] *Cf. infra* n° 377 et s.

III. Champ d'application de l'avis à tiers détenteur

367. Selon l'article L. 262 du LPF : « les dépositaires, détenteurs ou débiteurs de sommes appartenant ou devant revenir aux redevables d'impôts, de pénalités et de frais accessoires dont le recouvrement est garanti par le privilège du Trésor sont tenus, sur la demande qui leur en est faite sous forme d'avis à tiers détenteur notifié par le comptable chargé du recouvrement de verser, au lieu et à la place des redevables, les fonds qu'ils détiennent ou qu'ils doivent, à concurrence des impositions dues par ces redevables ». En vertu de ces dispositions, le comptable de l'administration peut obliger tout dépositaire ou débiteur de deniers à verser au Trésor, à concurrence du montant du dépôt ou de la dette, des impôts dus par le déposant ou le créancier. On retrouve une procédure quelque peu similaire en droit fiscal espagnol aux articles 132 et 134 de la *Ley General Tributaria* qui permet au fisc, s'il a connaissance de fonds ou de valeurs appartenant au débiteur fiscal déposés sur des comptes bancaires, de les appréhender[806].

La procédure de l'ATD peut s'utiliser contre tous les tiers, personnes physiques ou morales. Elle est cependant réservée au recouvrement des impôts privilégiés, c'est-à-dire les impôts, les pénalités et accessoires garantis par le privilège du Trésor prévu aux articles 1920 et suivants du Code général des impôts[807]. Les articles 1920, 1926 et 1929 du CGI

---

[806] Art. 132-1 : « *Cuando la Administración tributaria tenga conocimiento de la existencia de fondos, valores u otros bienes entregados o confiados a una determinada oficina de una entidad de crédito u otra persona o entidad depositaria, podrá disponer su embargo en la cuantía que proceda, sin necesidad de precisar los datos identificativos y la situación de cada cuenta, depósito u operación existentes en la referida oficina. Tratándose de valores, si de la información suministrada por la persona o entidad depositaria en el momento del embargo, se deduce que los existentes no son homogéneos o que su valor excede del importe señalado en el apartado 1 del Articulo 131, se concretarán por el órgano de recaudación los que hayan de quedar trabados* ».
Art. 134-1 : « *Cada actuación de embargo se documentará en diligencia, que se notificará a la persona con la que se entienda dicha actuación.*
Hecho el embargo, se notificará al deudor y, en su caso, al tercero titular, poseedor o depositario de los bienes si no se hubiesen realizado con ellos las actuaciones, así como al cónyuge del deudor cuando sean gananciales los bienes embargados y a los condueños o cotitulares de los mismos ».

[807] Ne peuvent faire l'objet de l'ATD, les valeurs mobilières et effets commerciaux, de même que ne peuvent être saisies les sommes dont le débiteur-redevable n'est que le dépositaire.

disposent que le privilège du Trésor s'étend aux contributions directes et aux taxes assimilées, aux taxes sur le chiffre d'affaires et aux droits d'enregistrements et assimilés[808]. C'est l'article 8-II de la loi n° 81-1179 du 31 décembre 1981 qui a inclus dans le champ d'application de l'ATD, les pénalités et frais accessoires. Pour le recouvrement d'un impôt non privilégié, l'agent de l'administration devra faire appel à la procédure de droit commun de la saisie attribution. De plus, les impôts réclamés doivent être exigibles, ainsi en cas de sursis de paiement, les agents de l'administration concernée ne pourront recourir à l'ATD[809]. L'avis à tiers détenteur n'a pas bien évidemment un champ illimité. Si certaines créances peuvent être recouvrées par cette voie (**A**), d'autres ne peuvent l'être (**B**). Il existe en outre une situation médiane où certaines créances peuvent être appréhendées et d'autres non par l'ATD, dans le cas de l'ouverture d'une procédure collective (**C**).

A. Créances dont le recouvrement peut être poursuivi par voie d'avis à tiers détenteur

368. Les créances recouvrées doivent comme pour la saisie-attribution avoir pour objet des sommes d'argent (art. L. 262 LPF). Il peut s'agir par exemple, de créances de loyers, du solde créditeur d'un compte bancaire, des salaires[810], des fonds détenus par un notaire, un avocat ou encore par un huissier de justice. Les pensions et les rentes viagères d'invalidité instituées par le Code des pensions civiles et militaires de retraite (art. L. 56 al. 1) sont cessibles et saisissables dans les conditions prévues à l'article L. 355-2 du Code de la sécurité sociale, c'est-à-dire dans les mêmes conditions et selon les mêmes quotités que les salaires[811] . Pourtant avant l'intervention de la loi du 21 août 2003 portant réforme des retraites, les pensions de retraite et les rentes viagères d'invalidité

---

[808] Doc. adm. DGI 12 C-5131, § 3 à 6.

[809] La loi du 17 mars 1909 permet toutefois en cas de cession de fonds de commerce de mettre en œuvre la procédure, alors même que les créances ne sont pas encore exigibles. L'avis à tiers détenteur permettra la saisie des deniers détenus par le tiers à l'exclusion des valeurs mobilières, d'effets commerciaux ou d'autres biens meubles.

[810] La règle est l'insaisissabilité partielle en matière de rémunérations du travail (art. 48 et 49, L. 9 juill. 1991 ; art. L. 145-1 et s. et R. 145-1 et s. C. trav.). Il doit être laissé dans tous les cas au bénéficiaire de la rémunération un montant mensuel égal au RMI (art. 145-4 al. 2 C. trav. complété par l'art. 88 de la loi d'orientation relative à la lutte contre les exclusions du 29 juillet 1998).

[811] Instr. CP 24 sept. 2004, 04-051-B3 n° 5-1.

(art. L. 56 al. 1 du Code des pensions civiles et militaires de retraite) étaient insaisissables et incessibles, excepté dans la limite du tiers, pour le paiement des dettes alimentaires prévues par le Code civil ou l'exécution de la contribution aux charges du mariage ou dans la limite du cinquième, pour le paiement des créances privilégiées de l'article 2101 du Code civil. Ainsi que des créances détenues par l'État et les autres collectivités publiques[812].

369. Certaines créances cependant ne peuvent être recouvrées en recourant aux voies d'exécution, car les biens sur lesquels elles portent sont soit indisponibles[813], soit insaisissables[814].

B. Créances dont le recouvrement ne peut pas être poursuivi par voie d'avis à tiers détenteur

370. Le juge judiciaire a été confronté à de nombreuses reprises à la question de savoir si telle catégorie de créances pouvait faire l'objet d'un recouvrement par la voie de l'ATD.

La réponse est négative concernant les amendes civiles prononcées sur le fondement de l'article 32-1 du NCPC. Solution logique, car elles ne bénéficient pas du privilège du Trésor. Cette position vaut également pour les amendes pénales **(§1)** et pour les créances éventuelles **(§2)**.

---

[812] Instr. codificatrice CP 16 févr. 1999, 99-026 AM titre 1 chap. 1 n° 2-2-1-2 et 2-2-2-2 modifiée par Inst. CP 7 juin 2000, 00-0044 AM ; D. adm. 12 C-2221 n° 23, 30 oct. 1999 et Doc. adm. 12 C-221 n° 74, 30 oct. 1999 : REC-VI-60920 et 60960.

[813] Ex : biens appartenant au domaine public des personnes morales de droit public, biens frappés d'une clause d'inaliénabilité de par la volonté expresse d'une personne, biens déjà saisis…

[814] Il existe quatre catégories de biens insaisissables :

- ceux que la loi déclare insaisissables ;
- les créances à caractère alimentaire ;
- les biens mobiliers nécessaires à la vie et au travail du saisi et de sa famille ;
- les objets indispensables aux personnes handicapées ou destinées aux soins des personnes morales.

§1) *Les amendes pénales*

371. Un arrêt récent de la Cour de cassation a exclu du champ d'application de l'avis à tiers détenteur, le recouvrement des contraventions et plus généralement des amendes pénales. Selon cette décision, le recouvrement de telles amendes, fut-il garanti par le privilège du Trésor, ne peut pas être effectué par la voie de l'avis à tiers détenteur prévu par l'article L. 262 du LPF[815]. La Cour a rappelé à juste titre, que seuls peuvent être appréhendés par la voie de l'ATD, les impôts, pénalités et frais accessoires. Cet arrêt rompt ainsi avec la jurisprudence antérieure qui estimait que le recouvrement des amendes pénales pouvait s'effectuer par le biais de l'ATD[816]. À l'époque on avait pourtant cru un moment assister à un revirement jurisprudentiel avec un arrêt de la Cour d'appel de Paris du 11 septembre 1996 qui avait déclaré nul un avis à tiers détenteur notifié pour le recouvrement d'amendes pénales. Pour la juridiction, bien « qu'il y ait identité de sûreté (privilège du Trésor) accordée à l'administration des impôts pour le recouvrement des amendes, l'examen des textes applicables démontre que les voies procédurales demeurent différentes »[817]. La Cour de cassation saisie d'un pourvoi par le comptable public ne profita pas cependant de l'occasion qui lui était offerte pour consacrer l'analyse faite par les juges du fond. Elle ne se prononça pas sur le fond jugeant qu'il n'y avait pas lieu de statuer, après avoir constaté que les contraventions de police sanctionnées par des amendes étaient amnistiées[818].

On comprend dans ce contexte, toute l'importance de l'arrêt rendu le 12 mai 2004 par la chambre commerciale, qui clarifie enfin la question de savoir si les amendes pénales peuvent faire l'objet d'un recouvrement par la voie de l'ATD. Un arrêt du 3 février 2005 de la Cour d'appel de Paris ne s'est d'ailleurs pas écarté de cette solution, en estimant que « cette procédure spécifique (l'ATD) ne vise pas le recouvrement des amendes pénales »[819], dans le cas du recouvrement auprès d'une banque du montant d'une contravention pour défaut de contrôle technique d'un véhicule automobile.

---

[815] Cass. com., 12 mai 2004, n° 780 FS-PB, *BF* 2004, n° 10, inf. 935.
[816] TGI Nanterre, 20 juill. 1995.
[817] CA Paris, 11 sept. 1996, *Trésorier du Val-de-Marne c/ Beneito*, *RG* n° 95/006700.
[818] Cass. com., 26 janv. 1999, *RJF* 1999, n° 640.
[819] CA Paris, 3 fév. 2005, n° 04-12 847, *Parfu*, *DF* 2005, n° 17, pp. 800-801.

372. Cette jurisprudence a également le mérite de briser une pratique administrative établie[820] qui tendait à élargir le champ d'application légal de l'ATD. En effet, les services chargés du recouvrement de ces amendes et condamnations pécuniaires estimaient qu'il n'y avait à la lecture des textes et compte tenu des décisions de justice antérieure (contradictoires sur ce point), aucun empêchement à recourir à cette procédure[821]. Le Garde des Sceaux lui-même préconisait de recourir à l'ATD pour le recouvrement des amendes et des condamnations pécuniaires[822]. La solution de la Cour de cassation était attendue par un certain nombre d'auteurs qui réfutaient cette analyse. Selon l'un d'entre eux, « l'opposition administrative demeure (...) la seule procédure ouverte au Trésor pour le recouvrement des amendes et des condamnations pécuniaires prononcées en matière de contravention »[823] . Cependant, la décision de la chambre commerciale n'a pourtant pas empêché les ATD en la matière de se poursuivre, au point que le Médiateur de la République a été contraint d'intervenir pour rappeler l'administration fiscale au respect du droit.

373. Il semble que dorénavant le Trésor public entende poursuivre le recouvrement des amendes pénales selon d'autres voies de droit[824]. Il agirait désormais par la voie de l'opposition administrative. Il est vrai que les comptables publics utilisaient déjà cette voie d'exécution forcée, mais de façon très minime par rapport à l'avis à tiers détenteur. Cette voie d'exécution qui découle de la loi n° 72-650 du 11 juillet 1972 (mod. par L. n° 85-1407, 30 déc. 1985) permet d'appréhender les fonds détenus par un tiers pour le compte d'un redevable du Trésor public. Alors que la loi de 1972 cantonnait l'opposition administrative aux amendes et condamnations pécuniaires prononcées pour une contravention de police, la loi de finances rectificative du 30 décembre 2004 l'a étendu à l'ensemble des amendes et condamnations pécuniaires (ex : grands excès de vitesse, vols, atteintes à l'environnement). Comme l'ATD,

---

[820] La pratique du Trésor public consistait à appréhender la somme réclamée directement sur un compte. La banque disposait alors de 14 jours ouvrables pour verser la somme exigée.

[821] Instr. codificatrice CP 22 juill. 2002, 02-063 AM chap.1 n° 1-2 : REC-VI-60200.

[822] Note du 26 mars 1997, JUS. 9740041N, relative à la procédure d'avis à tiers détenteur appliquée aux personnes incarcérées.

[823] J.-M. Delleci, *La réforme des procédures civiles d'exécution. Son application aux opérations de banque*, 2e éd., Éd. Banque, 1996, n° 616.

[824] Rép. Desmarescaux, Sén. 2 sept. 2004, p. 1992, n° 13024 : qui précise d'ailleurs que le Trésor public veut profiter de cette occasion afin de rationaliser l'ensemble des procédures de poursuite.

l'opposition administrative a un effet d'attribution immédiate des sommes appréhendées. En revanche, la « nouvelle » voie d'exécution est davantage favorable à l'administration fiscale, car elle lui permet de saisir toutes les sommes détenues par un tiers, et pas seulement sur le compte courant. Elle peut en effet s'appliquer sur un plan d'épargne logement (PEL), un plan d'épargne action (PEA) ou n'importe quel autre placement.

374. Les amendes pénales ne sont pas les seules créances qui ne peuvent être recouvrées à l'aide d'un ATD, les créances éventuelles sont également exclues du champ d'application de cette procédure.

§2) *Les créances éventuelles : l'exemple des sommes dues à un contribuable en vertu d'un contrat d'assurance-vie*

375. La Cour d'appel de Paris dans un arrêt *Receveur principal des impôts de Vannes-Remparts* avait jugé qu'en vertu des articles L. 132-8, L. 132-9, L. 132-12 et L. 132-14 du Code des assurances qu'en présence d'un contrat d'assurance souscrit par deux époux, seuls ceux-ci sont investis du droit personnel de faire racheter ce contrat[825] et de désigner ou modifier le bénéficiaire de la prestation et que nul créancier n'est en droit de se faire attribuer immédiatement ce que le bénéficiaire ne peut recevoir. Elle en déduisait donc que lorsqu'un l'un des deux souscripteurs a « racheté » son contrat, que ce rachat n'est pas valable puisqu'exercé uniquement par l'un des bénéficiaires. Et que l'avis à tiers détenteur notifié postérieurement à cette démarche par le receveur principal des impôts à la compagnie d'assurances n'est pas nul, mais ne peut cependant avoir d'effet attributif et doit être déclaré infructueux, puisque la compagnie d'assurances n'est alors ni débitrice, ni détentrice, ni encore dépositaire des sommes appartenant ou devant revenir aux souscripteurs.

Le même avis à tiers détenteur demeure également infructueux, lorsque la faculté de rachat est exercée conjointement et valablement par les

[825] Le droit de rachat est un droit personnel du souscripteur qui ne saurait être exercé par ses créanciers, et non un droit de nature patrimonial qui serait leur gage (art. L. 132-9 C. assur.).

mêmes souscripteurs, mais postérieurement à la notification de cet avis, qui ne saurait être rendu fructueux rétroactivement[826].

Cette solution fut explicitée dans un arrêt de la Cour d'appel de Paris qui venait confirmer le jugement rendu par le Tribunal de grande instance (29 sept. 1995) : « Dès lors, le receveur des impôts qui, par la voie de l'avis à tiers détenteur, ne peut saisir entre les mains d'un tiers que les créances de son débiteur fiscal portant sur un somme d'argent, ne peut saisir ni les versements opérés par l'adhérent dans le cadre du contrat auprès de sa compagnie d'assurances, qui ne sont plus sa propriété et ne lui sont pas dus, ni les provisions mathématiques qui sont encore la propriété de l'assureur et qui ne sont dues à quiconque, ni le droit de « rachat » du débiteur fiscal qui n'est pas un droit patrimonial »[827].
Cette jurisprudence est conforme aux dispositions du Code des assurances (art. L .132-8, L. 132-9, L. 132-12 et L. 132-14) qui prévoient que tant que le contrat n'est pas dénoué, le souscripteur d'un contrat d'assurance vie est seulement investi, sauf acceptation du bénéficiaire désigné, du droit personnel de racheter le contrat ou de modifier le bénéficiaire de la prestation, de sorte qu'aucun créancier du souscripteur n'est en droit de se faire attribuer ce que ce dernier ne peut recevoir.
Conséquence de cette solution, l'administration fiscale avait conseillé aux comptables du Trésor de ne plus notifier d'ATD aux sociétés gérant des contrats d'assurance vie, tant que la Cour de cassation ne se serait pas prononcée sur l'existence ou non, dans le domaine de l'assurance vie, d'une créance conditionnelle ou à terme susceptible d'être saisie[828].
Si les créances conditionnelles ou à terme entrent bien dans le champ de l'article L. 263 du LPF (c'est au moment de la réalisation de la condition ou de l'arrivée du terme que le tiers devra reverser les sommes à l'État), les créances éventuelles en sont apparemment exclues[829]. Il devient dès

---

[826] CA Paris, 8e ch. B, 24 sept. 1998, *Receveur principal des impôts de Vannes-Remparts c/ UAP-Vie, D.* 1998, IR., p. 234 ; CA Paris, 15 mars 2001, S.A. PREVIPOSTE, n° 2000/15520.
[827] CA Paris, 8e ch. B., 5 févr. 1998, *Receveur principal des impôts de Niort c/ Sté Cardif, D.*1998, IR. p. 77. En ce sens : Cass. 1re civ., 28 avr. 1998, n° 96-10.333, *Receveur principal des impôts de la Tour du Pin c/ AGF, D.* 1998, IR., p. 141 ; *Bull. civ. I*, n° 153 ; *Gaz. Pal.* 1999.1.95, note Favre-Rochex ; *RCA* 1998, comm. 367, notes Courtieu et Raffray ; *JCP* 1998. II.10112, note Bigot ; 20 oct. 1998, *RGDA* 1999. 418, note Kullmann.
828 Inst. codificatrice DGCP 22 juill. 2002, n° 02-063-AM, chap. 3 n° 1-2-1-1
[829] Rép. Min. n° 8872 du 11 juin 1998 et n° 15507 du 15 juin 1998, *RGDA* 1998. 920.

lors fondamental de déterminer les critères de distinction entre créance éventuelle et créance conditionnelle ou à terme.

376. Au fil des décisions, l'étude de la jurisprudence judiciaire permet de relever ces critères distinctifs. Ainsi, ne peuvent être saisies, car constituant une créance éventuelle l'obligation résultant d'une promesse unilatérale de cession d'un contrat de crédit-bail immobilier[830] ou la créance sur un établissement de crédit qui n'est pas certaine[831]. Il résulte de ces décisions qu'il est nécessaire que la créance existe dans le patrimoine du débiteur fiscal au jour de la saisie, sinon la procédure serait nulle faute d'objet. Cette condition s'oppose ainsi à ce qu'une saisie attribution soit pratiquée pour une créance dont l'existence est purement éventuelle (ex : la créance dépendant d'une promesse de vente non encore acceptée). En revanche dès lors qu'un rapport de droit permet d'individualiser la créance, le Trésor est susceptible de la saisir. Ainsi, la créance conditionnelle peut être saisie comme le prix de vente d'un immeuble dont l'exigibilité n'est soumise qu'à la rédaction d'un acte notarié par exemple. De même pour la créance à terme telle que les loyers et fermages ou pour les dividendes à verser aux actionnaires, même si la décision d'assemblée générale n'est pas encore prise.

377. La première chambre civile de la Cour de cassation a eu l'occasion de préciser à nouveau la différence entre créance éventuelle et créance à terme ou conditionnelle éligible au régime de l'ATD, dans un arrêt du 2 juillet 2002[832]. Confirmant sa jurisprudence et également celle de la chambre commerciale[833], elle a jugé que l'avis à tiers détenteur n'est pas applicable aux créances éventuelles dans un attendu de principe : « Attendu qu'il résulte du premier de ces textes (art. L. 263 du LPF) que l'avis à tiers détenteur qui entraîne transfert au profit du Trésor public des créances mêmes conditionnelles ou à terme qu'au jour de sa notification le redevable possède à l'encontre du tiers détenteur, *n'est pas applicable aux créances éventuelles* ». La Cour d'appel dont l'arrêt

---

[830] Cass. com., 13 mars 2001, *Belluard*, n° 566 FS-P, *RJF*, 8-9/01, n° 1136.

[831] CA Paris, 16 nov. 1983, *D.*1985 IR 339, obs. Vasseur (relatif à une autorisation de découvert bancaire). En revanche, le crédit documentaire peut faire l'objet d'une saisie, car il est irrévocable et constitue une créance conditionnelle sur le banquier jusqu'à la remise des documents à celui-ci ; Cass. com., 5 juillet 1983, *Bull. civ. IV*, n° 202 ; *D.* 1984, 181, note Vasseur.

[832] Cass. 1re civ., 2 juill. 2002, n° 1074 F-PB, *Sté Cardif société vie*, *RJF*, 12/02, n° 1416 ; *RCA* 2002, comm. 346 ; *RGDA* 2002.1013, note Kullmann ; *Gaz. Pal.* 2003.431, note Périer ; *JCP* 2003.I.184, n° 3, note Kullmann ; *Bull. civ. I*, n° 179.

[833] Cass. com., 15 juin 1999, n° 1242 D, *RJF*, 10/99, n° 1289.

est cassé avait jugé que la compagnie d'assurances était au jour de la notification de l'ATD, tenue d'une obligation à terme, disponible portant sur une somme d'argent. Pour la Cour de cassation, la compagnie d'était pas débitrice du souscripteur (débiteur fiscal) à la date de l'avis à tiers détenteur. La première chambre civile rappelle donc qu'avant dénouement du contrat, hors le cas d'acceptation du bénéficiaire, la créance sur la compagnie n'est pas conditionnelle ou à terme, mais seulement éventuelle. Toutefois, elle ne pose pas de principe d'insaisissabilité. L'indisponibilité étant temporaire, le Trésor peut procéder à une saisie en cours de contrat, l'assureur prenant acte de cet événement, ce qui permettrait l'appréhension des sommes lors du dénouement du contrat[834]. Cette solution s'explique par le fait qu'on serait ici en présence d'une créance affectée d'un terme ou d'une condition et non plus d'une créance éventuelle.

378. La jurisprudence a également eu à se prononcer sur le recouvrement de créances par voie d'ATD dans le cadre d'une procédure collective, en distinguant deux situations bien distinctes.

C. Le recouvrement des créances dans le cadre d'une procédure collective

379. Si l'uniformisation des voies d'exécution a diminué l'intérêt pour les services fiscaux de recourir à l'avis à tiers détenteur, il semble paradoxalement qu'elle profite au Trésor dans le cadre du droit des procédures collectives[835]. En principe, les procédures de liquidation collective des biens du contribuable-débiteur font obstacle à la mise en œuvre des procédures civiles d'exécution (art. 622-21 C. com.)[836]. Il convient cependant de différencier l'effet produit par l'avis au tiers détenteur, selon que la notification intervienne avant (**§1**) ou après le jugement d'ouverture (**§2**).

---

[834] Sauf cas de décès de l'assuré reliquataire.

[835] En ce sens : P. Serlooten, *Le Trésor public, créancier de l'entreprise en difficulté, op. cit.*, p. 26.

[836] *Cf.* Lyonnet, *Incidences de la survenance d'une procédure collective au regard du droit commun des procédures d'exécution*, *RJ com.* 2001, 97.

§1) *Effet de l'avis à tiers détenteur notifié avant le jugement d'ouverture*

380. Si la mise en redressement ou en liquidation judiciaire du contribuable est postérieure à la notification d'un avis à tiers détenteur, la règle de l'arrêt des paiements est sans effet sur les droits du comptable poursuivant qui possède un droit acquis. La question se pose néanmoins de savoir si le Trésor peut appréhender des créances échues après le jugement d'ouverture. L'article L. 263 al. 1 du LPF nous dit que l'avis à tiers détenteur produit son effet translatif au profit du Trésor « quelle que soit la date à laquelle les créances mêmes conditionnelles ou à terme que le redevable possède à l'encontre du tiers deviennent effectivement exigibles ».

381. La Cour de cassation a par exemple retenu la qualification de créances conditionnelles à propos des salaires dus à des débiteurs sous procédure collective qui exerçaient également une activité salariée sans rapport avec leur entreprise. Elle a donc jugé que les créances de salaires versées en exécution du contrat de travail conclu antérieurement à l'ouverture de la procédure étaient conditionnelles, au sens de l'article L. 263 du LPF, dans la mesure où elles n'étaient exigibles que si le salarié avait effectué le travail prévu au contrat[837]. Le Trésor pourra ainsi percevoir après l'ouverture de la procédure collective les salaires futurs du contribuable.

382. On peut également se demander si des sommes provenant de contrats à exécution successive tels des loyers perçus en contrepartie de la location d'immeubles ou des redevances rémunérant la mise en location-gérance d'un fonds de commerce peuvent être considérées comme des créances conditionnelles.

La chambre commerciale s'agissant des sommes dues en exécution d'un contrat en cours a considéré que les avis à tiers détenteur notifiés avant l'ouverture de la procédure ne peuvent entraîner le transfert de la créance au Trésor, au motif que la créance résultant de la continuation de l'exploitation est distincte de celle afférente à l'exécution du contrat antérieur et ne peut être qualifiée de créance conditionnelle ou à terme[838].

---

[837] Cass. com., 2 oct. 1990, *Bull. civ. IV*, n° 224 ; *RJF* 1990, n° 11, p. 1402 ; 19 mars 1991 ; *D.* 1991, p. 386, note Honorat ; *RJF* 1991, n° 5, p. 691.

[838] Cass. com., 2 oct. 1990, *ibid.*; 19 mars 1991, *ibid.*

Cette solution s'explique par le fait que la continuation du contrat pendant la procédure collective opère une « novation » de l'obligation initiale. Ce qu'atteste la pratique administrative qui considère que les comptables publics ne peuvent appréhender par la voie de l'avis à tiers détenteur, les créances issues des contrats poursuivis en raison de la continuation de l'activité postérieurement à l'ouverture de la procédure collective[839].

La jurisprudence civile en appliquant ce texte de façon favorable à l'administration s'est démarquée de la lige jurisprudentielle de la chambre commerciale, en jugeant que la saisie-attribution de créances à exécution successive, pratiquée antérieurement au jugement d'ouverture, poursuit ses effets sur les loyers échus après le jugement d'ouverture[840] ». La solution résultant de cet arrêt vaut également pour l'avis à tiers détenteur. Alors que, comme on a pu le voir, la chambre commerciale a, au contraire, estimé pendant un certain temps que la saisie devait se limiter aux sommes échues antérieurement. Cette divergence de vues entre les deux chambres amena l'intervention de la chambre mixte qui dans un arrêt du 22 novembre 2002 consacra l'extension de la saisie aux échéances postérieures[841]. La chambre commerciale finit ensuite par s'incliner dans un arrêt du 8 juillet 2003 qui a rejeté le pourvoi d'un administrateur judiciaire contre une décision qui avait attribué au fisc des échéances de loyer postérieures[842].

La loi de 1991 et la jurisprudence en découlant[843] ont finalement entraîné un renforcement des prérogatives du Trésor en matière de voies

---

[839] Inst. Dir. Comp. Pub. n° 87-44-A3-4, 25 mars 1987, § 34.

[840] CA Aix-en-Provence, 20 juill. 1994, *JCP E* 1995. II.685, note E. Putman ; Cass. avis n° 29, 16 déc. 1994, *D.*1995, p. 166, note F. Derrida ; *JCP* 1995. II. 22 409, note A. Grafmeyer ; *JCP E* 1996. II. 686, note R. Martin ; Cass. 2e civ., 10 juill. 1996, *Procédures*, sept. 1996, comm. n° 251, note R. Perrot ; *Rev. proc. Coll.* 1997, n° 1, p. 42, obs. P. Canet.

[841] Cass., Ch. mixte, 22 nov. 2002, *D.* 2003, p. 445, note Larroumet ; *RTD civ.* 2003, p. 146, obs. Perrot ; *RTD com.* 2003, p. 367, obs. Martin-Serf.

[842] Cass. com., 8 juill. 2003, *JCP* 2003. IV. 2624 ; *D.* 2003, p. 2094, obs. Lienhard.

[843] *Cf.* notamment : CA Lyon, 19 juin 1996 ; CA Poitiers, 7 août 1997 ; CA Paris, 12 mars 1998, *Rev. proc. Coll.* 1999, p. 108, obs. Canet : en présence d'un contrat de bail, dans le cas où le bailleur est ensuite placé en redressement judiciaire, les termes des loyers sont considérés comme l'exécution successive d'une obligation unique, c'est-à-dire d'une créance unique qui prend sa source dans le contrat de bail. *Cf.* cependant : TGI Paris, *JEX*, 27 juill. 1995 ; CA Angers, 13 févr. 1996, *Rev. proc. Coll.* 1997, p. 43, obs. Canet ; CA Rennes, 7 janv. 1998, *Rev. proc. Coll.* 1999, p. 108, obs. Canet: lorsque les créances de l'entreprise placée en redressement judiciaire naissent qu'au fur et à mesure des prestations, la saisie ou l'avis à tiers détenteur ne saurait avoir d'effet sur les nouvelles créances.

d'exécution, avant le jugement d'ouverture d'une procédure collective. Il n'est pas certain, en revanche, qu'il occupe une situation privilégiée dans l'hypothèse du recouvrement d'une créance par le biais d'un avis à tiers détenteur notifié après le jugement d'ouverture

§2) *Effet de l'avis à tiers détenteur notifié après le jugement d'ouverture*

383. S'il est notifié au contribuable placé en redressement judiciaire après le jugement d'ouverture, l'avis à tiers détenteur ne place pas le Trésor dans une situation privilégiée, notamment quant au recouvrement des créances fiscales antérieures au jugement d'ouverture. Solution logique, si on se réfère à l'article L. 622-7 du Code de commerce (art. 25, L. n° 2005-845, 26 juill. 2005 « de sauvegarde des entreprises) : « le jugement ouvrant la procédure emporte, de plein droit, interdiction de payer toute créance née antérieurement au jugement d'ouverture, à l'exception du paiement par compensation de créances connexes ».

La Cour de cassation applique cette règle à l'administration des impôts, considérant que celle-ci une fois le jugement d'ouverture prononcé, ne peut plus notifier valablement un avis à tiers détenteur portant sur des fonds dont un tiers est dépositaire ou redevable à l'égard du débiteur des impôts impayés[844].

Cette jurisprudence ayant été rendue sous l'empire de l'ancien droit des voies d'exécution, c'est-à-dire avant la réforme d'envergure réalisée par la loi de 1991, on peut s'interroger sur son maintien depuis. L'article 43 al. 2 de cette loi disposant que « la survenance d'un jugement portant ouverture d'un redressement ou d'une liquidation judiciaire ne remet pas en cause », l'attribution de la créance.

La règle de l'arrêt des poursuites individuelles ne concerne pas les créanciers dont le droit naît postérieurement au jugement d'ouverture. L'article 33 de la loi du 26 juillet 2005 (art. 622-17 C. com.) établit un ordre entre créanciers pour le paiement de leurs créances, l'administration fiscale échappe à ce classement s'agissant des créances

Pour une critique de cette jurisprudence : B. Soinne, *Le bateau ivre (à propos de l'évolution récente du droit des procédures collectives)*, *Rev. proc. Coll.* 1997, n° 2, p. 119, n° 14.

[844] Cass. com., 29 nov. 1983, *D.* 1984, IR. p. 132, obs. A. Honorat ; CA Grenoble, 12 mars 1990, *Juris-Data*, n° 042023.

fiscales bénéficiant du privilège de l'article 40[845] : « I.- Les créances nées régulièrement après le jugement d'ouverture pour les besoins du déroulement de la procédure ou de la période d'observation, ou en contrepartie d'une prestation fournie au débiteur, pour son activité professionnelle, pendant cette période, sont payées à leur échéance.
II.- Lorsqu'elles ne sont pas payées à l'échéance, ces créances sont payées par privilège avant toutes les autres créances, assorties ou non de privilèges ou sûretés, à l'exception de celles garanties par le privilège établi aux articles L. 143-10, L. 143-11, L. 742-6 et L. 751-15 du Code du travail, de celles garanties par le privilège des frais de justice et de celles garanties par le privilège établi par l'article L. 611-11 du présent code. »

La Cour de cassation ayant jugé que le droit d'être payé à l'échéance est indissociable du droit des poursuites, ce qui a pour conséquence que le titulaire d'une créance impayée bénéficiant du privilège pourra recourir aux voies d'exécution[846]. Dès lors, il n'est pas nécessaire de déclarer au passif de la procédure les créances d'impôts qui bénéficient du privilège de l'article 40. Elles échappent donc à la règle de l'arrêt des paiements et à l'interdiction des poursuites. Les créances fiscales entrant dans le champ d'application du texte doivent être ainsi payées à leur échéance. En cas de défaut de paiement, le Trésor public peut user de toute voie de droit (notamment l'avis à tiers détenteur) pour recouvrer ses créances. C'est ce qu'a estimé la Cour de cassation dans un arrêt du 20 juin 1989 : « Si une créance d'impôt née régulièrement après le jugement d'ouverture du redressement judiciaire n'est pas payée à l'échéance lorsque l'activité est poursuivie, les dispositions précitées (art. 40, 47, 89, L. 25 janv. 1985 et art. 61, 62 D) n'interdisent pas au comptable du Trésor d'exercer son droit de poursuite individuelle »[847]. Cette solution s'explique par l'effet d'attribution immédiat de l'avis à tiers détenteur[848].

---

[845] Pour conserver son privilège, le Trésor doit déclarer les créances qu'il n'était pas tenu d'inscrire à la date du jugement d'ouverture ou encore les créances mises en recouvrement après cette date (art. L. 621-50 al. 2 C. com.) ; Cass. com., 18 févr. 2003, *JCP* 2003. I. 174 ; 24 juin 2003, *JCP* 2004, n° 10, p. 396.
[846] Cass. com., 20 juin 1989, *JCP E* 1990. II.15658, n° 5, obs. M. Cabrillac et Ph. Pétel.
[847] Cass. com., 29 juin 1989, *JCP E* 198. I.18963 ; *Rev. Pr. Coll.* 1990, obs. Saint Alary-Houin ; *Bull. civ. IV*, n° 196 ; 10 juill. 1990, *D.* 1990, p. 468, note Derrida ; *RTD com.* 1991, p. 111, obs. Martin-Serf ; CA Poitiers, 14 sept. 1994, *Rev. proc. Coll.* 1995, p. 304, obs. Dureuil.
[848] Cass. com., 14 nov. 2000, *RJDA* 2001, n° 2. 183.

Le privilège de l'article 40 conduit finalement à paralyser le classement établi par l'article 40 de la loi de 1985 (nouvel article L. 622-17 du Code de commerce).

384. Un arrêt du 13 novembre 2002 de la chambre commerciale démontre les troubles qu'occasionne l'exercice du droit de poursuite individuelle des créanciers de l'ancien article 621-32 du Code de commerce sur l'ordre légal des paiements, « en portant atteinte non seulement au classement des créanciers postérieurs entre eux mais aussi à la priorité des créanciers superprivilégiés »[849].

Dans cette affaire, la Cour d'appel avait fait prévaloir sur la créance du Trésor, les créances bénéficiant du superprivilège des salariés. Elle avait donc résolu le conflit entre l'AGS (association pour la gestion du régime d'assurance des créances des salariés) subrogée dans les droits des créanciers superprivilégiés et le Trésor au profit du premier. Son arrêt est cassé par la chambre commerciale au motif que l'ATD avait produit, en application de l'article 43 de la loi du 8 juillet 1991, l'effet d'attribution immédiate que lui confère l'article 86 de la même loi, et que cette attribution ne pouvait être remise en cause par l'existence de créances garanties par le privilège établi aux articles L. 143-10, L. 143-11, L. 742-6 et L. 751-15 du Code du travail (créances privilégiées et superprivilégiées des salariés)[850].

385. Certaines décisions de Cours d'appel ont bien tenté de faire prévaloir l'esprit du texte en jugeant que la priorité instituée par l'article 40 empêchait toute poursuite individuelle[851]. Elles n'ont pourtant pas déteint sur la jurisprudence de la Cour de cassation qui reste immuable sur cette question. Celle-ci accorde une priorité aux créanciers du défunt article L. 621-32 du Code de commerce et de ce fait au fisc grâce à l'effet attributif immédiat de l'ATD et, restreint l'ordre des paiements qui ne trouve finalement à s'appliquer qu'en l'absence de poursuites individuelles[852].

---

849 M. Kéita, *L'exercice des voies d'exécution par les créanciers de l'article L. 621-32 du Code commerce : évolutions récentes*, *Les Petites Affiches* 2004, n° 201, p. 5

850 Cass. com., 13 nov. 2002, *Bull. civ. IV*, n° 164, p. 188 ; *D.* 2002, p. 3206, obs. A. Lienhard.

851 *Cf.* notamment : CA Toulouse, 12 févr. 1991, *Rev. proc. coll.* 1991, obs. Saint Alary-Houin ; CA Montpellier, 2 mai 1995, *Rev. proc. coll.* 1996, p. 79, obs. Saint Alary-Houin.

852 Cass. com., 11 fév. 1997, *Bull. civ. IV*, n° 49, p. 44 ; *Les Petites Affiches*, 14 juill. 1997, note J. Brandeau, *RD Bancaire et bourse* 1997, p. 98, obs. M.-J. Campana et J.-M. Calendini.

Cette jurisprudence a fait l'objet de critiques qui lui reproche d'anéantir l'ordre de classement de l'article 40 de la loi de 1985 (désormais : art. L. 622-17 C. Com.) et d'être contraire à l'esprit de celle-ci[853]. Il conviendrait dès lors de régir clairement par le biais d'une loi, la position qu'occupe le fisc dans le classement entre créanciers. Ce n'est pas tant sa situation « superprivilégiée » qui est sujette à critiques que le flou juridique qui fonde celle-ci.
Cette position privilégiée du fisc français dans les situations de faillite existe par ailleurs également en droit anglais[854]. Bien que l'*Inland Revenue* excepté dans quelques rares situations[855] a vu sa position de créancier privilégié s'effriter depuis l'*Insolvency Act* de 1986.

386. Mais si l'ATD présente des avantages considérables pour l'État créancier fiscal du fait de sa simplicité et de son effet d'attribution immédiat qui lui permet d'éviter toute concurrence avec la moindre créance que ce soit, même une créance superprivilégiée, il présente l'inconvénient non négligeable de dépendre dans bien des cas du bon vouloir du contribuable. Car c'est lui seul qui peut fournir des renseignements sur ses débiteurs. Mais, l'administration des impôts n'est pas démunie pour autant, car elle dispose outre l'avis à tiers détenteur de la saisie vente ou de la contrainte judiciaire (procédure davantage contraignante, qu'elle utilise cependant beaucoup moins).

---

853 Ainsi selon le Professeur Saint Alary-Houin, « elle est tout aussi incontestablement une violation de l'esprit et de la lettre de la loi du 25 janvier 1985. Dans son esprit, dans la mesure où les salariés, titulaires de créances alimentaires, dans les droits desquels l'AGS est subrogé, doivent être payés avant tous autres créanciers et de sa lettre puisque l'article 40 al. 1er, affirme la primauté absolue du superprivilège des salariés, y compris dans la liquidation judiciaire, sur les créanciers postérieurs dont le classement est énoncé par l'alinéa 2. Cette jurisprudence ne porte pas seulement atteinte à ce classement des créanciers postérieurs entre eux mais aussi à la priorité des créanciers superprivilégiés sur les créanciers postérieurs. Elle a pour résultat, cette conséquence, non voulue par le législateur, que des créances postérieures, au cinquième rang de l'article 40, priment des créances antérieures superprivilégiées devant être réglées avant toutes autres créances »; C. Saint Alary-Houin, *Rev. proc. Coll.* 1997, p. 459. *Cf.* également en ce sens : P. Serlooten, *op. cit.*, p. 28 : « en anéantissant l'ordre de classement prévu par l'article 40, la solution de la Cour de cassation est donc en contradiction avec l'esprit du texte et, d'une façon plus générale, celui des procédures instituées en 1985 ».

854 *Cf.* D. Willams, *op. cit.*, p. 343.

855 Cas du recouvrement des dettes des « *quasi-trustee* » ; C. Withehouse, *Revenue Law. Principles and Practice*, 18e éd., Tilley, 2000, p. 22.

Sous-section 2. Les autres voies d'exécution forcée en matière fiscale

387. Le fisc peut recourir à des procédures de recouvrement de droit commun en dehors de l'ATD, qui est une procédure propre au droit fiscal. Notamment à deux voies d'exécution qui ne sont pas le monopole de l'État créancier que sont la saisie-vente (**I**), et la contrainte judiciaire qui est un moyen de pression propre à la matière pénale et fiscale (**II**).

I. La saisie-vente

388. Cette procédure était autrefois la plus usitée. Elle a perdu aujourd'hui de son importance passée, du fait que les objets mobiliers n'ont plus désormais une place prépondérante dans la composition du patrimoine des particuliers[856]. Cette procédure qui n'est pas propre au droit fiscal (**A**) connaît cependant quelques particularismes lorsqu'elle s'applique dans le champ fiscal (**B**).

A. Une procédure de droit commun

389. La saisie-vente a pour origine la défunte saisie-exécution des articles 583 à 625 de l'Ancien Code de procédure civile. Elle est régie par les articles 50 à 55 de la loi du 9 juillet 1991 et par les articles 81 à 183 du décret d'application du 31 juillet 1992. Il existe également des dispositions propres aux saisies-ventes figurant dans le Livre des procédures fiscales. On peut la définir comme, étant « une saisie par laquelle un créancier, muni d'un titre exécutoire, place sous main de justice et fait vendre un ou plusieurs meubles corporels se trouvant dans le patrimoine de son débiteur et détenu soit par lui soit par un tiers »[857]. Ne peuvent être cependant saisis que les meubles figurant dans le local servant de lieu d'habitation au débiteur fiscal[858].

---

[856] *Cf.* J. Vincent et J. Prévault, *op. cit.*, p. 167.

[857] M. Donnier et J.-B. Donnier, *op. cit.*, n° 693.

[858] La loi ne fait aucune différence à ce sujet entre la résidence principale et l'habitation secondaire. *Cf.* pour plus de détails sur le champ d'application de la saise-vente : S. Rezek, *Saisie-vente et recouvrement fiscal*, *JCP N* 2003, n° 3, p. 111

La mise en œuvre de cette procédure d'exécution conduit à la vente forcée des biens saisis et à une expropriation du débiteur pour cause d'utilité privée[859]. Sont donc exclus du champ d'application de la procédure, les immeubles et les créances de somme d'argent qui relèvent respectivement de la saisie immobilière et de la saisie-attribution.

Le comptable public est néanmoins tenu avant toute saisie-vente dans un local d'habitation du débiteur, de signifier une saisie de comptes de dépôt ou des rémunérations du travail. C'est ce qu'on appelle communément le principe de subsidiarité, qui résulte d'une combinaison des articles 51 de la loi du 9 juillet 1991 et 82 du décret du 31 juillet 1992, et qui s'applique à tout recouvrement d'une créance alimentaire d'un montant inférieur ou égal à 535 euros (sauf autorisation contraire du juge de l'exécution)[860]. Ce principe constitue cependant une exception à un autre principe qui est celui du libre choix par le créancier des mesures propres à assurer l'exécution ou la conservation de sa créance (art. 22, al. 1, L. n° 91-650, 9 juillet 1991). Cette dérogation s'explique entre autres, par un souci de protection du débiteur redevable d'une dette d'un faible montant, à qui l'on veut éviter le « traumatisme » encouru par la pénétration de son domicile[861]. Et par le fait, que l'utilisation d'une procédure irrégulière et trop lourde pour recouvrer une créance minime s'avère d'une part, coûteuse pour l'administration fiscale et que d'autre part, elle peut caractériser un abus de droit[862].

Dans le cas où les services fiscaux concernés ne respecteraient pas le caractère subsidiaire de la saisie-vente, celle-ci sera frappée de nullité[863]. L'administration des impôts peut être également sanctionnée en cas de non-respect de formalités propres au droit fiscal.

---

[859] M. Donnier et J.-B. Donnier, *op. cit.*, n° 694.

[860] *Cf.* sur ce principe : J.-J. Daigre, *A propos de l'exception de subsidiarité de la saisie-vente, Rev. Huissiers* 1992, 1042 ; J.-P. Faget et D. Martin, *Subsidiarité de la saisie-vente et carence du débiteur saisi, JCP* 1993.I.3711.

On relèvera que, déjà à l'époque de la saisie-attribution, le fisc respectait le caractère subsidiaire de cette voie d'exécution aux conséquences difficiles pour le contribuable ; Rép. Min. éco. Fin. et budget n° 794 à M. Pierre-Christian Taittinger, *JO Déb. Sén.* , 8 sept. 1998, p. 992 ; *DF* 1998, n° 46-47, comm. 2146.

[861] *Cf.* S. Rezek, *Saisie-vente et recouvrement fiscal, op. cit.,* p. 111.

[862] CA Paris, 7 févr. 1995, *D.* 1996, p. 203, note J. Prévault.

[863] TGI Lyon, JEX, 31 janv. 1995, *Rev. huissiers* 1996, p. 119 ; CA Bordeaux, 5e ch., 28 mars 1996, *Rev. huissiers* 1997, p. 1476 et s., obs. J.-J. Daigre.

B. Les particularismes de la saisie-vente en droit fiscal

390. L'article 50 al. 1er de la loi du 9 juillet 1991 impose que la saisie-vente s'engage par un commandement adressé par le créancier, doté de son titre exécutoire, à son débiteur. Cette formalité n'est valable que pour les impôts recouvrés par les comptables du Trésor. Le commandement peut se définir comme « un exploit d'huissier de justice au moyen duquel le créancier notifie au débiteur le titre exécutoire dont il se prévaut et le met en demeure de payer »[864]. En matière de recouvrement des impôts, on retrouve à l'instar du droit civil, l'obligation faite au créancier de notifier un commandement conformément aux dispositions de l'article L. 259 du Livre des procédures fiscales (art. 296-I, D. 31 juill. 1992).

Les comptables du Trésor peuvent échapper aux formalités imposées par le NCPC, lorsqu'ils ont recours au commandement de payer. Ainsi, l'envoi de la lettre simple prévu par l'article 658 du NCPC n'est obligatoire que lorsqu'il y a dépôt de l'acte en mairie. La notification peut s'effectuer par voie postale (art. L. 259 al. 2 LPF), ce qui est une dérogation aux conditions générales de validité des actes d'huissier de justice tracées par le NCPC.

391. Le commandement doit contenir obligatoirement à peine de nullité, s'agissant des créances de l'État, des collectivités locales et des établissements publics dotés d'un comptable public : la mention du titre exécutoire en vertu duquel les poursuites sont exercées, le décompte distinct des sommes réclamées en principal, frais et intérêts échus, ainsi que l'indication du taux d'intérêt et des pénalités éventuelles, le commandement d'avoir à payer la dette dans un délai de huit jours, faute de quoi le débiteur pourrait y être contraint par la vente forcée de ses biens meubles (art. 296-II, D. n° 92-755, 31 juill. 1992).

392. L'article 296-III du décret du 31 juillet 1992 ajoute des conditions de forme supplémentaires dans le cas de créances d'impôts recouvrés par les comptables du Trésor d'un montant inférieur ou égal à 535 euros :

- injonction de communiquer à l'huissier de justice du poursuivant dans un délai de huit jours, les nom et adresse de

[864] M. Donnier et J.-B. Donnier, *op. cit.*, n° 719.

son employeur et les références de ses comptes bancaires ou postaux, ou l'un des ses éléments seulement ;
- avertissement qu'à défaut de paiement si aucune saisie sur le compte de dépôt ou sur les rémunérations du travail n'est possible, le débiteur pourra être contraint par la vente forcée de ses biens meubles.

Lorsqu'il s'agit d'impôts recouvrés par les comptables de la Direction générale des impôts ou de la Direction générale des douanes et droits indirects, le commandement est remplacé par la mise en demeure prévue à l'article L. 257 du LPF.
On peut constater que le droit fiscal se montre s'agissant de cette voie d'exécution ici plus protecteur du débiteur que le droit commun en ajoutant des formalités supplémentaires à la charge du fisc. Cependant, l'État créancier dispose dans son arsenal juridique, d'une procédure beaucoup plus contraignante que la saisie-vente, qui est la contrainte judiciaire. Procédure qui se distingue de la précédente, car il s'agit non pas d'une mesure exécutoire, mais d'un moyen de pression sur le contribuable récalcitrant.

II. La contrainte judiciaire

393. On distingue traditionnellement les moyens de pression (ex : droit de rétention[865]), des mesures conservatoires et des mesures exécutoires. Ces procédures de contrainte ne visent en effet, ni à mettre sous main de justice, les biens du débiteur afin de les conserver, ni à aboutir à la vente forcée des biens du débiteur. En matière fiscale, on en dénombre deux que sont l'astreinte et la contrainte judiciaire. Cependant ce qu'on nomme astreinte en droit douanier (art. 65 et 431 C. douan.) ou en droit fiscal, ne correspond pas exactement à l'astreinte de droit commun (art. 33, L. 11 juill. 1991). En effet, celle-ci est prononcée par le juge, ce qui n'est pas le cas en matière fiscale ou douanière. C'est en effet l'administration des impôts, qui prononce la sanction dénommée astreinte qui correspond à des pénalités de retard dont le caractère également progressif favorise la confusion.

[865] Cass. com., 21 mars 2006, n° 04-19.794 : « si le droit de rétention n'est pas un privilège il en a les effets en ce qu'il est opposable à la procédure collective et confère à son titulaire le droit de refuser la restitution de la chose jusqu'à complet paiement de sa créance ou d'être payé sur son prix en cas de vente par le liquidateur ».

Nous tâcherons dans un premier temps de tracer les contours de cette procédure particulière qu'est la « prison pour dettes » (**A**), avant d'examiner dans un second temps son régime juridique (**B**).

A. Définition

394. Moyen de pression sur la personne du débiteur comme l'astreinte est un moyen de pression sur les biens du débiteur, la contrainte par corps (aujourd'hui contrainte judiciaire) est sûrement une des voies d'exécution les plus décriées du droit français. Héritée du droit romain[866], on peut la définir comme étant « l'incarcération du débiteur défaillant afin de le contraindre au paiement de ses dettes »[867]. Ce moyen de pression sur la personne du débiteur vise à le priver de sa liberté pour un temps, afin de l'amener à s'acquitter de sa dette. Elle était particulièrement usitée sous l'ancien droit, comme l'attestent les développements que lui consacra Pothier dans son traité de procédure civile.

395. En droit civil, le principe est qu'une obligation de faire n'est pas susceptible d'une exécution forcée en nature (*Nemo praecise potest cogi ad factum*). L'article 1144 du Code civil octroie au créancier la possibilité (d'une obligation de faire) en cas d'inexécution, de faire exécuter lui-même l'obligation aux dépens du débiteur. Ainsi, le transport sera effectué aux frais du transporteur initial, par un autre transporteur. Pourtant, il ne s'agit pas dans ce cas réellement d'une exécution en nature. On est plus proche d'une exécution de type mixte, c'est-à-dire à la fois par nature pour le créancier et par équivalent pour le débiteur[868]. La seule véritable exécution en nature en matière d'obligation de faire est celle qui suppose une contrainte physique exercée sur le débiteur (ex : contraindre le peintre qui s'est engagé à peindre à réaliser le tableau convenu). Si à l'origine l'Ancien droit et le Code civil de 1804 avaient prévu la contrainte par corps comme sanction de l'inexécution de certaines obligations, cette possibilité fut supprimée

---

[866] Dans le droit romain primitif, le corps du débiteur était l'objet majeur de l'obligation. Celui qui payait sa dette rachetait ainsi son corps. S'il ne pouvait pas rembourser, il était alors remis en tant que *nexus* (mot dont la racine a donné l'annexion) à son créancier qui pouvait en faire ce qu'il voulait.

[867] M. Donnier et J.-B. Donnier, *op. cit.*, n° 297.

[868] C. Larroumet, *Les obligations. Le contrat*, 5e éd., Economica, p. 59.

pour les dettes civiles et commerciales par la loi du 22 juillet 1867. Elle ne subsiste aujourd'hui, en matière pénale que dans le cas de condamnations prononcées au profit du Trésor public. Et en matière fiscale, qu'à l'égard des condamnations prononcées par les juridictions répressives en application.

B. Le régime juridique de la contrainte judiciaire

396. La loi n° 2004-204 du 9 mars 2004 *dite Perben II*[869] a changé la dénomination de cette voie d'exécution en substituant au terme corps, celui de judiciaire. Cette modification du régime de la contrainte s'explique par le fait qu'il a été jugé contraire aux dispositions de la CESDH. La Cour européenne a, en effet, vu en la contrainte par corps une peine[870]. Cette position est diamétralement différente de celle adoptée un temps par les juridictions judiciaires. La chambre commerciale avait ainsi jugé dans un arrêt du 6 mars 1984 que l'application de la contrainte par corps étant décidée par une juridiction en application des articles 1844 *bis* et 1845 *bis* du CGI (art. L. 270 et L. 27 LPF) à l'encontre d'un redevable d'impositions légalement établies, ces dispositions n'étaient pas incompatibles avec celles de l'article 5-1-b de la Convention européenne de sauvegarde des droits de l'homme et des libertés fondamentales[871]. Pour les juridictions judiciaires, la contrainte par corps ne devait donc pas être perçue comme une peine[872], mais comme une voie d'exécution attachée de plein droit aux condamnations pécuniaires prononcées par les juridictions répressives, dont la durée devait être fixée d'après la loi en vigueur lors de la condamnation. Elle ne saurait remplacer par ailleurs l'exécution de la condamnation pénale pécuniaire, ni celle des condamnations civiles. C'est-à-dire que, le dettier même une fois remis en liberté, reste débiteur.

[869] *JO*, 10 mars 2004 ; S. Detraz, *Rémanence et renaissance d'une institution : de la contrainte par corps à la contrainte judiciaire. Commentaire de l'article 198 de la loi n° 2004-204 portant adaptation de la justice aux évolutions de la criminalité*, *Dr. pén.* 2004, n° 10, pp. 11-16.

[870] CEDH, 8 juin 1995, *Jamil*, *RJF* 1996, n° 164.

[871] Cass. com., 6 mars 1984, *Bull. civ. IV*, p. 75, n° 90 ; *DF* 1984, comm. 1147.

[872] Cass. crim., 26 juin 1989, *Bull. crim.*, n° 271. Le fait qu'elle ne soit pas perçue comme une peine, mais comme une mesure d'exécution des peines pécuniaires a pour conséquence que celui qui fait l'objet d'une contrainte par corps ne peut bénéficier des articles 721 et 721-1 du CPP (réduction des peines d'emprisonnement).

397. Depuis la chambre commerciale s'est alignée sur la position défendue par la juridiction de Strasbourg[873]. Ce qui a d'ailleurs conduit le législateur français à modifier le droit positif par le biais de la loi du 9 mars 2004 avec le changement d'appellation en contrainte judiciaire et un assouplissement du régime juridique de ce moyen de pression sur le contribuable. Le nouveau dispositif entré en vigueur le 1er janvier 2005 renforce le débat contradictoire, ainsi que les droits de la défense et limite la durée de la contrainte (art. 750 CPP). Les dispositions régissant la contrainte judiciaire sont aujourd'hui codifiées dans le Code de procédure pénale en son article 749 qui a un champ large, car il couvre le champ pénal, fiscal et douanier.

La contrainte judiciaire, si le vocable employé est aujourd'hui moins effrayant, reste une procédure particulièrement contraignante qui pose la question de l'exécution forcée en nature de l'obligation pécuniaire du débiteur.

398. Auparavant en matière fiscale, la contrainte par corps était prononcée soit dans les cas où le contribuable s'était soustrait frauduleusement à l'établissement ou au paiement total de l'impôt. Ou s'il avait tenté de se soustraire à l'établissement ou au paiement total ou partiel des impôts directs visés par le Code général des impôts (art. 1741 et 1771 à 1779 CGI). Elle pouvait aussi être prononcée en vertu de l'article L. 271 du Livre des procédures fiscales qui disposait que : « Le défaut de paiement des impositions indiquées à l'article L. 270[874] peut donner lieu à l'exercice de la contrainte par corps, dans les conditions fixées par le Code de procédure pénale, sous réserve des dispositions de l'article L. 272. Le président du Tribunal de grande instance décide, s'il y a lieu, d'appliquer cette contrainte et en fixe la durée. La contrainte par corps est immédiatement applicable ». Cette disposition visait le cas du

---

[873] Cass. com., 16 mai 2000, *RJF* 2000, n° 1175 ; 18 juin 2002, DGDI, *RJF* 2002, n° 1322 ; *D.* 2002, IR 2170.

[874] Art. L. 270 du LPF : « Pour assurer le recouvrement des impositions établies par voie de taxation d'office dans les conditions prévues aux articles L. 66 à L. 70 au nom de personnes qui changent fréquemment de lieu de séjour ou qui séjournent dans des locaux d'emprunt ou des locaux meublés, les trésoriers-payeurs généraux sont autorisés, dès réception du rôle et avant l'envoi de tout avis d'imposition au contribuable, mais après avis de la commission départementale des chefs de services financiers et des représentants des organismes de recouvrement des cotisations de sécurité sociale, à faire prendre des sûretés sur tous les biens et avoirs du contribuable et, notamment, à faire procéder au blocage de tous comptes courants de dépôts ou d'avances ouverts à l'intéressé ».

défaut de paiement d'impôts directs. Elle ne s'appliquait pas en revanche, en matière d'impôts indirects[875].

399. L'article 749 du titre VI (De la contrainte par corps) du Code de procédure pénale qui a été réécrit par la loi Perben II dispose dorénavant qu' en « cas d'inexécution volontaire d'une ou plusieurs condamnations à une peine d'amende prononcées en matière criminelle ou en matière correctionnelle pour un délit puni d'une peine d'emprisonnement, y compris en cas d'inexécution volontaire de condamnations à des amendes fiscales ou douanières, le juge d'application des peines peut ordonner, dans les conditions prévues par le présent titre, une contrainte judiciaire consistant en un emprisonnement dont la durée est fixée par ce magistrat dans la limite d'un montant maximum fixé par la loi en fonction du montant de l'amende ou de leur montant cumulé »[876].

Le débiteur récalcitrant, le « dettier » est incarcéré dans une maison d'arrêt (art. 758 CPP) où il est dispensé de l'obligation au travail (art. 761 CPP). La durée d'incarcération varie entre vingt jours et quatre mois pour les condamnations pécuniaires échelonnées en quatre catégories (art. 750 CPP)[877]. Avant l'intervention de la loi de 2004, le contribuable pouvait être incarcéré par exemple pour cinq jours pour une amende comprise entre 150 euros et 450 euros. La modification législative a

---

[875] Cass. crim., 20 févr. 1974, *Bull. crim.*, n° 73, *D.* 1974, IR., p. 73.

[876] Sous son ancienne rédaction, cet article disposait que « Lorsqu'une condamnation à l'amende ou à tout autre paiement au profit du Trésor public qui n'a pas le caractère d'une réparation civile (la contrainte par corps ayant été abolie concernant les condamnations à des dommages-intérêts prononcées au profit de la partie civile par les juridictions répressives ; Cass. crim., 16 févr. 1960, *D.* 1960, 2, 243, rap. Damour, *S.* 1960, 1, 147 : *JCP* 1960. II.11572) est prononcée pour une infraction n'étant pas de nature politique (par exemple, les infractions sur la presse : Cass. crim., 4 déc. 1973, *Bull. crim.*, n° 448 ; 9 janv. 1974, *Bull. crim.*, n° 12, *JCP* 1974. IV.74) et n'emportant pas peine perpétuelle, la durée de la contrainte par corps est applicable, en cas d'inexécution de la condamnation, dans les limites prévues par l'article 750. Cette durée est déterminée, le cas échéant, en fonction du montant cumulé des condamnations qui n'ont pas été exécutées ».

[877] Art. 750 du CPP : La durée de la contrainte par corps est fixée ainsi qu'il suit :
1° A vingt jours, lorsque l'amende est au moins égale à 2000 euros sans excéder 4000 euros ;
2° A un mois lorsque l'amende est au moins égale à 4000 euros sans excéder 8000 euros ;
3° A deux mois lorsque est au moins égale à 8000 euros sans excéder 15 000 euros ;
4° A quatre mois lorsque l'amende est supérieure à 15 000 euros.

ramené les cas d'emprisonnement de six à quatre[878] et a supprimé l'emprisonnement pour des dettes de faible montant (ce qui ne peut être que salué). Elle tend donc à éviter, comme en matière de saisie-arrêt, la mise en œuvre de procédures contraignantes à l'encontre des « petits » débiteurs.

Pour mettre fin à la contrainte par corps, le débiteur doit payer le montant de la dette, soit en consignant une somme suffisante pour l'éteindre, soit en fournissant une caution reconnue bonne et valable par le receveur des finances (art. 759 al. 1er CPP).

Enfin, l'article 760 du Code de procédure pénale, dispose que lorsque la contrainte par corps a pris fin pour une cause quelconque, elle ne peut plus être exercée ni pour la même dette ni pour des condamnations antérieures à son exécution, à moins que ces condamnations n'entraînent par leur quotité une contrainte plus longue que celle déjà subie, auquel cas la première incarcération doit toujours être déduite de la nouvelle contrainte[879].

La demande de sursis de paiement formulée avant le prononcé de la contrainte par corps fait obstacle à ce prononcé. Formulée postérieurement, elle permet d'obtenir la suspension de son exécution[880].

400. Le droit fiscal allemand connaît également l'institution de la contrainte par corps. Celle-ci est mise en œuvre sur demande de l'administration fiscale par le juge du district conformément au Code de procédure civile, lorsque l'amende est irrécouvrable. Dans un souci de protection du contribuable, la loi lui reconnaît comme en droit français, un recours contre ces mesures de contrainte[881].

401. Dans le climat voulu d'apaisement dans les relations administration-contribuable, on peut s'interroger sur la pertinence de la survivance de cette procédure ancienne. L'exécution sur la personne du débiteur d'une dette est, on l'a vu, une pratique qui apparaît archaïque à notre époque. Même s'il s'agit davantage ici d'un moyen de pression sur

---

878 Sous son ancienne forme, l'article 750 du CPP prévoyait des peines d'emprisonnement allant de cinq jours à quatre mois en fonction du quantum de la dette fiscale.

879 Cass. crim., 11 févr. 1980, *Bull. crim.*, n° 53, p. 128 : les termes mêmes de l'article 760 du CPP signifient sans équivoque que ce texte n'est applicable que lorsque l'exécution de la contrainte a pris fin et non lorsque la procédure elle-même a trouvé son terme avant toute incarcération.

880 *JCP E* 2005, n° 87.

881 L'annonce comme la fixation d'une mesure de contrainte peuvent faire l'objet d'un recours (« *Beschwerde* », sur cette notion, *Cf. infra* n° 654).

le mauvais débiteur fiscal, la sanction, l'emprisonnement pour dette fiscale apparaît disproportionné eu égard à la gravité du manquement commis. On pourrait nous semble-t-il, le remplacer par des moyens de pression moins contraignants, mais tout aussi efficaces, comme une forte astreinte contre le débiteur récalcitrant.

402. Les voies d'exécution forcée ne sont pas les seuls instruments dont dispose le fisc pour saisir les biens d'un contribuable. Son droit de préemption, aujourd'hui abrogé et le droit de saisir des objets ou des documents dans le cas d'un contrôle fiscal lui permettent également d'appréhender les biens du contribuable.

Section 2. La saisie de biens par l'administration fiscale en dehors des voies d'exécution forcée

403. L'administration a disposé pendant longtemps du droit de préemption qui lui permettait de s'approprier un bien du contribuable. Mais cette procédure qui ressemblait quelque peu à la procédure d'expropriation a finalement été abolie en droit français **(Sous-section 1)**. En revanche, le fisc peut toujours à travers ses pouvoirs de contrôle saisir des documents ou des pièces appartenant au contribuable contrôlé (**Sous-section 2**).

Sous-section 1. Dans le cadre du droit de préemption

404. Le droit de préemption[882] prévu au défunt article L. 18 du LPF[883] (abrogé par la loi n° 96-1181 du 30 déc. 1996, art. 1er-II et 113) posait la question de l'équilibre entre la sauvegarde du droit de propriété et les exigences de l'intérêt général. En effet, « la proportionnalité de l'ingérence doit être appréciée selon le degré de protection offert contre l'arbitraire et au vu du risque encouru par tout acheteur d'être privé de son bien »[884].

---

[882] Pour une vue d'ensemble du droit de préemption : C. Houin-Saint-Alary, *Le droit de préemption*, thèse Paris II, 1979.
[883] Ce n'est qu'en 1982, que l'article 668 du CGI devint l'article L. 18 du LPF.
[884] CEDH, 22 sept. 1994, *Hentrich*, série A n° 296-A, *DF* 1994, n° 50, 2125, note J.-P. Le Gall et L. Gérard, p. 1789 ; *D*. 1995, J, 465, note D. Fiorina.

À travers l'affaire *Hentrich*, la Cour européenne eut l'occasion de se prononcer sur l'applicabilité de l'article 6-1 de la Convention européenne au droit de préemption.

Le 11 mai 1979, Mme Hentrich et son époux s'étaient rendus acquéreurs d'un terrain à Strasbourg. La vente étant devenue définitive trois mois après, le 13 août. Le 5 février de l'année suivante, le Directeur général des impôts exerça son droit de préemption, jugeant que le prix de cession déclaré dans l'acte était insuffisant. En contrepartie, il proposa de verser aux époux, le montant du prix stipulé dans la convention, la majoration légale de 10 % ainsi que les frais et loyaux coûts du contrat.

Leurs recours successifs sur le fondement de l'article alinéa 1 et 2 de la Convention européenne et de l'article 1er du premier Protocole devant les juridictions internes ayant échoué, Mme Hentrich saisit la Commission européenne des droits de l'homme qui rendit un rapport favorable à la plaignante, estimant qu'il y avait bien en l'espèce violation de l'article 1er du premier Protocole[885] pour ingérence injustifiée dans son droit de propriété, et de l'article 6-1 en ce qui concerne l'équité et la durée de la procédure[886].

La Cour européenne des droits de l'homme dans l'affaire *Hentrich* « devait étudier la question de la proportionnalité d'une mesure de préemption à la fois au regard du degré de protection offert par les procédures internes contre l'arbitraire de l'administration et du risque que courait l'acheteur d'être sanctionné par la privation de son bien, dans le seul but de décourager d'éventuelles sous-estimations ».

Sur le premier aspect, la Cour constata que l'État disposait d'autres moyens dont il pouvait se servir pour décourager la fraude fiscale ; sur le second, elle releva que l'exercice du droit de préemption emportait des conséquences suffisamment sérieuses, puisqu'il aboutissait au transfert du bien, qui n'étaient pas compensées par le remboursement du prix payé.

Pour la Cour, « la mesure de préemption a joué de manière arbitraire, sélective et guère prévisible, et n'a pas offert les garanties procédurales

---

[885] Art. 1er : « Toute personne physique ou morale a droit au respect de ses biens. Nul ne peut être privé de sa propriété que pour cause d'utilité publique et dans les conditions prévues par la loi et les principes généraux du droit international.
Les dispositions précédentes ne portent pas atteinte au droit que possèdent les États de mettre en vigueur les lois qu'ils jugent nécessaires pour réglementer l'usage des biens conformément à l'intérêt général ou pour assurer le paiement des impôts ou d'autres contributions ou des amendes ».

[886] N° 136 16/88.

élémentaires (...) ». De plus, « une décision de préemption ne peut avoir de légitimité en l'absence d'un débat contradictoire et respectueux du principe de l'égalité des armes, qui permette de discuter la question de la sous-évaluation du prix et, par voie de conséquence, la position de l'administration ; autant d'éléments qui ont manqué dans la présente affaire ».
La juridiction estimait en outre que « le seul remboursement du prix payé, majoré de 10 % et des frais et loyaux coûts du contrat ne saurait suffire à compenser la perte d'un bien acquis sans intention frauduleuse ».
Elle concluait donc que la requérante avait supporté « une charge spéciale et exorbitante », qui avait rompu « le juste équilibre devant régner entre la sauvegarde du droit de propriété et les exigences de l'intérêt général » et estima que « la meilleure forme de réparation consisterait dans la rétrocession du terrain par l'État. Faute de quoi le calcul du préjudice matériel doit partir de la valeur marchande actuelle du terrain »[887].

405. L'intérêt de cet arrêt réside dans le fait qu'il posait la question de l'applicabilité de l'article 6-1 à la matière fiscale. On sait que le droit au procès équitable et ses garanties sous-jacentes sont amenés à s'appliquer lorsqu'est en cause une « accusation en matière pénale » (cas des sanctions fiscales à coloration pénale) ou des « droits et obligations de caractère civil ». En matière patrimoniale, la question se pose de « savoir si la fiscalité a des effets suffisamment déterminants sur le patrimoine et la propriété des contribuables pour être considérée comme créant un droit ou une obligation de caractère civil ? » La lecture de l'arrêt laisse penser que la Cour a vu dans le droit de préemption une atteinte à un droit de nature civile, en l'occurrence le droit de propriété. Pour elle, cette atteinte est régulière que si elle est effectuée dans les conditions prévues par la loi (art. 1er du Protocole n° 1) et si elle est conforme aux règles du procès équitable (art. 6-1).

406. Si le contribuable peut se voir priver de la totalité des attributs de la propriété (*usus, abusus, fructus*) dans le cas de la mise en œuvre de voies d'exécution forcée, il peut aussi être simplement privé de la jouissance de ses biens pendant un certain temps. Cela dans le cas où l'administration viendrait à saisir certains de ses biens qui constitueraient des éléments de preuve d'une fraude fiscale suspectée.

---

[887] CEDH, 22 sept. 1994 *Hentrich*, *op. cit.*

Sous-section 2. La saisie de biens du contribuable par l'administration lors d'opérations de contrôle (privation temporaire de la jouissance d'un bien)

407. La saisie ou l'emport de biens, de pièces ou de documents qui interviennent souvent lors de procédures de contrôle s'apparentent souvent à une privation temporaire de ces biens. Afin de protéger le droit de propriété du contribuable et également son droit à l'information dans la prévision d'un recours contentieux ultérieur, la jurisprudence administrative a établi des conditions strictes quant à l'appréhension de ces biens par le fisc dans le cadre du droit de visite et de saisie (**I**) et de la vérification fiscale (**II**).

I. La saisie de biens dans le cadre des perquisitions fiscales

408. Selon la jurisprudence commerciale, en matière de perquisitions ne peuvent être saisies que les pièces de nature à apporter la preuve des agissements dont la fraude est recherchée et qui se rapportent aux agissements retenus par l'ordonnance[888]. Cette solution est proche de la règle contenue dans l'article 97 du Code de procédure pénale et paraît donc conforme au droit commun. L'article 97 du CPP nous précise ainsi que la saisie peut porter sur tous les objets, documents ou données informatiques utiles à la manifestation de la vérité. Cette règle qui concerne l'instruction préparatoire est également valable pour l'enquête de flagrance et l'enquête préliminaire.

Les auteurs de la perquisition possèdent la faculté de saisir des meubles ayant servi à commettre l'infraction[889], des meubles qui sont le produit de cette infraction[890] et également des immeubles.
Les objets et documents saisis sont par la suite immédiatement inventoriés et placés sous scellés (art. 56 al. 4 et 97 al. 2 CPP). Dans l'hypothèse où l'inventaire sur place présente des difficultés, les objets et documents saisis « font l'objet de scellés fermés provisoires jusqu'au moment de leur inventaire et de leur mise sous scellés définitifs et ce, en

---

[888] Cass. com., 15 oct. 1996, *Jacob*, *RJF* 1997, n° 45, *D.* 1996. IR. 242 ; *Les Petites Affiches*, 9 déc. 1996, n° 148, note J. Brandeau ; *Bull. civ.*, n° 240.
[889] Arme à feu, couteau, vase…
[890] Ex : argent, bateau, objets…

présence des personnes qui ont assisté à la perquisition suivant les modalités prévues à l'article 57 ».
L'article 41-3 de la loi du 21 juin 2004 a ajouté un alinéa 5 au texte qui prévoit dorénavant la possibilité de saisir des « données informatiques nécessaires à la manifestation de la vérité en plaçant sous main de justice soit le support physique de ces données, soit une copie réalisée en présence des personnes assistant à la perquisition ».

Concernant l'étendue des pièces pouvant être appréhendées par les agents des impôts, la jurisprudence est souple en permettant que les agents du fisc puissent saisir des documents qui ne relèvent pas entièrement des agissements retenus par l'ordonnance d'autorisation, mais qui sont pour parties utiles à la preuve des agissements retenus[891]. Cela sera ensuite au juge chargé du contrôle de la régularité des opérations d'exécution d'estimer souverainement si lesdites pièces n'étaient pas étrangères au but de l'autorisation accordée[892]. Les pièces saisies doivent être par la suite restituées au contribuable dans les six mois de la visite (art. L. 16 B V LPF)[893]. Si ce n'est pas le cas, la sanction du non-respect du délai sera l'inopposabilité des informations recueillies au contribuable[894]. En droit pénal, les pièces et documents saisis doivent être également restitués à l'occupant des lieux dans un délai de six mois à compter de la visite. La sanction du non-respect de ce délai de restitution n'est pas l'irrégularité des opérations, mais l'inopposabilité à l'intéressé des informations recueillies comme en droit fiscal. On peut critiquer cette solution sur un plan fiscal, en ce qu'elle diffère de la sanction qui est applicable en matière de vérification fiscale. Le régime juridique de la saisie d'objets lors d'une perquisition est finalement identique en droit fiscal et en droit pénal.

409. En Grande-Bretagne, le principe est que l'emport de documents par les agents de l'*Inland Revenue* n'est possible qu'en cas de fraude grave et nécessite l'obtention d'un mandat judiciaire (*warrant*)[895]. Les agents des impôts ne peuvent saisir des documents qu'à condition qu'ils aient une raison valable de penser qu'il s'agit d'éléments de preuve relatifs à

[891] Cass. com., 12 nov. 1996, *Sté BP France*, *RJF* 1997, n° 141 ; 19 nov. 2003, *Sté Screg*, *RJF* 2004, n° 619.
[892] Cass. com., 19 nov. 2003, *Sté Screg*, *ibid.*
[893] Si des poursuites pénales sont engagées, leur restitution doit être autorisée par l'autorité judiciaire compétente.
[894] Cass. com., 19 déc. 1995, *Rachlin*, *RJF* 1996, n° 314.
[895] *Cf. supra* n° 111 et s.

fraude alléguée[896]. L'article 149 de la loi de finances pour 2000[897] a introduit un nouvel article 20 BA (s. 1AA) dans le *Taxes Management Act* qui a pour but de rendre plus facile la recherche et la saisie de documents, dans le cas où les agents du fisc auraient des éléments en leur possession qui leur feraient suspecter une fraude grave (*reasonable grounds for suspecting serious fraud*). Ainsi, dans le cas où une tierce personne posséderait des documents ou preuves ayant un lien avec la fraude présumée, la procédure sera accélérée, le juge (*Circuit Judge* en Angleterre) pourra émettre un ordre à la personne de transmettre ces documents à l'administration fiscale. La réforme a été plus loin, et par le biais de l'amendement de l'article 20 C du *TMA* par l'article 150 de la loi de finances pour 2000, il est désormais possible de préférer cette nouvelle procédure moins contraignante de l'article 20 BA du *TMA* si elle est plus appropriée, à la procédure originaire qui exige l'octroi d'une ordonnance. L'intérêt de cette nouvelle procédure est donc d'éviter à l'administration de dépêcher ses agents dans l'habitation d'une personne qui n'est pas elle-même suspectée pour saisir des documents de fraude. Car elle pourra les obtenir grâce à l'intervention du juge qui délivrera au tiers un ordre de transmission des documents concernés à l'administration. Cette modification législative a donc pour conséquence de faire sauter une étape préalable contraignante pour l'*Inland Revenue*, mais n'est ce pas finalement au détriment de tout débat contradictoire ?

Cependant, la réforme a prévu des gardes fous à cette extension des prérogatives de l'*Inland Revenue* en matière de saisie de pièces à conviction. La décision de demander une injonction judiciaire doit être ainsi approuvée par les autorités hiérarchiques : le *Senior officer de la Cross Cutting Policy branch of the Inland Revenue* ou du *Special Compliance Office* (SCO) ou encore le *Deputy Director* du SCO[898].

---

896 QBD, *Regina v O'Kane and Another, Ex Parte Northern Bank Ltd,* 3 oct. 1996 : l'administration ne peut pas supputer l'existence des documents allégués, elle doit démontrer la probabilité de leur existence.

897 *Cf. Inland Revenue, Press Release*, 7 avr. 2000; *Simons Weekly Tax Intelligence* (2000), 572.

898 "*The decision to apply for an Order must be approved in writing by a senior officer in our Cross Cutting Policy branch of the Inland Revenue or Special Compliance Office (SCO). The Senior Civil Service (SCS) is described by Section 5 of the Civil Service Management Code, which sets out the common terms and conditions for this group. Paragraph 5. 1.1 of the Code describes the SCS as comprising the most senior staff in departments and agencies. The SCS is broadly equivalent to Grade 5 and upward in the former grade system. The Director and Deputy Directors in the Special Compliance Office, and the Director and Assistant Directors in Cross Cutting Policy are members of the SCS. In most cases the decision to apply for an Order will be*

410. En Allemagne, l'emport des documents est également subordonné à l'existence supposée d'une fraude fiscale[899] et là encore un mandat de saisie est exigé. Ainsi, comme on a pu le voir, le droit des procédures fiscales allemand est « pénalisé », c'est-à-dire que la mise en œuvre de certaines procédures est réservée à des cas qui tombent normalement sous le joug de la loi pénale.

411. L'étude du droit comparé nous enseigne en fin de compte que la législation française en matière d'emport de documents, d'objets ou de données informatiques est nettement plus proche des législations allemandes et anglaises et semble atteindre une harmonie satisfaisante entre ces pouvoirs exorbitants du fisc justifiés toujours par la volonté de lutter contre une fraude fiscale créatrice d'inégalités entre les contribuables et le nécessaire respect de leur intimité et de leur propriété.

412. L'emport de pièces ou documents par les agents des impôts peut aussi advenir lors d'une vérification fiscale.

II. L'emport de documents lors d'une vérification fiscale

413. En matière de vérification de comptabilité, le vérificateur ne peut emporter les documents comptables à son bureau qu'à titre exceptionnel[900]. Et sous réserve d'obtenir le consentement écrit préalable du contribuable[901] et de lui remettre une décharge écrite.

---

considered by Deputy Director in the SCO, who can only approve an application for an Order if he or she has reasonable grounds for suspecting serious fraud. The name of the officer who approved the decision will be shown on the 'notice of application", *Code of Practice* 22 (*Orders for the Delivery of Documents*) ; http://www.hmrc.gov.uk/leaflets/c11.htm.

[899] Toutefois à la différence du droit anglais, le droit allemand ne fait pas référence à la gravité de la fraude.

[900] L'administration dans un commentaire sur l'arrêt du 21 mai 1976 (*BODGI* 13 L-12 –76, 16 sept. 1976 ; *DF* 1976.II.5209) rappelle à ses services le caractère exceptionnel de l'emport des documents : « L'attention est tout spécialement appelée sur la nécessité de conserver un caractère exceptionnel à l'application de ces dispositions. Celles-ci ne devraient trouver à s'appliquer que dans les entreprises de petite dimension qui n'ont pas toujours la possibilité matérielle d'accueillir, pendant une période excédant parfois plusieurs semaines, l'agent chargé de procéder à l'examen de leur situation fiscale. Elles ne sauraient d'autre part, avoir pour conséquence de priver le contribuable des

C'est qu'en principe la vérification fiscale se déroule au siège de l'entreprise contrôlée, ce n'est donc que pour des raisons pratiques[902] ou sur accord de celle-ci que la vérification peut se transposer au bureau du vérificateur. Ce qui, dès lors, entraîne un emport des documents par ce dernier. Le vérificateur devient dès le moment de l'emport, un dépositaire temporaire de ces documents. C'est-à-dire qu'il lui incombe la charge de les garder et de les restituer en nature au sens de l'article 1915 du Code civil.

414. Autre condition émise : l'emport des documents doit avoir lieu pendant la vérification[903] et pour les besoins de la vérification de comptabilité. Le contribuable doit se voir remettre un reçu détaillé des pièces, qui lui seront rendues au plus tard à la fin de la vérification. La jurisprudence apprécie de façon stricte ces différentes conditions : accord préalable, délivrance d'un reçu et restitution des documents.

415. La nécessité d'un accord préalable du contribuable justifie que soit considérée comme irrégulière, la vérification où l'agent des impôts a emporté des documents, sans obtenir cet assentiment. Une partie du contentieux relative à cette condition porte sur la réalité de l'accord du contribuable. Les juges doivent au cas par cas examiner si condition est bien remplie en l'espèce. Ainsi, une lettre rédigée et signée par le contribuable, aux termes de laquelle ce dernier « confie » au vérificateur son livre de recettes, n'établit pas qu'il lui aurait demandé d'emporter ce document comptable[904].

Des différends peuvent également survenir concernant cette première condition dans des cas où l'accord est donné par une personne autre que le contribuable en cause. Cela peut être par exemple, l'épouse[905] ou encore le coexploitant d'un fonds de commerce[906].

---

garanties que la loi lui accorde, ni de dénaturer le caractère contradictoire de la procédure de vérification ».

[901] Le consentement du contribuable ne peut en effet intervenir postérieurement à la clôture de la vérification de façon rétroactive ; CE, 3 juill. 1985, n° 32. 294, *DF* 1985, c. 2180; *RJF* 1985, p. 691.

[902] *Cf. infra,* n° 809 et s.

[903] Les documents ne peuvent être emportés après la vérification et notamment après la notification de redressements ; CE, 3 déc. 1990, *Lassourd*, n° 66. 385, *DF* 1991, c. 147, concl. Arrighi de Casanova ; *RJF* 1991. 124.

[904] CE, 13 nov. 1991, n° 75.430, *RJF* 1992, p. 76.

[905] CE, 21 avr. 1989, n° 54.763, *DF* 1989, c. 1482 ; *RJF* 1989, p. 367.

[906] CAA Bordeaux, 13 mai 1996, n° 92. 799, *RJF* 1996, n° 1181.

L'acceptation supposée d'une personne sans qualité pour présenter la demande n'est pas considérée comme recevable par les juridictions administratives. Ce qui nous semble une solution sage, si l'on considère la gravité de la procédure en cause.

416. Le non-respect de l'obligation pour l'administration de délivrer un reçu est également sanctionné par l'irrégularité de la vérification[907]. Enfin, l'obligation pour l'administration de restituer les documents emportés avant la fin de la vérification explique que dans les cas où le vérificateur rendrait ces documents à une date postérieure à la fin de la vérification[908], la sanction encourue soit la nullité de la procédure mise en œuvre.

417. On voit donc bien que la jurisprudence est particulièrement rigoureuse lorsqu'elle est confrontée à des cas d'emport de biens d'un contribuable, personne physique ou personne morale. Si, dans les hypothèses envisagées, la privation temporaire de ces documents ou objets n'aura pas en général de conséquences graves pour le contribuable, le vérificateur, pouvant très bien se contenter de photocopier les documents en cause. Dans d'autres situations, en revanche, la privation temporaire de la jouissance d'un bien peut être néfaste notamment pour une entreprise. Ce qui explique que la violation alléguée du droit de propriété en matière de procédures fiscales ait servi de fondement à des actions en justice. Le Conseil constitutionnel eut ainsi à connaître de ce moyen dans sa décision du 30 décembre 1981. Les requérants estimaient qu'un article de la loi de finances pour 1982, autorisant les agents de l'administration fiscale à procéder à des tests de contrôle des procédures de traitement automatisé de la comptabilité était inconstitutionnel, car contraire à l'article 17 de la Déclaration des droits de l'homme et du citoyen, en ce qu'il ne prévoyait pas d'indemnisation pour privation temporaire de jouissance du matériel d'entreprise. La Cour suprême écarta le moyen et jugea « qu'aucune règle constitutionnelle n'impose l'indemnisation des sujétions subies par une entreprise du fait du contrôle fiscal »[909]. La solution est sans surprise, car il va de soi que, de par leur nature, les prérogatives de l'administration

---

[907] CE, 27 fév. 1991, n° 72.572, *RJF* 1991, p. 285.

[908] CE, 21 juill. 1989, n° 52.156, *RJF* 1989, P. 586 ; *DF* 1989, c. 2327; 14 mai 1992, n° 66. 884, *RJF* 1992, n° 1199.

[909] Cons. const. , Déc. n° 81-133 DC, 30 déc. 1981, *Examen de la loi de finances pour 1982* ; *Rec.*, p. 41 et s.

des impôts attentent au droit de propriété[910]. En revanche, le juge est chargé de contrôler que cette atteinte ne soit pas injustifiée ou exagérée selon les cas (contrôle de proportionnalité).

418. S'agissant des procédures de recouvrement de l'impôt, le contribuable bénéficie de deux catégories de voies de recours. La première est relative à la suspension des poursuites (sursis de paiement, référé fiscal et le sursis à exécution)[911]. Alors que la seconde porte sur les oppositions aux actes effectifs de poursuites (ATD, différentes saisies). La difficulté pour le contribuable proviendra ici du fait que ces recours doivent être formés selon les cas soit devant le juge judiciaire, soit devant le juge administratif, ce qui rend difficile la lisibilité du contentieux du « recouvrement » par le contribuable[912]. Ainsi, en ce qui concerne les oppositions aux actes de poursuites, il faut en outre distinguer entre le contentieux dit d'« opposition à poursuites » (compétence du juge de l'impôt selon les règles habituelles) et le contentieux dit « d'opposition à contrainte » (compétence du juge civil)[913]. Ces distinctions qui sont de plus à l'origine de nombreuses différences liées aux motifs et aux moyens invoqués dans les mémoires contentieux[914] renvoient du contentieux du recouvrement, une image hybride et floue qu'il conviendrait peut-être d'éclaircir davantage.

S'agissant enfin, de la saisie de biens du contribuable dans le cadre du droit de visite et de saisie ou d'une vérification de la situation fiscale du contribuable, le droit fiscal ainsi que la jurisprudence encadre de façon satisfaisante cette privation temporaire encourue par le contribuable. Au vu des droits étrangers, le droit français en la matière se montre particulièrement attentif au respect du droit de propriété du contribuable. Il l'est ainsi davantage que le droit espagnol en cas de saisie de biens au cours d'une perquisition fiscale[915].

---

[910] *GDCC*, n° 34, p. 569.

[911] « Ces procédures (…) visent à obtenir des juridictions, la suspension d'une décision d'imposition matérialisée par un AMR ou un avis d'imposition, sans que le débiteur de l'impôt attende l'intervention matérielle d'un acte de recouvrement de l'impôt » ; M. Douay, *Le recouvrement de l'impôt*, coll. « Systèmes », LGDJ, 2005, p. 183.

[912] *Cf. infra* n° 723 et s. pour les difficultés engendrées par cette dualité de compétences en droit fiscal.

[913] Art. L. 281, L. 282, R. 281-1 à R. 281-5 et R. 282-1 du LPF.

[914] M. Douay, *op. cit.*, p. 187.

[915] *Cf. supra* n° 411.

Chapitre 2. L'APPRÉHENSION DES BIENS DU CONTRIBUABLE DU FAIT DU PAIEMENT DE l'IMPÔT

419. C'est un lieu commun de dire que le contribuable du fait du paiement de l'impôt voit son patrimoine lesté du montant payé au fisc. Paiement qui est justifié par la nécessité de contribuer aux charges publiques. Mais si le montant cumulé des impositions payées par le redevable excède une certaine proportion de ces revenus, et fragilise par conséquent la position financière de celui-ci, ne peut-on pas affirmer alors qu'il s'agit d'un impôt confiscatoire ? (**Section 1**). Dans le même ordre idée, on peut s'interroger sur les garanties dont bénéficient le redevable contraint de s'acquitter d'une pénalité fiscale (**Section 2**).

Section 1. La question de l'impôt confiscatoire

420. On ne saurait concevoir qu'un État puisse disposer d'un droit illimité d'imposer, car cela reviendrait à anéantir le patrimoine des contribuables et à nier par conséquent le droit de propriété. Un impôt qui prélèverait un certain montant du patrimoine du redevable serait alors confiscatoire.

Locke avait écrit sur cette question que « le pouvoir suprême ne peut enlever à aucun homme aucune partie de sa propriété sans son propre consentement. (...) donc, parce que les hommes en société ont une propriété, ils ont, sur les biens qui leur appartiennent par la loi de la communauté, un droit dont personne n'a le droit de leur enlever la substance, ni même une partie sans leur propre consentement ; autrement ils n'ont absolument aucune propriété. Car je n'ai aucune véritable propriété sur une chose qu'un autre a le droit de m'enlever sans mon consentement lorsqu'il lui plaît »[916]. On peut en effet admettre par le biais de la représentation nationale et donc du consentement de l'impôt que les patrimoines des contribuables soient érodés afin de faire face aux dépenses publiques et de contribuer à la justice redistributive, mais il ne saurait question pour autant d'aller plus loin en expropriant ou en confisquant la majeure partie de leurs patrimoines. La question incidente

[916] J. Locke, *Le second traité du gouvernement*, 1690, XI, 138, PUF, 1994, p. 101. *Cf.* également les développements d'E. DeCrouy Chanel sur l'impôt et la propriété, *La citoyenneté fiscale*, Archives de philosophie du droit, *L'impôt*, t. 46, pp. 44-46.

de l'usage fait des rentrées financières par l'État a fait, par ailleurs l'objet de réflexions critiques de Benjamin Constant : « On se tromperait en supposant que l'inconvénient des impôts excessifs se borne à la misère et aux privations du peuple (…) le peuple n'est pas misérable seulement, parce qu'il paie au- delà de ses moyens, mais il est misérable par l'usage que l'on fait de ce qu'il paie »[917].

La déclaration de 1789 en son article 13 déclare que chacun doit contribuer en fonction de ses facultés personnelles[918]. Une loi de finances qui irait à l'encontre de cette règle protectrice du contribuable et des libertés serait injuste et inconstitutionnelle[919].

Instaurer des impôts confiscatoires viendrait également à abaisser le droit de propriété au rang de droit mineur, voire à le déjuridiciser. C'est pour cette raison que les Cours constitutionnelles d'États européens tels que la France, l'Allemagne ou encore l'Espagne ont eu à protéger ce droit à valeur constitutionnel qu'est le droit de propriété contre des prélèvements excessifs. La question qui leur était soumise était de savoir à partir de quel seuil, on doit considérer que le cumul des impôts payés par un contribuable porte attente à sa propriété, en le forçant à vendre des biens pour s'acquitter de sa dette fiscale (aliénation forcée du patrimoine).

C'est l'impôt de solidarité sur la fortune (ISF) qui soulève particulièrement la question de l'expropriation. Dans les recours intentés auprès de la Cour de cassation, les requérants font souvent valoir que l'ISF constitue une discrimination prohibée tant par la Constitution, que par les conventions internationales et conduit à une expropriation sans indemnité[920]. De plus, l'incidence de l'impôt sur leur situation patrimoniale les priverait de la liberté d'entreprendre (art. 1er de la Charte sociale européenne du 18 octobre 1961 ; art. 6 et 7 du Pacte international relatif aux Droits civils et politiques du 19 décembre 1966 et art. 4 de la Déclaration des droits de l'homme et du citoyen du 26 août 1789).

Ces différentes questions montrent les difficultés engendrées à l'heure actuelle par l'impôt sur la fortune dans les différents pays de l'Union quant à la protection du patrimoine du contribuable. Nous verrons donc

---

917 B. Constant, *Écrits politiques*, *op. cit.*, pp. 455-456.

918 On retrouve la même règle à l'article 53 de la Constitution italienne.

919 D. Gutmann, *Les lois de finances à l'ère des principes*, *Droit et Patrimoine* 2006, n° 145, pp. 38-39.

920 *Cf.* par exemple : Cass. com., 13 nov. 2003, n° 01-15611, *DF* 2004, n° 53, comm. 940 ; *Dr. sociétés* 2004, comm. 34, note J.-L. Pierre ; *RJF* 2004, n° 3. 325 ; *BGFE* 2004, n° 2, p. 25, obs. N. Courrech du Pont.

successivement les réponses données à la question centrale du caractère confiscatoire ou non de l'impôt sur la fortune par la jurisprudence allemande (**Sous-section 1**), française (**Sous-section 2**) et espagnole (**Sous-section 3**).

421. La jurisprudence anglaise quant à elle n'a pas pour le moment consacré le principe de non-confiscation, même si la protection de la propriété fait l'objet d'un nombre croissant de jugements au Royaume-Uni, depuis l'entrée en vigueur le 2 octobre 2000 du *Human Rights Act*. Ainsi, dans un arrêt de 2001, un recours fondé sur l'article 1er du premier Protocole de la Convention européenne fut rejeté par le juge J. Burton qui considéra que l'accroissement de la charge fiscale n'était pas si grand qu'elle pourrait constituer une confiscation de la propriété, ou être perçue comme une interférence fondamentale avec la situation financière des contribuables ou encore comme un abus du droit de l'État de lever l'impôt[921].

Sous-section 1. La jurisprudence allemande

422. La Cour constitutionnelle allemande dans sa célèbre décision du 22 juin 1995 a considéré que, dans le cas où le total des impôts supporté par un contribuable excéderait 50 % du total des revenus dérivant de ses biens (principe de la division par moitié), il y a violation du droit constitutionnel de libre disposition de sa propriété[922] (art. 14 de la Loi fondamentale[923]). Cette décision avait été précédée par une autre sur les droits de succession qui avait fait référence à ce principe de non-confiscation[924].

423. Pour la Cour, il découle de ce principe que « le législateur fiscal ne peut appréhender à sa guise la fortune privée et que le particulier a, en vertu de la Loi fondamentale, droit à ce que lui soient conservées l'utilisation de sa fortune et sa libre disposition » (C, II, b). En outre,

---

[921] [2001] EWHC Admin 236; [2001] STC 629: Queen's Bench Division, Administrative Court.

[922]C. const. féd., 22 juin 1995, *op. cit.*, 2 Bvl 37/91, *BStBl.* II 1995, 655 ; D. Kieliszek, *La réforme fiscale en Allemagne*, *Droit et patrimoine* 1997, n° 46, pp. 14-15

[923] « (1) La propriété et le droit de succession sont garantis.
Leur contenu et leurs limites sont fixés par la loi.
(2) Propriété oblige. Son usage doit contribuer en même temps au bien commun ».

[924] 2 Bvr 552/91.

était violé selon la Cour, le principe d'égalité de l'article 3 alinéa 1 de la loi fondamentale[925] du fait de discordances qui existaient dans l'évaluation des biens. La décision de la Cour de Karlsruhe a fait grand bruit et a suscité beaucoup de réactions[926]. Elle a notamment abouti à une abolition tacite de l'impôt sur la fortune. Pour la doctrine allemande, la Cour a posé le principe de la division par moitié (*Halbteilungsgrundsatz*) selon lequel l'impôt ne saurait prélever plus de la moitié des revenus du contribuable. Elle considère que cela constitue un guide pour l'avenir pour le législateur en matière fiscale[927]. L'administration a quant à elle estimé dans une note informative que cette décision n'avait pas à être prise en compte par les autorités administratives. Et donc, que celles-ci devaient rejeter tout recours fondé sur ce moyen.

424. Cette décision novatrice de la Cour de Karlsruhe a été étonnamment très peu commentée par la doctrine française qui pourtant est assez critique envers la jurisprudence timide développée par ses juridictions sur la notion d'impôt confiscatoire[928].

Sous-section 2. La jurisprudence française

425. En France, la question du caractère confiscatoire des impositions s'est posée à propos de l'ISF. Le Conseil constitutionnel (**I**) et le juge judiciaire ont eu à connaître de cette question (**II**).

I. La jurisprudence constitutionnelle

426. Le Conseil constitutionnel avait affirmé dans sa décision du 30 décembre 1981 que l'impôt sur la fortune est appelé normalement à être

---

925 Qui dispose que « Tous les êtres humains sont égaux devant la loi ».

926 Le juge professeur Böckenforde, dans une opinion dissidente, estima que la Cour avait outrepassé ses attributions, car il ne lui appartenait pas d'adresser à l'avance au législateur des directives, mais uniquement de contrôler les lois promulguées.

927 *Cf.* K. Tipke et J. Lang, *Steuerrecht*, 15e éd., 1996, § 30 II.

928 *Cf.* J. Grosclaude, *De l'inconstitutionnalité de l'imposition de la fortune en Allemagne et en France*, *DF* 2002, n° 24, pp. 879-883.

acquitté sur les revenus des biens imposables[929]. Il en avait donc conclu que l'imposition de l'usufruitier est conforme à l'article 13 de la Déclaration de 1789.

Dans une décision ultérieure du 29 décembre 1998[930], le Conseil constitutionnel eut à se prononcer sur la prétendue inconstitutionnalité des articles 13 et 15 de la loi de finances pour 1999. Selon les requérants, l'article 13 portant à 1,8 % le taux de l'impôt de solidarité sur la fortune applicable à la fraction de la valeur nette taxable du patrimoine supérieure à 100 millions de francs, avait pour conséquence, par ses effets sur le patrimoine des contribuables, de porter atteinte à leur droit de propriété. Le Conseil jugea qu'un tel taux prend bien en compte les facultés contributives des citoyens concernés et que, contrairement à ce que soutenaient les députés requérants, il n'a pas pour conséquence, par ses effets sur le patrimoine de ces contribuables, de porter atteinte à leur droit de propriété[931]. L'article 15 de la loi de finances quant à lui prend en compte, pour l'établissement de l'impôt de solidarité sur la fortune, pour leur valeur en pleine propriété, les biens ou droits dont la propriété est démembrée, à compter du 1er janvier 1999, dans le patrimoine de la personne qui est l'auteur de ce démembrement, qu'elle se soit réservé soit l'usufruit ou le droit d'usage ou d'habitation, soit la nue-propriété. Il énumère toutefois les cas dans lesquels les biens ou droits sont compris, respectivement, dans les patrimoines du propriétaire, auteur du démembrement de propriété, et du bénéficiaire de celui-ci, dans les proportions déjà fixées à l'article 762 du Code général des impôts. Le régime antérieur qui imposait, sauf exception, le bien démembré dans le patrimoine de l'usufruitier, se trouvait donc modifié, à des fins de lutte contre l'évasion fiscale. Les sénateurs requérants soutenaient qu'en imposant un bien dans le patrimoine du nu-propriétaire cet article méconnaissait les exigences de l'article 13 de la Déclaration des droits de l'homme et du citoyen, qui imposeraient que ne puisse être assujetti à l'impôt sur la fortune que celui qui perçoit les revenus des biens ou droits taxables. Ce qui n'est pas le cas du nu-propriétaire qui est privé de l'*usus* et du *fructus* sur la chose, dont l'exercice est attribué à l'usufruitier[932].

---

929 Cons. const., 30 déc. 1981, Déc. n° 81-133 DC, *op. cit.*

930 Cons. const., 29 déc. 1998, Déc. n° 98-405 DC, *op. cit.*

931 En ce sens : Cons. const., Déc. n° 83-164 DC, 29 déc. 1983, *Rec.* p. 67 et cons. 10 ; Déc. n° 89-268 DC, 29 déc. 1989, *Rec.* p. 110, cons. 78

932 *Cf.* pour plus de détails sur cette distinction : C. Larroumet, *Droit civil. Les biens, droits réels principaux*, 4e éd., Economica, 2004, n° 562 et s.

La question était donc de savoir si les nouvelles dispositions méconnaissaient la règle, extraite par le Conseil constitutionnel de l'article 13 de la Déclaration, selon laquelle l'impôt sur la fortune doit frapper la capacité contributive que confère la détention d'un patrimoine et qui résulte des revenus en espèces ou en nature produits par ces biens. Cette règle conduisant à n'assujettir non pas le nu-propriétaire, mais celui qui bénéficie des revenus ou avantages afférents aux biens dont la propriété est démembrée[933]. Le Conseil donna raison aux requérants en considérant que la règle énoncée dans sa décision de 1981 serait méconnue dès lors qu'un bien serait imposé, qui plus est pour sa valeur en pleine propriété, dans le patrimoine d'un nu-propriétaire, qui ne tirerait aucun revenu de son patrimoine. Il en résulte qu'en principe, c'est l'usufruitier qui est assujetti à l'ISF, sous réserve de quelques exceptions[934].
La position de la Cour suprême pourrait bien être une source future d'inconstitutionnalité potentielle de l'ISF, dans la mesure où celui-ci frappe des biens non productifs de revenus.

II. La jurisprudence judiciaire

427. La chambre commerciale de la Cour de cassation s'est engagée dans la même voie que le Conseil constitutionnel, en reconnaissant le principe de non-confiscation en droit français à l'occasion d'un pourvoi visant à établir le caractère confiscatoire de l'ISF[935] : « qu'en l'espèce, il a été démontré que le poids des prélèvements mis à leur charge est manifestement excessif en ce qu'il aboutit à l'aliénation forcée de leur patrimoine; que les textes tant nationaux qu'internationaux prohibent l'institution de charges exorbitantes, hors de proportion avec l'objectif d'intérêt général poursuivi par un État ; qu'en conséquence, dans le cas d'espèce le prélèvement opéré est contraire aux stipulations de l'article 1er du Protocole additionnel à la Convention européenne de sauvegarde des droits de l'homme et des libertés fondamentales du 4 novembre

---

[933] Cons. const., 30 déc. 1981, *op. cit.*
[934] Il existe quelques exceptions pour lesquelles le nu-propriétaire et l'usufruitier sont imposés séparément, suivant une répartition qui dépend de l'âge de l'usufruitier (art. 669 C. civ.). Au lieu d'être taxé sur la valeur en pleine propriété du bien, l'usufruitier ne supporte l'impôt que sur la seule valeur de son droit d'usufruit calculée en utilisant un barème. De son côté, le titulaire de la nue-propriété est imposable sur la valeur de celle-ci.
[935] Cass. com., 13 nov. 2003, *op. cit.*

1950, des articles 2 et 17 de la Déclaration des droits de l'homme et du citoyen, de l'article 55 de la Constitution du 4 octobre 1958 et de l'article 885 V *bis* du CGI, qui ont été méconnus et la cassation est de ce chef encore certaine ; Mais attendu que la cour d'appel a retenu, par une appréciation souveraine, que M. et Mme X... ne justifiaient pas avoir été dans l'obligation de céder une partie de leur patrimoine pour acquitter leurs charges fiscales et que le caractère confiscatoire des impositions mises à leur charge n'était pas établi ; qu'il résulte de ces constatations que, contrairement aux énonciations du moyen, l'impôt exigible n'a conduit ni à l'expropriation des redevables ni à l'aliénation forcée de leur patrimoine ; que le moyen manque en fait ».

Les requérants réclamaient en l'espèce la restitution de l'impôt de solidarité sur la fortune acquitté au titre des années 1996 et 1997, à concurrence des montants respectifs de 287 415 francs et 286 022 francs, correspondant à la différence entre la moitié de leurs revenus et le total des impôts supporté par leur foyer fiscal et subsidiairement le dégrèvement total des redressements notifiés au titre de l'ISF des années 1995, 1996 et 1997, par lesquels ont été réintégrés les gains nets de cession de valeurs mobilières omis dans le calcul du plafonnement défini par l'article 885 V *bis* du Code général des impôts.

Cet arrêt illustre le nombre de recours de plus en fréquents à l'heure actuelle, visant à obtenir la restitution ou la non-application selon les cas, de l'impôt de solidarité sur la fortune au motif qu'il serait confiscatoire.

La motivation des recours est généralement identique : le montant des prélèvements fiscaux (ISF compris) atteindrait la moitié des revenus disponibles perçus par les plaignants qui se verraient dès lors contraints de « se prélever sur la substance même de leur patrimoine pour faire face au paiement des différents impôts exigibles »[936]. Ce seuil élevé constituerait donc une charge exorbitante qui serait hors de proportion avec le but d'intérêt général poursuivi.

Le seuil critique de la moitié des revenus invoqué par les plaignants provient du principe posé par l'arrêt du 22 juin 1995 de la Cour constitutionnelle allemande[937].

Les textes les plus souvent invoqués sont soit des textes de droit interne (art. 2 et 17 Décl. 1789 ; art. 885 V *bis* CGI) soit des textes européens (art. 1er du premier Protocole additionnel à la CESDH).

---

[936] Cass. com., 13 nov. 2003, *op. cit.*

[937] *Cf. supra* n° 422 et s.

L'arrêt du 13 novembre 2003 est important, car s'il ne relève pas en l'espèce le caractère confiscatoire de l'impôt, il reconnaît de façon théorique que ce caractère confiscatoire puisse entraîner la non-application de l'imposition.
La juridiction suprême afin de rejeter le pourvoi, relève que si les moyens n'étaient pas inopérants en droit, ils manquaient en fait. Les circonstances de l'espèce ne permettaient pas d'affirmer que l'impôt était confiscatoire. La chambre commerciale n'a donc pas tranché la question sur le fond. Mais cet arrêt ouvrait cependant la voie à une décision ultérieure qui trancherait enfin la question sur le fond.

428. Dans arrêt récent, la Cour de cassation a eu l'occasion de se prononcer en droit sur l'aspect confiscatoire ou non de l'ISF au regard de la jurisprudence du Conseil constitutionnel et de l'article 1er du premier protocole additionnel à la CESDH. Cette décision attendue était prévisible selon un auteur qui relève que « n'examinant pas véritablement les moyens invoqués par les requérants, l'arrêt du 13 novembre 2003, rendu en formation restreinte et qui n'était pas publié au Bulletin de la Cour de cassation, ne pouvait que laisser attendre que cette dernière se prononçât en droit sur la question du caractère confiscatoire de l'ISF »[938].

429. La juridiction suprême a néanmoins une nouvelle fois jugé que l'ISF ne présentait pas un caractère confiscatoire contraire à l'article 1er du premier protocole additionnel à la CESDH pour deux motifs :

- du fait des caractéristiques de l'impôt en cause ;
- du fait que les prélèvements d'ISF et d'impôt sur le revenu à la charge des requérants n'étaient pas supérieurs à leurs revenus[939].

La Cour de cassation était donc amenée à se prononcer sur le plafonnement de l'ISF (art. 885 V *bis* CGI[940]) qui peut autoriser des

[938] Cass. com., 25 janv. 2005, n° 03-10.068, *Epx Imbert de Trémoilles*, *JCP E* 2005, n° 20, note J.-L. Pierre, p. 838.
[939] Cass. com., 25 janv. 2005, *ibid.*
[940] Art. 885 V *bis* : L'impôt de solidarité sur la fortune du redevable ayant son domicile fiscal en France est réduit de la différence entre, d'une part, le total de cet impôt et des impôts dus en France et à l'étranger au titre des revenus et des produits de l'année précédente, calculés avant imputation de l'avoir fiscal, des crédits d'impôts et des retenues non libératoires, et d'autre part, 85 p. 100 du total des revenus nets de frais professionnels de l'année précédente après déduction des seuls déficits catégoriels dont

prélèvements fiscaux supérieurs à 85 % des revenus ou parfois même supérieurs aux revenus. Ces considérations pouvaient donc laisser penser qu'il y avait là atteinte à l'article 1er du premier protocole, alors même que ce plafonnement avait été instauré en 1989 par le législateur, notamment pour que l'ISF ne porte pas atteinte trop lourdement au droit de propriété.

430. Pour la Haute cour, les juges du fond n'ont pas méconnu ce dispositif en relevant « que le droit que possèdent les États de mettre en vigueur des lois, qui réglementent l'usage des biens conformément à l'intérêt général, ou pour assurer le paiement de l'impôt, n'est pas contraire au principe selon lequel toute personne physique a droit au respect de ses biens », et en retenant « que l'impôt de solidarité sur la fortune s'inscrivait dans ce cadre, dès lors que ses principes de fonctionnement et modalités de calcul sont précisés par une loi, qui n'a pas été déclarée contraire aux principes constitutionnels, que sa finalité est celle, évidente de l'intérêt général auquel contribue toute imposition, et que la proportionnalité entre les moyens employés et le but visé ne peut être sérieusement contestée, la loi notamment avec le système de plafonnement, maintenant un juste équilibre entre les exigences de l'intérêt général et les impératifs de la sauvegarde des droits de l'homme ». De plus, « l'impôt de solidarité sur la fortune comportant plusieurs tranches tenait compte des facultés contributives de chacun des redevables à raison de l'importance et de la nature du patrimoine qui en constituait l'assiette ».

Pour certains commentateurs qui attendaient une décision tout autre de la chambre commerciale, la déception fut grande. Ainsi pour Jean-Luc Pierre, « seule une appréciation incomplète de ce que doit être un mécanisme de plafonnement de l'impôt permet d'exclure toute qualification de prélèvement confiscatoire ». Il ajoute par ailleurs que cette décision « prolonge une situation où des redevables de l'ISF doivent soit céder une partie de leur capital pour payer leurs impositions, soit s'expatrier vers des pays plus cléments. La situation de prélèvements dépassant la réelle capacité économique contributive du contribuable, aberrante dans une économie de marché amène en effet à des transferts de résidence fiscale à l'étranger »[941].

---

l'imputation est autorisée par l'article 156, ainsi que des revenus exonérés d'impôts sur le revenu réalisés au cours de la même année en France ou hors de France et des produits soumis à un prélèvement libératoire (...).

[941] J.-L. Pierre, *op. cit.*

431. Des critiques peuvent être formulées à deux niveaux :

- au niveau législatif, où il faut revoir le plafonnement de l'ISF qui est incomplet[942] et trop complexe[943] ;
- et au niveau jurisprudentiel, où l'état de la jurisprudence actuelle appelle une consécration législative du principe de non-confiscation en droit français à l'instar du droit allemand.

Il semble que cet appel ait été entendu, car la loi de finances pour 2006 (art. 74) a instauré un plafonnement des impositions à 60 % des revenus engrangés par le contribuable (« bouclier fiscal »)[944]. La disposition de la loi de finances a d'ailleurs été jugée conforme à la Constitution par le Conseil constitutionnel dans sa décision n° 2005-530 DC du 29 décembre 2005[945] et reprise dans l'article 1er du Code général des

---

[942] Du fait de l'exclusion des impôts locaux.

[943] On pense au plafonnement du plafonnement de l'ISF résultant de la loi de finances pour 1996 ; *Cf.* pour plus de détails : T. Jany, *L'actualité de l'ISF vue au travers de la Constitution*, *Les Nouvelles Fiscales*, 15 juillet 2005, p. 25.

[944] « Bouclier fiscal » : ISF + IR + impôts locaux < 60 %. En cas de dépassement de ces 60 %, il est prévu un remboursement du trop-perçu. *Cf.* J.-E Schoettl, *La loi de finances pour 2006 devant le Conseil constitutionnel*, *Les Petites Affiches* 2006, n° 5, pp. 25-27 ; F. Luzu, *2007 : l'an I du bouclier fiscal*, *DF* 2007, n° 7, 174.
« Le nouveau droit des contribuables à bénéficier de la restitution d'une partie de leurs impôts directs (bouclier fiscal) s'applique aux impositions payées à partir du 1er janvier 2006. Ce droit peut donc être exercé pour la première fois en 2007, au titre des impôts payés en 2006, en tenant compte des revenus réalisés en 2005.
Le contribuable susceptible de bénéficier de ce droit s'entend du foyer fiscal, au sens de l'impôt sur le revenu, redevable des impositions prises en compte pour le calcul de la restitution et fiscalement domicilié en France.
L'impôt à restituer est calculé en comparant le montant des impôts directs payés au cours d'une année (IR, ISF, taxes foncières et taxe d'habitation afférentes à l'habitation principale) au montant des revenus réalisés par le contribuable l'année précédente » ; *BO* 13 A-1-06, 15 déc. 2006. La fraction des impositions qui excède 60 % des revenus est restituée.

[945] « 61. Considérant que l'article 74 de la loi déférée tend à plafonner la part des revenus d'un foyer fiscal affectée au paiement d'impôts directs ; que son II insère dans le code général des impôts un nouvel article 1er aux termes duquel : " Les impôts directs payés par un contribuable ne peuvent être supérieurs à 60 % de ses revenus " ; que son III crée dans le même code un nouvel article 1649-0 A qui précise les modalités d'application de ce plafonnement ;
62. Considérant que ce nouvel article 1649-0 A institue un droit à restitution de la fraction des impositions excédant le seuil de 60 % mentionné à l'article 1er ; que, selon son 2, sous réserve qu'elles ne soient pas déductibles d'un revenu catégoriel de l'impôt sur le revenu et qu'elles aient été payées en France, les impositions prises en compte sont les impositions directes suivantes : - l'impôt sur le revenu ; - l'impôt de solidarité sur la fortune; - la taxe foncière sur les propriétés bâties, la taxe foncière sur les

impôts. Ce qui revient à l'instar du droit espagnol, à consacrer implicitement dans notre droit un principe de non-confiscation à hauteur de 71 % des revenus du contribuable, car il faut ajouter les 11 % de prélèvements sociaux non compris dans le bouclier fiscal ce qui tend à amenuiser quelque peu l'intérêt du dispositif pour un temps, car le bouclier fiscal devrait être ramené à un plafonnement de 50 % (contributions sociales comprises) dès le 1er janvier 2008.

Sous-section 3. La jurisprudence espagnole

432. En effet, le principe de non-confiscation (*principio de no confiscatoriedad*) est inscrit dans la Constitution espagnole (art. 31-1)[946].

---

propriétés non bâties afférentes à l'habitation principale du contribuable, ainsi que certaines taxes additionnelles à ces taxes ; - la taxe d'habitation afférente à l'habitation principale du contribuable, ainsi que certaines taxes additionnelles à cette taxe ;
63. Considérant que les 4 à 7 du nouvel article 1649-0 A définissent les catégories de revenus qui entrent dans le calcul du droit à restitution ; qu'il s'agit du revenu réalisé par le contribuable au titre de l'année qui précède celle du paiement des impositions et comprenant, sous réserve de certains aménagements et exceptions, les revenus soumis à l'impôt sur le revenu net de frais professionnels, les produits soumis à un prélèvement libératoire et les revenus exonérés d'impôt sur le revenu réalisés au cours de la même année en France ou hors de France ;
64. Considérant que les requérants soutiennent que ces dispositions, en limitant la participation de certains contribuables et en définissant les capacités contributives par rapport aux seuls revenus, méconnaissent le principe d'égalité devant les charges publiques ;
65. Considérant que l'article 13 de la Déclaration de 1789 dispose : " Pour l'entretien de la force publique, et pour les dépenses d'administration, une contribution commune est indispensable : elle doit être également répartie entre tous les citoyens, en raison de leurs facultés " ; que cette exigence ne serait pas respectée si l'impôt revêtait un caractère confiscatoire ou faisait peser sur une catégorie de contribuables une charge excessive au regard de leurs facultés contributives ;
66. Considérant, dès lors, que, dans son principe, l'article contesté, loin de méconnaître l'égalité devant l'impôt, tend à éviter une rupture caractérisée de l'égalité devant les charges publiques ».

[946] La contribución de los ciudadanos se realizará a través de un "*sistema tributario justo inspirado en los principios de igualidad y progresividad que, en ningún caso, tendrá alcance confiscatorio*".
Prohibición constitucional de confiscatoriedad y deber de tributación, F. García Dorado, Editorial Dykinson, 2002 ; *Los principios materiales de justicia tributaria,* J. Manuel Gallego Peragón, Ed. Comares, 2003, 248 p, ch. VI sur le principe de non-confiscation.
On retrouve par ailleurs trace de ce principe, dans des États d'Amérique du Sud, comme la Bolivie, sûrement en raison de l'influence du droit espagnol.

Il est également rappelé à l'article 3 de la *Ley General Tributaria*[947] et à l'article 2-1 de l'importante loi de 1998 sur les droits du contribuable[948]. Selon l'article 31-1 de la Constitution : « Toute personne contribuera aux dépenses publiques, en fonction de sa capacité économique, par un système fiscal juste fondé sur des principes d'égalité et de progressivité qui ne revêtira, en aucun cas, le caractère d'une confiscation ». Cette disposition fut pourtant considérée à ses débuts comme inutile et superflue. Néanmoins, l'intéressant principe qu'elle consacre, non connu en droit français et anglais, pose des limites à l'exercice du pouvoir fiscal : le citoyen ne peut se voir « confisquer » ses biens, ses revenus et les éléments de son patrimoine par l'utilisation faite par les pouvoirs publics de leur pouvoir fiscal sous forme d'impôts « confiscatoires ».

Pour une partie de la doctrine espagnole, un impôt est confiscatoire, quand pour le payer le redevable est contraint de céder une partie de son patrimoine et avec les revenus ainsi dégagés, s'acquitter d'une partie de sa dette fiscale. L'impôt doit être ainsi qualifié de confiscatoire dans la mesure où, par son biais, l'État a pris par voie coercitive, une partie du patrimoine de l'administré, sans compensation directe.
En réalité ce principe reste très « théorique », car une fois les principes posés par l'article 31 remplis (principe de généralité, de justice et d'égalité devant l'impôt, de capacité économique et de progressivité), on ne se pose pas la question de savoir si le système fiscal espagnol est inconstitutionnel en vertu de ce primat de non-confiscation.

433. Le principe d'un impôt non confiscatoire a été consacré à de nombreuses reprises par le Tribunal constitutionnel. Pour la juridiction suprême, ce principe traduit l'idée qu'il ne faut pas confisquer la richesse imposable au nom du devoir de contribuer aux charges publiques. De là, on peut déduire que le législateur est tenu d'établir des limites fondamentales (minimale ou maximale) à l'imposition. Le principe de non-confiscation remplit donc la fonction d'établir des limites au champ d'action du pouvoir fiscal, afin de garantir la conservation et l'amélioration de la richesse imposable comme base fondamentale du devoir de contribuer aux charges publiques.

---

947 Art. 3 : '*La ordenacion de los tributos ha de basarse en la capacidad economica de las personnas llamadas a satisfacerlos y en los principios de justicia, generalidad, igualidad, progessividad, equativa distribucion de la carga tributaria y* ***no confiscatoriedad*** **'.**

948 L'art. 2-1 est rédigé dans les mêmes termes que l'article 3 de la *LGT*.

434. Le Tribunal constitutionnel a fait application de ce principe concernant des prélèvements immobiliers dont le taux était supérieur à 33 %. Il n'en a, en revanche, jamais fait application s'agissant de l'impôt sur le revenu. Le principe de non-confiscation peut être perçu comme une limite à celui de la progressivité qui permet la redistribution des revenus (art. 40 Const. esp.). Néanmoins, il est difficile de déterminer, comme l'a dit, à partir de quel niveau l'impôt en cause doit être perçu comme confiscatoire. Le Tribunal constitutionnel dans certaines décisions a tenté d'apporter une réponse à cette question, en jugeant que le recouvrement peut avoir un caractère confiscatoire quant à la suite de l'application des différents impôts, le sujet passif est privé de ses revenus et de ses possessions[949].

435. Ces jurisprudences européennes posent finalement la question de la juste mesure. À partir de quel seuil de ponctionnement du patrimoine, l'impôt doit-il être déclaré inconstitutionnel, car confiscatoire. Cette façon de poser le problème peut être contestée à l'instar d'un auteur italien qui juge qu'il vaudrait mieux rechercher « comment et par quelle voie les lois de l'Etat, y compris les lois fiscales peuvent raisonnablement déterminer la mesure de ce que je dois considérer comme m'appartenant »[950].

436. Droits accessoires aux impositions, les pénalités fiscales frappent également le patrimoine du contribuable qui s'est avéré coupable de négligence ou de fraude. Revêtant le plus souvent le caractère de sanctions pénales, le redevable doit pouvoir bénéficier des garanties offertes par le droit pénal.

Section 2. La question des sanctions fiscales

437. Si on a pu connaître dans le passé des sanctions fiscales privatives de liberté, comme à Rome où le contribuable qui ne se faisait pas inscrire sur le rôle des censeurs perdait sa liberté en plus de son patrimoine[951], elles n'ont plus aujourd'hui qu'un caractère pécuniaire. Le régime juridique des sanctions fiscales a été fortement remodelé depuis plus d'une décennie. Au confluent du droit administratif, du droit pénal,

[949] SSTC 14/1998 ; 150/1990.
[950] F. Gallo, *op. cit.*, p. 25.
[951] G. Humbert, *Essai sur les finances chez les romains*, t. 1, p. 239.

du droit international et du droit fiscal, il est un des pans de la procédure fiscale qui est le plus touché par ce mouvement de « constitutionnalisation » et de « communautarisation ».

438. Les sanctions fiscales ont pour objet de garantir le respect du système déclaratif[952]. Elles sont composées de sanctions administratives en grande majorité, et de sanctions pénales. L'étude du régime des sanctions fiscales est d'autant plus intéressante, qu'il s'agit « d'un droit en évolution qui s'organise autour de la question des garanties du contribuable »[953].

439. Malgré le fait qu'on relève dans le CGI de nombreuses dispositions relatives aux sanctions fiscales et pénales, il n'y pas de définition légale de la sanction fiscale. L'expression pénalités n'a d'ailleurs « pas de valeur juridique ; elle sert dans la pratique à désigner à la fois les sanctions fiscales et l'intérêt de retard »[954]. C'est pour cela qu'il convient à l'image de la récente ordonnance du 7 décembre 2005 n° 2005-1512 portant diverses mesures de simplification en matière fiscale de distinguer l'intérêt de retard (**Sous-section 1**), de la sanction fiscale (**Sous-section 2**).

Sous-section 1. La notion d'intérêt de retard

440. Nous tâcherons de définir l'intérêt de retard (**I**), avant de s'interroger sur sa comptabilité avec la Convention européenne des droits de l'homme (**II**) et sur la nécessité de réformer son régime juridique (**III**).

I. Définition

441. L'intérêt de retard pour un civiliste correspond aux dommages-intérêts dits moratoires. Ceux-ci ont pour objet « d'assurer la réparation

[952] On les retrouve également en Espagne (Chap. VI *LGT*), en Allemagne et en Grande-Bretagne.
[953] Gilles Bachelier, *les sanctions fiscales dans la jurisprudence du Conseil d'Etat*, *RFFP* 1999, n° 65, p. 32.
[954] Jean Lamarque, *Droit fiscal général*, fasc. 2, *op. cit.*, p. 699.

du préjudice causé par le retard du débiteur, quel que soit l'objet de cette obligation et quelle qu'en soit la source, contractuelle ou extracontractuelle »[955].

442. Le terme intérêts de retard est utilisé quand il s'agit d'obligations relatives à des sommes d'argent. Le droit fiscal connaît également cette pénalité notamment en cas de retard dans l'exécution de son obligation fiscale par le contribuable. Mais à la différence du droit civil[956] (art. 1153 al. 3 C. civ.), les intérêts de retard en matière fiscale commencent à courir de plein droit sans que l'État ait besoin d'adresser une mise en demeure au redevable.

Le droit fiscal espagnol consacre l'article 61-2 de sa loi générale fiscale aux intérêts de retard, dont le montant ne peut être inférieur à 10 % de la dette fiscale.

Le Tribunal constitutionnel dans un arrêt du 18 novembre 1995[957] estimait à propos des intérêts de retard qu'à supposer même que le législateur ait réservé l'hypothèse des sanctions susceptibles d'être infligées à raison des mêmes faits, une telle majoration des sommes dues au Trésor public n'a pas véritablement le caractère d'une sanction fiscale dès lors qu'elle ne comporte pas de finalité punitive et que le taux des intérêts de retard ainsi exigés reste sensiblement inférieur à celui des sanctions fiscales proprement dites.

443. Le remboursement d'un excédent de versement octroyé par les services de recouvrement en dehors de toute demande contentieuse n'ouvre pas droit aux intérêts moratoires visés par cette disposition. Dans cette situation, les contribuables peuvent toutefois obtenir des intérêts moratoires en invoquant l'article 1153 du Code civil, obligeant celui qui est tenu de restituer une somme indûment reçue au paiement des intérêts de cette somme[958].

---

[955] J. Flour, J.-L. Aubert, Y. Flour et E. Savaux, *Les obligations*, t. 3 (Le *rapport d'obligation*), p. 96.

[956] Il existe néanmoins des exceptions à ce principe en droit civil. C'est le cas notamment, des intérêts des sommes payées par la caution (Cass. civ. 1re, 26 avr. 1977, *Bull. civ. I*, n° 187).

[957] TC, 18 nov. 1995, *BOE*, 14 déc. 1995, Suppl. au n° 298 ; *Jurisp. const.* 1995, vol. XXV, p. 382 (motif n° 4).

[958] CE, 30 juin 2004, n° 242893 : une société réclamait au fisc le paiement d'intérêts moratoires au titre d'un excédent d'acomptes d'IS payés, ce trop-versé étant apparu lors de la liquidation définitive de l'impôt faite par les services fiscaux après le dépôt de la déclaration d'IS. Or, dans un tel cas, le fisc devait rembourser au contribuable le trop versé dans les 30 jours (art. 1668-2 CGI). La société estimait donc que le retard pris par

Les intérêts moratoires sont donc le pendant pour le contribuable des intérêts de retard que peut percevoir le fisc[959]. C'est l'article 208 du LPF qui reprend le principe général posé, par l'article 1153 du Code civil, qui fonde cette solution. Selon cette disposition, quand « l'Etat est condamné à un dégrèvement d'impôt par un tribunal ou quand un dégrèvement est prononcé par l'administration à la suite d'une réclamation tendant à la réparation d'une erreur commise dans l'assiette ou le calcul des impositions, les sommes déjà perçues sont remboursées au contribuable et donnent lieu au paiement d'intérêts moratoires dont le taux est celui de l'intérêt légal ».
En revanche, cette disposition fait obstacle à ce que les intérêts moratoires auxquels donne lieu le remboursement des sommes indûment perçues soient eux-mêmes capitalisés[960].

444. L'alinéa 1 de l'article 1727 du CGI prévoit que « le défaut ou l'insuffisance dans le paiement ou le versement tardif de l'un des impôts, droits, taxes, redevances ou sommes établis ou recouvrés par la direction générale des impôts donnent lieu au versement d'un intérêt de retard qui est dû indépendamment de toutes sanctions ». La loi fixe donc de façon précise, ce qui relève de la réparation pécuniaire, et ce qui dépend du domaine des sanctions.

445. L'administration[961] et la jurisprudence[962] considèrent qu'ayant pour seul objet de compenser le préjudice subi par le Trésor du fait d'un paiement tardif ou insuffisant, les intérêts de retard ne présentent pas le caractère de sanction. La Cour de cassation a d'ailleurs réaffirmé ce principe dans des arrêts récents[963]. Dans un arrêt du 4 février 2004, elle

---

les services fiscaux pour lui rembourser cette somme l'autorise à réclamer des intérêts moratoires

[959] Concl. M.-A. Latournerie sur CE, Ass. plén., 31 oct. 1975, n° 97 234, *DF* 1975, n° 51, comm. 1656 ; V. Haïm, *Les intérêts moratoires sur les dégrèvements d'impôts*, *Les Petites Affiches*, 6 mai 1994.

[960] Pour autant l'article L. 208 du LPF ne fait pas obstacle à ce que les intérêts moratoires soient eux-mêmes productifs d'intérêts, lorsqu'ils ne sont pas payés en même temps que le remboursement du principal ; CAA Bordeaux, 5 janv. 1999, n° 96-1809, *M. Clermont et Mme Puleggi Storne*, *DF* 1999, n° 37, pp. 1132-1133.

[961] Doc. adm. 13 S 232, n° 4.

[962] CE, Ass. plén., 9 nov. 1988, *Grisoni*, n° 68965 ; *RJF*, 2/89, n° 179, concl. B. Martin-Laprade ; *DF* 1989, n° 27, comm. 1360 ; CE, 4 avr. 1997, *Sté Kingroup*, n° 144211 ; *RJF*, 5/97, n° 424 ; Cass. com., 9 oct. 2001, n° 98-20119, *Burgart et Nigeon*.

[963] Cass. com., 4 févr. 2004, n° 01-02.650, *DGI c/ Saldaqui* ; 17 mars 2004, n° 02-19.276, *Menu* ; Cass. com., 27 sept. 2005, n° 03-14.636, *Société Octogone immobilier*

précise que les intérêts de retard prévus par l'article 1727 du CGI ne constituaient pas des pénalités, mais qu'ils représentaient la réparation du préjudice financier subi par le Trésor du fait du paiement tardif des impôts exigibles.

446. Pour le Conseil d'État[964] qui était invité par le Tribunal administratif de Pau[965] à préciser la nature de l'intérêt de retard, celui-ci « *vise essentiellement à réparer les préjudices de toute nature subis par l'Etat à raison du non-respect par les contribuables de leurs obligations de déclarer et payer l'impôt aux dates légales. Si l'évolution des taux de marché a conduit à une hausse relative de cet intérêt depuis son institution, cette circonstance ne lui confère pas pour autant la nature d'une sanction, dès lors que son niveau n'est pas devenu manifestement excessif au regard du taux moyen pratiqué par les prêteurs privés pour un découvert non négocié* ».

447. L'intérêt de retard que cela soit en droit français ou en droit espagnol n'est donc pas une sanction fiscale en ce qu'il se borne seulement à réparer le prix du temps. Il compense uniquement le préjudice pécuniaire subi par le Trésor du fait du paiement différé de l'impôt, ce qui en fait l'accessoire d'une imposition. Il est fixé proportionnellement à des droits en principal et est calculé *prorata temporis*. Le taux de cet intérêt était il y a encore peu arrêté par l'article 1727 du CGI (art. 2-1 b), L. 8 juill. 1987 « AICARDI ») à 0, 75 % par mois, soit 9 % l'an. Ce qui contrastait fortement avec le niveau des taux d'intérêt bancaires qui ont fortement décru depuis cette période.

448. La sanction fiscale revêt le caractère d'une punition et suppose l'appréciation de l'attitude du contribuable (notamment sa bonne foi ou sa mauvaise foi selon la terminologie antérieure à l'ordonnance du 7 décembre 2005). Ainsi, une majoration qui ne se caractérise pas par cet aspect réparateur est naturellement une sanction fiscale. Ce fut le cas de la majoration de 10 % de l'ancien article 1733-1 du CGI qui d'après le

---

c/ DGI : où elle rappelle que l'intérêt de retard, qui a pour objet la réparation du préjudice subi par le Trésor du fait de l'encaissement tardif de sa créance, distinct d'autres préjudices qui peuvent être éprouvés par celui-ci ou par les contribuables à raison de circonstances différentes, et qui, compte tenu de sa finalité réparatrice, ne vise pas à punir même s'il peut être dissuasif, ne constitue pas une sanction justifiant la mise en oeuvre des garanties de l'article 6 de la CESDH.

[964] CE, Ass. plén., avis, 12 avr. 2002, n° 239693, *SA financière Labeyrie*, *AJDA* 2002, n° 5, 410.

[965] TA Pau, 30 oct. 2001, *Sté anonyme financière Labeyrie,* n° 98-296.

Conseil d'État n'avait pas le caractère d'une simple réparation pécuniaire au profit de l'État, mais d'une sanction dès lors que l'intérêt de retard normalement dû serait inférieur à 10 %[966].

449. L'administration, dans une instruction du 11 mai 2004, a tiré les conséquences suivantes de la non-assimilation des intérêts de retard à des sanctions :

- l'application des intérêts de retard n'ayant pas à être motivée, ni la mention, ni la reproduction de l'article 1727 du CGI ne sont requises dans la notification de redressement ou la proposition de rectification (nouvelle dénomination de la notification de redressement) ;
- les intérêts de retard n'entrant pas dans le champ d'application de l'article 6 § 1 de la Convention européenne des droits de l'homme, leur montant ne peut être modulé par le juge de l'impôt.

450. La jurisprudence a également jugé que l'administration n'était pas tenue de motiver les intérêts de retard dus par le contribuable négligent[967] : « Par suite et dès lors qu'ils sont dus de plein droit, ils n'ont pas à être motivés : ni la mention du texte qui les instituent ni la reproduction de ce texte ne sont requises dans la notification de redressement »[968]. Cependant, afin de prendre en compte les situations difficiles de certains redevables, souvent de bonne foi, après un redressement fiscal, les sommes dues au titre de l'intérêt de retard peuvent, depuis le 1er janvier 2004, faire l'objet d'une remise gracieuse, d'une modération ou d'une transaction fiscale (art. L. 247 LPF mod. par L. fin. 2004, art. 35)[969].

451. Ce partage aboutit à exclure du champ des intérêts de retard toutes les garanties attachées à la qualification de sanction fiscale. Dans sa décision du 30 décembre 1982, le Conseil constitutionnel définit la sanction fiscale à laquelle il applique les « exigences » de l'article 8 de la Déclaration des droits de l'homme et du citoyen (l'assimilant à une

---

966 CE, 17 févr. 1992, *Vermeersch* n° 58299, *RJF*, 4/ 92, n° 503, concl. Ph. Martin ; *DF* 1992, n° 45, comm. 2117.
967 CE, 25 oct. 1989, n° 64737 ; *BOI*, 13 L-5-91 ; *RJF* 1989. 1427 ; Cass. com., 6 mai 1996, n° 811 D, *RJF* 1996. 1088 ; Com., 4 févr. 2004, n° 01-02.650, *DGI c/ Saldaqui, op. cit.*
968 Cass. com., 4 févr. 2004, n° 01-02.650, *DGI c/ Saldaqui, ibid.*
969 *Cf. infra* n° 581 et s.

sanction pénale), tout en excluant de la notion « les majorations de droits et intérêts de retard ayant le caractère d'une réparation pécuniaire »[970].

452. Par conséquent, ne s'applique pas aux intérêts de retard, les principes du droit pénal suivants :

- principe de légalité des délits et des peines (*Nullum crimen, nulla paena sine previa lege*) ;
- principe de non-rétroactivité de la loi d'incrimination plus sévère ;
- principe de nécessité des peines ;
- principe du respect des droits de la défense.

453. On peut pourtant penser que la partie de l'intérêt de retard qui dépasse le préjudice subi par le Trésor constitue une sanction. Il faut savoir que pendant longtemps le taux des intérêts de retard était supérieur au taux des intérêts moratoires. Par conséquent, le recouvrement de toute somme exigée du contribuable au-delà de l'intérêt légal a valeur de pénalité et doit respecter les garanties édictées par le Livre des procédures fiscales (particulièrement, la motivation). C'est ce qu'a jugé le Tribunal de grande instance de Paris dans des décisions du 6 juillet 2000[971] et du 6 mars 2003[972]. Cette analyse a également été reprise par le tribunal administratif de Nantes dans un jugement du 18 juillet 2001[973]. Cette jurisprudence risque d'être remise en cause par l'article 19 de la loi de finances pour 2006 qui a aligné le nouveau taux de l'intérêt de retard sur celui de l'intérêt moratoire (4, 80 % par an).

---

[970] Cons. const., Déc. n° 82-155 DC, 30 déc. 1982, *Nouvelle-Calédonie*, *Rec.*, p. 88.

[971] TGI Paris, 6 juill. 2000, *Consorts Dalloz-Furet* ; TGI Nîmes, 15 févr. 2001, *SCI Guardians Aigues-Mortes*.

[972] TGI Paris, 6 mars 2003 : la juridiction a considéré que « la forte majoration du taux de l'intérêt de retard par rapport à celui de l'intérêt légal présente une coloration pénale et a bien le caractère d'une pénalité, renforcé par l'absence de réciprocité du taux en cas de remboursement des sommes au contribuable par le Trésor Public ».

[973] TA Nantes, 18 juill. 2001, n° 97.2530, *Société Anonyme Mecatlantic c/ M. le directeur du contrôle fiscal Ouest Division 4* : L'intérêt de retard prévu par l'article 1727 du code général des impôts n'est pas au nombre des sanctions auxquelles s'appliquent ces dispositions, en tant qu'il constitue une réparation pécuniaire pour l'État, privé d'une ressource ; que, toutefois, lorsque l'application dudit intérêt conduit le service à infliger au contribuable une pénalité d'un montant supérieur au préjudice subi par l'État du fait du retard pris pour liquider les impositions dont il est redevable, la partie de ladite pénalité qui dépasse ce préjudice doit être regardée, non comme une simple réparation pécuniaire, mais comme une sanction, et doit, par suite, être motivée.

454. Le Conseil d'État dans son avis *Sté anonyme financière Labeyrie* avait été saisi par le Tribunal administratif de Pau (en vertu des dispositions de l'article L. 113-1 du CJA) afin qu'il précise notamment si la fraction du taux de l'intérêt de retard qui excède le taux de l'intérêt légal doit être regardée comme une sanction au sens de l'article 6 de la Convention européenne des droits de l'homme et de la loi du 11 juillet relative à la motivation des actes administratifs. Selon la juridiction de renvoi, cette question présentait une « *difficulté sérieuse et se posant dans de nombreux litiges* ». En ce qui concerne la distorsion qui existe entre le taux des intérêts moratoires et les taux du marché (distorsion qui constitue indiscutablement une sanction, car elle *« vise pour l'essentiel à punir pour empêcher la réitération d'agissements semblables* »).

455. Le Conseil d'État considère que l'intérêt de retard « vise essentiellement à réparer les préjudices de toute nature subis par l'État à raison du non-respect par les contribuables de leurs obligations de déclarer et payer l'impôt aux dates légales ». Il ajoute que « si l'évolution des taux de marché a conduit à une hausse relative de cet intérêt depuis son institution, cette circonstance ne lui confère pas pour autant la nature d'une sanction, dès lors que son niveau n'est pas devenu manifestement excessif au regard du taux moyen pratiqué par les prêteurs privés pour un découvert non négocié ». Le Conseil d'État considère donc que l'article 6 est inapplicable aux intérêts de retard du fait de leur finalité réparatrice et non répressive[974].

Pour un auteur, une évolution jurisprudentielle est possible à la condition de faire appel à des principes supérieurs tels que le principe communautaire de proportionnalité (consacré implicitement par la Déclaration des droits de l'homme). La position figée de la juridiction administrative s'expliquant par une appréciation stricte du texte légal[975].
La position du Conseil d'État est contestable, d'autant qu'il est difficile d'admettre contrairement à ce que soutient la juridiction administrative que l'on ne soit pas en présence d'une sanction, quand on pense aux nombreuses réponses ministérielles qui ont affirmé que le taux d'intérêt « *doit présenter un caractère dissuasif destiné notamment à éviter que le contribuable ne soit tenté de faire face à des difficultés de trésorerie en*

[974] CE, Ass. plén., avis, 12 avr. 2002, *SA financière Labeyrie*, *op. cit* ; L. Olléon, *Intérêts de retard et convention européenne des droits de l'homme : peut-on noyer un serpent de mer ? RJF* 2002, n° 6, pp. 447-452.
[975] C. David, *Sanctions administratives et pénales en matière de prélèvements obligatoires (PO). Etude comparative (France, Allemagne, Royaume-Uni), op. cit.*, p. 304

différent le respect de ses obligations fiscales plutôt qu'en recourant au crédit ». En effet, le taux élevé de cet intérêt, de 0,75 % par mois de retard, soit 9 % par an, son caractère dissuasif, l'absence de réciprocité lors de remboursements par le Trésor public (le taux annuel de l'intérêt légal, qui s'applique en cas de remboursement de sommes au contribuable par le Trésor Public, est de 2, 11 % pour 2006) sont autant d'éléments qui laisseraient assimiler ce taux d'intérêt à une pénalité[976]. Cette différence de taux non justifiée constitue une discrimination dans la réparation des préjudices financiers subis, selon que le bénéficiaire des intérêts versés est l'État ou le contribuable.
Cette inégalité a été cependant réparée par la loi de finances pour 2006, qui à travers son article 19 ramène le taux de l'intérêt de retard à 0, 40 % par mois, soit un taux d'intérêt annuel de 4,80 %. En outre, l'article aligne le taux des intérêts moratoires qui peuvent être dus par l'État sur le taux de l'intérêt de retard.
La question délicate de la détermination de la frontière entre intérêts de retard et sanctions fiscales a également fait l'objet d'une jurisprudence fournie du Tribunal constitutionnel espagnol. Celui-ci dans un arrêt du 26 avril 1990 à propos de la qualification d'une majoration de retard dont le taux excédait de 25 % celui de l'intérêt légal (art. 58-2b *LGT*) avait jugé que « si la finalité des intérêts de retard ne pouvait être autre que celle de réparer ou de compenser le préjudice patrimonial causé par le retard dans l'exécution de l'obligation fiscale, cette finalité se trouvait altérée lorsque lui sont associés des objectifs distincts de nature dissuasive ou répressive »[977]. Mais comme en France, le juge constitutionnel peine par moment à tracer clairement les contours de la distinction entre sanction fiscale et intérêt de retard, ce qui explique nombre de « solutions d'espèce, très nuancées et parfois déroutantes »[978].

456. Pourtant, si l'intérêt de retard n'a pas le caractère d'une sanction comment expliquer le fait qu'il ne soit pas déductible de l'impôt sur le revenu, comme les amendes pénales qui sont elles de véritables

---

[976] *Cf.* la question du député Mr Laurent Hénard en ce sens, Rép. Min. Henart, *JOAN*, 2 mars 2004, question n° 29263.
[977] TC, 26 avr. 1990, n° 76/1990, *BOE*, 30 mai 1990, Suppl. au n° 129 ; *Jurisp. const.* 1990, vol. XVI, p. 1003.
[978] F. Moderne, *L'identification de la sanction fiscale dans la jurisprudence constitutionnelle espagnole*, in *Constitution et finances publiques* (études en l'honneur de Loïc Philip), p. 472.

sanctions[979] (la non-déductibilité de l'intérêt de retard est également la règle en Allemagne, en Espagne et au Royaume-Uni, s. 90 *TMA*). Cela semble également une anomalie, au regard des majorations de retard payées aux caisses de sécurité sociale ou aux caisses d'allocations familiales qui sont déductibles, d'après la jurisprudence de la Cour de cassation[980]. Enfin, le fait que l'intérêt de retard soit inscrit dans une sous-section du CGI intitulé *sanctions fiscales*, ne fait qu'attester la nature ambiguë de l'intérêt de retard qui serait une sanction mi-réparatrice mi-punitive.

457. La Cour de cassation ne s'écarte pas de la position du Conseil d'État et dans un arrêt récent a indiqué que les intérêts de retard sont appliqués en réparation du préjudice financier subi par le Trésor public du fait de l'encaissement tardif de sa créance, et ne constituaient donc pas des sanctions relevant de l'application de l'article 6 de la Convention européenne de sauvegarde des droits de l'homme et des libertés fondamentales[981]. En l'espèce, l'héritière d'une propriété viticole avait fait l'objet d'un redressement fiscal en matière de droits de succession. À l'appui de son recours, elle invoquait l'article 6-1 pour contester l'application des intérêts de retard. Les juges devaient donc déterminer la nature juridique de ces intérêts :

- doivent-ils s'analyser en une sanction à l'encontre du contribuable ?

Ils relèveraient dans ce cas de l'article 6-1 de la CESDH et pourraient faire l'objet d'une modulation par le juge de l'impôt ;

- ou, à l'inverse ont-ils pour finalité uniquement de réparer le préjudice subi par le Trésor du fait du retard du paiement de l'impôt ?

Ce qui aurait alors pour effet de les soustraire aux exigences du procès équitable. La Cour de cassation ayant opté pour la deuxième analyse, il apparaît qu'elle semble vouloir s'aligner aujourd'hui sur la position des juridictions administratives.

458. Avant la réforme opérée par la loi de finances pour 2006, on pouvait s'interroger sur la compatibilité de la loi du 8 juillet 1987 (et de

[979] CE, 25 mars 1966, n° 66608, Doc. adm. 4 C-622, n° 5 ; Mémento Francis Lefebvre, 2006, n° 805.
[980] Mémento Francis Lefebvre, *ibid.*, n° 805.
[981] Cass. com., 17 mars 2004, n° 545, n° *02-19.276, Mme Gis le X. veuve Y. c/ Directeur général des impôts.*

son application) avec les articles 6-1 et 14 (qui prohibe toute discrimination) de la Convention européenne et avec l'article 1er de son premier Protocole. L'application de ces intérêts moratoires excessifs par rapport au taux de l'intérêt légal de retard a incontestablement une « *coloration pénale* ». Pourtant, cette partie majorée ne peut être modulée par le juge. On pouvait ainsi soutenir qu'elle était contraire à l'article 6-1 de la CESDH[982].

II. Compatibilité du régime des intérêts de retard avec la Convention européenne des droits de l'homme

459. La Cour européenne s'est prononcée dans un arrêt *Akku c/ Turquie* du 9 juillet 1987 sur la comptabilité de l'article 6-1 avec le droit turc des intérêts de retard. Elle a jugé qu'était incompatible avec le premier Protocole, le fait pour l'État turc de verser des intérêts de retard à un taux significativement supérieur à celui qui aurait permis d'assurer au requérant une compensation équitable[983]. La Cour européenne a également admis que les intérêts de retard ne constituent pas une accusation en matière pénale au sens de l'article 6-1[984].

460. En France, le Conseil d'État par une décision en date du 10 août 2005 s'est prononcé sur cette question de comptabilité, à propos de l'article L. 209 du LPF, qui dans sa rédaction antérieure à l'entrée en vigueur de la loi de finances rectificative du 29 décembre 1994, prévoyait que les contribuables ayant constitué des garanties auprès du comptable du Trésor aux fins d'obtenir le sursis de paiement étaient redevables d'intérêts moratoires lorsque la juridiction saisie rejetait totalement ou partiellement leur demande en décharge, alors qu'à l'inverse les contribuables n'ayant pas constitué de telles garanties et partant n'ayant pas obtenu le sursis de paiement n'étaient pas redevables de ces intérêts. La Haute Assemblée considérant que cet article était contraire à l'article 14 de la Convention européenne combiné à l'article 1er du premier Protocole additionnel à cette Convention, a prononcé la décharge des intérêts moratoires contestés. En effet, en application de

---

[982] Cass. com., 29 avr. 1997, n° 95-20 001 M. F.
[983] CEDH, 9 juill. 1987, *Akkus c/ Turquie*, n° 60/1996/679/869, Berger, *Jurisprudence de la CEDH*, n° 195-1, *D*. 2000.
[984] CEDH, 3 déc. 2002, *Mieg de boofzheim c/ France*. *Cf.* cependant, *Viezer*, 15 oct. 2002, *JCP* 2003. I.109, n° 5, chron. F. Sudre.

ces dispositions, toute distinction entre des personnes placées dans une situation analogue est discriminatoire si elle n'est pas assortie de justifications objectives et raisonnables, c'est-à-dire si elle ne poursuit pas un objectif d'utilité publique ou si elle n'est pas fondée sur des critères rationnels en rapport avec les objectifs de la loi[985].

461. Si on compare le taux de l'intérêt de retard résultant de la loi de finances pour 2006 en France avec le taux en vigueur dans des pays voisins, on constate cependant qu'il est l'un de ceux qui est le plus favorable au contribuable.

En Allemagne, le taux de l'intérêt de retard varie en fonction des situations suivantes[986] :

- 0, 5 % par mois à compter du 16ème mois après l'année au titre de laquelle l'impôt est dû (art. 238 *AO*) et jusqu'à la date de fixation de l'avis d'imposition (*idem* pour les intérêts en cas d'erreur de l'administration) ;
- 0,5 % par mois en cas de fraude fiscale ;
- 1 % par mois à compter de l'exigibilité en cas de non-paiement de la dette fiscale[987] ;
- 0, 5 % par mois dans le cas du sursis de paiement.

En Espagne, l'intérêt de retard (*interés de demora*) qui s'ajoute aux pénalités de retard (en principe de 20 %) est fixé à 5 %. Au Royaume-Uni, il est de 6,50 % par an (calculé au jour le jour).

III. Une réforme de l'intérêt de retard encore trop limitée

462. Les critiques actuelles portent sur le taux de l'intérêt de retard, qui n'a jamais varié et qui paraît aujourd'hui partiellement déconnecté du « prix du temps »[988]. Si, en 1987, le taux de l'intérêt de retard était proche de celui de l'intérêt légal (9, 5 %), depuis lors l'écart n'a cessé de se creuser entre les deux taux. Ce qui constitue une source continuelle de

[985] CE, 10 août 2005, n° 259741.

[986] L'intérêt de retard ne s'applique qu'à l'impôt sur le revenu, l'impôt sur les sociétés et la taxe professionnelle. *Cf.* M. Preisser, *Les sanctions administratives fiscales en Allemagne*, in *Les sanctions administratives fiscales. Aspects de droit comparé*, pp. 27-31.

[987] Cour féd. fin., 27 sept. 2001, *Bulletin des experts fiscaux*, II, 2002, 176.

[988] En ce sens : C. David, *op. cit.*, p. 303.

litiges. On peut alors s'interroger sur la nécessité d'aligner le taux de l'intérêt de retard sur le taux de l'intérêt légal (à l'instar du taux des intérêts moratoires). Le décret n° 2003-201 du 10 mars 2003 a fixé le taux de l'intérêt légal à 3,29 % pour l'année 2003 (2, 11 % en 2006), en application de l'article L. 313-2 du Code monétaire et financier, qui dispose que ce taux « *est égal, pour l'année considérée, à la moyenne arithmétique des douze dernières moyennes mensuelles des taux de rendement actuariel des adjudications de bons du Trésor à taux fixe à treize semaines* ». Le taux de l'intérêt légal est le résultat d'une moyenne de taux d'intérêt de court terme, ce qui peut ne pas apparaître comme parfaitement approprié à toutes les situations fiscales caractérisées par des montants impayés. Ce taux est loin d'être étranger à la matière fiscale, puisque les articles L. 208 et L. 209 du Livre des procédures fiscales disposent que les sommes suivantes « *donnent lieu au paiement d'intérêts moratoires dont le taux est celui de l'intérêt légal* » dans les hypothèses suivantes :

- dégrèvement d'impôt accordé à un contribuable à la suite de la condamnation de l'État devant un tribunal, ou d'une décision de l'administration sollicitée par le contribuable concerné par une réclamation tendant à la réparation d'une erreur commise dans l'assiette ou le calcul des impositions ;
- restitution des sommes consignées à titre de garanties à la suite de la mise en œuvre des procédures de sursis de paiement des articles L. 277 et L. 279 du LPF ;
- sommes recouvrées par l'administration des impôts suite au rejet total ou partiel par le Tribunal administratif d'une demande d'annulation ou de réduction d'imposition établie en matière d'impôts directs à la suite d'un redressement ou d'une taxation d'office, dès lors que les sommes considérées n'avaient pas été recouvrées au préalable du fait de la mise en œuvre des procédures de sursis de paiement des articles L. 277 et L. 279 du Livre des procédures fiscales. Il est précisé en l'espèce que « *ces intérêts moratoires ne sont pas dus sur les cotisations ou fractions de cotisations d'impôts soumises à l'intérêt de retard visé à l'article 1731 du Code général des impôts* », qui définit la pénalité de recouvrement applicable en matière d'impôts recouvrés par les comptables de la direction générale des impôts.

463. Ainsi, le contribuable qui obtient la restitution d'un impôt illégalement prélevé ne peut prétendre au paiement des intérêts moratoires qu'au taux légal, qui est on l'a dit est inférieur à celui de 9 % des intérêts de retard. Il y a là une discordance non justifiée entre la

position du contribuable qui est soumis à ce taux de 9% et l'administration qui reste soumise au taux légal (3, 29 % en 2003). Cette différence de traitement vient d'être abolie, car comme on l'a précisé plus haut, le taux des intérêts moratoires a été aligné sur le nouveau taux de l'intérêt de retard, soit 0, 40 % par mois (art. 19, L. fin. pour 2006).

Si les avis concordent concernant la nécessité de réformer le taux de l'intérêt de retard, ils divergent cependant quant aux solutions de remplacement. Outre ceux qui désirent le calquer sur le taux de l'intérêt légal, des arguments convaincants ont pu être avancés favorables à un taux de l'intérêt de retard fixé à un niveau un peu supérieur aux taux effectivement pratiqués sur le marché privé du crédit[989]. « Le législateur devrait donc en fixant le taux de l'intérêt de retard, prendre en compte les taux des financements offerts par le marché aux agents privés. Si le taux de l'intérêt de retard doit être ainsi fixé à un niveau légèrement supérieur aux taux de marché évoqués, il est nécessaire d'établir un dispositif légal suffisamment souple, afin qu'il soit procédé à une actualisation périodique du taux de l'intérêt de retard, en fonction des évolutions propres à ces taux de marché. Le taux de l'intérêt de retard doit être fixé annuellement, au regard d'une méthode de calcul qui doit être énoncée dans la loi. Une alternative consisterait à modifier le taux visé par l'article 1727 du Code général des impôts, puis de l'actualiser chaque année dans la loi de finances de l'année suivante. »[990]

464. On ne peut que finalement que partager le sentiment de Cyrille David, quand il juge qu' « une évolution est souhaitée… consistant ou bien à diminuer le taux de l'intérêt de retard exigé par l'administration de façon à ce qu'il corresponde effectivement au prix du temps, ou bien

[989]« Il est en effet nécessaire de se poser la question de l'influence du taux de l'intérêt de retard sur l'arbitrage qui consisterait pour un contribuable à choisir entre acquitter sa dette fiscale dans le délai qui lui est imparti en empruntant concomitamment une somme équivalente sur le marché privé du crédit et « forcer » l'Etat - et finalement les autres contribuables - à lui concéder cette avance, en n'acquittant sa dette fiscale que suite à l'expiration de ce délai et en bénéficiant *in fine* d'une prime de taux égal à la différence positive entre le taux du crédit sur le marché privé et le taux de l'intérêt de retard. Il faut être clair, la loi ne peut pas permettre un tel arbitrage, du fait même du caractère « *indispensable* » de la contribution commune évoquée par la Déclaration des droits de l'homme et du citoyen. La puissance publique doit disposer, à travers l'intérêt de retard, d'un instrument qui répare le préjudice financier subi par l'Etat, mais qui permette par ailleurs de dissuader quiconque d'opérer un quelconque arbitrage financier, sans pour autant devenir un instrument répressif », *Rapport d'information, op. cit.*

[990] Rapport d'information, *op. cit.*

à reconnaître que cet intérêt de retard excessif constitue bien une sanction devant être motivée et pouvant éventuellement être attaquée comme incompatible avec l'article 1 du premier Protocole de la Convention européenne de l'homme »[991].

Le législateur a finalement tranché récemment entre ces diverses propositions et a baissé le taux des intérêts de retard à 4, 80 % par an (art. 19, L. fin. 2006). On peut regretter qu'il n'ait pas été plus loin en l'alignant sur le taux de l'intérêt légal. Néanmoins, cet abaissement important du taux de l'intérêt de retard va améliorer sensiblement la situation du contribuable et mettre fin à une iniquité qui était difficilement justifiable. Reste que la question de la nature de cet intérêt, sanction fiscale ou simplement prix du temps est toujours posée, mais dorénavant avec moins de gravité.

Sous-section 2. La notion de sanction fiscale

465. Les sanctions fiscales sont nombreuses, comme en attestent les articles 9 et 10 de l'ordonnance n° 2004-281 du 25 mars 2004[992] qui ont supprimé diverses pénalités devenues obsolètes ou sans objet[993]. L'ordonnance du 7 décembre 2005 portant diverses mesures de simplification en matière fiscale a fait ressortir neuf catégories principales d'infractions passibles de sanctions fiscales (art. 13)[994], tout en faisant disparaître les pénalités pour mauvaise foi aussitôt ressuscitées

---

[991] C. David, *op. cit.*, p. 303.

[992] *JO*, 27 mars 2004.

[993] Suppression entre autres des articles 1735 *bis*, 1756 *quinquies*, 1757, 1762 *ter*, 1763, 1766.

[994] - infractions relatives aux déclarations et actes comportant l'indication d'éléments à retenir pour l'assiette ou la liquidation de l'impôt (art. 1728 à 1729 A CGI) ;
- infractions relatives à la production de documents (art. 1729 B CGI) ;
- retard de paiement des impôts (art. 1730 à 1731 du CGI) ;
- opposition à fonctions et obstacles au contrôle de l'impôt (art. 1732 à 1735 CGI) ;
- infractions commises par les tiers déclarants (art. 1736 CGI) ;
- infractions aux règles de facturation (art. 1737 CGI) ;
- non-respect des obligations ou paiement par voie électronique (art. 1738 CGI) ;
- non-respect des conditions auxquelles sont subordonnés des avantages fiscaux (art. 1739 à 1740 CGI) ;
- délivrance irrégulière de documents permettant à un tiers de bénéficier d'un avantage fiscal (art. 1740 A CGI).

à travers les pénalités pour manquement délibéré[995]. Le droit espagnol range parmi les sanctions fiscales, les amendes fiscales (fixes ou proportionnelles), la suppression de toute aide ou subvention publique ainsi que de toute faveur fiscale, l'exclusion des contrats publics et la suppression temporaire d'un emploi public ou d'une activité professionnelle (art. 185 et s. *LGT*)[996]. Outre-Rhin, le code fiscal allemand (*Abgabenordnung*) distingue les délits fiscaux comme la fraude (ex : art. 369 al. 1 et 370 *AO*) qui sont sanctionnés par une peine, des infractions fiscales sanctionnées par une amende infligée par les autorités fiscales. Certaines sanctions fiscales de par l'importance de leur *quantum* et leur volonté de punir sont en réalité de véritables sanctions pénales (**I**). Cette pénalisation des sanctions pénales doit en principe autoriser le contribuable à bénéficier des garanties qu'offre le droit pénal (**II**).

I. La pénalisation des sanctions fiscales

466. L'étude de la pénalisation des sanctions fiscales va nous amener dans un premier temps à définir la notion de sanction pénale (**A**). Puis nous verrons dans un second temps, comment l'assimilation de la sanction fiscale à la sanction pénale s'est opérée sous l'égide des juridictions nationales comme des juridictions supranationales (**B**).

A. La notion de sanction pénale

467. On peut définir cette notion selon un critère formel ou un critère matériel. Si l'on retient le critère formel (sens strict de la notion), sera une sanction pénale celle énumérée comme telle par le Code pénal et prononcée par une juridiction pénale. Si au contraire, on retient le critère matériel (sens large de la notion), constituera une sanction pénale, une

---

995 *Cf.* le regard critique de Maurice Cozian sur ce changement d'habillage terminologique qui n'apporte selon lui rien de nouveau ; Précis de fiscalité des entreprises, *op. cit.*, n° 1320. Par symétrie, s'agissant du contribuable « fautif » considéré comme étant tout de même de bonne foi, on dira désormais par un bel euphémisme qu'il a agi de façon involontaire.

996 F. Moderne, *L'identification de la sanction fiscale dans la jurisprudence constitutionnelle espagnole*, *op. cit.*, p. 460.

mesure quelconque destinée à punir l'auteur d'un fait répréhensible, alors même qu'elle serait prononcée par une juridiction non pénale ou par un organisme non juridictionnel. L'avantage de cette définition, c'est qu'on englobe dans la catégorie des sanctions pénales, des sanctions qui au sens formel ne le sont pas comme les sanctions administratives ou les sanctions fiscales.

468. L'adoption du critère formel a, en conséquence, pour inconvénient de peu protéger les citoyens. La multiplication ces dernières années du fait du législateur, de sanctions juridiquement non pénales, ayant pourtant le caractère de punition, a pour conséquence qu'examinées sous l'angle de ce critère, elles ne bénéficient pas des garanties entourant la sanction pénale. Ainsi, les sanctions administratives prononcées par l'administration (parfois en concurrence avec le juge pénal)[997] possédant incontestablement le caractère d'une punition seraient notamment exclues du champ des garanties prévues par les articles 5 et 8 de la Déclaration des droits de l'homme et du citoyen de 1789. Le critère formel de par son champ limité est incapable d'appréhender le domaine actuel des sanctions qui déborde largement du cercle étroit du Code pénal. Le prononcé de sanctions n'étant plus aujourd'hui l'apanage du juge répressif.

469. On relèvera d'ailleurs à ce sujet que la cour de Strasbourg ne se considère heureusement pas liée par les définitions des termes utilisés par le législateur interne : « Si les Etats contractants pouvaient à leur guise, en qualifiant une infraction administrative plutôt que pénale, écarter le jeu des clauses fondamentales des articles 6 et 7, l'application de celles-ci se trouverait subordonnée à leur volonté souveraine, une latitude aussi étendue risquerait de conduire à des résultats incompatibles avec l'objet et le but de la convention »[998].

Le contrôle de la Cour qui fait abstraction des apparences est primordial pour le contribuable qui sera certain de se voir appliquer les garanties propres aux sanctions à caractère pénal, à partir du moment où la pénalité fiscale en cause est assimilable à une sanction de nature pénale.

[997] Comme la suspension du permis de conduire en matière d'infractions routières, ou la fermeture d'établissement en matière d'infractions de stupéfiants

[998] CEDH, 21 févr. 1984, *Osturk*, *JDI* 1986, p. 1051, obs. P. Tavernier.

B. L'assimilation de la sanction fiscale à la sanction pénale

470. Cette assimilation a été effectuée par certaines juridictions constitutionnelles européennes (**§1**), mais également par des juridictions supranationales, comme la Cour européenne des droits de l'homme et le Comité des droits de l'homme (**§2**).

§1) *Par les juridictions constitutionnelles européennes*

471. Le Conseil constitutionnel a logiquement préféré se tourner vers le critère matériel pour éviter de voir le législateur multiplier ces sanctions non pénales, dans le dessein d'échapper aux obligations constitutionnelles qui s'appliquent à la formulation des peines.

Les pénalités fiscales ont été assimilées aux sanctions pénales par le Conseil constitutionnel dans sa décision n° 82-155 DC du 30 décembre 1982, à partir d'une interprétation constructive de l'article 8 de la Déclaration des droits de l'homme. Il jugea que l'article 8 « (...) ne concerne pas seulement les peines appliquées par les juridictions répressives, mais s'étend nécessairement à toute sanction ayant le caractère d'une punition, même si le législateur a cru devoir laisser le soin de la prononcer à une autorité de nature non judiciaire ». Dans cette affaire, le juge constitutionnel saisi de la conformité de la Constitution de l'article 22 de la loi de finances rectificative pour 1982 validant une délibération de l'Assemblée nationale de Nouvelle-Calédonie relative à l'institution d'un impôt annuel unique sur le revenu des personnes physiques avait considéré que la validation ne pouvait avoir pour effet de soustraire au principe de non-rétroactivité les dispositions de la loi édictant des sanctions, sans distinction entre celles dont l'application revient à une juridiction et celles dont l'application revient à l'administration. Cette position a été confirmée à de nombreuses reprises par la suite[999].

472. La juridiction suprême a par la suite encadré ce pouvoir reconnu à une autorité administrative de prononcer des sanctions, en posant deux

[999] Cons. const., Déc. n° 82-155, 30 déc. 1982, *Rec.*, p. 88 ; Déc. n° 86-223 DC, 29 déc. 1986, cons. 50, *Rec.*, p. 184 ; Déc. n° 87-237 DC, 30 déc. 1987, cons. 5, *Rec.*, p. 63 ; Déc. n° 89-268 DC, 29 déc. 1989, cons. 57, *Rec.*, p. 110 ; Déc. n° 90-285 DC, 28 déc. 1990, cons. 48, *Rec.*, p. 95.

conditions. Il faut d'une part que la sanction susceptible d'être prononcée soit exclusive de toute privation de liberté et d'autre part, que l'exercice du pouvoir de sanction soit assorti par la loi de mesures destinées à sauvegarder les droits et libertés constitutionnellement garantis[1000]. La juridiction constitutionnelle n'est pas la seule à avoir estimée que dans certains cas la pénalité fiscale pouvait revêtir l'aspect d'une sanction pénale. La Cour européenne des droits de l'homme et le Comité des droits de l'homme ont également adopté la même vision de la question.

473. Le Tribunal constitutionnel espagnol range les sanctions fiscales parmi les manifestations classiques du *jus puniendi* de l'État en les définissant comme des sanctions qui possèdent une finalité répressive, de punition (*castigo*) ou encore de châtiment[1001]. Pour parvenir à qualifier une sanction de punitive, « le juge espagnol tient le plus grand compte des sommes en jeu. Si le montant de la majoration exigée se rapproche de celui de sanctions légales (ou le dépasse), il y aura là un indice qui fera pencher la balance en faveur de la qualification répressive »[1002].

§2) *Par les juridictions supranationales*

Beaucoup d'États européens ont reconnu avant la Cour européenne que les pénalités fiscales pouvaient revêtir dans certains cas l'aspect d'une sanction pénale[1003], ce qui entraînait par conséquent l'application des garanties octroyées par leur droit pénal respectif[1004]. Selon la

---

1000 Cons. const., Déc. n° 89-260 DC, 28 juill. 1989, *Rec.*, p. 71, sur la loi relative à la sécurité et à la transparence du marché financier.

1001 TC, 18 nov. 1995, n° 164/1995, *BOE*, 14 déc. 1995 ; *Jurisp. Const.* 1995, vol. XLIII, p. 382.

1002 F. Moderne, *L'identification de la sanction fiscale dans la jurisprudence constitutionnelle espagnole*, in *Constitution et finances publiques*, *op. cit.*, p. 467.
Cf. : TC, 16 déc. 2000, n° 276/2000 ; 18 déc. 2000, n° 312/2000, *BOE*, 16 janv. 2001 ; Suppl. au n° 14 ; *Jurisp. Const.* 2000, vol. LVIII, p. 138 ; 29 janv. 2001, n° 23/2001, *BOE*, 1er mars 2001, Suppl. au n° 52 ; Jurisp. Const. 2001, vol. LIX, p. 304 ; 29 janv. 2001, n° 25/2001, *BOE* 1er mars 2001, Suppl. au n° 52 ; *Jurisp. Const.* 2001, vol. LIX, p. 326 ; 2 avr. 2001, n° 93/2001, *BOE* 1er mai 2001, Suppl. au n° 104 ; *Jurisp. Const.* 2001, vol. LIX, p. 128 ; 23 mai 2002, n° 127/2002, *Aranzadi* 2002, n° 127, p. 375.

1003 *Cf. supra* n° 33.

1004 P. Baker, *Taxation and the European Convention on Human Rights in the Domestic Law of the Council of Europe Countries* (Introduction), *European Taxation*, déc. 2001, p. 460: "*On the question of wether administrative tax penalties may involve the determination of a criminal charge, some of the countries were in advance of the*

jurisprudence constante de la juridiction européenne, l'applicabilité de l'article 6 sous son aspect pénal doit s'apprécier sur la base de trois critères[1005] qui ont été réaffirmés par la Grande Chambre dans l'arrêt *Ezeh et Connors c/ Royaume-Uni*[1006] :

> « 82. (...) [I]l importe d'abord de savoir si le ou les textes définissant l'infraction incriminée appartiennent, d'après la technique juridique de l'Etat défendeur, au droit pénal, au droit disciplinaire ou aux deux à la fois. Il s'agit cependant là d'un simple point de départ. L'indication qu'il fournit n'a qu'une valeur formelle et relative ; il faut l'examiner à la lumière du dénominateur commun aux législations respectives des divers Etats contractants.
>
> La nature même de l'infraction représente un élément d'appréciation d'un plus grand poids. (...)
>
> Là ne s'arrête pourtant pas le contrôle de la Cour. Il se révélerait en général illusoire s'il ne prenait pas également en considération le degré de sévérité de la sanction que risque de subir l'intéressé (...) ».

Strasbourg organs in considering that penalties involved criminal charges. In Belgium, for example, the courts have changed their view on this point and now accept that penalty litigation falls within the criminal protections of Article 6".

[1005] CEDH, 8 juin 1976, *Engel et al. c/ Pays-Bas*, série A, n° 22, *CDE* 1978, 364, chron. Cohen-Jonathan ; *JDI* 1978, 695, obs. P. Rolland.
Les deuxième et troisième critères sont alternatifs et pas nécessairement cumulatifs. Pour que l'article 6 s'applique, il suffit que l'infraction en cause soit par nature pénale ou ait exposé l'intéressé à une sanction qui, par sa nature et son degré de gravité, ressortit en général à la matière pénale (arrêt *Ezeh et Connors,* 9 oct. 2003). La faiblesse relative de l'enjeu ne saurait retirer à une infraction son caractère pénal intrinsèque (arrêts *Öztürk c. Allemagne*, 21 févr. 1984, série A n° 73, § 54, et *Lutz c. Allemagne*, 25 août 1987, série A n° 123, § 55). Cela n'empêche pas l'adoption d'une approche cumulative si l'analyse séparée de chaque critère ne permet pas d'aboutir à une conclusion claire quant à l'existence d'une accusation en matière pénale (arrêt *Ezeh et Connors).*
À travers l'application des critères *Engel*, les organes de la Convention ont procédé à une extension progressive de l'application du volet pénal de l'article 6 à des domaines qui ne relèvent pas formellement des catégories traditionnelles du droit pénal, telles que les contraventions administratives (*Öztürk c. Allemagne*), les punitions pour manquement à la discipline pénitentiaire (*Campbell et Fell c. Royaume-Uni*, 28 juin 1984, série A n° 80), les infractions douanières (*Salabiaku c. France*, 7 oct. 1988, série A n° 141-A), les sanctions pécuniaires infligées pour violation du droit de la concurrence (*Société Stenuit c. France*, 27 févr. 1992, série A n° 232-A) et les amendes infligées par des juridictions financières (*Guisset c. France*, n° 33933/96, CEDH 2000-IX).

[1006] CEDH, 9 oct. 2003, *Ezeh et Connors c/ Royaume-Uni, Actualité Juridique Pénal* 2004, pp. 36-37 ; [GC], n°s 39665/98 et 40086/98.

C'est avec son célèbre arrêt *Bendenoun c/ France* du 24 février 1994[1007] que la cour a posé les conditions d'assimilation des sanctions fiscales aux sanctions pénales, en s'écartant quelque peu des « critères *Engel* ». En effet, selon les juges de Strasbourg, l'article 6-1 de la CESDH s'applique aux sanctions fiscales, à condition toutefois que celles-ci concernent tous les citoyens en leur qualité de contribuable, auxquels un comportement est prescrit sous peine de sanction, que les majorations d'impôt ne correspondent pas à la réparation d'un préjudice, que le but de la sanction soit à la fois préventif et répressif et qu'enfin celle-ci revête, une ampleur considérable.

Dans l'arrêt *Janosevic c/ Suède*[1008] la juridiction européenne, se situant dans le droit fil des critères *Engel*, n'a pas cité l'arrêt *Bendenoun* et n'a pas suivi l'approche singulière qu'elle avait alors adoptée. Si elle a relevé la gravité de la sanction encourue et de celle qui fut réellement infligée à M. Janosevic (qui consistait en une majoration dont le montant n'était pas plafonné et qui fut fixée à 161 261 couronnes suédoises (SEK), soit 17 284 euros), elle en a fait un motif supplémentaire et distinct d'attribuer à l'infraction le caractère pénal qu'elle lui avait déjà reconnu en examinant sa nature. En revanche, dans un arrêt postérieur *Morel c/ France*[1009], les juges ont considéré que l'article 6 ne s'appliquait pas à une majoration d'impôt de 10 % (correspondant à 4 450 francs, soit 678 euros), qui était de « faible importance » et était donc « loin de revêtir « l'ampleur considérable » » nécessaire pour que l'on retînt le caractère pénal de l'affaire. Dans cette décision la Cour a appliqué les critères *Bendenoun* de préférence aux critères *Engel*, en accordant un poids important au degré de gravité de la sanction, au détriment des autres éléments retenus dans la décision *Bendenoun*, notamment celui relatif à la nature de l'infraction (et au but de la sanction). La Cour s'est en effet fondée sur le caractère véniel de la sanction pour juger que le litige échappait à l'empire de l'article 6, alors même que les autres conditions requises pour l'application de cette disposition (généralité de la norme, sanction dépourvue de caractère indemnitaire poursuivant un but préventif et répressif) étaient incontestablement réunies. Mais cette approche reste isolée si l'on tient compte des affaires publiées[1010].

1007 CEDH, 24 févr. 1994, *Bendenoun, op. cit.*

1008 CEDH, 23 juill. 2002, *Janosevic c/ Suède*, n° 34619/97. *Cf.* aussi l'arrêt *Västberga Taxi Aktiebolag et Vulic c. Suède*, n° 36985/97, du 23 juillet 2002, que la Cour a rendu le même jour en usant d'un raisonnement similaire.

1009 CEDH, 6 juin 2000, *Morel c/ France*, n° 54559/00, *JCP* 2001.I.291, obs. F. Sudre.

1010 *Cf.* par ex : CEDH, *Jussila c/ Finlande*, 23 nov. 2006, req. n° 73053/01 : « 35. La

474. Le Comité des droits de l'homme des Nations Unies eut également à se prononcer sur la question de la frontière parfois exiguë, entre sanction fiscale et sanction pénale[1011]. M. A. Gerritsen, de nationalité néerlandaise se déclarait victime d'une violation par son pays des paragraphes 1 et 5 de l'article 14 du Pacte international relatif aux droits civils et politiques.

En tant que résident des Pays-Bas, l'auteur était assujetti à l'impôt sur le revenu dans ce pays. En avril 1990, un inspecteur des impôts a calculé un montant pour les années 1987 et 1988 en fonction des revenus déclarés par l'auteur pour ces deux années. Toutefois, au dernier trimestre de 1990, l'inspection des impôts a ouvert une enquête pour vérifier si les revenus déclarés pour les années 1987 et 1988 étaient exacts et complets. L'inspecteur des impôts a conclu à l'issue de l'enquête que l'augmentation du patrimoine enregistrée pendant ces deux années, compte tenu des dépenses privées déclarées, ne pouvait pas se justifier par le revenu imposable porté dans la déclaration de revenus. Le contribuable argua alors qu'il avait gagné des sommes importantes en jouant aux courses hippiques et en vendant des pièces et des bijoux, opérations exonérées d'impôts. L'agent des impôts rejeta cette explication et estima au contraire que l'augmentation de son patrimoine provenait de revenus imposables qui n'avaient pas été déclarés. Il le condamna donc à une lourde amende (environ 480 000 florins) pour fraude fiscale.

475. Le contribuable forma alors un recours auprès de la Chambre fiscale de la juridiction supérieure (*Belastingkamer van het Gerechtshof*) à Amsterdam. Dans deux décisions analogues rendues en juin 1995, cette juridiction confirma la teneur de la décision de l'inspecteur des impôts, mais décida néanmoins que du fait de circonstances particulières, notamment l'intervalle écoulé depuis que les accusations de fraude avaient été portées, l'amende devait être ramenée de 480 000 à 200 000 florins. Le contribuable insatisfait forma par la suite un pourvoi

---

Grande Chambre souscrit à la démarche adoptée par la chambre qui avait rendu, dans l'affaire *Janosevic*, un arrêt au fond après avoir procédé à une analyse minutieuse des questions en litige et entendu les parties en leurs explications (l'affaire *Morel* avait donné lieu à une décision d'irrecevabilité). Il n'existe donc pas, dans la jurisprudence de la Cour, de précédent faisant autorité qui permette de dire que la légèreté de la sanction constituerait, en matière fiscale ou autre, un facteur décisif pour exclure du champ d'application de l'article 6 une infraction revêtant par ailleurs un caractère pénal ».

[1011] CCPR/C/65/D/714/1996, communication n° 714/1996 : Pays-Bas 04/05/99. *Cf.* P. Tavernier, *Le droit à un procès équitable dans la jurisprudence du comité des droits de l'homme des Nations-Unies*, *RTDH* 1996, n° 25, pp. 3-22.

auprès de la Cour suprême (*Hoge Raad*) le 20 novembre 1995. Toutefois, comme il s'agissait d'un recours en cassation, l'appréciation des faits et la question du montant des amendes ne relevaient pas de la compétence de la Cour suprême. Celle-ci jugea que la législation néerlandaise, qui habilite l'inspecteur des impôts à infliger des amendes, n'était pas incompatible avec l'article 6 de la Convention européenne des droits de l'homme[1012], et que l'autorité judiciaire outrepasserait sa compétence en élaborant une solution pour une éventuelle violation du paragraphe 5 de l'article 14 du Pacte international relatif aux droits civils et politiques.

476. L'auteur de la communication fit alors valoir auprès du Comité que, vu que les amendes lui avaient été infligées par un inspecteur du fisc, qui ne saurait être considéré comme une autorité judiciaire indépendante, et vu qu'elles avaient le caractère de sanction pénale, il y avait violation des droits garantis au paragraphe 1 de l'article 14 du Pacte. D'après lui, bien que les amendes fiscales, donc administratives, ne relèvent pas du champ d'application de la loi pénale en vertu du système néerlandais, cet élément n'est pas décisif pour interpréter l'article 14 du Pacte[1013]. L'auteur fait valoir que, si de telles amendes ne sont pas décidées selon la procédure pénale, c'est pour des raisons d'opportunité. L'auteur de la saisine fit ensuite valoir qu'il est inacceptable que des peines sévères soient imposées par un organe d'État autre qu'une autorité judiciaire à la suite de la commission d'une infraction. Selon lui, les amendes qui ont un caractère pénal et qui entrent par conséquent dans le champ d'application de l'article 14 du Pacte ne devraient être imposées que par l'autorité judiciaire et devraient pouvoir donner lieu à réexamen par une juridiction supérieure, en particulier quand la sanction est lourde.

Le contribuable néerlandais affirmait en outre que, si l'on acceptait les peines administratives, en particulier pour des infractions graves, les États parties auraient toute liberté de supprimer la procédure pénale traditionnelle, hors le cas d'une condamnation à l'emprisonnement qui doit, en vertu de l'article 9 du Pacte, en toutes circonstances être imposée par un tribunal. Car il en résulterait d'après lui une situation dangereuse. Il ajouta enfin que le système selon lequel la justice n'intervient qu'après

---

[1012] Il faut savoir qu'à l'époque la fraude fiscale était si importante aux Pays-Bas que l'État néerlandais avait décidé d'habiliter les inspecteurs du fisc à imposer des amendes sans l'intervention d'une instance judiciaire.
[1013] *Cf.* les constatations du Comité des droits de l'homme adoptées le 7 avril 1982 dans l'affaire *Van Duzen* c/ *Canada*, communication n° 50/1979./.

que la peine a été imposée présente notamment l'inconvénient que l'amende doit en principe être acquittée même si l'affaire est portée devant la justice. Il est certes possible d'obtenir un délai, mais le contribuable est tenu de payer des intérêts sur le montant de l'amende pendant tout le temps où le recours est examiné par le tribunal.

477. Cette affaire finalement, même si elle n'est pas allée jusqu'au bout (l'auteur de la communication est parvenu finalement à un accord avec l'administration fiscale au sujet du montant des amendes à acquitter) est intéressante parce qu'elle pose une question de fond : la pénalité fiscale quand elle revêt le caractère d'une sanction pénale ne doit-elle pas être prononcée par le juge judiciaire et non par l'administration des impôts ?

Selon nous, il n'y a nul obstacle au prononcé de sanctions par une autorité administrative, à condition que soient appliquées au justiciable les garanties du droit pénal.

II. Conséquence de la pénalisation des sanctions fiscales : l'application des garanties du droit pénal

478. Le Conseil constitutionnel a, à de nombreuses reprises, en se basant sur l'article 8 de la Déclaration de 1789 et sur des principes fondamentaux reconnus par les lois de la République rappelait qu'une peine ne peut être infligée qu'à la condition que soient respectés : « le principe de légalité des délits et des peines, le principe de nécessité des peines, le principe de non-rétroactivité de la loi répressive d'incrimination plus sévère, ainsi que le principe du respect des droits de la défense »[1014]. Cette extension des principes du droit pénal au droit fiscal répressif a été également réalisée en Espagne, par le Tribunal constitutionnel. D'après cette jurisprudence « l'exercice de la puissance administrative répressive est sujette à l'observation théorique des principes et droits reconnus par l'article 24 CE »[1015].

[1014] Cons. const., Déc. n° 89-268 DC ; 29 déc. 1989, *Rec.*, p. 110 ; Déc. n° 90-285 DC, 28 déc. 1990, *Rec.*, p. 95 ; Déc. n° 97-395 DC, 30 déc. 1997, *Rec.*, p. 333 ; *RJC*, p. I-732.

[1015] STC 7/1998.

Art. 24 Const. esp. : « Toute personne a le droit d'obtenir la protection effective des juges et des tribunaux pour exercer ses droits et ses intérêts légitimes sans, qu'en aucun cas, cette protection puisse lui être refusée.

479. À travers ses décisions, le Conseil constitutionnel accentue le phénomène marquant de ces dernières années en procédure fiscale qui est la pénalisation de la matière. Déjà aperçu en matière de procédure non contentieuse, notamment avec le droit de visite et de saisie (art. L. 16 B LPF), on le retrouve en matière de sanctions. Comme si le juge national ou européen s'apercevait enfin que la position du contribuable n'était pas dans certaines situations si éloignée de celle du justiciable en matière pénale. Et qu'il méritait à cet égard la même considération que ce dernier, c'est-à-dire l'application en matière de sanctions fiscales des cinq grands piliers du droit pénal (principe de légalité des délits et des peines, le principe de nécessité des peines, de la non-rétroactivité des lois répressives, de l'application immédiate de la loi pénale plus douce[1016] et le principe du respect des droits de la défense[1017]) ou encore le principe fondamental de la présomption d'innocence qui est à la base de notre système judiciaire[1018].

480. Cet alignement de la procédure fiscale sur la procédure pénale est incontestablement porteur d'une plus grande justice fiscale dans notre pays. Les cinq grands principes développés par les philosophes des lumières[1019] et certains juristes comme Beccaria[1020] en réaction contre l'arbitraire qui sévissait alors dans l'incrimination et la sanction

---

De même, toute personne a le droit d'aller devant le juge ordinaire déterminé préalablement par la loi, de se défendre et de se faire assister par un avocat, d'être informée de l'accusation portée contre elle, d'avoir un procès public sans délais indus et avec toutes les garanties, d'utiliser les preuves nécessaires à sa défense, de ne pas faire de déclaration contre elle-même, de ne pas s'avouer coupable et d'être présumée innocente. La loi réglementera les cas dans lesquels, pour des raisons de parenté ou relevant du secret professionnel, une personne ne sera pas obligée à faire des déclarations sur des faits présumés délictueux ».

[1016] *Cf.* pour une illustration en matière fiscale : CAA Nantes, 27 avr. 1999, n° 96-2077, *RJF*, 8-9/99, n° 993 : la pénalité prévue par l'article 1763 A du CGI infligée à une société pour non-désignation des bénéficiaires de revenus réputés distribués en 1981, dont le tribunal a prononcé la décharge, est rétablie par le juge d'appel dans la limite de son taux résultant de la loi du 8 juillet 1987.

[1017] CE, 10 mars 1999, n° 154859, *SARL Sté d'exploitation de la clinique Paofai*, *RJF*, 5/99, n° 594 : le principe constitutionnel du respect des droits de la défense n'est pas méconnu, dès lors qu'une sanction fiscale a été infligée après que le contribuable eut été invité à formuler ses observations sur les redressements et sur les pénalités dont ils étaient assortis.

[1018] Ce principe a fait l'objet d'une application par la Cour de Strasbourg en matière fiscale : CEDH, 6 avr. 2000, *J.B. c/ Suisse*, n° 31827/96, *Cf. infra* n° 755 et s.

[1019] Notamment Rousseau dans le *Contrat social*, Montesquieu dans *l'Esprit des lois* et Voltaire à propos de l'affaire Calas.

[1020] *Cf.* C. Beccaria, *Traité des délits et des peines* (1764), Flammarion, 1991, 187 p.

reçoivent ainsi une application justifiée en matière de sanctions fiscales, dès lors que celles-ci revêtent le caractère d'une punition. En Espagne, sont appliqués aux sanctions fiscales, les principes de légalité (art. 25 Const. esp.), de proportionnalité, de non-rétroactivité, de *tipicidad* (principe dérivé de celui de sécurité juridique), de présomption d'innocence[1021], de culpabilité[1022] et de non-concurrence (*ne ibis en idem*, art. 180 *LGT*).

481. Nous verrons ainsi successivement l'obligation de motivation qui pèse sur l'organisme sanctionnateur (**A**), le principe de la nécessité des peines conjugué à la question de la modulation de la sanction par le juge (**B**), et le problème du cumul des sanctions fiscales et pénales (**C**).

A. L'obligation de motivation

482. En procédure civile, les droits de la défense imposent au juge judiciaire de motiver ses décisions. On retrouve cette même règle dans la procédure civile allemande (§ 313 *ZPO*)[1023] et en *common law*[1024]. La Constitution espagnole dans son article 120-3 déclame quant à elle que « les sentences seront toujours motivées et seront prononcées en audience publique »[1025].

[1021] TC, 1er avr. 1982, *BOE*, 21 avr. 1982, suppl. au n° 95 ; *Jurisp. Const.* 1982, vol. III, p. 176 ; 26 avr. 1990, n° 76/1990, *BOE*, 30 mai 1990, Suppl. au n° 129, p. 13 ; *Jurisp. Const.* 1990, vol. XXVI, p. 1003 ; *Bol. Jurisp. Const.* 1990, n° 109, p. 91 ; *Poder judicial* 1991, n° 19, note J. Garberi Llobregat.

[1022] C'est-à-dire qu'une sanction ne peut être appliquée si le dol ou la culpabilité ne sont pas avérés (art. 179 *LGT. Responsabilidad en materia de infracciones tributarias*). *Cf.* : TC, 19 déc. 1991, n° 246/1991, *BOE*, 15 janv. 1992, Suppl. au n° 13 ; *Jurisp. Const.* 1991, vol. XXXI, p. 805 : « ce Tribunal a déclaré que la Constitution espagnole consacre sans le moindre doute le principe de culpabilité comme principe structurel et base du droit pénal (...). Ce principe de culpabilité régit également les infractions administratives ; dans la mesure où la sanction qui frappe ce type d'infraction est une des manifestations du *jus puniendi* de l'État, un régime de responsabilité objective ou sans faute serait inconcevable dans notre ordre juridique ».

[1023] *Cf.* pour plus de détails : S. Guinchard et *alii*, *Droit processuel, op. cit.*, pp. 778-779.

[1024] *Smith Kline Beecham Biologicals SA v. Connaught Laboratories Inc* (1999) 4 *ALL ER* 498, 512 (CA) ; *Flannery v. Halifax Estate Agencies Ltd.* (2000) 1 *WLR* 377, 383 (CA).

[1025] STC 14/1911, F. J. 2° : « L'obligation de motiver les sentences que l'article 120. 3 CE impose aux organes judiciaires, conduit à intégrer dans le contenu de cette garantie

483. En droit fiscal, même si c'est l'administration fiscale qui prononce les sanctions,[1026] et non le juge de l'impôt, leur caractère défavorable à l'administré commande leur motivation dans un souci de « justice » et de transparence. Les sanctions fiscales revêtant le caractère d'une sanction pénale doivent être motivées par le fisc, c'est le sens de la jurisprudence *Bendenoun* de la Cour de Strasbourg. La loi n° 79-587 du 11 juillet 1979 milite également en faveur de la motivation des sanctions fiscales. Avant l'adoption de celle-ci, les sanctions fiscales n'avaient pas être motivées. Le droit fiscal espagnol va dans le même sens en posant un devoir de motivation de toute décision de sanction (art. 138. 1 LRJ-PAC ; art. 13-2 de la loi 1/1998 et art. 35-1 *Real Decreto* 1930/1998 du 11 septembre qui expose le « Régime fiscal répressif »)[1027]. Le droit espagnol à travers divers textes (art. 24. 1 Const. esp.[1028] ; art. 138. 1 LRJ-PAC ; art. 32 L. 1/1998 sur les droits et garanties des contribuables et art. 35. 1 du décret royal n° 1930/1998 du 11 septembre 1998 qui expose le « Régime fiscal répressif ») et la jurisprudence du Tribunal constitutionnel consacre donc ce principe. Celui-ci exige en outre de l'organisme qui prononce la sanction une motivation accrue dans trois cas particuliers :

- motivation des critères de graduation de la sanction dont l'absence léserait le principe de proportionnalité ;
- motivation de la preuve dont l'absence léserait le droit à la présomption d'innocence[1029] ;
- motivation de l'emploi de concepts juridiques indéterminés dont l'absence porterait atteinte au principe de légalité de l'article 25 de la Constitution[1030].

Les droits belge, néerlandais, allemand et anglais connaissent pareillement cette obligation faite à l'organisme sanctionnateur de motiver sa décision.

---

constitutionnelle le droit du justiciable à connaître les raisons des décisions judiciaires... ».

[1026] Sauf en cas de fraude fiscale où c'est le juge pénal qui est compétent pour prononcer la sanction.

[1027] *Cf.* pour plus de détails : G. Casado Ollero et A. Munoz Merino, *Le procès fiscal équitable en Espagne*, RFFP 2003, n° 83, p. 95.

[1028] Art. 24.1 : « Toute personne a le droit d'obtenir la protection effective des juges et des tribunaux pour exercer ses droits et ses intérêts légitimes sans, qu'en aucun cas, cette protection puisse lui être refusée ».

[1029] STC 174 et STC 175/1985.

[1030] STC 151/1997.

484. Si les intérêts de retard n'ont pas à être motivés[1031], les sanctions fiscales en revanche doivent l'être. Elles comptent en effet parmi les décisions individuelles défavorables qui infligent une sanction, et donc doivent être motivées en vertu de l'article 1er de la loi du 11 juillet 1979[1032]. L'alinéa 2 de l'article L. 80 D du LPF (issu de l'art. 112, L. n° 92-1376 du 30 décembre 1992 portant loi de finances pour 1993) prévoit que la motivation de la pénalité doit être portée à la connaissance du contribuable au moins trente jours avant la mise en recouvrement, lorsque cette pénalité ne constitue pas l'accessoire d'une imposition ou lorsqu'elle sanctionne une infraction dont la qualification est fondée sur l'appréciation du comportement du contribuable.

485. Ces dispositions sont compatibles avec celles résultantes de l'article L. 48 LPF qui indiquent que la notification de redressement (aujourd'hui proposition de rectification, art. 27 Ord. n° 2004-281 du 25 mars 2004 relative à des mesures de simplification en matière fiscale) doit comporter outre le montant des pénalités que l'administration entend infliger, leur nature et les motifs de droit et de fait qui justifient leur application.

486. Le Conseil d'État dans un arrêt du 5 mars 1997 a d'ailleurs jugé que pour apprécier le caractère suffisant de la motivation des pénalités de mauvaise foi mise à la charge d'un contribuable, il y a lieu de tenir compte, le cas échéant non seulement de la motivation figurant dans la notification de redressement, mais aussi de celle incluse dans la réponse aux observations du contribuable, dès lors que celle-ci est conforme aux exigences formelles des articles L. 80 D et L. 80 E du LPF[1033].

Le juge du fond apprécie d'ailleurs souverainement, si la sanction fiscale est suffisamment motivée[1034].

487. L'exigence de motivation des sanctions fiscales va dans le bon sens, en gommant le traitement juridique particulier qui était réservé à celles-ci. La reconnaissance de leur caractère punitif doit également entraîner l'application d'un autre principe du droit répressif qui est le principe de la modulation de la sanction par le juge.

[1031] CAA Marseille, 25 nov. 2003, *M et Mme Parico*, *DF* 2004, n° 41, pp. 1471-1472.

[1032] CE, 13 oct. 1986, *Sté Pessac Automobiles*, n° 44193, *RJF*, 12/86, n° 1141.

[1033] CE, 5 mars 1997, n° 803602. *Cf.* également CAA Nantes 1re ch., 17 déc. 2003, *Sté de fait Entreprise Delamare frères*, *RJF*, 5/04, n° 495 et *infra* n° 872 et s. sur la motivation des notifications de redressement (aujourd'hui propositions de rectification).

[1034] Le juge de cassation ne peut relever que l'erreur de droit.

B. Le principe de la nécessité des peines

488. Le principe de la nécessité des peines entraîne celui de la proportionnalité des peines selon le Conseil constitutionnel[1035]. Celui-ci implique le fait qu'aucune sanction ne doive revêtir de caractère automatique. Le rapport Aicardi avait mis l'accent en 1986 sur une méconnaissance du principe de proportionnalité de la peine à la gravité des infractions dans le domaine de sanctions fiscales. On peut dès lors imaginer que le juge puisse moduler des sanctions trop lourdes par rapport à la faute commise, en vertu du principe de la proportionnalité des peines **(§1)**. La réponse à cette question à une nouvelle fois divisée la Cour de cassation **(§2)** et le Conseil d'État **(§3)**, avant qu'un revirement malheureux de la jurisprudence de la chambre commerciale vienne mettre fin à cette divergence. On tentera par conséquent d'apporter des arguments en faveur d'une modulation par le juge des sanctions fiscales excessives **(§4)**.

§1) *Le principe de la proportionnalité des peines*

489. Le Conseil constitutionnel a plusieurs fois fait application de ce principe, en témoigne sa décision du 30 décembre 1987 où il jugea que l'article 92 de la loi de finances pour 1988[1036] était inconstitutionnel car édictant « une sanction qui pourrait dans nombre de cas, *revêtir un caractère manifestement disproportionné* »[1037] . A l'occasion du contrôle de la loi de finances pour 1998 et notamment de son article 85- IV, il fit une nouvelle application du principe, jugeant celui-ci contraire à la Constitution.

[1035] Cons. const., Déc. n° 80-127 DC, 20 janv. 1981, *Rec.,* p. 15 ; *D.* 1982, jur. 441, note A. Dekeuwer ; Déc. n° 86 -213 DC, 3 sept. 1986, *Rec.*, p. 122 et Déc. n° 87-239 DC, 30 déc. 1987, *Rec.*, p. 69.

[1036] Cons. const., Déc. n° 87-237 DC, 30 déc. 1987, *Rec.*, p. 63 : L'article 92 de la loi de finances pour 1988 avait pour objet de rendre passible d'une amende fiscale égale au montant des revenus divulgués toute infraction aux dispositions de l'article L. 111 du LPF qui interdisent, en dehors des cas qu'elles visent, la publication ou la diffusion de toute indication se rapportant à la liste des personnes assujetties à l'impôt sur le revenu et concernant une personne nommément désignée.

[1037] Cons. const., Déc. n° 87- 237 DC, *op. cit.*, cons. 16.

L'article incriminé prévoyait que toute omission ou inexactitude constatée dans les factures donnerait lieu à l'application d'une amende de 100 F par omission ou inexactitude. Alors que le défaut de présentation de ces mêmes documents entraînait l'application d'une amende de 10 000 F par document non présenté. Le Conseil décida que, malgré les garanties procédurales prévues, cette disposition risquait dans nombre de cas de donner lieu à l'application de sanctions « *manifestement hors de proportion avec la gravité de l'omission ou de l'inexactitude constatée* »[1038].

Toutefois, le Conseil avait rappelé auparavant qu'en l'absence de disproportion manifeste entre les infractions et les sanctions concernées, il ne lui appartenait pas de substituer sa propre appréciation à celle du législateur en ce qui concerne la nécessité des peines sanctionnant les infractions définies par celui-ci[1039]. Cette jurisprudence du Conseil constitutionnel a anticipé et sûrement influencé les solutions futures de la Cour européenne des droits de l'homme[1040], du Conseil d'État[1041] et de la Cour de cassation[1042].

Montesquieu dans « *De l'esprit des lois* » avait déjà souligné qu'« il est essentiel que les peines aient de l'harmonie entre elles »[1043]. Le caractère disproportionné d'une peine comme d'une décision renvoie à un sentiment d'injustice. Ce principe dont l'effectivité avait été consacrée par le droit constitutionnel allemand de l'après-guerre est un principe constitutionnel du droit européen. Pour autant on a pu dire que la France « a du mal à intégrer ce principe de proportionnalité parce qu'il est directement contraire au principe hiérarchique qui gouverne l'Etat »[1044].

Cette constatation nous amène à la question de la modulation de sanctions fiscales disproportionnées par le juge de l'impôt. Est-ce que le principe de proportionnalité donne au juge des impôts un pouvoir de modulation de la peine ? Cette question entraîne également celle de la place du juge dans notre droit fiscal. Doit-il seulement se cantonner à l'application de la loi fiscale ou doit-on lui reconnaître un rôle de

---

[1038] Cons. const., Déc. n° 97-395 DC, 30 déc. 1997, *op. cit.*

[1039] Cons. const., Déc. n° 92-316 DC, 20 janv. 1993 sur la loi relative à la prévention de la corruption, *Rec.*, p. 14 et Déc. n° 93-333 DC, 21 janv. 1994 relative à la liberté de communication, *Rec.*, p. 32.

[1040] CEDH, 24 févr. 1994 *Bendenoun, op. cit.*, *RJF*, n° 4, 1994, n° 503.

[1041] CE avis, 31 mars 1995, *Méric*, *RJF* 1995, n° 5.

[1042] Cass., Ass. plén., 14 juin 1996, *Kloeckner*, *op. cit.*

[1043] Montesquieu, *De l'esprit des lois*, t. I, GF Flammarion, chapitre XVI « *De la juste proportion des peines avec le crime* », p. 218.

[1044] M.-A. Frison-Roche, *Le juge et le sentiment de justice*, in Mélanges Pierre Bézard (*Le juge et le droit de l'économie*), Montchrestien, 2000, p. 50.

régulateur de la loi fiscale. Opter pour la première proposition se justifie par les principes de légalité et d'égalité devant l'impôt. Le juge ne pourrait pas en vertu de ces principes corriger la loi fiscale injuste qui prévoit une sanction disproportionnée. La seconde proposition conduit au contraire à reconnaître au juge un tel « pouvoir », avec les objections juridiques que nous avons soulevées. On voit donc bien que le principe de juste mesure reste des principes fondamentaux du droit pénal le plus délicat à mettre en œuvre en droit fiscal.

490. Le nouveau Code pénal a approfondi la politique pénale commencée en 1975[1045] en prévoyant une individualisation judiciaire accrue : suppression des minima encourus et prononçables sauf pour la réclusion et la détention criminelle, suppression des peines accessoires, mais dans le seul Code pénal. Le juge se voit reconnaître de larges pouvoirs concernant la fixation de la peine. Il peut ainsi dans certains cas ne pas prononcer la sanction (cas de l'exemption pénale[1046] ou judiciaire de la peine[1047]), dispenser le condamné d'exécuter la peine qu'il vient de prononcer ou agir sur les modalités d'exécution de celle-ci.

491. Le juge pénal possède également des prérogatives étendues quant à la fixation du taux de la sanction. Il détermine le *quantum* de la peine au vu des circonstances de l'infraction et de la personnalité du délinquant, et détermine le montant de l'amende en tenant compte des ressources et charges de l'auteur de l'infraction (art. 132-24 CP). La personnalisation des peines si elle peut source d'abus, présente néanmoins l'avantage d'éviter les dérives d'une justice « automatisée » et « aveugle » appliquant les peines sans aucune appréciation des circonstances de l'infraction, de la personnalité du prévenu ou bien même d'éventuelles circonstances atténuantes[1048].

[1045] *Cf.* à ce sujet : A. Decocq, *Les modifications apportées par la loi du 11 juillet 1975 à la théorie générale du droit pénal*, *RSC* 1976, p. 5 et s.

[1046] *Cf.* pour un exemple, l'article 422-1 CP qui dispose que « toute personne qui a tenté de commettre un acte de terrorisme est exempte de peine si, ayant averti l'autorité administrative ou judiciaire, elle a permis d'éviter la réalisation de l'infraction et d'identifier, le cas échéant, les autres coupables ».

[1047] Cas de la dispense de peine (art. 132-59 al. 1er CP) et de l'ajournement de peine (ajournement simple, art. 132-60 à 62 CP ; ajournement avec mise à l'épreuve, art. 132-63 à 65 CP et de l'ajournement avec injonction, art. 132-66 à 70 CP).

[1048] *Cf.* sur ce sujet : T. Papatheodorou, *Rev. Sc. Crim.* 1997. 15 (*personnalisation des peines*) ; A. Garapon, *Justices* 1998, n° 9, p. 137 (*peine fixe et individualisation*) ; Danet et Lavielle, *Gaz. Pal.*, 24-25 mai 2000, p. 2 (*la juste peine*).

492. Le Conseil constitutionnel s'est prononcé en 1981 sur le principe d'individualisation des peines, posant quelques restrictions au pouvoir d'appréciation reconnu au juge pénal. Il jugea que si aux termes de l'article 8 de la Déclaration des droits de l'homme « la loi ne doit établir que des peines strictement et évidemment nécessaires, cette disposition n'implique pas que la nécessité des peines doive être appréciée du seul point de vue de la personnalité du condamné et encore moins qu'à cette fin le juge doive être revêtu d'un pouvoir arbitraire que, précisément, l'article 8 de la déclaration de 1789 a entendu proscrire et qui lui permettrait, à son gré, de faire échapper à la loi pénale, hors des cas d'irresponsabilité établis par celle-ci, des personnes convaincues de crimes ou de délits ; si la législation française a fait une place importante à l'individualisation des peines, elle ne lui a jamais conféré le caractère d'un principe unique et absolu prévalant de façon nécessaire et dans tous les cas sur les autres fondements de la répression pénale ; *ainsi à supposer même que le principe de l'individualisation des peines puisse dans ces limites, être regardé comme l'un des principes fondamentaux reconnus par les lois de la république*, il ne saurait mettre obstacle à ce que le législateur, tout en laissant au juge ou aux autorités chargées de déterminer les modalités d'exécution de la peine un large pouvoir d'appréciation, fixe les règles assurant une répression effective des infractions »[1049].

493. Les sanctions fiscales se caractérisant par leur automaticité, il paraissait difficile de reconnaître au juge un pouvoir de modulation de la peine. « Le principe de proportionnalité ne signifiant pas seulement que le montant de la sanction pécuniaire doit varier en fonction de la gravité des manquements commis, il implique aussi qu'aucune sanction ne doit revêtir de caractère automatique et qu'un même manquement ne peut donner lieu qu'à une seule sanction administrative »[1050]. Il soulève également la délicate question du cumul des sanctions administratives de caractère pécuniaire avec des sanctions pénales de même nature[1051].

[1049] Cons. const., 20 janv. 1981, Déc. n° 80-127 DC, *Rec.*, p. 15 ; *JCP* 1981. II. 19701, note C. Franck ; *AJDA* 1981, n° 6, p. 278, note Ch. Gournay.

[1050] Cons. const., 25 févr. 1992, Déc. n° 92-307 DC, cons. 28, *Rec.*, p. 48.

[1051] Le Conseil constitutionnel dans sa décision n° 97-395 DC du 28 déc. 1997 (cons. 41) relative à la loi de finances pour 1998, jugea que, « lorsqu'une sanction administrative est susceptible de se cumuler avec une sanction pénale, le principe de proportionnalité implique qu'en tout état de cause le montant global des sanctions éventuellement prononcées ne dépasse pas le montant le plus élevé de l'une des sanctions encourues ». Il appartiendra aux autorités administratives et judiciaires compétentes de veiller au respect de cette exigence.

494. Il existe manifestement en droit fiscal des pénalités disproportionnées aux manquements qu'elles visent à sanctionner. Il en est ainsi des pénalités qui punissent des infractions à des obligations qui ne relèvent pas d'un défaut de paiement ou de déclaration des éléments permettant d'établir l'assiette de l'imposition. Ainsi, l'une des dispositions de l'article 1734 *ter* du Code général des impôts punit les entreprises qui, sur certains registres qu'elles doivent légalement tenir, omettent de mentionner ou mentionnent de façon inexacte certaines plus-values dont l'imposition est reportée en application de certaines dispositions du Code général des impôts. La pénalité est égale à 5 % du montant des omissions. « Sans remettre en cause le fait que la loi fiscale doive parfois imposer aux entreprises de tenir des états ou des registres relatifs à certains faits de leur vie économique, la sanction est disproportionnée, s'agissant de mentions de résultats qui, précisément, ne sont pas nécessaires pour l'établissement de l'assiette ou le paiement d'une dette fiscale, puisqu'ils font précisément l'objet d'un report d'imposition. »[1052]

495. Près d'une année après avoir jugé que l'article 6-1 de la Convention européenne pouvait être invoqué devant toute juridiction civile statuant en matière fiscale[1053], la Cour de cassation s'est reconnue un pouvoir de modulation de la peine conformément au droit pénal[1054]. Ce pouvoir de modulation ne peut jouer pour les raisons avancées plus haut qu'en matière de sanctions fiscales. Le juge judiciaire ne peut moduler le taux de l'intérêt légal, car il n'a pour objet que la réparation du préjudice financier subi par l'État[1055].

[1052] Rapport d'information n° 1064 de Jean-Yves Cousin, *Sur les relations entre l'Administration fiscale et les contribuables,* 23 sept. 2003.

[1053] Cass. com., 14 juin 1996, *Kloeckner*, *op. cit.*

[1054] *Cf.* Cass. com., *Lise*, 15 juin 1999, n° 98-10931, *Bull. civ. IV*, 1999, n° 130, p. 109 : l'article 1840 N *quater* du Code général des impôts n'est incompatible avec l'article 6-1 de la Convention européenne de sauvegarde des droits de l'homme, que dans la seule mesure où le juge saisi d'un recours à l'encontre de la sanction prise envers un contribuable ne peut pas se prononcer sur le principe et le montant de l'amende. Il appartient dès lors au tribunal saisi d'un recours d'apprécier la proportionnalité de la sanction au comportement du contribuable ; 29 avr. 1997, *Bull. civ. IV*, 1997, n° 110 (3), p. 96

[1055] Cass. com., 17 mars 2004, *Cts Philippart et Melle Martine Philippart, Procédures* 2004, n° 6, note J.-L. Pierre, p. 33 et 34.

§2) *La position du juge judiciaire*

496. Dans le célèbre arrêt *Ferreira*[1056], la Cour de cassation avait jugé que les dispositions de l'article 1840 N du CGI, en ce qu'elles instituent une amende proportionnelle, d'un montant invariable, automatiquement due en cas de non-paiement de la taxe différentielle sur les véhicules automobiles, contrevenaient aux dispositions de l'article 6 de la CESDH dès lors que :

- la jurisprudence de la Cour européenne des droits de l'homme considère qu'un système de majoration d'impôt ne se heurte pas à l'article 6 à condition que le contribuable puisse saisir de toute décision ainsi prise à son encontre un tribunal offrant les garanties exigées par ce texte ;
- l'amende fiscale prévue à l'article 1840 N *quater* du CGI constitue une sanction ayant le caractère d'une punition ;
- l'article 1840 N *quater* précité n'a pas institué à l'encontre de la décision de l'administration un recours de pleine juridiction permettant au tribunal de se prononcer sur le principe et le montant de l'amende.

497. Même si l'arrêt a été rendu à propos de la pénalité prévue en matière de taxe différentielle sur les véhicules à moteur, il conserve une portée plus large. « Les termes de la décision sont si généraux et absolus que la solution est applicable à toutes les pénalités, ayant le caractère contraire à la Convention dégagé par la Cour de cassation, c'est-à-dire l'automaticité de la sanction dans son principe et dans son montant. »[1057] Cette jurisprudence a été de nouveau consacrée par la Chambre commerciale, cette fois-ci, par rapport à la pénalité de l'article 1728 du CGI (défaut de déclaration obligatoire). L'amorce de proportionnalité ayant été jugée insuffisante par le juge judiciaire[1058]. L'administration a donné une interprétation restrictive de l'arrêt *Ferreira* dans un

---

[1056] Cass. com., 29 avr. 1997, *op. cit.*

[1057] B. Hatoux, *La jurisprudence Ferreira et le principe de proportionnalité des sanctions fiscales*, in *Droits du contribuable. Etat des lieux et perspectives*, p. 107.

[1058] Cass. com., 22 févr. 2000, *RJF*, 5/00, n° 737 ; 27 juin 2000, *Crts Bodin*, *RJF*, 11/00, n° 1399 ; 1er juill. 2003, n° 1097 F-D, *Gallotte*, *Procédures* 2003, comm. 246 : est cassé un arrêt qui avait refusé d'envisager de moduler la pénalité de 40 % prévue par l'article 1728-3 du CGI en cas de non-production d'une déclaration dans un délai de 30 jours suivant une mise en demeure.

communiqué du 9 mai 1997 qui va à l'encontre des principes énoncés plus haut[1059].

498. En prenant position sur la nécessité pour le juge de l'impôt d'exercer les pouvoirs de pleine juridiction lui permettant de moduler, le cas échéant, le taux de la sanction, la Cour de cassation trace une ligne jurisprudentielle défavorable à l'automaticité de la sanction fiscale, en reconnaissant au juge un pouvoir de modulation. La juridiction suprême a confirmé cette solution dans un arrêt du 30 juin 1998[1060] jugeant implicitement que les juges du fond disposent sur le fondement des dispositions de la CESDH du pouvoir de moduler les sanctions fiscales. Cette position fut suivie par la chambre criminelle dans un arrêt du 2 juillet 1998, où elle estima à propos d'une fraude fiscale que « les juges ont le pouvoir, notamment pour personnaliser la peine applicable au prévenu, de tenir compte des antécédents administratifs ou fiscaux ou de tous autres éléments concernant le prévenu, figurant à la procédure et soumis aux débats contradictoires »[1061].

Malheureusement, un revirement de la Cour de cassation intervenu dans un arrêt du 12 juillet 2004 interdit désormais au juge du fond de moduler une pénalité fiscale excessive[1062]. Ce qui aligne désormais la position du juge judiciaire sur celle du juge administratif. Une décision de la chambre commerciale du 11 janvier 2005 illustre cette nouvelle position en refusant de reconnaître au juge un pouvoir de modération de la sanction fiscale dans le cadre de la mise en œuvre de la responsabilité solidaire du dirigeant[1063].

[1059] *BF,* 26/97, p. 4, n° 8.

[1060] Cass. com., 30 juin 1998, *Mme Boblet*, *DF* 1998, 45, comm. 983.

[1061] Cass. crim., 2 juill. 1998, *Bull. crim.*, n° 213 ; *D.* 1999. 434, note Tixier et Lamulle.

[1062] Cass. com., 12 juill. 2004, *op. cit.* ; *Cf. infra* n° 931 et s.

[1063] Cass. com., 11 janv. 2005, n° 02-16.597, *Receveur principal des impôts de Rochefort-sur-Mer c/ M. François Rivallain* : aux termes de l'article L. 267 du LPF : toute personne exerçant en droit ou en fait, directement ou indirectement, la direction effective d'une personne morale ou d'un groupement peut être déclarée solidairement responsable du paiement des impôts dus par la société. A cette fin, l'administration doit démontrer que le dirigeant est responsable de manoeuvres frauduleuses ou de l'inobservation grave et répétée des obligations fiscales qui ont rendu impossible le recouvrement de l'impôt. Mais, dès lors que les conditions d'application de l'article L. 267 du LPF sont remplies pour la somme restant due par une société mise en liquidation judiciaire, le juge, saisi d'une demande fondée sur cet article, ne dispose pas du pouvoir de limiter le montant de la condamnation à prononcer en fonction des circonstances et de la bonne foi des dirigeants.

§3) *La position du juge administratif*

499. Pour le Conseil d'État, de manière générale, les dispositions de l'article 6-1 ne sont pas applicables en matière fiscale : « le juge de l'impôt ne statue pas en matière pénale et ne tranche pas de contestations sur les droits et obligations de caractère civil »[1064]. Le Conseil d'État selon une jurisprudence constante a toujours affirmé son hostilité à la reconnaissance au juge d'un pouvoir de modulation. D'après lui, le juge de l'impôt dispose d'un pouvoir de réformation, mais pas de modulation en ce qui concerne le taux des pénalités, fixé par le législateur en fonction de la qualification qui peut être donnée au comportement du contribuable[1065]. Cette jurisprudence a été confirmée par deux avis du Conseil d'État[1066] qui rappellent que « le juge de l'impôt, après avoir exercé son plein contrôle sur la qualification retenue par l'administration, doit appliquer le taux de majoration prévu en ce cas par la loi sans pouvoir le moduler pour tenir compte de la gravité de la faute commise par le contribuable ». Il affirme néanmoins que le juge doit appliquer d'office la loi plus douce en vigueur à la date à laquelle il statue. L'administration a immédiatement conclu que l'avis *Fattel* « prive de portée utile, s'agissant des impôts dont le contentieux relève de la compétence du juge administratif, la solution dégagée par la Cour de cassation dans son arrêt *Ferreira* du 29 avril 1997 »[1067].

500. Cette jurisprudence concordante des deux ordres de juridictions est regrettable et contestable, si l'on se réfère à la Charte du contribuable qui consacre le principe de sanctions équitables. Si l'on part du postulat qu'il est utopique d'imaginer que tous les textes fiscaux prévoient des sanctions fiscales « justes », il paraît dès lors nécessaire de prévoir qu'un organe puisse corriger la disposition prévoyant la sanction fiscale injuste.

[1064] CE, 2 juin 1989, n° 62979, *Bussoz*, *DF* 1990, comm. 342 ; 11 janv. 1993, n° 78895, *SA Georges Best*, *RJF* 1993, n° 816.

[1065] CE, 8 nov. 1974, n° 83 219, 83 823, 87 994.

[1066] CE, 5 avr. 1996, n° 176-611, avis *Houdmond* ; 8 juill. 1998, n° 195 664, avis *Fatell ;* 16 janv. 2006, n° 252 782, *Sté Edipag*, *Procédures* 2006, n° 5, com. J.-L. Pierre, pp. 31-32 ; CE, 24 mars 2006, *SA Martell*, n° 257330, DF 2006, n° 39, concl. L. Vallée, pp. 1666-1673 : « en jugeant qu'elle n'avait pas à moduler le taux de la pénalité prévue par l'article 1763 A du code général des impôts, la cour n'a pas méconnu les stipulations précitées du §1 de l'article 6 de la convention (européenne) ».

[1067] *BOI*, 13-N-1968, 24 août 1998.

§4) *Pour une modulation par le juge des sanctions fiscales excessives*

501. Dans un souci de justice fiscale, il nous semble difficile de ne pas reconnaître au juge le pouvoir de moduler *a posteriori* des sanctions inéquitables. Certes, on pourra rétorquer que la modulation judiciaire peut être une source d'inégalité. « Des appréciations différentes aboutissent à des sanctions différentes pour les mêmes faits, ce qui heurte directement le principe d'égalité devant l'impôt. »[1068] Comme le fait remarquer fort justement Cyrille David, « la justice fiscale au sens matériel est fixée par la loi, et non par le juge, en raison des principes conjugués de légalité et d'égalité devant le juge de l'impôt ». Cependant, comme l'auteur, on peut se demander s'il ne faudrait pas « modifier cet état de choses et offrir au juge des moyens supplémentaires de permettre la réalisation de la justice fiscale au sens matériel si besoin est ? »[1069]

502. Pour la Cour européenne des droits de l'homme, les sanctions administratives qui entrent dans le champ de l'article 6-1 doivent faire l'objet d'un contrôle de pleine juridiction, qui doit permettre au juge « de réformer en tout point la décision de sanction »[1070]. Dans un arrêt *Taddéi* du 28 juin 1998, elle exclut ou prévoit la modulation de la pénalité par le juge, selon que c'est une pénalité dont la modulation est prévue par le texte l'ayant instauré, ou selon que c'est une pénalité dont la loi n'a pas prévu de modulation[1071]. Certains textes prévoient en effet,

---

[1068] P. Durand, *Le point de vue de l'administration*, in *Droits du contribuable. Etat des lieux et perspectives*, p. 151.

[1069] *Dictionnaire de la justice* (sous la direction de L. Cadiet), V° Justice fiscale, p. 759.

[1070] P.-F. Racine, *Les sanctions fiscales et la CEDH*, in *Regards critiques et perspectives sur le droit et la fiscalité* (Mélanges David), pp. 63-74. *Cf.* : CEDH, *Albert et Le Compte*, 1er févr. 1983, série A, n° 58 ; *Gradinger c/ Autriche*, 23 oct. 1995 (poursuites pénales et administratives contre un automobiliste, pour homicide par imprudence et conduite en état d'ébriété), série A, n° 328 C.

[1071] CEDH, 6 oct. 1998, *Taddéi c/ Italie* ; 23 sept. 1998, *Malige c/ France, Rec.* 1998-VII ; *Silvester's Horeca Service c/. Belgique,* 4 mars 2004, n° 47650/9 : la requérante, Silvester's Horeca Service, est une société belge ayant son siège à Louvain. En 1987, elle se vit infliger des amendes fiscales pour avoir commis des infractions à la législation sur la TVA. La société requérante saisit les juridictions belges d'un recours contre la décision lui imposant les amendes en cause. Invoquant l'article 6-1 de la Convention, la société requérante se plaint de ne pas avoir eu accès à un tribunal, les juridictions belges ayant vérifié la réalité et la légalité des amendes litigieuses sans en apprécier l'opportunité ou le montant.

une modulation de la pénalité en opérant une distinction entre bonne foi, mauvaise foi (désormais « agissement involontaire » et « manquement délibéré ») et manœuvre frauduleuse. Dans l'affaire qui a donné lieu à l'arrêt *Ferreira*, la Cour de cassation avait à connaître d'une pénalité à taux fixe, dont la loi n'avait pas prévu elle-même une modulation. Il semble donc que s'agissant de cette affaire, la Cour européenne n'aurait pas déjugé la Cour de cassation.

503. Si l'on regarde du coté du droit civil, on constate que l'article 1152 al. 2 du Code civil (depuis une loi du 9 juillet 1975 modifiée par une loi du 11 octobre 1985) reconnaît au juge en matière de clauses pénales, le pouvoir de « modérer ou d'augmenter la peine qui avait été convenue, si elle est manifestement excessive ou dérisoire ». Pour que le montant de la peine soit révisé à la baisse, il faut qu'il soit sans commune mesure avec celui du dommage effectivement éprouvé par le créancier. C'est le principe d'équité « *maxima jus, maxima injuria* » qui a généré cette réforme dans le droit des clauses pénales, il serait bon que le juge administratif s'en inspire lorsqu'il a, à connaître de sanctions dont la modulation n'est pas prévue par la loi. Et aucune spécificité ou autonomie prétendue du droit des sanctions fiscales ne peut être ici soulevée pour refuser cette modulation légitime, la sanction fiscale étant une sanction pénale. Dès lors, nous ne pouvons partager l'opinion de Jean Lamarque quand il affirme que « le pouvoir de modulation du taux des majorations, s'il devait être reconnu au juge, perturberait gravement le mécanisme de la proportionnalité et aboutirait à un affaiblissement du principe égalitaire »[1072].

En revanche, l'interrogation soulevée par Pierre-François Racine quant à la reconnaissance d'un pouvoir de modulation des sanctions par le juge de l'impôt nous semble plus pertinente : « On peut se poser la question suivante : ne serait-il pas contradictoire de reconnaître la conformité tant à la constitution (...) qu'à la CEDH (...) d'un pouvoir de répression confié à l'administration et en même temps d'exiger l'alignement complet des procédures fiscales et pénales. Rappelons en effet que le

La Cour constata que la société requérante n'avait pas eu la possibilité de soumettre la décision litigieuse au contrôle d'un organe judiciaire de pleine juridiction, c'est-à-dire d'un organe pouvant prendre connaissance de l'intégralité du litige, tant dans ses éléments de fait que de droit. Par conséquent, la Cour jugea que la société requérante n'avait pas eu accès à un tribunal, et conclut à la violation de l'article 6 -1 de la Convention.

[1072] J. Lamarque, *Le juge judiciaire de l'impôt et le principe de séparation des pouvoirs*, in *Clés pour le siècle*, p. 548.

juge de l'impôt, qu'il soit le juge administratif ou judiciaire, n'est que le juge de l'administration ; il n'inflige pas la sanction, à la différence du juge pénal ; il se borne à vérifier que l'administration a agi légalement »[1073].

504. Mais cet argument s'il est convaincant, s'effrite quelque peu quand on regard du coté des droits étrangers. Dans l'Union européenne, certains pays comme le Royaume-Uni admettent que le juge puisse réduire la pénalité fiscale (*penalties*). C'est le cas en matière de pénalités prononcées en raison d'omissions ou inexactitudes dans les renseignements obligatoires à l'encontre d'un contribuable négligent ou coupable de fraude (Sect. 95 à 97 *TMA* 1970 en matière d'*Income tax* ou de *Corporation Tax*). S'il s'avère que la pénalité est clairement disproportionnée avec la faute commise par le contribuable, le juge pourra en réduire le *quantum*[1074]. Il peut également dans d'autres hypothèses supprimer la pénalité, mais cela est plus rare. Ce pouvoir de modération reconnu au juge britannique reste cependant une exception, car le juge (*High Court*) est seulement compétent en matière de questions de droit, l'appréciation des situations de fait étant l'apanage des *Commissioners*, juges de première instance (ex : recherche dans la comptabilité du contribuable).

En Espagne, l'article 178 alinéa 2 de la loi n° 30/1992 du 26 novembre 1992 relative au régime juridique des administrations publiques et à la procédure administrative de droit commun[1075] consacre le principe de proportionnalité en matière de sanctions administratives et plaide donc pour une vérification par le juge fiscal d'une adéquation raisonnable entre la gravité de l'infraction commise et celle de la sanction fiscale encourue. Il pourra ainsi personnaliser la peine en prenant en compte certains faits comme l'existence d'une intention de nuire ou d'une simple négligence, d'une récidive éventuelle, de la nature et de l'importance des dommages imputés au comportement de l'intéressé[1076]. Le juge néerlandais peut également au vu notamment des circonstances personnelles et financières du contribuable, déterminer une pénalité plus

[1073] P.-F. Racine, *Les sanctions fiscales et la CEDH, op. cit.*, p. 69

[1074] Vinelott J..Ch D 1986, *Lear/ Leeks Commrs*, 59 TC 247, 1986 STC 542, TTC 44 22.

La pénalité peut aussi être annulée si elle a été prononcée par les *Commissioners* en raison d'une erreur de fait (Ch D 1969, *Collins/ Croydon Commrs*, 45 TC 566).

[1075] *BOE*, 27 nov. 1992 (rect. *BOE*, 28 déc. 1992/ *BOE*, 27 janv. 1993).

[1076] F. Moderne, *op. cit.*, p. 461.

juste[1077]. En revanche, il ne pourra pas en augmenter le montant. La Grèce et la Belgique ont également admis la modulation de la sanction fiscale inéquitable. La reconnaissance de ce principe par de nombreux États européens nous laisse penser que, dans un souci de justice et d'harmonisation du droit des procédures fiscales en Europe, la France devrait consacrer juridiquement le pouvoir judiciaire de modulation des sanctions fiscales à l'instar de ce qui existe en droit pénal.
Cela serait somme toute logique de reconnaître un pouvoir de modulation au juge de l'impôt concernant les sanctions fiscales qui ont un caractère de punition et donc qui relèvent de la matière pénale.

505. On a également pu avancer que, si le juge devait se voir reconnaître le pouvoir de moduler les pénalités excessives, cela devrait être également le cas de l'administration des impôts[1078]. Les sanctions fiscales étant établies par la seule administration fiscale, cette proposition paraît fondée. À l'heure actuelle, celle-ci ne tient que de l'article 247 du LPF, en matière de contentieux gracieux, un pouvoir de modulation en cas de gêne ou d'indigence avérée du contribuable. Il serait évidemment avantageux pour le contribuable de pouvoir obtenir une modulation des pénalités litigieuses en amont de la procédure contentieuse. Car réservée au seul juge, cette prérogative oblige l'intéressé à saisir le juge de l'impôt seulement pour espérer une révision à la baisse des pénalités en cause. Pour autant, il nous semble qu'il ne faille pas lier le sort de la modulation par le juge à celui de la modulation par l'administration pour deux raisons :

- une révision administrative semble plus problématique à mettre en place et risque de retarder l'établissement d'une révision judiciaire des pénalités fiscales. De plus, si on a pu soulever à juste titre les abus éventuels auxquels peut donner lieu la modulation judiciaire[1079], la modulation par l'administration nous paraît davantage aléatoire pour le contribuable, du fait de la position de partie occupée par celle-ci dans le litige. N'étant pas un tiers, comme le juge, elle nous paraît avoir un droit moins légitime à la révision de la peine ;

- si l'on admet que l'on se dirige tout droit vers un droit commun de la sanction sous l'égide de la Cour européenne, la position du juge administratif est par avance condamnée. L'élargissement de la matière

[1077] *Cf.* pour plus de détails : M. Feteris, *Taxpayer protection and tax fines : an introduction*, p. 72.
[1078] P.-F. Racine, *Les sanctions fiscales et la CEDH*, *op. cit.*, p. 69.
[1079] P. Durand, *Le point de vue de l'administration*, *op. cit.*, p. 129.

pénale[1080] aux procédures de prononcé de sanctions disciplinaires, de sanctions fiscales ou de sanctions relatives au droit de la concurrence étend le domaine de l'article 6-1 de la Convention et du principe de proportionnalité. La sanction fiscale ne peut rester à l'écart de ce mouvement sous peine de faire renaître les vieux démons d'injustice et d'arbitraire chez le contribuable.

506. Le principe de proportionnalité se pose de nouveau dans le cas du cumul des sanctions fiscales et des sanctions pénales.

C. La question du cumul des sanctions fiscales et des sanctions pénales

507. Le problème du cumul de la sanction pénale avec une sanction de nature juridique différente est récent. En effet, pendant longtemps, « le droit pénal et pas seulement la peine a été présenté et conçu comme la sanction de toutes les autres branches du droit »[1081]. La multiplication de sanctions dans les domaines économique et social à partir des années 1940, la création en 1978 des autorités administratives indépendantes (AAI), puis le prononcé de sanctions par les institutions communautaires sous le contrôle de la CJCE[1082] a mis fin au « monopole » de la seule sanction pénale.

508. En droit pénal, la règle *non bis in idem* protège celui qui a commis l'infraction[1083]. Mais cette règle ne s'applique plus dans le cas où pour un même fait une personne risquerait des sanctions de nature différente relevant de procédures distinctes. La sanction pénale peut donc s'ajouter à une sanction civile, administrative ou disciplinaire[1084]. La Cour de cassation et le Conseil d'État ont jugé que le principe de l'interdiction des doubles poursuites (*non bis in idem*) prévu par l'article 4 du

---

[1080] Trois critères généraux ont été dégagés pour définir cette notion : la qualification juridique du droit interne, la nature de l'infraction, la sévérité de la sanction.

[1081] P. Poncela, *Droit de la peine*, p. 36.

[1082] Art. 87 du Traité de Rome sur les pratiques anticoncurrentielles prévoyant des amendes pouvant aller jusqu'à 10 % du chiffre d'affaires ainsi que diverses astreintes.

[1083] *Cf.* sur ce sujet, P. Poncela, *op. cit.*, pp. 234-246 et P. Delestrée, *Cumul et non-cumul des infractions, confusion et réduction des peines*, 1960.

[1084]*Cf.* J.-.H Robert, *Application ou non-application de la règle non bis in idem entre les sanctions pénales, civiles et administratives, Archives de politique criminelle*, 1983. 136.

protocole n° 7 à la Convention européenne des droits de l'homme[1085] et l'article 14-7 du Pacte international sur les droits civils et politiques n'interdit pas le prononcé des sanctions fiscales parallèlement aux sanctions prononcées par le juge répressif[1086]. Cette solution s'explique par l'indépendance du système répressif par rapport au système administratif.

En revanche, le droit espagnol interdit expressément le prononcé de deux sanctions pour un même fait dans son article 180 de la *LGT* (*principio de no concurrencia*). Ce principe vaut aussi bien pour des sanctions provenant d'un même ordre juridique que pour celles provenant de deux ordres juridiques (ex : droit fiscal et droit pénal).

509. La chambre criminelle avait ainsi considéré que « les poursuites pénales du chef de fraude fiscale, qui visent à réprimer des comportements délictueux tendant à la soustraction de l'impôt, ont une nature et un objet différents de ceux des poursuites exercées par l'administration dans le cadre du contrôle fiscal, qui tendent au recouvrement des impositions éludées »[1087]. Pour le Conseil d'État, « le § 7 de l'article 14 du Pacte de New York n'ait pas un obstacle à ce qu'un contribuable qui a fait l'objet d'un jugement définitif de la juridiction répressive saisie de poursuite du chef de fraude fiscale, se voie appliquer par l'administration les sanctions fiscales prévues par l'article 1728-3 du CGI en cas de défaut de déclaration, ou par l'article 1729-1 en cas de mauvaise foi ou de manœuvres frauduleuses »[1088].

510. Ces jurisprudences concordantes auraient pu être fâcheuses pour le contribuable, si le Conseil constitutionnel n'y avait apporté un tempérament. Selon le juge suprême, « lorsqu'une sanction administrative est susceptible de se cumuler avec une sanction pénale, le principe de proportionnalité implique qu'en tout état de cause le montant global des sanctions éventuellement prononcées ne dépasse pas le montant le plus élevé de l'une des sanctions encourues »[1089]. Il s'agit ici d'un plafonnement et non pas d'une modulation. Le Conseil

---

[1085] « Nul ne peut être poursuivi ou puni pénalement par les juridictions du même Etat en raison d'une infraction pour laquelle il a déjà été acquitté ou condamné par un jugement définitif conformément à la loi et à la procédure pénale de cet Etat ».

[1086] CE avis, 4 avr. 1997, *Jammet*, *op. cit.* ; Cass. crim., 20 juin 1996, *Ponsetti*, *Bull. crim.* n° 113, p. 260 et s. et 6 nov. 1997, *Pini*, *RJF* 1998, n° 12, comm. 1467.

[1087] Cass. crim., 6 nov. 1997, *ibid.*

[1088] CE avis, 4 avr. 1997, *Jammet*, *op. cit.*

[1089] Cons. const., Déc. n° 97-395 DC, 30 déc. 1997, *op. cit.* ; note L. Philip, *Revue française de droit constitutionnel* 1998, 33, p. 160 et s.

constitutionnel dans sa décision avait renvoyé aux juridictions administratives et judiciaires le soin de veiller au respect de cette règle limitatrice. Or, force est malheureusement de constater qu'il n'a été suivi pour l'instant par les juridictions administratives qui ont jugé qu'elles ne leur appartenaient pas d'apprécier la conformité de la loi au principe posé par le Conseil[1090].

On pourrait, dès lors, proposer d'inscrire en droit français dans le livre des procédures fiscales, le principe *ne bis in idem*, à l'image du droit espagnol, afin d'en faire clairement un principe fondamental du droit des procédures fiscales.

511. Les juridictions européennes que cela soit la CJCE[1091] ou la CEDH[1092] limitent ce cumul dans leurs jurisprudences respectives à travers le respect du principe de proportionnalité.

La Cour européenne a eu à se prononcer à propos l'application de l'article 4 du 7ème protocole sur cette question du cumul. Cet article prohibe la double peine ou les peines multiples pour la même faute. En Norvège et en Suisse, il a été invoqué dans des affaires fiscales, où le requérant estimait devant les juridictions pénales que le fait d'être condamné dans des cas d'évasion fiscale, à payer l'impôt éludé, les intérêts, plus les sanctions administratives rentrait dans le champ de l'interdiction de l'article 4. Mais comme le prophétise un auteur, depuis que les sanctions administratives lourdes sont assimilées à des sanctions pénales, ce genre de revendication risque certainement d'être accueilli moins favorablement par les juridictions internes[1093].

[1090] CAA Nantes, 29 déc. 2000, *Jammet*, n° 97-60 et 98-1954, *RJF* 2001.7.955 ; TA Toulouse, 3 déc. 2002, *Colani*, n° 99-2410, *RJF* 2003.5.527.

[1091] CJCE, 13 nov. 1990, C 33P/188, *Queen Ministery of Agriculture and Secretary of Health*.

[1092] Comm. EDH, 2 déc. 1985 ; CEDH, 19 déc. 1989, affaire *Mellacher*, *Annuaire de la Cour européenne des droits de l'homme*, 1989, résumé des arrêts p. 206.

[1093] En ce sens, P. Baker, *Introduction* (*Taxation and the European Convention on Human Rights in the Domestic Law of the Council of Europe Countries*), *European Taxation*, p. 461.

Conclusion de titre

512. Les rapports étroits entre droit fiscal et patrimoine ne doivent plus être ignorés dans les études portant sur les droits du contribuable. Car ce sont les principes fondamentaux du droit à l'égalité pour tous et du droit de propriété qui sont ici en jeu. L'article 6-1 de la CESDH s'applique on l'a vu en cas d'accusation en matière pénale et en cas de «contestation sur des droits et obligations de caractère civil». C'est la notion de patrimonialité qui apparaît comme étant le critère d'identification de la matière civile. L'article 6-1 s'applique en matière civile, lorsqu'il y a une incidence patrimoniale d'une situation ou d'un acte sur les droits du justiciable. La chambre commerciale de la Cour de cassation, avant son revirement du 12 juillet 2004[1094], assimilait à des prétentions de nature civile, les réclamations relatives au patrimoine ou encore à l'activité économique du contribuable, alors même qu'il serait opposé à une autorité publique comme l'administration fiscale[1095]. Selon l'arrêt de du 12 juillet 2004 : l'article 6-1 de la Convention « en l'absence de toute accusation en matière pénale, n'est pas applicable au contentieux fiscal, lequel échappe au champ des droits et obligations de caractère civil, en dépit des effets patrimoniaux qu'il a nécessairement quant à la situation des contribuables ».

Cette solution rejoint les jurisprudences antérieures de la Cour de Strasbourg[1096] et du Conseil d'État[1097]. La juridiction européenne avait pourtant jugé que le critère prédominant pour qualifier une affaire de civile est l'existence d'un enjeu patrimonial pour le requérant. La qualité des parties ou la nature des règles appelées à gouverner le litige n'influant pas sur la qualification. Ainsi, certains litiges administratifs peuvent être rattachés selon cette conception à la matière civile[1098]. Il

---

[1094] Cass. com., 12 juill. 2004, *op. cit.*

[1095] Cass. Ass. plén., 14 juin 1996, *JCP* 1996. II.22692, concl. Y. Monnet.

[1096] CEDH, 12 juill. 2001, *Ferrazzini c/ Italie, op. cit.*

[1097] CE, 2 juin 1989, *Saint-Pern*, *RJF*, 8-9/1989, n° 1019 ; 11 janv. 1993, *SA Georges Best*, *RJF*, 3/1993, n° 429 ; 26 nov. Guenoun, *DF* 2000, n° 15, comm. 298, concl. J. Courtial.

[1098] CEDH, 26 mars 1992, *Ed. Périscope c/ France*, *RJF*, 10/1992, n° 1279 ; *JCP* 1993. I.3654, obs. F. Sudre (concernant une entreprise de presse à qui on refusait l'octroi de tarifs préférentiels) ; 21 févr. 1997, *Guillemin c/ France, AJDA* 1997, p. 399, note R. Hostiou (propriétaire qui contestait l'expropriation de son bien immobilier).
En revanche, ne sont pas rattachés à la matière civile : la police des étrangers (CEDH, 5 oct. 2000, *Maaouia c/ France*, *D.* 2001, somm. p. 2346, obs. B. de Lamy) ou encore le

semble que cette jurisprudence n'était pas applicable à la matière fiscale qui selon la Cour relève encore du « noyau dur des prérogatives de la puissance publique, le caractère public du rapport entre le contribuable et la collectivité restant prédominant »[1099].
Si la voie de l'article 6 (volet civil) de la CESDH semble momentanément close pour le contribuable, son application au contentieux fiscal relatif à une question d'ordre patrimonial n'est pas pour autant condamnée. Tout dépend de la conception que l'on a de la relation État-contribuable. Si l'on se base du point de vue classique des magistrats français, la relation entre le contribuable et la puissance publique doit s'analyser comme un lien de citoyenneté[1100]. Et par conséquent, le volet civil n'a pas vocation à s'appliquer. Ce qui ne sera pas le cas, si l'on y voit en revanche, une relation purement privée, de droit civil, entre un créancier et un débiteur.

513. La protection du patrimoine du contribuable, faute de pouvoir se réfugier sous l'égide de l'article 6 de la CESDH (sauf en matière de sanctions fiscales), relève donc de sources disparates. On a vu que le droit à la non-confiscation du patrimoine était assuré en Espagne et en Allemagne, alors qu'en France, le Conseil constitutionnel et le juge judiciaire ont pour le moment que timidement fait référence à ce principe. En matière de sanctions fiscales ayant un caractère punitif, l'assimilation de celles-ci à des sanctions pénales par les jurisprudences constitutionnelle et européenne permet de faire bénéficier le contribuable des garanties du droit pénal. On regrettera toutefois que le juge judiciaire, depuis peu, et le juge administratif ne se reconnaissent pas le pouvoir de moduler les sanctions disproportionnées par rapport au manquement reproché au contribuable. Et on n'oubliera pas le problème posé par les intérêts de retard dont le taux encore élevé et l'absence de déductibilité les rapprochent des sanctions punitives, mais qui ne bénéficient pourtant pas des garanties attachées à ces dernières. Ces constats démontrent que la protection du patrimoine du contribuable comme de sa vie privée est encore parcellaire en droit fiscal. De plus, la Cour européenne des droits de l'homme ne se montre pour l'instant pas

---

contentieux électoral (CEDH, 21 oct. 1997, *Pierre Bloch c/ France*, *RFDA* 1998, p. 999, note P. Jan).

[1099] CEDH, 12 juill. 2001, *Ferrazzini c/ Italie, op. cit.*

[1100] J. Maïa, *Illusions et promesses de l'application à la matière fiscale de la convention européenne des droits de l'homme*, *RJF* 2002, n° 1, p. 3.

davantage protectrice de la propriété du contribuable que les juridictions internes[1101].

514. Le contribuable dont les biens sont saisis, s'il peut bénéficier en théorie de la protection offerte par l'article 1er du premier protocole de la CESDH, verra en effet rarement son recours fondé sur cette disposition couronné de succès. On dénombre en outre, peu d'affaires où un contribuable d'un État ayant ratifié la Convention européenne ait saisi la Cour pour violation de l'article 1er du premier protocole. Dans les rares recours fondés sur la violation de la disposition, la plupart n'ont d'ailleurs pas obtenu gain de cause[1102], ce qui est regrettable, car l'article

[1101] *Cf.* cependant s'agissant de la juridiction européenne : CEDH, 23 février 2006, req. 25632/02, *Stere et autres c/ Roumanie ;* K. Sid Ahmed, *Stere et autres c. Roumanie ou une illustration supplémentaire de l'application timorée de l'article 6-1 à la matière fiscale par la Cour européenne*, *DF* 2007, n° 9, pp. 9-13. CEDH, 25 janv. 2007, n° 70160, *Aon C/ France* ; J. Turot, *Quand le juge fiscal réveillera l'adage « Contra non valentem... »*, *DF* 2007, n° 27, étude 699 ; *DF* 2007, n° 38, pp. 46-50 : les requérants se plaignaient du rejet de leur demande de remboursement des sommes indument payées au titre de TVA pour le 1er semestre 1978. La Cour conclut à la violation de l'article 1er du protocole n° 1.
S'agissant du Conseil d'État, *Cf.* : M. Collet, *Les bienfaits du « dialogue des juges ». Remarques sur la mise en œuvre par le juge fiscal des articles 14 de la convention EDH et 1er de son premier protocole additionnel*, *DF* 2006, n° 51, 70 qui rappelle que le mécanisme de sursis de paiement en vigueur avant 1995 avait été jugé contraire au droit européen au regard de ces deux dispositions par le Conseil d'État dans des arrêts *Sarteur* (10 août 2005, n° 259741, *BDCF* 11/2005, n° 141, concl. L. Vallée) et *Galvaire* (10 févr. 2006, n° 270255, *RJF* 2006, n° 601).
[1102] *Cf.* P. Baker, *Taxation and the European Convention on Human Rights in the Domestic Law of the Council of Europe Countries* (Introduction), *European Taxation*, déc. 2001, p. 460 qui envisage un nouveau point de droit où l'article 1er du premier protocole risque de jouer un rôle majeur, la non-intelligibilité de la loi fiscale: « *there are some pointers from the case law to future developments in this area : for example, a few cases have raised the issue of unclear tax legislation (so unclear that it conflicts with the principle of the rule of law)*".
Pour un exemple de décision ayant refusé de reconnaître la violation de l'article 1er du premier protocole *:* CEDH, *Georgiou and another v United Kingdom,* 16 mai 2000, *Simon's Tax cases* 2001, pp. 80-91.*Cf.* néanmoins : CEDH, 16 avr. 2002, *SA Dangeville c/ France*, *op. cit.* ; *Buffalo Srl en liquidation c. Italie*, 3 juill. 2003, *op. cit.* : la Cour rappelle que si les États en matière d'impôts disposent d'une grande marge de manœuvre, celle-ci n'est pour autant pas illimitée. La société requérante disposait de crédits d'impôts contre l'administration fiscale. Or, cette dernière tardant à les lui rembourser intégralement contraint la Société à se retourner vers des financements privés lui occasionnant des frais. La Cour considère que la société requérante dispose d'un intérêt patrimonial reconnu en droit italien depuis la réception par l'administration fiscale de la déclaration de revenus jusqu'à la date du remboursement, constitutif d'un « bien » au sens de la Convention. La Cour rappelle

1er du premier protocole a vocation à devenir un pilier fondamental de la protection du contribuable au nom de son « intérêt patrimonial ». Si on suit la même logique et qu'on considère qu'une information est un bien qui a sa place dans le patrimoine de l'individu[1103], ne pourrait-on alors considérer que lorsque l'administration vient à connaître dans l'exercice de ses pouvoirs de contrôle et d'investigation des données confidentielles (ex : correspondances de l'avocat avec son client) du contribuable, le patrimoine de celui-ci est en cause ? Même si le droit au secret professionnel et l'obligation de discrétion professionnelle auxquels sont tenus les agents de l'administration sont en la matière des garde-fous efficaces[1104].

515. Dans les pays membres du Conseil de l'Europe, on constate que l'article 1er du premier protocole a souvent été invoqué au Royaume-Uni dans le cas de la saisie de biens en cas de non-paiement d'impôts indirects. La décision du *VAT & Duties Tribunal* d'Edinbourgh *Speyside Bonding Company Ltd v. Commissioners of Customs & Excise*[1105] est représentative de la jurisprudence britannique sur ce point. Dans cette affaire le requérant avait livré des biens soumis à des droits d'accises à un client avec lequel il s'était mis d'accord pour déférer le paiement des taxes jusqu'au moment où les biens sont vendus par le client. L'accord avait été approuvé par les *Commissioners* compétents en matière des droits de douane et des droits d'accises. Cependant, l'approbation du client a été révoquée par les *Commissioners*, les biens saisis auprès du client et le requérant a été assigné au paiement des taxes. Lequel

---

ensuite que l'obligation financière née du prélèvement d'impôts peut léser la garantie générale du droit de propriété si elle impose à la société une charge excessive ou porte fondamentalement atteinte à sa situation financière. Or, le système italien de l'acompte d'impôt fait peser sur les contribuables une charge importante, aggravée par le retard de remboursement du crédit d'impôt. En l'espèce, la durée des remboursements variant entre cinq et dix ans, on ne peut plus considérer d'emblée qu'elle ait été compensée par le versement d'intérêts. De plus, les sommes litigieuses étant importantes, leur indisponibilité prolongée a eu un impact certain et considérable sur la situation financière de la société. L'impact financier du retard dans le remboursement, la situation d'incertitude quant au moment de la liquidation des crédits ainsi que l'inexistence de recours ont porté une atteinte disproportionnée au droit au respect des biens.

[1103] P. Catala, *Ebauche d'une théorie juridique de l'information, Informatica et diritto, Revista dell'instituto per la documentazione giuridica del consiglio nationale delle recherche*, avr. 1983, p. 15 et s. ; *La propriété de l'information*, in Mélanges offerts à P. Raynaud, p. 97 et s.

[1104] *Cf. supra* n° 215 et s.

[1105] Case n° E00164 (EDN/00/8003), 17 juill. 2001.

paiement n'aurait jamais dû être ajourné. Le plaignant soutient alors que la saisie des biens avait violé son droit de propriété. Argument rejeté par le tribunal au motif que les biens n'étaient pas en la possession de l'appelant au moment où ils furent saisis. Et donc qu'il n'y avait pas eu une violation de son droit de propriété. Le tribunal se référant particulièrement au second paragraphe de l'article 1er de la Convention européenne.

516. Dans un certain nombre d'autres affaires, des propriétaires de véhicules saisis ont argué que le refus de rendre le véhicule violait leur droit de propriété. Dans les affaires *Dereczenik v. Commissioners of Customs & Excise*[1106] et *Hopping v. Commissioners of Customs & Excise*[1107], le *VAT & Duties Tribunal* considéra que le refus de retourner le véhicule n'était pas une réponse disproportionnée comme constitutive d'une infraction au droit de propriété. Cependant, dans deux arrêts récents : *Williams v. Commissioners of Customs & Excise*[1108] et *Lindsay v. Commissioners of Customs & Excise*[1109], le tribunal considéra qu'il était disproportionné de refuser de retourner la voiture, si sa valeur était significativement au-dessus du montant des droits d'accise fraudés dans l'importation des produits. Dans la première affaire, le véhicule valait £6,000 et les droits d'accises étaient de £2,932 ; dans la seconde affaire, le véhicule valait £10,500 et les droits d'accises étaient approximativement £3,500. Dans les deux espèces, le tribunal jugea que la saisie et le refus de rendre le véhicule n'étaient pas justifiés. Ces deux arrêts font pourtant figure d'exceptions, car, dans tous les autres cas relatifs au refus de rendre les véhicules confisqués, le contribuable a vu sa demande rejetée.

Ces nombreux exemples tendent à démontrer que la protection de la propriété du contribuable reste un « compartiment » des droits du contribuable encore peu reconnu et mal protégé par le droit européen et le droit interne au contraire des garanties du procès équitable.

[1106] Case n° C00138 (LON/01/7067), 7 juin 2001.
[1107] Case n° E00170 (LON/01/8003), 9 oct. 2001.
[1108] Case n° E00171 (LON/01/8018), 10 oct. 2001.
[1109] Case n° E00174 (LON/00/8053), 1er nov. 2001.

BIBLIOGRAPHIE

I. Théorie du droit, philosophie, sociologie, histoire et économie

Ardant G., *Histoire de l'impôt*, Livre 2, Fayard, 1972, 870 p.

Barret-Kriegel B., *Les droits de l'homme et le droit naturel*, PUF, 1989, 128 p.

Batiffol H., *La philosophie du droit*, 11e éd., « Que sais-je ? », PUF, 2000, 127 p.

Bergel J.-L., *Méthodologie juridique*, PUF, 2001, 408 p.

Carbonnier J.,

- *Sociologie juridique*, 2e éd., PUF, 2004, 415 p.

-*Flexible droit. Pour une sociologie du droit sans rigueur*, 9e éd., LGDJ, 1998, 447 p.

Carré de Malberg R., *Contribution à la Théorie générale de l'État*, Dalloz, 2003, 638 p.

Cohen-Tanugi L., *Le droit sans l'État - sur la démocratie en France et en Amérique*, PUF, 1985, 206 p.

Constant B., *Écrits politiques*, « Essais », Folio, 1997, 870 p.

Doganis C., *Aux origines de la corruption. Démocratie et délation en Grèce ancienne*, PUF, 2006, 240 p.

Dworkin R., *L'empire du droit*, PUF, 1994, 468 p.

Fuller L. L., *The Morality of Law*, 2e éd., New Haven et Londres, Yale University Press, 1969.

Häberle P., *La liberta fondamentali nello stato costituzionalle,* Rome, Éd. de Paolo Ridola, NIS, 1993.

Halpérin J.-L., *Histoire des droits en Europe*, Flammarion, 2004, 383 p.

Heckly C., *La politique fiscale dans les pays industrialisés*, Dunod, 1999, 126 p.

Hegel G.-W., *Principes de philosophie du droit (Grundlinien der Philosophie des Rechts)*, Flammarion.

Jellinek G., *System der subjektiven öffentlichen Rechte*, Tubingen, J. C. Mohr, 1905, réed. 1919.

Jestaz P., *Les sources du droit*, « Connaissance du droit », Dalloz, 2005, 157 p.

Jhering Von R., *L'esprit du droit romain dans les diverses phases de son développement*, 4 vol., Paris, 1886-1888.

Kelsen H., *Théorie pure du droit* (1934), Bruxelles, Bruylant, 1999, 367 p.

Legohérel H., *Histoire du droit international public*, « Que sais-je ? », PUF, 1996, 127 p.

Locke J., *Le second traité du gouvernement*, PUF, 1994.

Montesquieu, *De l'esprit des lois*, t. I, Flammarion, 507 p.

Oppetit B., *Philosophie du droit*, 1re éd., Dalloz, 2005, 156 p.

Rawls J., *Théorie de la justice*, Éditions du Seuil, 666 p.

Robinson O. F., **Fergus T. O.** et **Gordon W. M.**, *European legal history*, Londres, Butterworths, 2000, 368 p.

Rouland N., *L'anthropologie juridique*, 2e éd., « Que-sais-je ? », PUF, 1995, 127 p.

Savigny F.-C. von, *Traité de droit romain*, t. 8, Éditions Panthéon-Assas, 2002, 532 p.

Sériaux A., *Le droit naturel*, 2e éd., « Que-sais-je ? », PUF, 1999, 126 p.

Smith A., *Recherches sur la nature et les causes de la richesse des nations*, Essais, Folio, 445 p.

Strauss L., *Droit naturel et histoire*, coll. « Champs », Flammarion, 323 p.

Stuart Mill J., *De la liberté*, Folio (essais), 1990, 242 p.

Troper M., *La philosophie du droit*, « Que sais-je ? », PUF, 2005, 127 p.

Villey M.,

-*Le droit romain*, 9e éd., « Que sais-je ? », PUF, 1993, 125 p.

-*Le droit et les droits de l'homme*, PUF, 1990, 171 p.

Villey R., *Histoire du secret médical*, Seghers, 1986.

II. Droit privé, public, pénal et européen

A. Ouvrages, mélanges, rapports

Association Henri Capitant des amis de la culture juridique française (journées franco-italiennes), *La circulation du modèle juridique français*, Litec, 1994, 661 p.

Aubert J.-L.,

-*Introduction au droit et aux thèmes fondamentaux du droit civil*, 11e éd., Armand Colin, 2006, 356 p.

-*Le contrat. Droit des obligations*, 3e éd., « Connaissance du droit », Dalloz, 2005, 142 p.

Auby J.-B. et **Freedland M.** (dir.), *La distinction du droit public et du droit privé : regards français et britanniques / The Public Law / Private Law Divide : une entente cordiale ?* éd. Panthéon-Assas, 2004.

Barbiéri J.-J., *La procédure civile*, « Que-sais-je ? », PUF, 1995, 127 p.

Beccaria C., *Traité des délits et des peines* (1764), Flammarion, 1991, 187 p.

Beigner B., *Les droits fondamentaux dans le procès civil*, 2e éd., LGDJ, 1997, 132 p.

Berger V., *Jurisprudence de la Cour Européenne des Droits de l'Homme*, 8e éd., Dalloz, 2002, 783 p.

Bergeres M.-C., *Contentieux communautaire*, 3e éd., PUF, 1998, 399 p.

Bouloc B.,

- et **De Beco R.** et **Legros P.**, *Le droit au silence et la détention provisoire*, Nemesis/Bruylant (actes de la journée d'étude du 18 septembre 1996), 1997, 134 p.

-*Pénologie*, 3e éd., Dalloz, 2005, 508 p.

Burgorgue-Larsen L., *Libertés fondamentales*, Montchrestien, 2003, 347 p.

Cadiet L.,

- et **Jeuland E.**, *Droit judiciaire privé*, 4e éd., LGDJ, 2004, 822 p.

-(sous la direction de), *Médiation et arbitrage. Alternative dispute resolution - Alternative à la justice ou justice alternative ? - Perspectives comparatives*, Litec, 2005, 442 p.

Calais-Auloy J. et **Steinmetz F.**, *Droit de la consommation*, 6e éd., Dalloz, 2003, 631 p.

Carbonnier J.,

-*Droit civil. Introduction*, 27e éd., PUF, 2002, 391 p.

-*Les personnes*, 21e éd., PUF, 2000, 425 p.

Chabas F., *Leçons de droit civil*, 9e éd., 1997, Montchrestien.

Chapus R., *Droit du contentieux administratif*, 11e éd., Montchrestien, 2004, 1445 p.

Classer les droits de l'homme (sous la direction de Bribosia E. et Hennebel L.), Bruylant, coll. « Penser le droit », 2004, 398 p.

Clés pour le siècle, Université Panthéon-Assas, Dalloz, 2000, 1818 p.

Cohen-Jonathan G., *Aspects européens des droits fondamentaux. Libertés et droits fondamentaux,* 3e éd., Montchrestien, 2002, 261 p.

Colliard C.-A. et **Letteron R.**, *Libertés publiques*, 8e éd., Dalloz, 2005, 569 p.

Conseil d'État, *Réflexions sur les autorités administratives indépendantes*, Rapport pour 2001, La Documentation française, 2001.

Conte Ph. et **Maistre du Chambon P.**, *Procédure pénale*, 4e éd., Armand Colin, 2002, 261 p.

Contrat ou Institution : un enjeu de société (sous la coordination de B. Basdevant-Gaudemet), coll. « Systèmes », LGDJ, 2004, 190 p.

Couchez G., *Voies d'exécution,* 7e éd., Armand Colin, 2003, 279 p.

Croze H., **Morel C.** et **Fradin O.**, *Procédure civile*, 3e éd., Litec, 2005, 432 pages.

Damien A. et **Hamelin J.**, *Les règles de la profession d'avocat*, 9e éd., Dalloz, 2000, 563 p.

Danovi R., *Essais sur la déontologie*, Bruxelles, Nemesis-Bruylant, 2002, 258 p.

David R.,

-*Traité de droit civil comparé : introduction à l'étude des droits étrangers et à la méthode comparative*, LGDJ, 1950, 556 p.

-et **Jauffret Spinosi C.**, *Les grands systèmes de droit contemporain*, 11e éd., Dalloz, 2002, 553 p.

-et **Blanc-Jouvan X.**, *Le droit anglais*, 9e éd., « Que sais-je ? », PUF, 2001, 127 p.

De Laubadère A., **Venezia J.-C.** et **Gaudemet Y.**, *Traité de droit administratif*, t. I, 16e éd., LGDJ, 2001, 918 p.

Dekeuwer-Défossez F. et **Blary-Clément E.**, *Droit commercial*, 8e éd., Montchrestien, 2004, 515 p.

Delleci J.-M., *La réforme des procédures civiles d'exécution. Son application aux opérations de banque*, 2e éd., Éd. Banque, 1997, 556 p.

Delmas-Marty M.,

-*Pour un droit commun*, Seuil, 1994, 305 p.

-(sous la direction de), *Procédures pénales d'Europe*, PUF, 1995, 638 p.

- et **Lucas de Leyssac C.** (sous la direction de), *Libertés et droits fondamentaux*, 2e éd., « Essais », Éditions du Seuil, 2002, 468 p.

Delestrée P., *Cumul et non-cumul des infractions, confusion et réduction des peines*, Librairie du journal des notaires et des avocats, 1960, 200 p.

Donnier M. et **Donnier J.-B.**, *Voies d'exécution et procédures de distribution*, 7e éd., Litec, 2004, 716 p.

Enjeux et perspectives des droits de l'homme, L'Odyssée des Droits de l'homme III, coll. « La Librairie des Humanités », L'Harmattan, 2003, 259 p.

Favoreu L., **Gaïa P.**, **Ghevontian R.**, **Mélin-Soucramanien F.**, **Pfersmann O.**, **Pini J.**, **Roux A.**, **Scoffoni G.** et **Tremeau J.**, *Droits des libertés fondamentales*, 3e éd., Dalloz, 2005, 576 p.

Flour J., **Aubert J.-L.**, **Flour Y.** et **Savaux E.**, *Les obligations*, t. 3 (*Le rapport d'obligation*), 3e éd., Armand Colin, 2004, 365 p.

Fromont M.,

-*Grands systèmes de droit étrangers*, 5e éd., Dalloz, 2005, 197 p.

- et **Rieg A.**, *Introduction au droit allemand*, 3 tomes (t. 1, 1977 ; t. 2, 1984 ; t. 3, 1991), Editions Cujas.

Garçon E., *« Code Pénal français annoté » de 1810*, Recueil Sirey, 1959, 52 p.

Garrus R., *Étymologies du français. Curiosités étymologiques*, Éditions Belin, 1996.

Ghestin J.,

- et **Goubeaux G.**, **Fabre-Magnan M.**, *Traité de droit civil. Introduction générale*, t. 1, 4e éd., LGDJ, 1994, 891 p.

- et **Jamin C.**, **Billiau M.**, *Traité de droit civil, les obligations. Le contrat : formation*, 4e éd., LGDJ, 1999.

Glason E. D., **Tissier A.** et **Morel R.**, *Traité théorique et pratique de la procédure civile*, vol. 1, 3e éd., 1925-1936.

Gohin O., *La contradiction dans la procédure administrative*, LGDJ 1988, 495 p.

Grands arrêts de la jurisprudence administrative (GAJA), 15e éd., 2005, 974 p.

Guinchard S.,

- et **Vincent J.**, *Procédure civile,* 27e éd., Dalloz, 2003, 1235 p.

- et **Buisson J.**, *Procédure pénale*, 2e éd., Litec, 2002, 1233 p.

- et **Bandrac M.**, **Lagarde X.**, **Douchy-Oudot M.**, **Delicostopoulos S. C.**, **Delicostopoulos S. I.**, **Ferrand F.**, **Magnier V.**, **Ruiz-Fabri H.**, **Sinopoli L.** et **Sorel J.-M.**, *Droit processuel. Doit commun et comparé du procès*, 3e éd., Dalloz, 2005, 1289 p.

Harris D. J., **O'Boyle M.** et **Wakrbic C.**, *Law of the European Convention on Human Rights*, Butterworths, 1995.

Haut comité pour le logement des personnes défavorisées, *Droit au logement : construire la responsabilité. Rendre opposable le droit au logement pour garantir sa mise en oeuvre, intégrer les besoins des handicapés dans les politiques de l'habitat,* 9ème rapport (2003).

Hélie F., *Traité de l'instruction criminelle*, 2e éd., 1866.

Héron J. et **Le Bars T.**, *Droit judiciaire privé*, 3e éd., Montchrestien, 2006, 964 p.

Hoerni B. et **Benezech M.**, *Le secret médical- Confidentialité et discrétion en médecine*, Masson, 1996.

Huet J., *Traité de droit civil. Les principaux contrats spéciaux*, 2e éd., LGDJ, 2001, 1697 p.

Jeuland E., *Droit processuel*, coll. « Systèmes », LGDJ, 2003, 229 p.

Julien P. et **Taormina G.**, *Voies d'exécution et procédures de distribution*, LGDJ, 2000, 568 p.

Justice et droits fondamentaux, études offertes à J. Normand, Litec, 2003, 523 p.

Kayser P., *La protection de la vie privée par le droit. Protection du secret de la vie privée*, 3e éd., Economica, 1995, 605 p.

La protection de la vie privée face aux médias, Service des affaires européennes, janv. 1998.

Labbée P., *Introduction au droit processuel*, Presses universitaires de Lille, 1995, 155 p.

Laferrière E., *Traité de la juridiction administrative,* t. II, 1888.

Larroumet C.,

-*Les obligations, le contrat*, 5e éd., Economica, 2003, 1017 p.

-*Les biens, droits réels principaux*, 4e éd., Economica, 2004, 640 p.

-*Introduction à l'étude du droit privé*, 4e éd., Economica, 2004, 377 p.

Le contrat au début du XXI siècle, Études offertes à Jacques Ghestin, LGDJ, 2001, 992 p.

Le droit au juge dans l'Union européenne, (actes du colloque du CEDORE, Nice, 25 et 26 avril 1997), LGDJ, 1998.

Le droit privé français à la fin du XXe siècle, Études offertes à Pierre Catala, Litec, 1023 p.

Legeais R., *Grands systèmes de droit contemporains (Approche comparative),* Litec, 2004, 457 p.

Legrand P., *Le droit comparé*, « Que sais-je ? », PUF, 1999, 127 p.

Les métamorphoses de la procédure à l'aube du 3e millénaire, in *Clefs pour le siècle*, Dalloz, 2000, p. 1135 et s.

Les principes communs d'une justice des États de l'Union Européenne, (actes du colloque du 4 et 5 décembre 2000 à la Cour de cassation), La Documentation française, 2001, 347 p.

Libertés et droits fondamentaux (sous la direction de Cabrillac R., Frison-Roche M.-A. et Revet T.), 12e éd., Dalloz, 2006, 863 p.

Libertés, justice et tolérance : mélanges en hommage au doyen Gérard Cohen-Jonathan, Bruylant, 2004, 1784 p.

Martin R.,

-*Théorie générale du procès*, Éd. Juridiques et techniques, 1984, 200 p.

- *Déontologie de l'avocat*, 7e éd., Litec, 2005, 4000 p.

Mathieu B. et **Verpeaux M**. (sous la direction de), *La constitutionnalisation des branches du droit*, Economica-PUF Aix-Marseille, 1998, 204 p.

Merle R. et **Vitu A**., *Traité de droit criminel, procédure pénale*, t. II, 5e éd., Éditions Cujas, 2001, 1108 p.

Merle R. et Fauchon A., *Sociétés commerciales*, 10e éd., Dalloz, 2005, 921 p.

Mestre J. et **Derrida F**., *Apparence*, Rép. civ. Dalloz.

Motulsky H., *Droit processuel*, Les Cours du droit- Montchrestien, 1973.

Nouveaux juges, nouveaux pouvoirs ? in Mélanges en l'honneur de Roger Perrot, Dalloz, 1996, 598 p.

Pauliat H., *Le droit de propriété dans la jurisprudence du Conseil constitutionnel et du Conseil d'État*, t. I, PUF, 1995.

Peces-Barba Martinez G., *Théorie générale des droits fondamentaux*, coll. « Droit et société », LGDJ, 2004, 497 p.

Pereleman C. et **Foriers P.**, *La motivation des décisions de justice,* Travaux du centre national de recherche de logique, Bruylant, 1978.

Perrot R., *Institutions judiciaires,* 10e éd., Montchrestien, 2002, 523 p.

Pétel P., *Le contrat de mandat*, Dalloz, 1994, 126 p.

Pettiti L.-E., **Decaux E.** et **Imbert P.-H.** (sous la direction de), *La convention européenne des droits de l'homme,* 2e éd., Economica, 1999, 1230 p.

Planiol M. et **Ripert G.**, *Traité élémentaire de droit civil,* 3e éd., LGDJ, 1946, t. I.

Poncela P., *Droit de la peine*, 2e éd., PUF, 2001, 479 p.

Pothier, *Coutumes des duchés, bailliages et prévôtés d'Orléans,* 1760.

Pradel J.,

-*Procédure pénale*, 11e éd., Éditions Cujas, 2002, 890 p.

- et **Bassiouni C.**, *Procédure pénale comparée dans les systèmes modernes.* Rapports de synthèse des colloques de l'ISISC, Erès, 1998.

- et **Corstens G.**, *Droit pénal européen*, 2e éd., Dalloz, 2002, 609 p.

- et **Varinard A.**, *Les grands arrêts de la procédure pénale*, 4e éd., Dalloz, 2003, 406 p.

Rassat M.-L.,

-*Traité de procédure pénale,* PUF, 2001, 892 p.

-*Droit pénal spécial*, 4e éd., Dalloz, 2003, 701 p.

Recueil de jurisprudence constitutionnelle 1994-1999 (réunies par L. Favoreu), Litec, 2000, 883 p.

Rials S. et **Baranger D.**, *Textes constitutionnels étrangers*, 10e éd., PUF, 2002, 127 p.

Ripert G.,
-*Le déclin du droit. Études sur la législation contemporaine* (1949), LGDJ, 1998, 225 p.
-*La règle morale dans les obligations civiles*, 4e éd., LGDJ, 1949, 421 p.
Ruiz Fabri H. (sous la direction de), *Procès équitable et enchevêtrement des espaces normatifs*, Travaux de l'atelier de droit international de l'UMR de droit comparé de Paris, vol. 4, Société de législation comparée, 2003, 290 p.
Sacco R., *Introduzione al diritto comparato*, Turin, 5e éd., UTET, 1992.
Samson Cl. et **McBride J.**, *Solutions de rechange au règlement des conflits. Alternative dispute resolution*, Les Presses de l'Université Laval (Québec), 1993.
Sériaux A., **Sermet L.** et **Viriot-Barrial D.**, *Droits et libertés fondamentaux*, Ellipses, 1998, 224 p.
Stefani G., **Levasseur G.** et **Bouloc B.**, *Procédure pénale*, 18e éd., Dalloz, 2001, 1104 p.
Sudre F.,
- et **Marguénaud J.-P.**, **Adriantsimbazoniva J.**, **Gouttenoire A.** et **Levinet M.**, *Les grands arrêts de la Cour européenne des Droits de l'Homme*, PUF, 2003, 617 p.
- *Droit européen et international des droits de l'homme*, 6e éd., PUF, 2003, 665 p.
- et **Favreau B.**, **Cohen Jonathan G.**, **Pettiti C.**, **Puechavy M.** et **Tavernier P.** (sous la direction de), *La protection du droit de propriété par la Cour Européenne des Droits de l'Homme,* Bruylant, 2005, 136 p.
- *La France et la cour européenne des droits de l'homme -La jurisprudence en 2002*, Bruylant, 2004, 384 p.
- *La France et la cour européenne des droits de l'homme -La jurisprudence en 2003*, Bruylant, 2005, 226 p.
- *La France et la cour européenne des droits de l'homme -La jurisprudence en 2004*, Bruylant, 2005, 258 p.

Terra B. et **Wattel P.**, *European tax law*, Londres, 2e éd., Kluwer 1997, 380 p.

Terré F.,

-*Introduction générale au droit*, 6e édition, Dalloz, 2003, 609 p.

-et **Fenouillet D.**, *Droit civil. Les personnes- La famille- Les incapacités*, 7e éd., Dalloz, 2005, 1382 p.

Teyssié B., *Droit civil. Les personnes*, 8e éd., Litec, 2003, 435 p.

The International Ombudsman Anthology, 1999.

Turpin D., *Libertés publiques et droits fondamentaux*, Le Seuil, 2004, 622 p.

Van Dijk P. et **Van Hoof G.**, *Theory and Practice of the European Convention on Human Rights*, 3e éd., Kluwer, 1998, 848 p.

Vedel G. et **Devolvé P.**, *Le système français de protection des administrés contre l'administration*, Sirey, 1991.

Vincent J. et **Prévault J.**, *Voies d'exécution et procédures de distribution*, 19e éd., Dalloz, 1999, 477 p.

Veron M., *Droit pénal spécial*, 10e éd., Armand Colin, 2004, 409 p.

Vuitton J. et **Vuitton X.**, *Les référés*, Litec, 2003, 410 p.

Ziller J., *Administrations comparées. Les systèmes administratifs de l'Europe des douze*, 2e éd., Montchrestien, 2000, 512 p.

B. Thèses

Amrani-Mekki S., *Le temps et le procès civil*, « Nouvelle Bibliothèque de thèses », Dalloz, 2002, 589 p.

Ascensi L., *Du principe de la contradiction*, Bibliothèque de droit privé, t. 454, LGDJ, 2006, 536 p.

Debbasch C., *Procédure administrative contentieuse et procédure civile*, LGDJ, 1962.

Debet A., *L'influence de la Convention européenne des droits de l'homme sur le droit civil*, « Nouvelle bibliothèque de thèses », Dalloz, 2002, 998 p.

Fau, *Le secret professionnel de l'avocat*, Toulouse, 1912.

Foulquier N., *Les droits publics subjectifs des administrés. Émergence d'un concept en droit administratif français du XIXe au XXe siècle*, Nouvelle bibliothèque de thèses, Dalloz, 2003, 805 p.

Houin-Saint-Alary C., *Le droit de préemption*, thèse Paris II, 1979.

Jarrosson C., *La notion d'arbitrage*, Bibliothèque de droit privé, t. 198, LGDJ, 1988, 407 p.

Josserand S., *L'impartialité du juge en procédure pénale*, Bibliothèque des sciences criminelles, t. 33, LGDJ, 1998.

Lievremont C., *Le débat en droit processuel*, PUF Aix-Marseille, 2001, 624 p.

Lolies I., *La protection pénale de la vie privée*, PUF Aix-Marseille, 1999, 341 p

Marty J.-P., *Dissociation juridique de l'immeuble*, 2 vol., Thèse Toulouse, 1976.

Mecarelli G., *L'hypothèse d'un droit commun du procès. Réflexions sur le rapprochement international et européen de la procédure civile*, Paris II, 2002, 565 p.

Mekki M., *L'intérêt général et le contrat. Contribution à une étude de la hiérarchie des intérêts en droit privé*, Bibliothèque de droit privé, t. 411, LGDJ, 2004, 910 p.

Molfessis N., *Le Conseil Constitutionnel et le droit privé*, Bibliothèque de droit privé, t. 287, LGDJ, 1997, 602 p.

Peltier V., *Le secret des correspondances*, PUF Aix-Marseille, 1999, 732 p.

Pichard M., *Le droit à. Étude de législation française*, « Recherches juridiques », Economica, 2006, 566 p.

Quilleré-Majzoub F., *La défense du droit à un procès équitable*, Bruxelles, Bruylant, 1999, 319 p.

Raynaud J., *Les atteintes aux droits fondamentaux dans les actes juridiques privés*, Limoges, 2001, 376 p.

Schmitter G., *La constitutionnalisation du droit processuel*, Aix-Marseille III, 1994.

Temple H., *Les sociétés de fait*, Bibliothèque de droit privé, t. 141, LGDJ, 1975, 378 p.

Zattara A.-F., *La dimension constitutionnelle et européenne du droit de propriété,* Bibliothèque de droit privé, t. 351, LGDJ, 2001, 720 p.

C. Articles, chroniques, notes et conclusions

Anselme-Martin O., *Étude critique du devoir d'exécuter les conventions de bonne foi*, Les Petites Affiches 1997, n° 10, pp. 17-22.

Antonmattei P.-H., *Le préambule de 1946 et la Cour de cassation,* Rev. Adm. 1997, pp. 290-292.

Atias C., *Au plaisir du juge*, *D.* 1999, n° 19, Dernière actualité, p. 1.

Auby J.-M., **Perrot R.**, **Vitu A.** et **Dagot M.**, *Le principe de la publicité de la justice*, Rapports au VIe Colloque des instituts d'études judiciaires, Annales de la faculté de droit et des sciences économiques de Toulouse, t. XVI, fasc. 1, 1968, pp. 254-329.

Autesserre M., *Définition du principe du contradictoire en matière pénale*, in *Problèmes actuels de sciences criminelles* XII, PUF Aix-Marseille, 1999, pp. 101-132.

Badinter R., *Le droit au respect de la vie privée*, JCP 1968.I.2136.

Bandrac M., *L'action en justice : Droit fondamental*, in *Nouveaux juges, nouveaux pouvoirs ?* (Mélanges Perrot), Dalloz, 1996, pp. 1-17.

Baranes W., **Frison-Roche M.-A.** et **Robert J.-H.**, *Pour un droit processuel*, D. 1993, chron. 9.

Benoît-Rohmer F., *La charte des droits fondamentaux de l'Union européenne*, D. 2001, 1483.

Bertrand E., *Le rôle de la dialectique en droit privé positif*, D. 1951, chron. 151.

Bolard G., *Les garanties du procès civil*, in Dalloz action 1999, *Droit et pratique de la procédure civile* (sous la direction de Serge Guinchard).

Bouyssou F., *Le P.L.D. et le droit de propriété*, in Mélanges offerts à Pierre Hébraud, Université de sciences sociales de Toulouse, 1981, pp. 75 et s.

Burgelin J.-F., *La paille et la poutre,* D. 2004, n° 18, pp. 1249-1252.

Burgorgue-Larsen L., *La protection du domicile des personnes morales (arrêt Stés Colas Est et autres du 16 avril 2002)*, pp. 179-190 (sous la direction de Paul Tavernier), in *La France et la Cour européenne des droits de l'Homme. La jurisprudence en 2002*, Bruxelles, Bruylant, 2003, 377 p., coll. du CREDHO n° 5.

Cadiet L.,

-*Solution judiciaire et règlement amiable des litiges : de la contradiction à la conciliation*, in Mélanges en l'honneur de Claude Champaud, Dalloz, 1997, pp. 123-147.

-*Et les principes directeurs des autres procès ? Jalons pour une théorie des principes directeurs du procès, in Justice et droits fondamentaux*, études offertes à J. Normand, pp. 71-110.

-*L'équité dans l'office du juge civil*, in *Justice et équité*, Justices 1998, n° 9, p. 87 et s.

-*Les jeux du contrat et du procès*, in Mélanges offerts à Gérard Farjat, Editions Frison-Roche, 1999, spéc. n° 4 et s.

-*Une justice contractuelle, l'autre*, in études offertes à J. Ghestin (*Le contrat au début du XXIe siècle*), pp. 177-199.

-*Petit glossaire de l'amitié dans le procès civil*, in Mélanges offerts à Pierre Couvrat (*La sanction du droit*), PUF, 2001, pp. 3-23.

Caillosse J.,

-*Droit public-droit privé : sens et portée d'un partage académique*, AJDA, déc. 1996, pp. 955-964.

-*Les justifications du maintien actuel du dualisme juridictionnel*, AJDA 2005, n° 32, pp. 1781-1786.

Canivet G., *Du principe d'efficience en droit judiciaire privé*, in Mélanges Drai, Dalloz, 2000.

Carrias P., *Le droit de propriété au point de non-retour ?* D. 1985.

Catala P.,

-*Transformation du patrimoine dans le droit civil moderne*, RTD. civ. 1966.

-*Ebauche d'une théorie juridique de l'information, Informatica et diritto, Revista dell'instituto per la documentazione giuridica del consiglio nationale delle recherche*, avr.1983, p. 15 et s.

-*La propriété de l'information*, in Mélanges offerts à P. Raynaud, p. 97 et s.

Catalano P., *Identité de la méditerranée et convergence des systèmes juridiques*, in *La condition juridique des ''autres'' dans les systèmes juridiques de la méditerranée* (sous la direction de F. Castro et P. Catalano, 2e éd., ISPROM-Publisud, 2004, pp. 11-34.

Chabanol D., *Le contradictoire et le commissaire du gouvernement*, Rev. dr. Adm. 2001, pp. 327-331.

Chamarre J., *Protection du secret professionnel de l'avocat et nécessités du procès pénal*, Revue pénitentiaire et de droit pénal, déc. 2002, n° 4, pp. 677-696.

Champell-Desplats V., *La notion de droit fondamental et le droit constitutionnel français*, D. 1995, pp. 323-329.

Chevalier J., *Du principe de séparation au principe de dualité, La dualité des juridictions en France et à l'étranger, Bicentenaire de la loi des 16-24 août 1790*, RFDA 1990.

Commaret D. N., *Une juste distance ou réflexions sur l'impartialité du magistrat*, D. 1998, chron. pp. 262-264.

Corinaldi M., *Acces to justice as a fundamental right*, in *Israeli Reports to the XVth Congress of comparative Law*, pp. 333-360

Cornu G., *L'élaboration du code de procédure civile*, in B. Beignier (dir.), *La codification*, Dalloz, 1996, pp. 71-80.

Costa J.-P.,

- *Le juge et les libertés*, Pouvoirs 1998, 84, p. 75 s.

- *L'apport de 45 ans de la jurisprudence de la Cour européenne des droits de l'homme*, Gaz. Pal. 2007, n° 161 à 163, pp. 7-10.

Cottereau V., *Le secret professionnel de l'avocat : de l'absolutisme à la relativité*, *Droit et patrimoine*, nov. 2000, n° 87, pp. 36-41.

Couturon J., *le secret professionnel ne trouve-t-il à s'exercer qu'en matière de procédure judiciaire ?* Gaz. Pal. 1992-1-295.

Crocq P., *Le droit à un tribunal impartial, Droits et libertés fondamentaux,* in études offertes à Barthelemy Mercadal, Editions Francis Lefebvre, 2002, p. 31.

Daigre J.-J., *A propos de l'exception de subsidiarité de la saisie-vente*, Rev. Huissiers 1992, 1042.

Debene M., *Le Conseil constitutionnel et les principes particulièrement à notre temps*, AJDA 1978. 577.

De Bruyn D., *Le droit à un recours effectif*, in Mélanges Lambert, Bruylant, 2000, p. 185.

De la Servette J., *Feu le secret professionnel*, *Gaz. Pal.*, 11 avr. 1992, p. 21 et s.

De Schutter O., *L'accès des personnes morales à la Cour européenne des droits de l'homme*, in *Avancées et confins actuels des droits de l'homme aux niveaux international, européen et national* (Mélanges offerts à Silvio Marcus Helmons), Bruylant, 2003, pp. 83-108.

Delmas Marty M.,

-*A propos du secret professionnel*, D. 1982.

-*Code pénal d'hier, droit pénal d'aujourd'hui, matière pénale de demain*, D. 1986, chron. p. 27 et s.

-*Vers une autre logique : à propos de la jurisprudence de la Cour européenne des droits de l'homme*, D. 1998, chron. 221.

-*Réinventer le droit commun*, D. 1995, chron. p. 1 et s.

Deswarte M.-P., *Droits sociaux et état de droit*, RD Publ. 1995, n° 4, pp. 951-985.

Detraz S., *Rémanence et renaissance d'une institution : de la contrainte par corps à la contrainte judiciaire. Commentaire de l'article 198 de la loi n° 2004-204 portant adaptation de la justice aux évolutions de la criminalité*, Dr. pén. 2004, n° 10, pp. 11-16.

Dijon X., *Itinéraire philosophique vers la source du droit commun*, RIDC 2001, n° 1, pp. 7-28.

Dobkine M., *La constitutionnalité de la loi portant adaptation de la justice aux évolutions de la criminalité*, D. 2004, p. 956 et s.

Dupeux J.-Y. (en collaboration avec **De Silva B.**), *Le droit du citoyen à l'information dans la jurisprudence de la Cour européenne des droits de l'homme*, Gaz. Pal. 1996, I, Doc., 144.

Dumas J.-P., *Secret de juges*, in études offertes à Pierre Catala « *Le droit privé français à la fin du XXe siècle*, pp. 188-189.

Eissen M.-A., *La durée des procédures civiles et pénales dans la jurisprudence de la CEDH*, Bull. inf. C. cass., 1er oct. 1995, p. 3 et s.

Eudier F., *Le juge civil impartial*, in Études offertes à Barthélemy Mercadal, Francis Lefebvre, 2002, pp. 31-57

Fabre M., *Le droit à un procès équitable, étude de la jurisprudence sur l'application de l'article 6 CEDH*, JCP 1998. I.157.

Faget J.-P. et **Martin D.**, *Subsidiarité de la saisie-vente et carence du débiteur saisi*, JCP 1993. I. 3711.

Favoreu L.,

-*Universalité des droits fondamentaux et diversité culturelle*, in *L'effectivité des droits fondamentaux dans les pays de la communauté francophone*, Colloque international de l'île Maurice, 29 sept.-1er oct. 1993, éd. Aupelf-Uref, 1994.

-*La notion de liberté fondamentale devant le juge administratif des référés*, D. 2001, n° 22, p. 1744 et s.

Ferrand F.,

-*Le procès civil français et la convention européenne des droits de l'homme*, RIDP journées de la société de législation comparée vol. 17, pp. 123-157.

-*Le principe contradictoire et l'expertise en droit comparé*, RIDC 2000, n° 2, pp. 345-369.

Feteris M., *Taxpayer protection and tax fines: an introduction,* in *Taxpayer protection in the European Union,* pp. 71-74.

Flauss J.-F.,

-*Le droit à un recours effectif. L'article 13 de la Convention européenne des droits de l'homme*, in *Le juge administratif français et la Convention européenne des droits de l'homme*, RUDH 1991, p. 324 et s.

-*Droit administratif et Convention européenne des droits de l'homme : mai-décembre 1992*, AJDA, févr. 1993, pp. 105-120.

-*Le droit à un recours effectif au secours de la règle du délai raisonnable : un revirement de jurisprudence historique*, RTDH 2002, p. 183 et s.

Fontaine N., *La charte des droits fondamentaux, un nouveau pas vers la reconnaissance et la défense des droits des citoyens de l'Union européenne*, Droit et patrimoine, avr. 2001.28.

Frison-Roche M.-A.,

-*L'impartialité du juge*, D. 1999, p. 53 et s.

-*Le droit d'accès à l'information, ou le nouvel équilibre de la propriété,* in *Le droit privé français à la fin du XXe siècle*, pp. 767-768.

-et **Baranes W.**, *Le principe constitutionnel de l'accessibilité et de l'intelligibilité de la loi*, D. 2000, pp. 361-368.

Frossard S., *Quelques réflexions relatives au principe de la personnalité des peines*, RSC 1998. 703.

Garaud E., *Droit des affaires et droits de l'homme*, JCP E 2002, n° 18-19, pp. 756-761.

Gassin R., *Le principe de légalité et la procédure pénale*, Revue pénitentiaire et de droit pénal, juill. 2001, n° 2, pp. 300-334.

Glaudet P., *Le droit civil face à l'irrésistible ascension des droits de l'homme* (100e Congrès des notaires de France : 1re commission), Les Petites Affiches, 31 mars 2004, pp. 3-13.

Gorchs B., *La médiation dans le procès civil : sens et contresens. Essai de mise en perspective du conflit et du litige*, RTD civ. 2003, n° 3, pp. 409-425

Guinchard S.,

-*Le temps dans la procédure civile*, Rapport au XVe colloque des IEJ, Annales Clermont-Ferrand, 1983.

- *Le procès équitable, droit fondamental ?* AJDA (hors série) 1998, pp. 191-208.

-*Vers une démocratie procédurale*, Justices 1999, pp. 91-130.

-*Application de la convention européenne par le juge judiciaire*, Europe, n° 10 bis, oct. 1999 (hors-série), pp. 10- 19.

- (rapport de synthèse) *La procédure mondiale modélisée : le projet de l'American Law Institute et d'Unidroit de principes et règles transnationaux de procédure civile*, Dalloz 2003, n° 32, pp. 2183-2189.

-*Menaces sur la justice des droits de l'homme et les droits fondamentaux de la procédure*, in Justice et droits fondamentaux (études offertes à J. Normand), Litec, 2003, pp. 210-218.

Guyomar M., *Le droit au juge indépendant et impartial en matière administrative. Le principe vu par le Conseil d'Etat*, AJDA 2001, pp. 518-521.

Guyon Y., *Droits fondamentaux et personnes morales de droit privé*, AJDA, juill.-août 1998, p. 136 et s.

Halpérin J.-L., *L'approche historique et la problématique du jus commune*, RIDC 2000, n° 4, p. 717-731.

Hanotiau M., *Le droit à l'information*, RTDH 1993 (numéro spécial, Liberté d'expression), p. 23 et s.

Hauser J., *Le Conseil constitutionnel et le droit de la famille*, Cahiers du Conseil constitutionnel, n° 16.

Herzog R., *La hiérarchie des normes constitutionnelles et sa fonction dans la protection des droits fondamentaux*, RUDH 1990. 225.

Izorche M.-L., *Propositions méthodologiques pour la comparaison*, RIDC 2001, n° 2, pp. 289-325.

Jarosson C.,

-*Le régime juridique de la conciliation*, Gaz. Pal. 1998, n° 277, pp. 10-12.

-*Médiation et conciliation : définition et statut juridique*, Gaz. Pal., 22-23 août 1996.

-*L'arbitrage en droit public*, AJDA, janv. 1997, p. 16 et s.

-*Les concessions réciproques dans la transaction*, D. 1997, p. 267 et s.

-*La transaction comme modèle, communication au colloque du CERCRID sur les interférences entre convention et juridiction*, Economica, coll. Études juridiques, 2000.

Jauffret-Spinosi C., *Présentation. L'élaboration de la décision de justice. Études de droit comparé*, RIDC 1998, n° 3, pp. 755-761

Jung H., *Droits de l'homme et sanctions pénales*, RTDH 1994, p. 163 et s.

Kayser P.,

-*Le secret de la vie privée et la jurisprudence civile*, in Mélanges René Savatier, 1965, p. 405 et s.

-*Le principe de publicité de la justice dans la procédure civile*, in Mélanges Pierre Hébraud, 1981, Toulouse, Université des sciences sociales de Toulouse, pp. 501-526.

-*Le Conseil constitutionnel protecteur du secret de la vie privée*, in Mélanges Raynaud, 1985, Dalloz, pp. 329- 341.

Kéita M., *L'exercice des voies d'exécution par les créanciers de l'article L. 621-32 du Code commerce : évolutions récentes*, Les Petites Affiches 2004, n° 201, pp. 5-11.

Keller M. et **Grumbach T.**, *La prétendue partialité du conseil de prud'hommes ou « qui veut faire l'ange fait la bête »*, D. 2003, 979.

Koering-Joulin R.,

-*La notion européenne de « tribunal indépendant et impartial » au sens de l'article 6, § 1 de la Convention européenne des droits de l'homme*, RSC 1990, p. 765 et s.

- et **Truche P.**, *Retour sur le champ « pénal » européen*, in Mélanges en hommage à L.E. Pettiti, Bruylant, 1998, p. 522 et s.

-et **Seuvic J.-F.**, *Droits fondamentaux et droit criminel*, AJDA, numéro spécial, *Les droits fondamentaux. Une nouvelle catégorie juridique ?* 1998, p. 106 et s.

Lambert C., *Le concept européen de procès équitable*, RFFP 2003, n° 83, pp. 41-54.

Larral de J.-M., *Intelligibilité de la loi et accès au droit,* Les Petites Affiches, 19 nov. 2002, n° 231, p. 12.

Le Calvez J., *Principes constitutionnels du droit pénal*, JCP 1985.I.3198.

Le Cannu P., *Le principe de contradiction et la protection des dirigeants,* Bull. Joly 1996.11, n° 2.

Lefèvre P., Les *juridictions spécialisées : une nouvelle mode ?* Gaz. Pal. 2007, n° 152-153, pp. 2-3.

Legrand P., *Questions à Rodolfo Sacco*, RIDP 1995, n° 47, p. 954 et s.

Lucas de Leyssac C., *Le nouveau contrôle judiciaire des visites domiciliaires (C. com. Art. 450-4 ; Ord. 1er déc. 1986, ex. Art. 48) ou la procédure de flagrant délire*, JCP 2001, n° 23, pp. 1085-1086.

Lyonnet B., *Incidences de la survenance d'une procédure collective au regard du droit commun des procédures d'exécution*, RJ com. 2001, 97.

Magnier V., *La notion de justice impartiale*, JCP 2000. I. 252.

Malaurie P.,

-*La convention européenne des droits de l'homme et le droit civil français*, JCP N 2002, n° 49, p. 1704 et s.

-*Les antinomies des règles et de leurs fondements*, in *Le droit privé français à la fin du XXe siècle*, pp. 25-31.

Mamontoff C., *La notion de pleine juridiction au sens de l'article 6 de la Convention européenne des droits de l'homme et ses implications en matière de sanctions administratives*, Rev. dr. Adm. 1999, pp. 1004-1021.

Marcus Helmons S., *L'applicabilité de la Convention européenne des droits de l'homme aux personnes morales*, Journal des tribunaux. Droit européen, 1996, p. 150 et s.

Maron A., *Perquisition dans un cabinet d'avocat*, Droit pénal 1999, n° 12, pp. 13-14.

Martin L., *Le secret de la vie privée*, RTD civ. 1959. 22.

Martin R., *Les cheminements des pouvoirs judiciaires depuis 1789*, RTD civ. 2004, n° 2, pp. 251-259.

Mathieu B.,

-*La recherche sur l'embryon au regard des droits fondamentaux constitutionnels*, D. 1999, n° 41, pp. 451- 456

-*La sécurité juridique : un produit d'importation dorénavant « made in France »* (à propos des décisions 99-421 DC et 99-422 DC du Conseil constitutionnel), D. 2000, n° 4, pp. VII- VIII.

Mayer D., *L'information du public par la presse sur les affaires en cours d'instruction*, D. 1995, n° 11, pp. 80-81.

Melchior M., *Notions « vagues » ou « indéterminées » et « lacunes » dans la convention européenne des droits de l'homme*, in Mélanges G. Wiarda, Carl Heymanns Verlag, 1988.

Mock H., *Le droit au respect de la vie privée et familiale, du domicile et de la correspondance à l'aube du XXIe siècle*, Rev.univ.dr.h, 15 déc. 1998, p. 237.

Moderne F., *Le juge administratif français et les règles du procès équitable,* in *le juge administratif français et la Convention européenne des droits de l'homme*, RUDH 1991, p. 352 et s.

Molfessis N.,

-*Réflexions sur la sécurité juridique*, RTD civ. 2000, n° 3, pp. 660-662.

-Les illusions de la codification à droit constant et la sécurité juridique, RTD civ. 2000, pp. 186-194

Morange J., *Le droit français des libertés publiques a t'il un avenir ?* in *Clés pour le siècle*, pp. 1315- 1329.

Morvan P., *« Partisane » mais paritaire donc impartiale : la juridiction prud'homale ?* JCP 2004, n° 7, pp. 269-270.

Mössner J. M., *Why and how compare taw law ?* in Liber amicorum Luc Hinnekens, 2002, pp. 305-318.

Motulsky H., *Le droit naturel dans la pratique jurisprudentielle : le respect des droits de la défense en procédure civile*, in Mélanges P. Roubier, t. II, 1961, p. 175 et s.

Nector D., *La saisie-vente*, Rev. Huissiers 1993. 65.

Niboyet M.-L., *Action en justice*, Droits 2002, n° 34, pp. 81-90.

Nicolopoulos P., *La procédure devant les juridictions répressives et le principe du contradictoire*, RSC 1989, p. 1 et s.

Normand J.,

-Le droit à un tribunal impartial devant les juridictions de l'ordre judiciaire (art. 6-1 Conv. EDH) et la composition des juridictions, RTD civ. 1993, p. 874 et s.

-Un droit judiciaire européen ? in *Droit privé européen*, dir. P. De Vareilles-Sommieres, Economica, 1998, p. 124 et s.

Oderzo J.-C., *Le droit au logement dans les constitutions des États membres*, RIDC 2001, n° 4, pp. 913-926.

Oppetit B.,

-Arbitrage, médiation et conciliation, Revue de l'arbitrage 1984. 307.

-Droit commun et droit européen, in Mélanges Loussouarn, Dalloz, 1994, p. 311 et s.

Pettiti L.-E., *Droit au silence, Documentaçao e Direito Comparado* 1998, n° 75/ 76, pp. 135-148.

Pffersmann O., *Le droit comparé comme interprétation et comme théorie du droit*, RIDC 2001, n° 2, pp. 275-288.

Picard E., *L'émergence des droits fondamentaux en France*, AJDA 1998. 42.

Pizzio, *L'introduction de la notion de consommateur en droit français*, D. 1982, chron. 95.

Pollaud- Dulian F., *A propos de la sécurité juridique*, RTD civ. 2001, n° 3, pp. 487- 504.

Poncela P.,

-*Introduction à une approche philosophique de la sanction*, Archives de politique criminelle 1983, p. 53 et s.

-*Droit de punir et pouvoirs de punir : une problématique de l'Etat*, APD 1983, p. 123 et s.

Pradel J.,

-*La notion européenne de tribunal impartial et indépendant selon le droit français*, Rev. sc. Crim. 1990, p. 692 et s.

-*Vers des principes directeurs communs aux diverses procédures pénales européennes*, in Mélanges C. Levasseur, Gaz. Pal., Litec, 1992, p. 459 et s.

-*La procédure pénale française au début du XXIe siècle*, Revue pénitentiaire et de droit pénal 2003, n° 2, pp. 341-360.

-*Notre procédure pénale défend-elle l'intérêt général ?* Revue pénitentiaire et de droit pénal 2005, n° 3, pp. 503-525.

Prétot X., *Le recouvrement des cotisations de sécurité sociale. Les prérogatives des organismes de recouvrement et le développement des garanties du redevable,* in *Constitution et finances publiques* (études en l'honneur de Loïc Philip).

Rapp L., *Les nouvelles régulations économiques*, AJDA, 20 juin 2001, pp. 560-573.

Rebut D., *Le droit à un tribunal impartial devant la Chambre criminelle*, RSC 1998, pp. 449-463.

Rémy P., *Cent ans de chroniques*, RTD civ. 2002, n° 4, p. 677.

Revet T.,
-Commentaire de l'article 31 de la loi n° 99-515 du 23 juin 1999 renforçant l'efficacité de la procédure pénale, RTD civ. 1999, 722.
-et **Rochfeld J.**, **Pérès C.**, *La consécration du principe de sécurité juridique et la protection du contrat par le droit transitoire* (CE, Ass., 24 mars 2006, Société KPMG et autres), Revue des contrats, oct. 2006, 1038.

Richer L.,
-*Les modes alternatifs de règlement des conflits et le droit administratif*, AJDA 1997, n° 1, pp. 3-9.
-*Les droits fondamentaux. Une nouvelle catégorie juridique ?* éditorial du numéro spécial de l'AJDA, 20 juill.-20 août, 1988. 1.

Rideau J., *Le droit au juge : conquête et instrument de l'Etat de droit »*, in *Le droit au juge dans l'Union Européenne*, LGDJ, 1998, 230 p.

Rives G., *Le sort des sociétés de fait depuis la réforme des sociétés commerciales*, RTD com. 1969, 467.

Robert J.-H., *Application ou non-application de la règle non bis in idem entre les sanctions pénales, civiles et administratives,* Archives de politique criminelle, 1983. 136.

Rossi L.-S., *« Constitutionnalisation » de l'Union européenne et des droits fondamentaux*, RTD. eur. 2002. 27.

Saleilles R., *Conception et objet de la science du droit comparé*, Bull. de la Société de législation comparée 1900. 383.

Savatier R., *L'inflation législative et l'indigestion du corps social*, D. 1977, p. 43 et s.

Soulas de Russel D. J. M. et **Raimbault P.**, *Natures et racines du principe de sécurité juridique,* RIDC 2003, n° 1, pp. 85-103.

Soyer J.-C., *La loi nationale et la convention européenne des droits de l'homme*, in Mélanges Foyer, PUF 1997, p. 137 et s.

Spencer J. R., *La procédure pénale en France et dans les pays de common law : les ressemblances,* in Droit Global/ Global Law 2001/1, pp. 73-96.

Stüner R., *Règles transnationales de procédure civile ? Quelques remarques d'un Européen sur un nouveau projet commun de l'American Law Institute et d'Unidroit*, RIDC 2000, pp. 845-865.

Sudre F.,

-*La protection du droit de propriété par la Cour européenne des droits de l'homme*, D. 1988, p. 71 et s.

-*La communauté européenne et les droits fondamentaux après le traité d'Amsterdam : vers un nouveau système européen de protection des droits de l'homme ?* JCP 1998, n° 1-2, pp. 9-16.

-*La recherche des principes de procédure communs aux États membres de l'Union Européenne. L'application de l'article 6, paragraphe 1 de la Convention européenne des Droits de l'Homme (Rapport introductif)*, in *Les principes communs d'une justice des États de l'Union Européenne*, La documentation française, 2001, pp. 29-50.

-*Le droit à un procès équitable hors les juridictions ordinaires*, in Mélanges Dubouis, Dalloz 2002, p. 205 et s.

Tavernier P.,

-*Le droit à un procès équitable dans la jurisprudence du comité des droits de l'homme des Nations-Unies*, RTDH 1996, n ° 25, pp. 3-22.

-*Faut-il réviser l'article 6 de la CEDH (à propos du champ d'application de l'article 6),* in Mélanges Pettiti, Bruylant, 1998, 707 et s.

-*La Cour européenne des droits de l'Homme et la mise en œuvre du droit international de l'environnement*, Actualité et Droit International, juin 2003, (http://www.ridi.org/adi).

Terré F.,

-*Perspectives et avenir du dualisme juridictionnel*, AJDA, sept. 1990, p. 595.

-et **Moreau J.**, *La simplification du droit*, in Études offertes à Jacques Béguin, Litec, 2005, pp. 533-544.

Théry Ph.,
-*La justice entre l'exigence de la durée et la contrainte de l'urgence*, Droits 1999, n° 30, pp. 89-95.
- comm. sous T. confl. 26 avr. 2004, RTD civ. 2004, n° 4, p. 772-774.

Thomas Y., *Le droit d'origine à Rome. Contribution à l'étude de la citoyenneté*, *Rev. crit. DIP* 1995, pp. 253-290.

Tomasi J.-P., *Les perquisitions administratives à l'épreuve du juge européen*, Revue pénitentiaire et de droit pénal 2003, n° 3, pp. 513-525.

Truchet D., *Mauvaises et bonnes raisons de mettre fin au dualisme juridictionnel*, Justices 1996, n° 3, pp. 53-63.

Wachsmann P., *La liberté individuelle dans la jurisprudence du Conseil constitutionnel*, RSC 1988.1.

Van Compernolle J.,
-*Évolution et assouplissement de la notion d'impartialité effective*, RTDH 1994, n° 19, pp. 429-444.
-*Le droit d'être jugé dans un délai raisonnable : les effectivités d'un droit processuel autonome*, in *Justice et droits fondamentaux* (études offertes à J. Normand), Litec, 2003, pp. 472- 483.

Vanhoudt M., *Le droit de perquisition et les atteintes à l'inviolabilité du domicile*, RDPC. 1959-1960, 243.

Vasseur M., *Un nouvel essor du concept contractuel : les aspects juridiques de l'économie concertée et contractuelle*, RTD civ. 1964.5.

Weigend T., *La notion de tribunal impartial et indépendant*, RSC 1990. 742.

Wiederkehr G., *Qu'est ce qu'un juge ?* in Mélanges R. Perrot, Dalloz, 1996, p. 577 et s.

III. Droit fiscal

A. Ouvrages, monographies, rapports, travaux collectifs

Aicardi M., *L'amélioration des rapports entre les citoyens et les administrations fiscales*, La Documentation française, 1986, 72 p.

Albregtse D. et **Van Arendonk H.** (sous la coordination de), *Taxpayer protection in the European Union*, Kluwer, 1998, 165 p.

Bachelier G. et *alii*, *Le contentieux fiscal*, 2e éd., EFE Diffusion, Litec, 1996, 401 p.

Barilari A., *Le consentement à l'impôt*, Presses de Sciences Po, 2000, 147 p.

Bentley D. (sous la direction de), *Taxpayer's rights : an international perspective*, Gold coast Queensland (Australie), The Revenue Law Journal, 1998, 394 p.

Bienvenu J.-J. et **Lambert T.**, *Droit fiscal*, 3e éd., PUF, 2003, 446 p.

Borras P. et **Garay A.**, *Le contentieux du recouvrement fiscal*, LGDJ, 1994, 168 p.

Bouvier M.,

-et **Esclassan M.-C.**, *L'administration fiscale en France*, « Que sais-je ? », PUF, 1988.

-*Introduction au droit fiscal et à la théorie de l'impôt*, 7e éd., LGDJ, 2005, 239 p.

Brard J.-P.,

- *Rapport d'information n° 1105 sur la fraude et l'évasion fiscales*, 6 oct. 1998.

-*Rapport d'information n° 1802 sur la lutte contre la fraude et l'évasion fiscales*, 8 sept. 1999.

Bruron J.,

-*Droits et garanties du contribuable vérifié*, coll. « Systèmes », LGDJ, 1991, 123 p.

-*Le contrôle fiscal*, LGDJ, 1991, 114 p.

Cardyn C. et **Depret H.-R.**, *Procédure fiscale contentieuse*, t. 1, 3e éd., Bruylant, 1987, 447 p.

Casimir J.-P.,

-*Le code annoté des procédures fiscales. Contrôle fiscal et contentieux de l'impôt*, 5e éd., La Villeguerin, 1996, 552 p.

- *Contrôle fiscal, droits, garanties et procédures*, 8e éd., Groupe revue fiduciaire, 2002, 686 p.

Chambre de commerce international (Commission des questions fiscales), *L'arbitrage dans les affaires fiscales internationales,* 3 mai 2000, doc. n° 180/438.

Chastagnet M., *De la responsabilité fiscale. Responsabilité de l'administration fiscale et responsabilité solidaire des tiers*, Presses Universitaires Aix-Marseille, 2003, 485 p.

Chevalier J.-P., *La relativité de l'autorité de la chose jugée dans le contentieux fiscal*, Publication de la faculté de droit de Limoges, PUF, 1975.

Collet M., *Droit fiscal*, PUF, 2007, 453 p.

Conseil de l'Europe, *The protection of the individual with regard to the acts of the tax and customs administration.*

Conseil des impôts, *Les relations entre contribuables et Administration fiscale*, XXe Rapport, 2002.

Conseil des prélèvements obligatoires (CPO), *La fraude aux prélèvements obligatoires et son contrôle*, mars 2007.

***Constitution et finances publiques (études en l'honneur de* Loïc Philip)**, Economica, 2005, 622 p.

Contentieux fiscal, « Dossiers pratiques », Francis Lefebvre, 2002, 845 p.

Contrôle fiscal des particuliers, « Dossiers pratiques », Francis Lefebvre, 2001, 424 p.

Cozian M., *Précis de fiscalité des entreprises*, 30e éd., Litec, 2006, 600 p.

David C., **Fouquet O.**, **Plagnet B.** et **Racine P.-F.**, *Les grands arrêts de la jurisprudence fiscale*, 4e éd., Dalloz, 2003, 1085 p.

Derouin P. et **Martin P.**, *Droit communautaire et fiscalité* (Sélection d'arrêts et de décisions), Litec, 2004, 495 p.

Di Malta P., *Droit fiscal pénal*, PUF, 1992, 282 p.

Douay M., *Le recouvrement de l'impôt*, LGDJ, 2005, 223 p.

Douet F., *Précis de droit fiscal de la famille*, 4e éd, Litec, 2005, 643 p.

Drié J.-C., *La vérification de comptabilité*, Litec, 2007, 188 p.

Droits du contribuable : état des lieux et perspectives (actes d'un colloque organisé par la Chambre de commerce et d'industrie de Paris), Economica, 2002, 170 p.

Fernoux P., *Procédures fiscales*, Juris-Classeur, fasc. 320.

Fontaneau P.,

- *Allemagne*, t. II, « fiscalité européenne », Les cahiers fiscaux européens, 1999.

-*Grande-Bretagne*, « fiscalité européenne », Les cahiers fiscaux européens, 1999.

Fradin J.-P. et **Geffroy J.-B.**, *Traité du droit fiscal de l'entreprise*, PUF, 2003, 974 p.

Gaudemet P.-M. et **Molinier J.**, *Finances publiques*, t. 2, 6e éd., Montchrestien, 1997, 490 p.

Gervaise, *Traité des contributions indirectes en France*, t. I, 1822.

Gour C., **Molinier J.** et **Tournier G.**, *Procédure fiscale*, PUF, 1982, 388 p.

Herzog R. (sous la direction de), *Le juge fiscal,* Economica, coll. Finances publiques, 1998, 302 p.

Humbert G., *Essai sur les finances et la comptabilité publique chez les romains*, t. 1, 1887, E. Thorin.

Inspection générale des finances (IGF), *Rapport de synthèse de l'Inspection générale des finances*, mars 1999, n° 98-M-04-11.

International Fiscal Association (IFA),

-*Le dialogue entre l'administration fiscale et le contribuable jusqu'au dépôt des déclarations fiscales*, Congrès de Paris, 1980.

-*Taxation and Human rights*, Kluwer, 1988.

-*La protection de la confidentialité en matière fiscale*, vol. 76 (congrès international de droit financier et fiscal), coll. « cahiers de droit fiscal international », Kluwer, 1991, 659 p.

Karel T. et **Meussen G.**, *The principe of equality in European Taxation, Kluwer law international*, Londres, Kluwer law international, 1999.

Kornprobst E., *Procédures fiscales et patrimoine du dirigeant d'entreprise*, Litec, 2000, 369 p.

L'échange des informations dans le cadre de l'assistance administrative internationale, Congrès de Stockholm, Vol. LXXVb. deuxième sujet, Kluwer, 1990, 532 p.

La doctrine administrative en droit fiscal, RFFP 2001, n° 75, pp. 7 à 91 (actes d'un colloque qui s'est tenu à Dijon).

La pratique de la vérification de comptabilité, Francis Lefebvre, 1997, 710 p.

Lamarque J.,

-*Droit fiscal général*, 2 fasc., Litec, 1998, 728 p.

-Juris-Classeur, Procédures fiscales, fasc. 112.

Lambert T.,

-*Contrôle fiscal. Droit et pratique*, 2e éd., PUF, 1998, 435 p.

-(études coordonnées par). *Contentieux fiscal, Principes et Pratiques,* Éditions STH, 1989, 228 p.

-(sous la direction de), *Redressement fiscal*, Economica, 1988, 190 p.

-(sous la direction de), *Les sanctions pénales fiscales*, L'Harmattan, 2000, 140 p.

- et **Turpin D.** (sous la direction de), *Les groupes d'intervention régionaux*, L'Harmattan, 2005, 278 p.

-(sous la direction de), *Les sanctions administratives fiscales : aspect de droit comparé*, L'Harmattan, 2006, 246 p.

Laurent C., *Contrôle fiscal. La vérification personnelle*, Editions comptables Malesherbes, 1995, 152 p.

Leroy M., *Sociologie de l'impôt*, « Que sais-je ? », PUF, 2002, 125 p.

L'impôt, Archives de philosophie du droit, t. 46, Dalloz, 2002, 547 p.

Looten J.-P., *Guide de procédure fiscale*, Éditions Liaisons, 1997, 286 p.

Marchessou P. et **Grosclaude J.**, *Procédures fiscales*, 4e éd., « Cours », Dalloz, 2007, 357 p.

Martinez J.-C.,

-(sous la direction de). *1789-1989, la révolution fiscale à refaire*, Litec, 1986, 356 p.

- et **Di Malta P.**, *Droit fiscal contemporain*, t. 1, 1986, Litec, 478 p.

Masclet de Barbarin M., *Le contentieux du recouvrement de l'impôt*, LGDJ, 2005, 584 p.

Mattei J.-P., *L'effet relatif des vices de procédure lors de la mise en oeuvre des garanties du contribuable vérifié,* PUF Aix-Marseille, 2002, 107 p.

Mémento fiscal, Francis Lefebvre, 2006, 1461 p.

Ministère de l'Économie, des Finances et de la Privatisation, *Les procédures du contrôle fiscal*. Journées d'étude et d'information, 24 novembre 1987, Imprimerie nationale.

Mouzon R., *Le contrôle fiscal des sociétés*, Litec, 1990, 226 p.

OCDE.,

-*Administration as service. The public as Client*, Paris, 1987.

-*Administration responsiveness and taxpayer*, 1988.

-*Droits et obligations des contribuables. Description de la situation légale dans les pays de l'OCDE,* 1990.

-*Tax administration in OECD countries: comparative informations series (2004),* oct. 2004.

-*Tax inspectors meeting on the use of international co-operation to counteract tax avoidance and evasion*, Auckland, 21-13 avr. 2004.

-*Improving the Resolution of Tax Treaty Disputes*, 2007, 52 p.

ONU, *International cooperation in tax matters: report of the ad hoc group of experts in international co-operation in tax matters on the work of this seventh meeting,* New York, 1997.

Oudenot P., *Fiscalité approfondie des sociétés*, 2e éd., Litec, 2001, 897 p.

Paradis fiscaux et opérations internationales, 2e éd., Francis Lefebvre, 2002, 517 p.

Philip L., *Droit fiscal constitutionnel*, Economica, 1990, 220 p.

Pillet F. et **Bangoura E.**, *Guide pratique de la procédure dans le contentieux fiscal*, 3e éd., Litec, 2003, 252 p.

Plagnet B., *Conventions internationales, procédures amiables*, Juris. Classeur. Fisc. Int., fasc. 350 B, n° 26.

Regards critiques et perspectives sur le droit et la fiscalité (Liber Amicorum Cyrille David), LGDJ, Bibliothèque de l'Institut André Tunc, t. 8, 2005, 424 p.

Rezek S., *La pratique du contentieux de l'avis à tiers détenteur*, Litec, 2001, 191 p.

Richer D.,

-*Les droits du contribuable dans le contentieux fiscal*, LGDJ, 1997, 425 p.

-*Les procédures fiscales*, « Que sais-je ? », PUF, 1990, 125 p.

Schmidt J.,

-*Les principes fondamentaux du droit fiscal*, « Connaissance du droit », Dalloz, 1992, 113 p.

-*L'impôt,* « Connaissance du droit », 2e éd., Dalloz, 1995.

Société française de droit fiscal,

-*Application du droit pénal en matière fiscale,* 1981, PUF, Aix-Marseille, 1981, 163 p.

-*L'amélioration des rapports entre l'administration fiscale et les contribuables* (actes du colloque du 15-16 sept. 1988*)*, collection Université d'Orléans, PUF, 1989, 326 p.

Trotabas L.,

-*Précis de science et technique fiscales*, Dalloz, 1960, 463 p.

-et **Cotteret J.-M.**, *Droit fiscal*, 8e éd., Dalloz, 1997, 434 p.

B. Thèses

Agostini A., *Les options fiscales*, Bibliothèque de Science financière, t. XX, LGDJ, 1982, 381 p.

Ayrault L., *Le contrôle juridictionnel de la régularité de la procédure d'imposition*, L'Harmattan, coll. « Finances publiques », 2004, 444 p.

Barone L., *L'apport de la convention européenne des droits de l'homme au droit fiscal français*, L'Harmattan, 2000, 439 p.

Bergerès M.-C., *Le principe des droits de la défense en droit fiscal*, Bordeaux, 1975.

Bern P., *La nature juridique du contentieux de l'imposition*, LGDJ, 1972, 192 p.

Buisson J., *Le sursis au paiement de l'impôt*, Bibliothèque de Science financière, LGDJ, 1996, 232 p.

Castagnède B., *La répartition des compétences juridictionnelles en matière fiscale en droit français*, Paris I, 1972, 2 volumes.

Chautard A., *La mutabilité de l'instance fiscale au regard du procès équitable*, L'Harmattan, 2004, 383 p.

De la Mardière C., *Recours pour excès de pouvoir et contentieux administratif de l'impôt*, Bibliothèque de science financière, LGDJ, 2002, 360 p.

Deboissy F., *La simulation en droit fiscal*, Bibliothèque droit privé, t. 276, LGDJ, 1997, 472 p.

Detraz S., *La contrainte par corps*, Bordeaux IV, 2002.

Douet F., *Contribution à l'étude de la sécurité juridique en droit fiscal français*, Bibliothèque de droit privé, t. 280, LGDJ, 1997, 383 p.

Drié J.-C., *Procédures de contrôle fiscal. La voie de l'équilibre*, coll. « Finances publiques », L'Harmattan, 2005.

Gérard L., *Les recours des contribuables sur le fondement de la Convention européenne de sauvegarde des droits de l'Homme et des libertés fondamentales*, Paris II, 2000.

Gilles S., *Le contribuable et son juge. Le système de régulation juridictionnelle des décisions fiscales : l'exemple du tribunal administratif de Toulouse*, Toulouse I, 1994.

Guez J., *L'interprétation en droit fiscal*, Bibliothèque de l'Institut André Tunc, t. 12, LGDJ, 2007, 376 p.

Lopez C., *Les pouvoirs d'investigation de l'administration fiscale en France et au Canada,* L'Harmattan, 1997, 361 p.

Losappio P., *Essai sur les difficultés d'application du droit fiscal français. La vraisemblance et l'équité*, Bibliothèque de science financière, t. 30, LGDJ, 1994, 302 p.

Martinez J.-C., *Le statut du contribuable*, t. 1, *l'élaboration du statut*, Bibliothèque de science financière, t. 15, LGDJ, 1980, 394 p.

Néel B., *Les pénalités fiscales et douanières*, Economica, 1989, 425 p.

Noël G., *La réclamation préalable devant le service des impôts*, LGDJ, 1985, 654 p.

Philip P., *Les droits de la défense face au contrôle fiscal*, 2e éd., Economica, 2005, 322 p.

Pujol J., *L'application du droit privé en droit fiscal français*, 1987, 190 p.

Sieraczek A. et **Manon A.**, *Les garanties des contribuables dans les procédures d'imposition,* Paris II, 1999.

Varpaille L., *La doctrine administrative fiscale*, L'Harmattan, 1999, 487 p.

Vignaud G., *L'abus de droit en matière fiscale*, 1981.

C. Articles, chroniques, notes et conclusions

Alaka Alaka P., *Libres propos sur « l'africanisation de l'impôt » et de son droit*, Droit et Économie 2006, n° 97, pp. 20-27

Ancel P.,

-*Les incidences de la réforme des procédures d'exécution sur l'ATD*, Les Petites Affiches 1993, n° 3.

-*Arbitrage et ordre public fiscal*, Revue de l'arbitrage 2001, n° 2, pp. 269-310.

Arrighi de Casanova J.,

-*Le décret du 24 juin 2003 relatif aux cours administratives d'appel et ses incidences sur le contentieux fiscal*, RJF 2003, n° 10, pp. 760-762.

-*Le procès équitable dans la jurisprudence fiscale du Conseil d'Etat*, *RFFP* 2003, n° 83, pp. 25-39.

Austry S., *Si l'administration se procédure des relevés bancaires pour l'exercice de son droit de communication, doit-elle les communiquer au contribuable ?* concl. sur CE, 30 déc. 2002, M. Gasc, DF 2003, com. 302 et BDCF 2003, n° 3, pp. 5-7.

Ayrault L., *Considérations juridiques sur la Charte des droits et obligations du contribuable vérifié*, Les Nouvelles fiscales 2003, n° 883, pp. 21-26.

Bachelier G., *Le contentieux fiscal et la CEDH : un premier bilan de la jurisprudence*, le Courrier juridique des finances, nov. 1997, p. 11 et s.

Barilari A.,

-*Les pouvoirs de contrôle de l'administration fiscale et les garanties des contribuables vérifiés*, RFFP 1984, 5, p. 83 et s.

-*Les droits du citoyen face aux administrations fiscales et douanières*, RFFP 1987, n° 17, pp. 147-150.

Bazex M., *Les origines et l'évolution du partage des compétences entre les juridictions judiciaire et administrative*, in *Histoire des finances publiques*, vol. II, pp. 623-653.

Bélouis B.,
-*De la comptabilité des exigences fiscales avec les usages informatiques*, DF 1994, n° 12, pp. 530-532.
-*Le contrôle fiscal des comptabilités informatisées*, RF d'informatique bancaire, juin 1996, n° 14, p. 44 et s.
-*La nouvelle instruction concernant les comptabilités informatisées. Quelques surprises et beaucoup de déceptions*, DF 1997, n° 4, pp. 152-155.
Beltrame P.,
-*Les pouvoirs d'investigation de l'administration fiscale et le secret bancaire en Allemagne*, RFFP 2000, n° 72, pp. 123-132.
-et **Louit C**. *Le procès fiscal équitable : l'affirmation d'une norme européenne ?* RFFP 2003, n° 83, pp. 121-131.
Bereyziat F.,
-*Secret médical et contrôle fiscal : radioscopie de la jurisprudence*, RJF 2004, n° 11, pp. 798-803.
-*Les pénalités fiscales sous les feux de la rampe*, RJF 2005, n° 7, pp. 463-468.
Bergerès M.-C.,
-*Propos digestifs sur « une tarte à la crème » les prérogatives de droit privé de l'administration fiscale*, DF 2000, n° 40, pp. 1285-1291.
-*La substitution de base légale : un joker contentieux de l'administration fiscale*, Procédures, juin 2002, pp. 3-7.
-*L'utilisation du référé-suspension en matière fiscale*, DF 2003, n° 20, pp. 684-689.
-*Un principe à valeur constitutionnel paradoxalement ignoré du droit fiscal, l'intelligibilité de la loi*, DF 2003, n° 24, pp. 794- 799.
-*La procédure du référé fiscal à l'aune des droits fondamentaux*, Procédures, mai 2003, pp. 3-7.
-*Une nouvelle garantie pour le contribuable : le litige fiscal doit être jugé dans un délai raisonnable*, Les Petites Affiches 2003, n° 73, pp. 9-16.

Bichon A., *Du débat oral et contradictoire au cours des contrôles fiscaux externes à l'obligation de coopération du contribuable*, DF 1999, n° 43, pp. 13256-1329.

Bienvenu J.-J., *Variations sur les difficultés de fonder le partage des compétences juridictionnelles,* RFFP 1987, n° 17, pp. 31 et s.

Biguenet J., *Les procédures administratives de contrôle et la convention européenne de l'homme ou l'inconventionnalité des perquisitions déguisées,* Procédures 2003, n° 2,

Blanluet G., *Vers un renforcement du contradictoire ?* in *Droits du contribuable. Etat des lieux et perspectives*, Economica, 2002, pp. 141-144.

Bornhauser M., *Sanctions fiscales et procès équitable. La compatibilité du contentieux des pénalités fiscales avec l'article 6 de la convention européenne des Droits de l'Homme*, DF 1995, n° 28, pp. 1141-1145.

Boullez C. et **Schiele P.**, *Le règlement non contentieux des conflits en droit fiscal*, BF 1997, n° 7, pp. 437- 445.

Bouvier M., *La question de l'impôt idéal*, Archives de philosophie du droit, L'impôt, t. 46, p. 21.

Brandeau J.,

-*Régularité des perquisitions fiscales et douanières, vers un transfert de compétence au juge répressif*, Les Petites Affiches 2000, n° 83, pp. 4-7.

-*Perquisitions fiscales et prescription des faits*, Les Petites Affiches 2000, n° 183, pp. 4-6.

-et Barzotti P.-P., *Visite domiciliaire et saisie du fisc au cabinet de l'avocat : le secret professionnel mis à mal*, Les Petites Affiches 2003, n° 52, pp. 3-6.

Brard Y., *Que reste-t-il du secret professionnel opposable au fisc ?* DF 1991, n° 25, pp. 960-963.

Brecht M. et **Neel B.**, *Juge pénal et juge fiscal*, in *Le juge fiscal*, Economica, coll. Finances publiques, 1998, p. 85 et s.

Brisson J.-F., *Les pouvoirs de sanction des autorités de régulation et l'article 6§ 1 de la Convention européenne des droits de l'homme*, AJDA 1999, pp. 847-859.

Castagnède B.,

-*Remarques sur la nature juridique du contentieux fiscal*, Revue de science et de législation financière 1970, pp. 5-29.

-*La loi du 29 décembre 1977 accordant des garanties de procédure aux contribuables en matière fiscale et douanière*, JCP 1978, n° 2892.

Chevalier J.-P., *Confidentialité et droit fisca*l, RIDC 1998, n° 2, pp 611-628.

Chrétien M.,

-*Le fisc en face du droit international privé*, Travaux du comité français de droit international privé, 1954.

-*Réflexions sur la dualité juridictionnelle en matière fiscale*, in Mélanges Waline, LGDJ, 1974, t. 1, p. 115 et s.

-*Les garanties juridiques du contribuable à l'égard du fisc*, XIe congrès I.F.A., Vienne, 1957, Cahier de droit fiscal international, vol. 35, pp. 2 à 89.

Ciaudo P.-J., *Les déficits des droits de la défense dans les procédures fiscales*, Droit et patrimoine 2000, n° 7, pp. 30-35.

Clément G., *Les poursuites pénales pour fraude fiscale : aspects de procédure, in Justice et droits fondamentaux* (études offertes à J. Normand), pp. 112-123.

Colin P., *Débat oral et contradictoire pendant la vérification de comptabilité : quelles sont les obligations réelles du vérificateur ?* concl. sur CE, 30 déc. 2002, n° 213 167, *SARL Le « Grand Bazar »*, BDCF 2003, n° 3, pp. 52-55.

Collet M., *Les bienfaits du « dialogue des juges ». Remarques sur la mise en œuvre par le juge fiscal des articles 14 de la convention EDH et 1er de son premier protocole additionnel*, DF 2006, n° 51, 70.

Courtier J.-L.,

-*Le conflit entre un ATD et l'ouverture d'une procédure collective*, Les Petites Affiches 1996, n° 101, pp. 15-19.

-Prédominance d'un avis à tiers détenteur face à un jugement d'ouverture, Les Petites Affiches 1996, n° 130, pp. 8-12.

Cozian M.,

- L'avis à tiers détenteur en matière de privilège du Trésor, RTD com. 1967, p. 66, n° 2.

-Le secret professionnel et le fisc, Études de droit contemporain, Travaux et recherches de l'institut de droit comparé de Paris, 1970, p. 363 et s.

-Propos désobligeant sur une « tarte à la crème » : l'autonomie et le réalisme du droit fiscal, JCP.II.13394, 1981.

Darrieutort J.-P., *L'article 1er du décret du 28 novembre 1983 est-il utile au contribuable ?* DF 1994, n° 49, pp. 1744-1745.

David C.,

-Le principe de proportionnalité du point de vue fiscal en Droit communautaire et Droit français, in Mélanges Tipke, 1995, Otto Schmidt, Cologne, p. 511-536.

-Aperçu rapide sur l'article 112 de la Loi de finances pour 1997 instituant un double degré de juridiction pour les litiges relevant de la compétence des TGI, JCP 1997, n° 6-7, Actualités.

-Taxpayer protection and tax fines in France, in *Taxpayer protection in the European Union*, pp. 99-120.

-Administration et citoyens face aux prélèvements obligatoires (contrôle des déclarations), Droit social 2001, n° 12, pp. 1072-1081.

-Réflexions sur les aspects processuels de la justice fiscale, L'Année Fiscale 2003, pp. 215- 244.

-Sanctions administratives et pénales en matière de prélèvements obligatoires (étude comparative), in Mélanges Guyon, Dalloz, 2003, pp. 285-326.

-Les normes fiscales imparfaites sur les plans international et communautaire, in Mélanges Béguin *(Droit et actualité*), Litec, 2005, pp. 249–265.

De Crouy Chanel E.,

-*La citoyenneté fiscale*, Archives de philosophie du droit, *L'impôt*, t. 46, pp. 44-46.

-*L'arrêt Ferrazzini de la Cour européenne des droits de l'homme (CEDH) (12 juillet 2001) : réflexions sur la singularité du droit public*, Revue de la recherche juridique. Droit prospectif, 1er mars 2003, pp. 1493-1512

De Waal A., *Un nouveau régime de contrôle des prix de transfert*, RD aff. inter. 1996, n° 5, pp. 653-671.

Deboissy F.,

-et **Saint-Pau J.-C.**, *La divulgation d'une information patrimoniale, à propos de l'affaire Calvet*, D. 2000, chron. 267.

-*Le secret professionnel et l'administration fiscale*, Les Petites Affiches 2005, n° 24, pp. 24-30.

Delorme G., *La protection du contribuable*, RFFP 1987, n° 17, pp. 125-135.

Delot D., *L'impôt juste dans la pensée du Doyen Trotabas*, RFFP, déc. 2003, n° 84, pp. 188-202.

Derouin Ph., *Droit de communication et information du contribuable*, note sous CE, 29 déc. 2000, n° 209523.

Dibout P.,

-*L'extension des prérogatives de l'administration fiscale dans le contrôle des opérations internationales (commentaire de l'article 40 de la loi du 12 avril 1996)*, DF 1996, p. 651 et s.

- *Répression des abus de droit en matière fiscale et principe de fraude à la loi. A propos de l'arrêt du Conseil d'État du 27 septembre 2006, Société Janfin*, JCP E 2006, n° 50, n° 2820.

Douat E., *Les mérites comparés de l'article L.80-A du L.P.F et de l'article 1er du décret du 28 novembre 1983*, Les Petites Affiches 1991, n° 123, pp. 7-16.

Douet F., *Les paradoxes de la sécurité juridique en matière fiscale*, JCP. N 2004, n° 19, pp. 801-804.

Dugrip O., *La conformité du droit des visites domiciliaires en matière de concurrence douanière et fiscale avec l'article 8 de la CEDH*, in *Le droit français et la CEDH* (dir. F. Sudre), N.P. Engel, 1994, p. 143 et s.

Durand P., *Le point de vue de l'administration*, in *Droits du contribuable. Etat des lieux et perspectives*, pp. 151-152.

Dussart V., *Réflexions sur l'évolution de l'enseignement du droit fiscal en France*, in *Constitution et finances publiques*, pp. 387-400.

Esclassan M.-C., *La fiscalité entre institution et contrat*, in *Contrat ou Institution* : *un enjeu de société*, LGDJ, 2004, pp. 87-102.

Etien R., *Le contrôle fiscal du Conseil Constitutionnel*, in *Contrôle fiscal. Principes et pratiques* (ouvrage collectif), p. 3 et s.

Faucher D., *Garanties accordées au destinataire d'une notification de redressement*, JCP éd. N 1999, n° 45, pp. 1621-1624.

Flauss J.-F.,

-*Pénalités fiscales et Convention européenne des droits de l'homme*, Les Petites Affiches, 1994, n° 56, pp. 21-27.

-*Une nouvelle avancée de la Cour européenne des droits de l'homme dans le domaine de la fiscalité : l'arrêt Hentrich du 22 septembre 1994*, Les Petites Affiches 1995, n° 69, pp. 8-10.

-*Sanctions fiscales et CEDH*, RFFP 1999, pp. 77-99.

Foissac R., *Contribution de l'article 1er du décret de 1983 à la protection du contribuable*, BF 1993, n° 8-9, pp. 537-541.

Fouquet O.,

-*La légalité des contrôles inopinés de l'administration en matière d'impôts directs et de taxes sur le chiffre d'affaires*, Gaz. Pal. 1984.1.120.

-*Pouvoirs d'investigations de l'administration fiscale*, RFDA 1985.755.

Fournie R., *Les nouveaux moyens de contrôle de l'administration*, Les Nouvelles fiscales 1999, n° 813, p. 31-34.

Gaillard E., *L'arbitrabilité des litiges fiscaux dans les investissements internationaux*, Rev. Prat. Dr. Ent., 1999, n° 12, pp. 42-43.

Gaudemet P.-M., *Les protections constitutionnelles et légales contre les impositions confiscatoires*, RIDC 1990, p. 805 et s.

Gény F., *Le particularisme du droit fiscal*, RTD civ. 1931, p. 797 et s.

Geppart C., *Tresholds for access to the tax court*, in *Taxpayer protection in the European Union*, pp. 35-43.

Gerard L.,

-*Sur l'applicabilité de l'article 6, volet civil, de la Convention européenne des droits de l'homme aux contentieux fiscaux*, DF 2002, 10, pp. 438-447.

-*Un contrôle fiscal renforcé pour les comptabilités informatisées*, Option finances 2002, n° 671, p. 24.

Gerber D. J., *Comparing Procedural systems: toward an analytical framework*, Law and justice in a multistate world: Essays of Arthur T. von Mehren, 2002, pp. 665-674.

Gest G., *La convention et l'action des autorités fiscales,* Droit et pratique du commerce international 1991, 4, p. 546 et s.

Goguel F., *Assistance fiscale internationale et droits de la défense*, JCP E 1993, n° 228.

Goulard G.,

-*Applicabilité de l'article 6-1 de la convention européenne des droits de l'homme*, RJF 1994, n° 6, p. 383 et s.

-conclusions sur CE 15 juillet 2004, n° 264494, *Quelles sont les conditions du droit à restitution de taxes perçues en violation du droit communautaire ?* BDCF 2004, n° 10/127.

Gour C., **Molinier J.** et **Tournié G.**, *La loi du 29 décembre 1977 accordant des garanties de procédure aux contribuables en matière fiscale*, JCP N 1978, 99.

Gouyet R.,

-*De l'interdépendance des perquisitions juridiques et fiscales*, Les Petites Affiches 1999, n° 201, pp. 12-14.

-*Chronique d'une polémique annoncée : l'autonomie du droit fiscal,* Les Petites Affiches, 14 juin 2000, p. 4 et s.

Gutmann D.,

-*La répétition de l'indu fiscal, le droit communautaire et les principes généraux du droit*, Droit 21, 2002, Études et Recherches, p. 4 et s.

-*Du droit à la philosophie de l'impôt*, Archives de Philosophie du Droit 2002, pp. 6-13.

-*Globalisation et justice fiscale*, L'Année fiscale 2003, p. 109 et s.

-*Le juge fiscale et la loi étrangère*, in *Regards critiques et perspectives sur le droit et la fiscalité*, LGDJ, 2005, pp. 191-205.

- *L'analyse économique du contrat par le juge fiscal*, Gaz. Pal. 2005, n° 68, pp. 20-24.

-*Les lois de finances à l'ère des principes*, Droit et Patrimoine 2006, n° 145, pp. 38-39.

Haim V.,

-*Les labyrinthes du contentieux du recouvrement*, D. 1995, n° 20, pp. 150-154.

-*L'écrit et le principe du contradictoire dans la procédure administrative contentieuse*, AJDA, oct. 1996, p. 715 et s.

Harang P., *La traçabilité du contribuable*, Droit et Patrimoine, 2001, n° 93, pp. 59- 61.

Hatoux B.,

-*A propos d'arrêts de la Cour de Cassation en matière de visites domiciliaires, un revirement inutile ?* RJF 2000, n° 3, pp. 209-212.

-*La jurisprudence Ferreira et le principe de proportionnalité des sanctions fiscales, in Droits du contribuable. Etat des lieux et perspectives*, pp. 106-108.

Heinis M., *La motivation de la réponse aux observations du contribuable*, Gaz. Pal. 1996. 1. Doctr. 216.

Jany T., *L'actualité de l'ISF vue au travers de la Constitution*, Les Nouvelles Fiscales, 15 juill. 2005, pp. 19-26.

Jarnevic J.-P., *Les garanties de procédure reconnues aux contribuables par la loi du 29 décembre 1977*, JCP C.I 1978, n° 12692.

Jazani M., *Sanctions fiscales et pouvoir de modération du juge de l'impôt...*, BF 1999, n° 6, pp. 270-278.

Lamarque J.,

- *Les perquisitions fiscales*, Justices 1997, n° 5, pp. 294-308.

-*Le principe de la supériorité des conventions internationales ayant pour objet la protection des droits de l'homme reçoit application en matière fiscale, Sources du droit fiscal,* Juris- Classeurs : Procédures fiscales, édition 2000, Fasc. 116-10.

-*Le juge judiciaire de l'impôt et le principe de séparation des pouvoirs*, in *Clés pour le siècle*, pp. 521-555.

-*L'ESFP et la jurisprudence « Giresse » sur le dialogue écrit : le facteur sonnera plus de trois fois*, DF 2003, n° 26, pp. 857-863.

Lambert T.,

-*La transaction fiscale : une pratique autant qu'un droit*, BF 1999, n° 5, pp. 271-276.

-*Un aspect méconnu du contrôle fiscal : l'assistance fiscale internationale*, BF 2000, n° 4, pp. 215-220.

-*Hasard et contrôle fiscal*, La Gazette du palais, 16-17 févr. 2001, pp. 12-20.

-*Motivation et substitution de base légale*, in *Droits du contribuable, Etat des lieux et perspectives*, Economica, 2002, pp. 67-77.

-*L'administration fiscale et le secret*, BF 2005, n° 6, pp. 447-453.

-*L'article 6-1 de la convention EDH au contentieux fiscal : le revirement de la Cour de cassation*, Les Petites Affiches 2005, n° 19, pp. 9-13.

-*La direction générale des impôts et la performance*, in *Constitution et finances publiques*, pp. 423-434.

Laroche C., *La structure et la nature du contentieux de l'imposition* in *Histoire du droit des finances publiques*, vol. II, pp. 575-592.

Layer F., *La jurisprudence de la CJCE en matière de non-discrimination et les règles de fiscalité directe*, Les Petites Affiches 2001, n° 238, pp. 12-23.

Le Gall J.-P.,

-*Les impositions d'office*, Gaz. Pal., 4 et 5 août 1976, p. 2 et s.

-*Fiscalité et arbitrage*, Revue de l'arbitrage 1994, pp. 3-38 et 253-277.

- et **Gérard L.**, *Le recours des contribuables sur le fondement de la Convention européenne de sauvegarde des droits de l'homme et des libertés fondamentales*, DF 1994, n° 21-22, pp. 878-885.

-*A quel moment le contradictoire ?* in *Cour de cassation. Les nouveaux Développements du procès équitable au sens de la Convention européenne des droits de l'homme,* Bruylant, 1996.

- *L'autonomie du droit fiscal*, in Clés pour le siècle, Dalloz, 2000.

-*Fiscalité et échanges de données informatisées (EDI)*, JCP E 1996, n° 21, pp. 212-216.

-(Rapport de synthèse), Revue de l'arbitrage 2001, n° 2, pp. 371-388.

-*La confusion législative et réglementaire comme atteinte aux droits fondamentaux des contribuables : l'exemple des droits pécuniaires*, in *Justice et droits fondamentaux* (études offertes à J. Normand), Litec, 2003, pp. 301-306.

Le Gars J., *Le vérificateur doit soumettre à un débat oral et contradictoire les pièces saisies qu'il a consultées auprès de l'autorité judiciaire, à peine d'irrégularité des impositions découlant de l'examen de ces pièces*, concl. sur TA Nice, 8 oct. 2002, M. et Mme Dahan, DF 2003, n° 13, comma. 257.

Ledouble D., *La vérification des comptabilités informatisées*, in *Droits du contribuable. Etat des lieux et perspectives*, Economica, 2002, pp. 31-34.

Lefeuvre A., *Le devoir de l'administration de communiquer au contribuable les renseignements obtenus de tiers*, DF 2007, n° 38, pp. 17-20.

Logerot F., *Les relations entre les contribuables et l'administration fiscale. Résumé du 20e rapport du Conseil des impôts*, p. 366, RFFP 2003, n° 81, pp. 365-370.

Lopez C., *L'adaptation des procédures fiscales à la construction européenne*, Les Petites Affiches, 15 mai 2002, n° 97, pp. 54-60.

Louit C.,

-L'amélioration des procédures fiscales : quelles garanties pour le contribuable ? Gaz. Pal. 2000, n° 184, pp. 70-72.

-Les relations entre l'administration fiscale et le contribuable, tentatives de réconciliation d'un couple désuni, in Etudes offertes à P. Kayser, PUF Aix-Marseille, t. II, p. 177 et s.

Luchaire F., *Le fisc, la liberté individuelle et la Constitution*, in Mélanges Gaudemet, 1984, Economica, p. 603 et s.

Luzu F., *2007 : l'an I du bouclier fiscal*, DF 2007, n° 7, 174.

Maïa J.,

-Les outils du contrôle fiscal et leur combinaison : Précision sur les domaines respectifs du droit de communication et de la vérification de comptabilité, RJF 2000, n° 12, pp. 895-903.

-La « charte des droits et obligations du contribuable vérifié », son utilité et son opposabilité, RJF 2001, n° 4, pp. 295-303.

-Procédures d'urgence au stade du recouvrement : retour à l'égalité des armes entre le contribuable et le fisc, RJF 2001, n° 7, pp. 611-619.

-Illusions et promesses de l'application à la matière fiscale de la convention européenne des droits de l'homme, RJF 2002, n° 1, pp. 3- 10.

-La singularité des procédures fiscales est-elle sans limites ? RJF 2002, n° 4.

Manciaux S., *Changement de législation fiscale et arbitrage international*, Revue de l'arbitrage 2001, n° 2, pp. 311-342.

Marchessou P., *Le poids de la dualité de juridiction sur les sanctions fiscales*, in Mélanges Waline, Dalloz, 2002, p. 671 et s.

Martin-Laprade B., *Recouvrement : les intérêts moratoires en cas de dégrèvement*, RJF 1975, n° 12, p. 373 et s.

Maublanc-Fernandez L. et **Maublanc J.-P.**, *Dynamique européenne et résistances internes, propos sur l'application de l'article 6-1 de la CEDH en matière fiscale*, RFDA 1995, p. 1181 et s.

Messere K.,

-*Tax policy in OECD Countries: Choice and Conflicts*, IBFD 1994, 28-29.

-*Tax Policy in Non-European OECD Countries,* European Taxation 2002, 42/2, 51-56.

Mignon E.,

-*Demandes de justifications : une « chasse » de plus en plus encadrée*, RJF 1999, n° 4, pp. 243-250.

-*L'apport des juridictions communautaires et européenne au droit fiscal français*, Les Petites Affiches 2002, n° 97, pp. 61-68.

-*Doctrine administrative : jurisprudence récente, questions en suspens*, RJF 2000, n° 6, pp. 487- 494.

-*Y a t'il encore un secret fiscal ?* RJF 1999, pp. 178-185.

Nataf P., *Droit de perquisition et devoir de loyauté de l'administration fiscale*, Les Petites Affiches 1998, n° 8.

Noël G.,

-*Le contrôle sur pièces*, RF compt. 1995, n° 267, pp. 27-53.

-*Pour un droit constitutionnel à la sécurité fiscale*, RF compt. 1996, n° 277, p. 45 et s.

-*Une manifestation pernicieuse d' « impressionnisme » fiscal : la perméabilité de la procédure de vérification de comptabilité*, DF 2007, n° 8, pp. 6 -19.

Oliel H., *Le médiateur fiscal, nouvel acteur de la procédure fiscale*, Nouvelles fiscales 2003, n° 891, pp. 4-6.

Olléon L.,

-*Autonomie du droit fiscal : le moribond se porte bien*, RJF 2002, n° 5, pp. 355- 361.

-*Intérêts de retard et convention européenne des droits de l'Homme : peut-on noyer un serpent de mer ?* RJF 2002, n° 6, pp. 447- 452.

-*Référé-suspension en matière fiscale : Aux frontières du possible*, RJF 2002, n° 7, pp. 547-551.

-*Quand la vérification de comptabilité absorbe le droit de communication*, RJF 2003, n° 1, pp. 3-7.

Orsini G.,

-*La coopération des administrations fiscales*, Les Petites Affiches, 15 mai 2002, pp. 50-53.

-*Les relations entre le contribuable et l'administration*, in *Les chantiers fiscaux à l'étranger* (sous la direction de Thierry Lambert), L'Harmattan, 2002.

Panorama des redressements fiscaux : actualité, enjeux et prospectives. Compte rendu de la 8e conférence annuelle organisée le 22 juin 2006, DF 2006, n° 46, 64.

Passeron S., *La recherche d'un équilibre entre les pouvoirs de l'administration fiscale et les droits du contribuable* in Histoire du droit des finances publiques vol. II (études coordonnées par Henri Isaia et Jacques Spindler), Economica, 1987, pp. 535-574.

Péano D., *Information du contribuable et droit de communication* ; concl. sur CAA Bordeaux, 5 janv. 1999, n° 97-2300, BDCF 1999, n° 91.

Pechler E., *Fiscal administrative sanctions*, in *Taxpayer protection in the European Union*, pp. 75-79.

Pellas J.-R., *Le principe de sécurité juridique en droit fiscal*, in Mélanges G. Dupuis, LGDJ, 1997.

Perdriel-Vaissière H., *Le règlement amiable des conflits en droit fiscal conventionnel français*, l'Année fiscale 2003, pp. 245-277.

Philip L.,

-*Le procès équitable dans la jurisprudence du Conseil constitutionnel*, RFFP 2003, n° 83, pp. 11-24.

-*Le respect des engagements de l'administration en matière de procédure fiscale…*, DF 1995, n° 20, pp. 848-850.

-*Les limites aux garanties du contribuable dans la mise en œuvre du droit de visite et de saisie*, DF 2000, n° 22-23, pp. 833-837.
-*L'état de la jurisprudence sur la vérification de comptabilité : un encadrement confirmé*, DF 2003, n° 7, pp. 279-283.
-*Le droit de communication de l'administration fiscale et l'information du contribuable*, DF 2003, n° 21, pp. 720-723.
-*La commission des infractions fiscales : une garantie illusoire accordée aux contribuables*, Gaz. Pal., 8 août 2000, p. 2 et s.

Pierre J.-L.,
-*La commission des infractions fiscales n'est pas soumise aux principes du procès équitable*, note sous Cass. crim., 16 mai 2001, Procédures, nov. 2001, pp. 21-22.
-note sous Cass. com. 25 janv. 2005, JCP E 2005, n° 20, pp. 837-839.
-*Droit de communication de l'Administration*, Procédures 2003, n° 3, p. 31.
-*Assistance internationale au recouvrement*, Procédures 2003, n° 3, p. 30.
-*Conventions fiscales bilatérales et Convention européenne d'arbitrage*, Procédures 2006, n° 5, pp. 28-30.

Puyraveau P., *Contentieux fiscal et sursis de paiement : l'administration peut'-elle être juge et partie ?* Revue Actualité Fiduciaire, janv. 1982, p. 45 et s.

Racine P.-F.,
-*Droit de visite et de saisie : après la décision du Conseil constitutionnel*, Doc. Lefèbvre, FR 2/85.
-Les sanctions fiscales et la CEDH, in *Regards critiques et perspectives sur le droit et la fiscalité* (Mélanges David), LGDJ, 2005, pp. 63-74.

Rétif X., *« La violation fiscale du domicile : les perquisitions »,* in *Révolution fiscale à refaire*, Litec, 1986, p. 45 et s.

Rezek S., *Saisie-vente et recouvrement fiscal*, JCP N 2003, n° 3, pp. 110-113.

Rossignol J.-L., *Attention transaction ! Du recours à la transaction lors d'un litige avec l'Administration fiscale*, Les Petites Affiches 2003, n° 34, pp. 6-7.

Schmidt J., *L'utile et le juste dans les rapports des contribuables avec l'administration,* in Etudes offerts à J. Ghestin *(Le contrat au début du 21e s),* LGDJ, 2001, pp. 769-776.

Schoettl J.-E., *La loi de finances pour 2006 devant le Conseil constitutionnel,* Les Petites Affiches 2006, n° 5, pp. 5-37.

Schrameck O., *Quelques observations sur le principe du contradictoire,* in Mélanges Braibant, Dalloz, 1996, pp. 629-640.

Scieraczek-Abitan M.,

-Etude comparative des perquisitions fiscales et pénales, Nouvelles fiscales 2001, n° 845, pp. 20-26.

-La commission des infractions fiscales : une garantie illusoire accordée aux contribuables, Gaz. Pal., 8 août 2000, p. 2 et s.

Serlooten P.,

-Un statut fiscal pour l'entreprise en difficulté ? DF 1999, n° 28.

- Le Trésor public, créancier de l'entreprise en difficulté, JCP E 2000, n° 1-2, pp. 24-28.

-Faut-il sauver le régime fiscal de « semi-transparence » des sociétés de personnes, DF 2007, n° 27, étude 700.

Shoup S. C., *The theory of harmonization of fiscal systems*, in *Comparaison et harmonisation des systèmes des recettes publiques, particulièrement des systèmes fiscaux*, Congrès de Luxembourg, septembre 1963, XIXe session, Institut international des finances publiques, pp. 23-42.

Sid Ahmed K.,

-L'articulation délicate entre la théorie de l'apparence et la vérification de comptabilité, Lexbase hebdo (édition fiscale), 28 juill. 2005, n° Lebas N6988AIN.

-La Charte du contribuable de 2005 ou la traduction d'une contractualisation de la relation entre l'administration fiscale et le contribuable, Lexbase hebdo (édition fiscale) n° 188, 3 nov. 2005, N° Lexbase : N9974AIA.

-*Une nouveauté dans le monde du contrôle fiscal : la vérification fiscale déclenchée à l'initiative des entreprises,* Lexbase hebdo (édition fiscale), 30 mars 2006, n° Lexbase N6428AKB.

-*Stere et autres c. Roumanie ou une illustration supplémentaire de l'application timorée de l'article 6-1 à la matière fiscale par la Cour européenne*, DF 2007, n° 9, pp. 9-13.

Silberstein C. et **Schmitt V**., *Le dispositif français d'accord préalable en matière de prix de transfert : une petite révolution fiscale*, DF 2000, p. 253 et s

Siquier D., *La sécurité des entreprises face au contrôle fiscal,* Nouvelles fiscales 2003, n° 889, pp. 20-26.

Thomas P. F., *Contentieux fiscal : l'enregistrement fiscal répondra bientôt à l'appel*, La vie judiciaire, 26 janv. 1997, p. 10.

Tixier G.,

-*Les prérogatives de l'autorité administrative en matière fiscale*, RSF 1958, p. 112 et s.

-*Garanties de procédures en matière fiscale et douanière*, D. 1978.I, p. 131 et s.

Tournié G., *De l'impôt et des mots : réflexions sur le déficit conceptuel du droit fiscal*, in *Constitution et finances publiques* (études en l'honneur de Loïc Philip), Economica, 2005, p. 608 et s.

Trotabas L.,

-*Essai sur le droit fiscal*, Revue de science et de législation financière 1928, p. 201 et s.

-*La nature juridique du contentieux fiscal français* in Mélanges Maurice Hauriou, Sirey, 1929, pp. 754-758.

-*Contentieux fiscal et juridiction administrative*, in Mélanges Paul Négulesco, 1935, p. 781 et s.

-*De la dignité de l'individu et de la nécessité de la stabilité familiale à travers le droit fiscal français*, Tokyo, 1962.

Turot J.,

-*L'abus de droit est-il un vice ?* RJF 1996, n° 7.

-*Quand le juge fiscal réveillera l'adage « Contra non valentem... »*, DF 2007, n° 27, étude 699.

Van Brustem E. J., *L'article 6, § 1 de la CESDH et le contentieux fiscal : un exclusion fondée sur une spécificité (de plus en plus discutée) discutable*, DF 2007, n° 46, etude n° 956.

Van Rijn A., A comparative *study of taxpayer protection in five members countries of the European Union*, in *Taxpayer protection in the European Union*, pp. 45-53.

Verclytte S.,

-*Abus de droit et garantie des contribuables ayant appliqué la doctrine administrative : le triomphe de la sécurité juridique*, RJF 1998, n° 5, pp. 359-377.

-*Opposabilité du secret médical aux services fiscaux : évolutions législatives, confirmation jurisprudentielle*, RJF 1998, n° 7, pp. 535-541.

Viala A. et **Amadio M.**, *L'extension des perquisitions en matière fiscale*, Gaz. Pal. 1985.1.202.

Waline M., *La nature juridique des pénalités fiscales*, Revue de science et de législation financière 1949, p. 14 et s.

Willis P.-R., "*You have the right to remain silent...", or do you ? The privilege against self-incrimination following Mannesmannröhren-Werke and other recent decisions*, ECLR 22 (2001), 313.

III. Droit allemand

A. Ouvrages, rapports

Allemagne, « Dossiers internationaux », 7e éd., Francis Lefebvre, 2004, 499 p.

Jouanjan O., Le *principe d'égalité de la loi en droit allemand*, Economica, 1992, 449 p.

Maurer H., *Droit administratif allemand*, LGDJ, 1994, 421 p.

Münchener Kommentar Zivilprozessordnung, 2e éd., Munich, Beck éd. Einleitung, 2000.

Tipke K. et **Lang J.**, *Steuerrecht,* 15e éd., 1996

Witz C., *Le droit allemand*, « Connaissance du droit », Dalloz, 2001, 166 p.

B. Thèses

Bertrand P., *Les droits fondamentaux dans la république fédérale d'Allemagne : limitation et protection,* Lille II, 1989.

Capitant D., *Les effets juridiques des droits fondamentaux en Allemagne*, Bibliothèque constitutionnelle et de science politique, n° 87, LGDJ, 2001, 348 p.

Prévédourou E., *Les recours administratifs obligatoires, étude comparée des droits allemands et français*, Bibliothèque de droit public, LGDJ, t. 180, 1996.

C. Articles, chroniques, notes

Arnold R., *Le contrôle juridictionnel des décisions administratives en Allemagne*, AJDA 1999, pp. 658-667.

Birk D., *Tax Protection Procedure in Germany*, in *Taxpayer protection in the European Union*, pp. 55-60.

Daiber C., *Protection of taxpayer's rights in Germany* in *Taxpayer's rights: an international perspective*, pp 152-1999.

Foerste U., *Die Güteverhandlung im künftigen Zivilprozess*, NJW 2001, p. 3103 et s.

Fromont M.,

-*Les modes alternatifs de règlement des litiges : l'exemple allemand*, AJDA, janv. 1997, pp. 59-63.

-*Jurisprudence constitutionnelle allemande 2000-2001*, RD Publ., 1er nov. 2002, n° 6, pp. 1183-1853.

-*Les revirements de jurisprudence de la Cour constitutionnelle fédérale d'Allemagne,* Cahiers du Conseil constitutionnel n° 20.

Grosclaude J., *De l'inconstitutionnalité de l'imposition de la fortune en Allemagne*, DF 2002, pp. 879-883.

Henrion H., *L'égalité des armes et le procès pénal allemand*, in *Procédure et effectivité des droits*, Droit et justice, n° 49, Bruylant, 2003.

Kieliszek D., *La réforme fiscale en Allemagne*, Droit et patrimoine 1997, n° 46, pp. 14-15.

Oepen W. et **Partmann G.**, *Germany*, in *Taxation and the European Convention on Human Rights in the Domestic Law of the Council of Europe Countries,* European Taxation, déc. 2001, p. 515 et s.

Preisser M., *Les sanctions administratives fiscales en Allemagne*, in *Les sanctions administratives fiscales : aspect de droit comparé*, L'Harmattan, 2006, pp. 27-33.

IV. Droit anglais

A. Ouvrages, rapports

Adjudicator's Annual Report 2004 *(the)*, 57 p.

Beckett L. et **Sabine B.**, *Revenue investigations and appeals manual,* Butterworths, 1990, 322 p.

British Tax Guide, CCH Editions Limited, 1997.

Bullier A. J., *La Common Law*, Dalloz, « Connaissance du droit », 2002, 159 p.

Cane P., *An introduction to administrative law*, 2e éd., Oxford, Clarendon Press, 1992.

Davis C., *Taxes Management Act: A practical guide to compliance, penalties and powers,* Londres, Longman, 1994.

Frampton D., *Practical tax administration*, Fiscal publications, 1993.

Galligan D. J., *Due Process and Fair Procedure, a Study of Administration Procedure*, Oxford, Clarendon Press, 1996, 537 p.

HM Revenue & Customs,

-*Code of Practice* 8, *Special Compliance Office investigations - Cases where serious fraud is not suspected*, http://www.hmrc.gov.uk/leaflets/c11.htm.

-*Code of Practice* 10, *Information and advice*; http://www.hmrc.gov.uk/leaflets/c11.htm.

-*Code of Practice* 21, *Data Protection Contents*; http://www.hmrc.gov.uk/leaflets/c11.htm.

-*Code of Practice* 22, *Orders for the Delivery of Documents*; http://www.hmrc.gov.uk/leaflets/c11.htm.

House of commons, *Second Report of the Parliamentary Commissioner for Administration*, Session 1968-1969, *Annual Report 1968*, House of Commons paper 129, pp. 84-86, case n° c 230/68, c 258/68.

Institute for Fiscal Studies (IFS),
- (*Tax law review commitee*), *A unified tax tribunals system: a second report on the reform of the tax appeals system*, Londres, 1999.
-*Tax law review committee interim report on the tax appeals system*, 25 nov. 2000.
Jolowicz J.-A., (sous la direction de). *Droit anglais*, 2e éd., Dalloz, 1992, 487 p.
Kay J.-A. et **King M.-A.**, *The British Tax System*, 4e éd., 1986.
Kinder-Gest P., *Les institutions britanniques*, 2e éd., « Que sais-je », PUF, 1999, 127 p.
Lord Chancellor's Department, *Notes for parties to appeals or other proceedings before the special commissioners*, 5e éd., 1988.
McCrudden C. et **Chambers G.** (ed.), *Individual rights and the law in Britain*, Oxford, Clarendon Press, 1994.
Morse G. et **Willams D.**, *Davies. Principles of tax law*, 4e éd., Sweet and Maxwell, 2000.
Pollard B., *Conducting tax appeals*, Bicester, CCH editions, 1994, 76 p.
Potter D. C. et **Prosser K. J.**, *Tax appeals*, Londres, Sweet and Maxwell, 1991.
Reader M., *Reader on revenue. Enquiries and investigations*, Londres, abg, 2000.
Report of the Committee on Enforcement Powers of the Revenue Departments (*Keith Report*), 1983.
Ridgway P., *Revenue law*, Londres, Cavendish publications limited, 1996, 310 p.
Rowat C. D.,
-*The Ombudsman Plan*, Toronto, McClelland and Stewart Limited, 1973, 315 p.
-*The Ombudsman. Citizen's defender*, Londres, 2e éd., George Allen and Unwin Ltd, 1965, 384 p.

Royaume-Uni, « Dossiers internationaux », 3e éd., Francis Lefebvre, 2003, 535 p.

Salter R. D. et **Kerr J.**, *Easson: cases and materials on revenue law,* Londres, Sweet and Maxwell, 1990, 577 p.

Saunders I., *Taxation. Judicial review and others remedies*, Chichester, John Wiley and sons Ltd, 1996, 215 p.

Simon's Tax Cases, Butterworths, 2001.

Spencer J. R., *La procédure pénale anglaise*, « Que sais-je ? », PUF, 1998, 127 p.

Stacey F., *The british Ombudsman*, Clarendon Press, 1971.

Tax, 2001-2002, Londres, Francis Lefebvre Memo, 1212 p.

Tiley J., *Revenue law*, Oxford, Hart publishing, 2000, 1409 p.

Willams W. D. et **Morse K. G.**, *Principles of tax law*, Londres, Sweet and Maxwell, 2000, 455 p.

Withehouse C., *Revenue Law. Principles and Practice,* Londres, Tolley, 2000, 1034 p.

B. Articles, notes

Ashworth A., *Le procès. Système anglo-saxon*, in *Les principes communs d'une justice des États de l'Union Européenne*, La Documentation française, 2001, pp. 143-152

Avery Jones J.-F.,

-*Information exchange : Sect. 145-147*, British Tax Review 2000, n° 5.

-*The Special Commissioners after 1842 : from Administrative to Judicial Tribunal*, British Tax Review 2005, n° 1.

-*The Special Commissioners from Trafalgar to Waterloo*, British Tax Review 2005, n° 1.

Baker P.,

-*Taxation and the european convention on Human rights*, British Tax Review 2000, n° 4, pp. 211-269.

-*United Kingdom* in numéro special de *European Taxation*, déc. 2001, « *Taxation and European convention on human rights in the domestic law of the council of Europe countries*", pp. 588-598 et *Introduction*, pp. 459-461.

-*The decision in Ferrazzini : time to reconsider the application of the european convention on human rights to tax matter in the United Kingdom*, Intertax 30 (2002), 360.

-*Should article 6 ECHR (civil) apply to tax proceedings ?* Intertax, juin-juill. 2001.

Bartlett R., "*No equity in Tax" Part. I*, Taxation Practionner, août 1995.

Dookhy P. et **Dookhy R.**, *Le développement du contentieux de la loi en Angleterre*, Rev. dr. Adm. 1999, pp. 159-170.

Fitzpatrick P. et **Peacock J.**, *The impact of the Human rights Act 1998 in the tax field*, British Tax Review 2000, n° 4, pp. 202-210.

Frommel N. S.,

-*The European court of human rights and the right of the accuse to remain silence: can it be involved by taxpayers ?* British Tax Review 1994, n° 6, pp. 598-634 ; Intertax 1993, pp. 520-549.

-*The right to silence and the Serious Fraud Office*, International Corporate Law, avr. 1994, pp. 21-24.

Galey M. et **Girard C.**, *Le procès équitable dans l'espace normatif anglo-saxon : l'éclairage du droit public anglais,* in Procès équitable et enchevêtrement des espaces normatifs (sous la direction de H. Ruiz Fabri), Travaux de l'atelier de droit international de l'UMR de droit comparé de Paris, vol. 4, Société de législation comparée, 2003, p. 70 et s.

Gillis Wetter J. et **Schwebel S. M.**, *Some little-known cases on concessions*, XL Brit.Y.B.Int'l L. 1964.183, pp. 210-216.

Goldberg D., *Between the Taxpayer and the Executive ; Law's Inadequacy; Democracy's Failure ?* British Taw review 1996, pp. 3-27.

Ivison R. M., *The end of Keith ?* British Tax Review 1989, 217.

Matheson S., *Inland revenue powers of search. Why they are essential and how they are used*, British Tax Review 1998, n° 4, pp. 278-283.

Mitchell R., *Confidentiality and the law of taxation*, U. King. Comp. L. S. 1998, pp. 354-444.

Moriarty S., *Managing the landscape of relationships with the taxpayer*, Londres, Fiscal publications, 1998, pp. 132-152.

Naismith S. H., *Self-incrimination: fairness or freedom ?* EHRLR. 1997, pp. 229-236.

Oliver D., *The Revenue Adjudicator: A new breed of ombudsperson*, Public Law 1993, 407.

Sabine B., *The new Taxpayer's Charter or taxation without tears*, British Tax Review 1991, pp. 411-413.

Stebbings C.,

-*A natural safeguard : the general commissioners of income tax*, British Tax Review 1992, pp. 398-406.

-*The general commissioners. Power of adjournment*, British Tax Review 1992, pp. 343-349.

-*The Revenue Adjudicator*, British Taw Review 1993.

-*The general commissioners of income tax: Assessors or adjudicators*, British Tax Review 1993, pp. 52-64.

-*Acces to Justice before the Special Commissioners of Income Tax in the Nineteenth Century*, British Tax Review 2005, n° 1.

Stephen Oliver H.-H., *The human rights act in prospect: some reflections*, British Tax Review 2000, n° 4, p. 199-201.

Tiley J., *Human rights and taxpayers*, C. L. J. 1998, pp. 269-273.

Willams D., *United Kingdom tax collection: rights of and against taxpayers* in *Taxpayer's rights: an international perspective*, pp. 331-345.

Woolf (Lord), *Tax and Judicial Review*, British Tax Review 1993, 219.

V. Droit espagnol

A. Ouvrages, rapports

Albi Ibanez E. et **Ariznavarreta Garcia J.-l.**, *Sistema fiscal espanol*, t. 1, 10e éd., Ariel, 1998, 1280 p.

Aguallo Avilés A., *El contribuyente frente a los planes de inspeccion*, Madrid, Marcial Pons, 1994, 240 p.

Arias Velasco J. et **Sartorio Abalat S.**, *Procedimientos tributarios*, Madrid, 6e éd., Marcial Pons, 1996.

Badas Cerezo J., **Lamoca Pérez C.** et **Marco Sanjuan J.-A.**, *Applicacion de la Ley de derechos y garantias de los contribuyentes : comentarios a la Ley de 1/1998 y criterios de desarrollo : effectos en la organizacion y metodos de trabajo de las administraciones tributarias*, Valladolid, Lex Nova, 1998, 480 p.

Baena Aguilar A., **Herrera Molina P.-M.** et **Serrano Anton F.**, *La agencia tributaria frente al contribuyente*, Grenade, 1er éd., Comares, 1993, 182 p.

Baeza Albendea A., **Caro Cebrian J.** et **Caro Cebrian A.**, *Asistencia el contribuyente, secreto profesional y derecho a la intimidad en el ambito tributario : nueva apportacion*, Madrid, Informacion y Documentacion Tributaria, 1988.

Banacloche Pérez J., *Manual del contribuyente*, Madrid, La Ley, 1990, 277 p.

Calvo Ortega R. et **Checa Gonzalez C.** (sous la coordination de), *Derechos y garantias de los contribuyentes* : (estudio de la nueva ley), Valladolid, Lex Nova, 1998, 671 p.

Carbajo Vasco D. et **Prats Manez F.**, *Todo sobre el estatuto del contribuyente*, Barcelone, Praxis, 1998, 288 p.

Cortes Dominguez M., *Ordenamiento tributario espanol*, Madrid, Ed. Civitas, 1977.

Cremades A. J., *Le système fiscal espagnol*, Librairies techniques, 1969.

De la Nuez-Cascado E., **Fernandez Cuevas A.** et **Ogea Martinez-Orozco M.**, *El estatuto del contribuyente*, Aranzadi, 1998, 323 p.

Del Paso Bengoa J.-M. et **Jiménez Jiménez C.**, *Derechos y garantias del contribuyente : comentarios a la Ley 1/1998*, Valence, Ciss, 1998, 510 p.

Espagne, « Dossiers internationaux », 6e éd., Francis Lefebvre, 2005, 480 p.

Estudios de derecho financiero y tributario, Homenage al Professor Fernando Vicente-Arche Domingo, Revista de la facultad de derecho de la Universidad Complutense 1996, monographie 20, 372 p.

Fenellos Puigcerver V., *El estatuto del contribuyente : (commentarios a la Ley 1/98 de 26 de febrero, de derechos y garantias de los contribuyentes*, Valence, Ediciones Tro, 1998, 511 p.

Fernandez Martin J. (sous la coordination de), *Commentarios a la Ley de derechos y garantias de los contribuyentes*, Madrid, Centro de Estudios Financieros, 1999, 683 p.

Garcia Berro F., *Los procedimientos tributarios y la Ley 30/1992 desde la nueva perspectiva de la Ley 1/1998, de derechos y garantias de los contribuyentes*, Madrid, Marcial Pons, 1998, 285 p.

Garcia de Enterria E. et **Ramon Fernandez T.**, *Curso de derecho administrativo*, t. 2, 4e éd., Ed. Civitas, 542 p.

Giannini A. D., *Instituciones de Derecho Tributario*, Madrid, Editorial de Derecho Financiero, 1957.

Instituto de Estudios Fiscales (IEF), *Medios para asegurar la acceptation de los impuestos*, Madrid, 1992, www. ief.es.

Leyes generales del derecho financiero y tributario, Madrid, Ed. Civitas, 2000, 1533 p.

Martin Queralt J. et **Lozano Serrano C.**, *Curso de derecho financiero y tributario*, 5e éd., Madrid, Ed. Tecnos, 1994.

Memento fiscal, "Memento practico", Madrid, Francis Lefebvre, 2001, 1644 p.

Perez Luno A., *Derechos Humanos, Estado de Derecho y Constitucion*, Madrid, Tecnos, 1984.

Pérez Royo F., *Derecho financiero y tributario. Parte General*, 15e éd., Ed. Civitas, 2005, 527 p.

B. Thèses

Alberto Sanz J., *El derecho a no autoinculparse ante la inspeccion tributaria en caso de posibles delitos contra la Hacienda Publica*, Universidad de Castilla-la-Mancha, Tolède, 2003.

Fernandez Cabanillas F.-J., *Analisis experimental del cumplimiento fiscal con comunicacion entre jugadores y premios a la honestidad*, Complutense de Madrid, 1997.

Lopez Diaz A., *La recaudacion de deudas tributarias en via de apremio*, Madrid, Instituto de Estudios Fiscales, Marcial Pons, 1992, 463 p.

Lopez Molino A.-M., *Regimen juridico de la prueba en la applicacion de los tributos*, Grenade, 1995.

Romero Pi J., *El procedimiento de inspeccion y la documentacion inspectora en el derecho tributario aleman y en el derecho tributario espanol*, La Laguna, 1986.

C. Articles, notes

Aguallo Avilès, *Interés fiscal y estatuto del contribuyente*, Revista Espanola de Derecho Financiero, n° 89, oct-déc. 1993.

Albinana Garcia-Quintana C., *Las garantias juridicas del contribuyente*, Cronica tributaria, 69, pp. 7-17.

Andres Rozas Valdes J., *Actuaciones administrativas de informacion al contribuyente*, in *Estudios de derecho financiero y tributario*, Homenage al

Professor Fernando Vicente-Arche Domingo, *Revista de la facultad de derecho de la Universidad Complutense* 1996, p. 262 et s.

Bandres Sanchez-Cruzat J. M., *Le droit au procès équitable et au délai raisonnable et la justice administrative espagnole*, RIDP journées de la société de législation comparée vol. 17, 1995, pp. 109-122.

Bayona de Perogordo J. J., *El procedimiento sancionador*, Informacion Fiscal 1996, n° 16.

Botella Garcia-Lastra C., *El estatuto del contribuyente,* Cuardenos de actualidad 1997, 7, pp. 28-35.

Carrasco Duran M., *Los procesos para la tutela judicial de los derechos fundamentales*, Madrid, CEPC, 2002.

Corral Guerrero L., *Contribuyente*, in *Estudios de derecho financiero y tributario*, Homenage al Professor Fernando Vicente-Arche Domingo, Revista de la facultad de derecho de la Universidad Complutense 1996, pp. 99-125.

Cuchillo I Foix M., *Le contrôle juridictionnel de l'administration dans l'ordre juridique espagnol*, AJDA 1999, pp. 757-766.

De La Nuez Sanchez-Cascado E., *La posicion del contribuyente ante la Administracion y su futuro*, Papeles de la Fundacion FAES, n° 19.

Fernandez Montalvo R., *La situacion juridica del contribuyente en el procedimiento tributario*, Cuardenos de derecho judicial 1995, 5, pp. 247-300.

Fontaneau A., *La charte des droits et garanties du contribuable espagnol*, Revue Fiscalité Européenne et Droit International des Affaires 1999, n° 1.

Garrido Gomez I., *Datos personales y proteccion del ciudadano*, Revista de la facultad de derecho de la Universidad Complutense 1997, an. 87, pp.71-97.

Gomez Jimenez I.-L., *Los nuevos derechos y garantias de los contribuyentes en la ley 1/1998, de 26 de febrero*, Cronica tributaria 1998, 86, pp. 51-63.

Gomez Montoro A. J., *La titularidad de derechos fundamentales por personas juridicas : un intento de fundamentacion*, Revista espanola de derecho Constitucional, n° 65, mai-août 2002, pp. 49-105.

Marquez Sillero C., *La agencia tributaria frente a la seguridad del contribuyente : consideraciones juridico-criticas*, Revista de derecho financiero y hacienda publica 1994, 44, pp. 1257-1286.

Moderne F., *L'identification de la sanction fiscale dans la jurisprudence constitutionnelle espagnole*, in *Constitution et finances publiques*, pp. 455-473.

Ollero Casado G. et **Merino Munoz A.**, *Le procès fiscal équitable en Espagne*, RFFP 2003, n° 83, pp. 67-97.

Pérez Tremps P., *El recurso de amparo*, Tirant lo Blanch, Valencia, 2004.

Ribes Ribes A., *El derecho a no declarar contra si mismo en el ambito penal tributario : reflexiones a la luz de la jurisprudencia norteamericana*, Revista Espanola de Derecho Financiero 2000, n° 105.

Sanchez Pedroche A. J., *El deber de motivacion en los procedimientos administrativos en materia tributaria*, Revista general del Derecho, déc. 1995, n° 615.

Savage C., *Programma de ensenanza de impuestos del departemento de ingresos nacionales de Canada,* in *Medios para asegurar la acceptation de los impuestos* (Informes y ponencias de la Conferencia tecnica del CIAT, Paris 1989), Madrid, IEF, 1992, pp. 65-75.

VI. Autres droits

A. Droit américain

Darby J., *Confidentiality and the law of taxation*, Am. J. Comp. L. 1998 Supp., pp. 577-588.

David Theodore M., *What you should know about the taxpayer Bill of rights 2*, The practical tax lawyer, VII, 1996, p. 25-36.

Herzog P. E., *Tendances actuelles concernant les méthodes alternatives de résolution des controverses (ADR) aux États-Unis*, RGP 1999.

Lowenfeld A. F., *The elements of procedure : are they separately portable ?* American Journal comparative Law 1997, pp. 648-656.

Warren S. et **Brandeis L.**, *The right to privacy*, Harvard Law Review 1890, vol. IV, n° 5.

B. Droit italien

Bernardi L., *Studi per un progetto di riforma del sistema tributario italiano : rapporto Irpef*, Rivista di diritto finanziario e scienza delle finanze 1995, n° 3, pp. 436-590.

Buscema A., *Statuto del contribuente : la tutela effettiva dell'art. 12*, Il Fisco 2002, 10, 1465-1469.

Caraccioli I., *La delega per la riforma del sistema fiscale e il diritto penale tributario,* Il Fisco 2002, 5, pp. 724-725.

Corso P., *Delitti tributari e segreto investigativo,* Corriere tributario 2002, 4, pp. 361-365.

Del Federico L., *La tipologia delle sanzioni amministrative tributarie*, Corriere tributario, 2002, 9, pp. 820-825.

Lorezentti M., *Il limite del giudicato nello « ius poenitendi » dell' Amministrazione finanziaria*, Corriere tributario 2002, 8, 672-677.

Marcheselli A., *Le procès équitable en Italie. Actualités et perspectives*, RFFP 2003, n° 83, pp. 55-66.

Pistone P., *Les limites à l'utilisation des informations fiscales et la protection du contribuable en droit italien*, L'Année fiscale 2003, pp. 193- 213.

C. Droit japonais

Kitamura I., *Audience de débats et de conciliation (genèse et transformations possibles d'une pratique japonaise),* in Nouveaux juges, nouveaux pouvoirs ? (Mélanges Roger Perrot), pp. 191-204.

INDEX ALPHABÉTIQUE

(Les renvois se rapportent aux numéros des paragraphes)

A

B

C

D

E

F

H

I

T

U

V

TABLE DES MATIÈRES

Sommaire du Tome 2

Les droits d'origine procédurale du contribuable

TAXPAYER'S RIGHTS AND PROCEDURAL TAX LAW

(comparative study)

The rights of the taxpayer, if they preexist since the birth of the tax, really were the subject of the attention of the Western States only during these thirty last years. It is then that the taxpayer was seen like a reliable partner, who as a subject of right must profit from a certain number of guarantees in front of consequent powers of the tax authorities.

However, if the taxpayer profits from a greater legal protection nowadays, it remains still compartmental. If one studies the four basic rights which constitute the heart of the rights of the taxpayer (right to the respect of the private life, right of property, right to a judge and right with contradiction) one concerns many exceptions to the private law, the civil procedure and the criminal procedure, often justified by the interest general. If in certain cases, they are acceptable, in others, their bases lend to dispute.

Recognition of certain guarantees suitable for the judiciary law and the criminal procedure (ex: right against self-incrimination) with the taxpayer, cannot whereas to pass by a more large application of the Convention for Protection of Human Rights and Fundamental Freedoms with the tax matter. What would have also as a considerable interest to support and to accelerate a desired harmonization of taxpayer's rights in the Member States of the European Union under the aegis of the European Court of Human Right.

L'HARMATTAN, ITALIE
Via Degli Artisti 15 ; 10124 Torino

L'HARMATTAN HONGRIE
Könyvesbolt ; Kossuth L. u. 14-16
1053 Budapest

L'HARMATTAN BURKINA FASO
Rue 15.167 Route du Pô Patte d'oie
12 BP 226
Ouagadougou 12
(00226) 50 37 54 36

ESPACE L'HARMATTAN KINSHASA
Faculté des Sciences Sociales,
Politiques et Administratives
BP243, KIN XI ; Université de Kinshasa

L'HARMATTAN GUINÉE
Almamya Rue KA 028
En face du restaurant le cèdre
OKB agency BP 3470 Conakry
(00224) 60 20 85 08
harmattanguinee@yahoo.fr

L'HARMATTAN CÔTE D'IVOIRE
M. Etien N'dah Ahmon
Résidence Karl / cité des arts
Abidjan-Cocody 03 BP 1588 Abidjan 03
(00225) 05 77 87 31

L'HARMATTAN MAURITANIE
Espace El Kettab du livre francophone
N° 472 avenue Palais des Congrès
BP 316 Nouakchott
(00222) 63 25 980

L'HARMATTAN CAMEROUN
BP 11486
Yaoundé
(237) 458 67 00/976 61 66
harmattancam@yahoo.fr

641187 - Février 2016
Achevé d'imprimer par

1livre.com
du rêve à la réalité !

www.ingramcontent.com/pod-product-compliance
Lightning Source LLC
LaVergne TN
LVHW021149061026
849535LV00002B/398
* 9 7 8 2 2 9 6 0 4 7 2 2 8 *